A Aplicação do Novo Código de Processo Civil no Processo do Trabalho

JACKSON PASSOS SANTOS
SIMONE BARBOSA MARTINS MELLO
Coordenadores

A Aplicação do Novo Código de Processo Civil no Processo do Trabalho

LTr 80

LTr EDITORA LTDA.
© Todos os direitos reservados

Rua Jaguaribe, 571
CEP 01224-003
São Paulo, SP – Brasil
Fone (11) 2167-1101
www.ltr.com.br
Novembro, 2016

Produção Gráfica e Editoração Eletrônica: LINOTEC
Projeto de Capa: FABIO GIGLIO
Impressão: VOX

Versão impressa: LTr 5611.6 — ISBN: 978-85-361-9047.1
Versão digital: LTr 9050.0 — ISBN: 978-85-361-9043.3

Dados Internacionais de Catalogação na Publicação (CIP)
(Câmara Brasileira do Livro, SP, Brasil)

A Aplicação do novo código de processo civil no processo do trabalho / Jackson Passos Santos, Simone Barbosa Martins Mello , coordenadores. -- São Paulo : LTr, 2016.

Vários autores.
Bibliografia

1. Direito processual do trabalho – Brasil 2. Processo civil 3. Processo civil – Brasil 4. Processo civil - Leis e legislação – Brasil I. Santos, Jackson Passos. II. Mello, Simone Barbosa Martins.

16-05384   CDU-347.9:331(81)(094.4)

Índice para catálogo sistemático:

1. Brasil : Código de processo civil e processo do trabalho : Direito 347.9:331(81)(094.4)

Sumário

PREFÁCIO	11
1. PANORAMA DAS INOVAÇÕES DO NOVO CÓDIGO DE PROCESSO CIVIL E O POTENCIAL REFLEXO NO PROCESSO DO TRABALHO	13
Alexandre Luna da Cunha e Luana Pedrosa de Figueiredo Cruz	
INTRODUÇÃO	13
1. VISÃO GERAL DO NOVO CÓDIGO DE PROCESSO CIVIL	13
2. ESTRUTURA GERAL DO CPC/2015	14
2.1. Parte Geral (arts. 1º a 317) – Dividida em seis livros	14
2.2. Parte Especial (arts. 318 a 1.044) – Dividida em três livros	15
3. COMENTÁRIOS SOBRE AS NORMAS FUNDAMENTAIS (OU "PARTE GERAL") DO CPC/2015: ARTS. 1º AO 15	16
4. CONCLUSÕES	29
5. REFERÊNCIAS BIBLIOGRÁFICAS	31
2. A APLICAÇÃO SUBSIDIÁRIA E SUPLETIVA DO NOVO CÓDIGO DE PROCESSO CIVIL NO PROCESSO DO TRABALHO	33
Jackson Passos Santos e Simone Barbosa Martins Mello	
1. INTRODUÇÃO	33
2. A AUTONOMIA DO DIREITO PROCESSUAL DO TRABALHO	33
3. DAS LACUNAS LEGISLATIVAS	34
4. A APLICAÇÃO SUBSIDIÁRIA E SUPLETIVA DO NOVO CÓDIGO DE PROCESSO CIVIL NO PROCESSO DO TRABALHO	35
5. CONSIDERAÇÕES FINAIS	36
6. REFERÊNCIAS BIBLIOGRÁFICAS	37
3. AS TUTELAS DE URGÊNCIA E EVIDÊNCIA NO NOVO CPC – APLICAÇÕES NO PROCESSO DO TRABALHO	39
Célio Pereira Oliveira Neto	
INTRODUÇÃO	39
1. TUTELA DE URGÊNCIA	40
1.1. Escopo e requisitos	40
1.2. Momento da concessão	40

1.3.	Competência	40
1.4.	Fundamentação	40
1.5.	Efetividade	40
1.6.	Eficácia	41
1.7.	A tutela diante da irreversibilidade	41
1.8.	Hipóteses legais trabalhistas	41
1.9.	Caução	42
1.10.	Responsabilidade da parte requerente	42
1.11.	Fungibilidade	42
1.12.	Custas	43
2.	ESPÉCIES DE TUTELA DE URGÊNCIA	43
2.1.	Tutela antecipada	43
2.1.1.	Escopo e requisitos	43
2.1.2.	Trâmite	43
2.1.3.	Impugnação	44
2.1.4.	Estabilização da sentença	44
2.2.	Tutela cautelar	45
2.2.1.	Escopo e requisitos	45
2.2.2.	Fungibilidade	45
2.2.3.	Trâmite	45
2.2.4.	Eficácia	46
2.3.	Tutela inibitória	46
2.3.1.	Escopo e requisitos	46
3.	TUTELA DE EVIDÊNCIA	47
3.1.	Escopo e requisitos	47
3.2.	Momento da concessão	47
3.3.	Eficácia	48
4.	CONSIDERAÇÕES FINAIS	48
5.	REFERÊNCIAS BIBLIOGRÁFICAS	48

4. A NEGOCIAÇÃO PROCESSUAL: UMA NOVA FIGURA NO PROCESSO DO TRABALHO ... 49
Jorge Cavalcanti Boucinhas Filho e Andrei Fernandes de Oliveira

	INTRODUÇÃO	49
1.	NEGÓCIO JURÍDICO PROCESSUAL NA JURISDIÇÃO CIVIL	50
2.	RESTRIÇÕES AO NEGÓCIO JURÍDICO PROCESSUAL NA JURISDIÇÃO CIVIL	52
3.	COMPATIBILIDADE COM O PROCESSO DO TRABALHO	53
4.	ENTENDIMENTO DO TRIBUNAL SUPERIOR DO TRABALHO	53
5.	CONSIDERAÇÕES FINAIS	55
6.	REFERÊNCIAS BIBLIOGRÁFICAS	55

5. INTERVENÇÃO DE TERCEIROS: O *AMICUS CURIAE* NO PROCESSO DO TRABALHO A PARTIR DO NOVO CÓDIGO DE PROCESSO CIVIL ... 57
Luciana Aboim Machado Gonçalves da Silva

	INTRODUÇÃO	57
1.	*AMICUS CURIAE*: SENTIDO, ALCANCE, ORIGEM E NATUREZA JURÍDICA	58
1.1.	Sentido e alcance	58
1.2.	Origem	59
1.3.	Natureza Jurídica	59

2. RELEVÂNCIA DO *AMICUS CURIAE* 60
3. PREVISÃO JURÍDICA NO SISTEMA JURÍDICO BRASILEIRO 61
4. A DISCIPLINA DO *AMICUS CURIAE* NO NOVO CPC (NCPC) 63
5. APLICAÇÃO DO *AMICUS CURIAE* NO PROCESSO DO TRABALHO A PARTIR DO NOVO CÓDIGO DE PROCESSO CIVIL (2015) 65
6. CONCLUSÕES 67
7. REFERÊNCIAS BIBLIOGRÁFICAS 67

6. **TEORIA DA PROVA NO NOVO CPC E SUA INCIDÊNCIA NO PROCESSO DO TRABALHO** 69
   Bento Herculano Duarte
   1. CONSIDERAÇÕES INTRODUTÓRIAS 69
   2. CONCEITO JURÍDICO DE PROVA 70
   3. OBJETO DA PROVA. FATOS X DIREITO 70
   4. PRINCÍPIOS INERENTES À PROVA JUDICIAL 71
   5. NECESSIDADE DA PROVA 71
   6. MEIOS DE PROVA. PROVA EMPRESTADA 72
   7. ÔNUS DINÂMICO DA PROVA 73
   8. VALORAÇÃO DA PROVA. PERSUASÃO RACIONAL E (LIVRE) CONVENCIMENTO 74
   9. CONCLUSÕES 76
   10. REFERÊNCIAS BIBLIOGRÁFICAS 76

7. **O ÔNUS DE PROVAR A DISCRIMINAÇÃO DO TRABALHADOR NO EMPREGO EM FACE DO § 1º DO ART. 373 DO CPC/2015** 77
   Eduardo Milléo Baracat
   INTRODUÇÃO 77
   1. DISCRIMINAÇÃO E IGUALDADE DO TRABALHADOR NO BRASIL: CONCEITOS E EVOLUÇÃO LEGISLATIVA 78
      1.1. Discriminação e igualdade 78
      1.2. Tutela do trabalhador diante da discriminação: ações afirmativas e medidas coibitivas 80
   2. O ÔNUS DE PROVAR A DISCRIMINAÇÃO DO TRABALHADOR NO PROCESSO DO TRABALHO EM FACE DO NOVO CPC 81
      2.1. O ônus da prova no processo do trabalho: conceito e características 81
      2.2. A carga dinâmica do ônus da prova e o problema da prova da discriminação do trabalhador no processo do trabalho 84
   CONSIDERAÇÕES FINAIS 85
   REFERÊNCIAS BIBLIOGRÁFICAS 86

8. **HONORÁRIOS ADVOCATÍCIOS E A JUSTIÇA GRATUITA NA JUSTIÇA DO TRABALHO ANTE AO NOVO CPC** 87
   Luiz Fernando Basto Aragão e Nicola Manna Piraino
   INTRODUÇÃO 87
   1. ASSISTÊNCIA OBRIGATÓRIA (CF/1988 – ART. 133) E O PAPEL DO ADVOGADO NA JUSTIÇA DO TRABALHO 87
   2. NATUREZA JURÍDICA DOS HONORÁRIOS JUDICIAIS DO ADVOGADO 89
   3. VANTAGENS INSTITUÍDAS E QUANDO SÃO DEVIDOS OS HONORÁRIOS ADVOCATÍCIOS ... 89
      3.1. Caução de autor residente fora do país 90
      3.2. Fixação na sentença 90
      3.3. Devidos na reconvenção e no cumprimento da sentença 90
      3.4. Sucumbência recursal 90

  3.5. Limites da fixação percentual 90
  3.6. Fazenda Pública 90
  3.7. Inestimável ou irrisório o valor da condenação 90
  3.8. Ação com indenização por ato ilícito e perda do objeto 91
  3.9. Sucumbência recíproca 91
  3.10. Cumulatividades e outras novidades peculiares 91
  3.11. Honorários na execução por quantia certa 91
4. A GRATUIDADE NA JUSTIÇA DO TRABALHO COM A ADOÇÃO DO NOVO CPC 91
5. CONSIDERAÇÕES FINAIS 93
REFERÊNCIAS BIBLIOGRÁFICAS 93

9. A NOVA DIMENSÃO DE EFICÁCIA DA COISA JULGADA E SEUS REFLEXOS NO PROCESSO DO TRABALHO: EXTENSÃO DE EFEITOS A TERCEIROS E ABSORÇÃO DE QUESTÕES INCIDENTAIS 95

Claudimir Supioni Junior

INTRODUÇÃO 95
1. O NOVO LIMITE SUBJETIVO DA COISA JULGADA: A PROJEÇÃO DE EFEITOS EM BENEFÍCIO DE TERCEIROS 96
2. A AMPLIAÇÃO DOS LIMITES OBJETIVOS DA COISA JULGADA: AS QUESTÕES PREJUDICIAIS DECIDIDAS INCIDENTALMENTE 99
3. A NOVA DISCIPLINA DA COISA JULGADA E O PROCESSO DO TRABALHO. HIPÓTESES 102
4. REFERÊNCIAS BIBLIOGRÁFICAS 103

10. A JURISPRUDÊNCIA DEFENSIVA NO NOVO CPC E SUA APLICABILIDADE NO PROCESSO DO TRABALHO 105

Ynes da Silva Félix

INTRODUÇÃO 105
1. JURISPRUDÊNCIA DEFENSIVA: CONCEITO, ORIGEM E JUSTIFICATIVAS 105
2. JURISPRUDÊNCIA DEFENSIVA NO PROCESSO CIVIL 106
  2.1. Prequestionamento 108
  2.2. Vícios sanáveis 109
  2.3. Tempestividade do recurso 111
  2.4. Ausência de peças facultativas no Agravo de Instrumento 112
3. JURISPRUDÊNCIA DEFENSIVA NO PROCESSO DO TRABALHO 113
  3.1. Jurisprudência defensiva no TST 113
  3.2. Alterações promovidas pela Lei n. 13.015/2014 no Processo do Trabalho 116
  3.3. A jurisprudência defensiva do TST diante do novo CPC 117
CONCLUSÃO 118
REFERÊNCIAS BIBLIOGRÁFICAS 119

11. O INCIDENTE DE RESOLUÇÃO DE DEMANDAS REPETITIVAS E SUA APLICABILIDADE NA JUSTIÇA DO TRABALHO 121

Océlio de Jesus C. Morais

1. INTRODUÇÃO 121
2. ANTECEDENTES CONSTITUCIONAIS DO INCIDENTE DE RESOLUÇÃO DE DEMANDAS REPETITIVAS NA CONSTITUIÇÃO FEDERAL DE 1988 122
3. RAÍZES ONTOLÓGICAS DO INCIDENTE DE DEMANDAS REPETITIVAS NO MODELO TEÓRICO DA CLT 124
4. O INCIDENTE DE RESOLUÇÃO DE DEMANDAS REPETITIVAS E SUA APLICABILIDADE NA JUSTIÇA DO TRABALHO 126

5. CONCLUSÕES	129
6. REFERÊNCIAS BIBLIOGRÁFICAS	129

12. O NOVO CPC, O INCIDENTE DE DESCONSIDERAÇÃO DA PERSONALIDADE JURÍDICA E SUA APLICAÇÃO NO PROCESSO DO TRABALHO 131

Ivani Contini Bramante

1. INTRODUÇÃO 131
2. CONCEITO DE PERSONALIDADE JURÍDICA 131
3. DESCONSIDERAÇÃO DA PERSONALIDADE JURÍDICA. TEORIA MAIOR E TEORIA MENOR 131
4. DESCONSIDERAÇÃO DA PERSONALIDADE JURÍDICA INVERSA 132
5. DESCONSIDERAÇÃO DA PERSONALIDADE JURÍDICA NO DIREITO DO TRABALHO 132
6. APLICAÇÃO DO INCIDENTE DA DESCONSIDERAÇÃO DA PESSOA JURÍDICA DO NCPC/2015 NO PROCESSO DO TRABALHO 133
7. FUNDAMENTOS FAVORÁVEIS A APLICAÇÃO DO INCIDENTE DE DESCONSIDERAÇÃO DA PERSONALIDADE JURÍDICA NO PROCESSO DO TRABALHO 134
8. FUNDAMENTOS CONTRÁRIOS A APLICAÇÃO DO INCIDENTE DE DESCONSIDERAÇÃO DA PERSONALIDADE JURÍDICA NO PROCESSO DO TRABALHO 135
9. CONCLUSÃO 136

13. NOVOS HORIZONTES DA EXECUÇÃO TRABALHISTA: ALTERAÇÕES DO CSJT E DO CPC TENDENTES A AGILIZAR A EXECUÇÃO TRABALHISTA 139

Homero Batista Mateus da Silva

1. USO RACIONAL DOS MEIOS ELETRÔNICOS E A REVALORIZAÇÃO DA PROVA INDICIÁRIA 139
2. PENHORA EM ORDEM FLEXÍVEL – ART. 835, § 1º, DO CPC 2015 142
3. DEPÓSITO DE BENS MÓVEIS EM PODER DO EXEQUENTE – ART. 840, § 1º, DO CPC 2015 143
4. CONCEITO OBJETIVO DE PREÇO VIL – ART. 891, PARÁGRAFO ÚNICO, DO CPC 2015 145
5. INSCRIÇÃO DA DÍVIDA TRABALHISTA EM PROTESTO EXTRAJUDICIAL E SERVIÇO DE PROTEÇÃO AO CRÉDITO – ARTS. 531 E 782, § 3º, DO CPC 2015 146
6. REFERÊNCIAS BIBLIOGRÁFICAS 148

14. O NOVO CÓDIGO DE PROCESSO CIVIL E A PENHORA NO PROCESSO DO TRABALHO 149

Suely Ester Gitelman

INTRODUÇÃO 149
1. A MOROSIDADE PROCESSUAL E O DESCRÉDITO DA JUSTIÇA 149
2. A PENHORA DE BENS E O NOVO CPC 150
3. A PENHORA DO NOVO CPC E O PROCESSO DO TRABALHO 151
4. CONSIDERAÇÕES FINAIS 152
5. REFERÊNCIAS BIBLIOGRÁFICAS 152

15. O ALCANCE E OS LIMITES DA EXPRESSÃO "VIOLAR MANIFESTAMENTE NORMA JURÍDICA", NA AÇÃO RESCISÓRIA TRABALHISTA: REFLEXÕES SOBRE O INCISO V DO ART. 966, NO CPC 2015 153

Eduardo Pragmácio Filho

INTRODUÇÃO 153
1. BREVE HISTÓRICO DA AÇÃO RESCISÓRIA NO PROCESSO TRABALHISTA 154
2. O ART. 966, V, E SUA APLICAÇÃO PELO JUIZ-INTÉRPRETE 154
    2.1. A violação "manifesta" 155
    2.2. O alcance e os limites do significado de "violação da norma" 156
3. CONCLUSÕES 158
4. REFERÊNCIAS BIBLIOGRÁFICAS 159

16. OS REFLEXOS DOS PROCEDIMENTOS ESPECIAIS DO NOVO CÓDIGO DE PROCESSO CIVIL NA ESFERA PROCESSUAL TRABALHISTA 161

Graciane Rafisa Saliba e Márcia Regina Lobato Farneze Ribeiro

1. CONSIDERAÇÕES INICIAIS 161
2. OS PROCEDIMENTOS ESPECIAIS NO NOVO CÓDIGO DE PROCESSO CIVIL E A POSSIBILIDADE DE APLICAÇÃO NO PROCESSO DO TRABALHO 162
3. PROCEDIMENTOS ESPECIAIS DE JURISDIÇÃO CONTENCIOSA COM REFLEXO NO PROCESSO DO TRABALHO 162
   - 3.1. Ação de consignação em pagamento 163
   - 3.2. Ação de exigir contas 165
   - 3.3. Das Ações Possessórias 166
   - 3.4. Dos Embargos de Terceiro 167
   - 3.5. Da Oposição 167
   - 3.6. Da Habilitação 168
   - 3.7. Da Ação Monitória 169
   - 3.8. Da Restauração de Autos 169
4. PROCEDIMENTOS ESPECIAIS DE JURISDIÇÃO VOLUNTÁRIA: DA PROBLEMÁTICA DE APLICAÇÃO NO PROCESSO DO TRABALHO 170
   - 4.1. Do Alvará Judicial 170
   - 4.2. Da Homologação de Autocomposição Extrajudicial: possibilidade ou impossibilidade? 171
5. CONSIDERAÇÕES FINAIS 172

REFERÊNCIAS BIBLIOGRÁFICAS 172

17. A NECESSÁRIA REVISÃO DE SÚMULAS E ORIENTAÇÕES JURISPRUDENCIAIS DO TST EM VIRTUDE DO NOVO CPC 175

Leone Pereira da Silva Junior

1. INTRODUÇÃO 175
2. A POLÊMICA DO ART. 15 DO CÓDIGO DE PROCESSO CIVIL DE 2015 – APLICAÇÃO SUPLETIVA E SUBSIDIÁRIA AO PROCESSO DO TRABALHO 175
3. A IMPERFEIÇÃO DA APLICAÇÃO SUPLETIVA E SUBSIDIÁRIA DO NOVO CÓDIGO DE PROCESSO CIVIL AO PROCESSO DO TRABALHO 176
4. O ATIVISMO JUDICIAL DO TRIBUNAL SUPERIOR DO TRABALHO COMO ESFORÇO HERMENÊUTICO JURISPRUDENCIAL DE ADAPTAÇÃO DOS SEUS ENTENDIMENTOS CONSOLIDADOS AO NOVO CÓDIGO DE PROCESSO CIVIL 178
5. CONCLUSÃO 182
6. REFERÊNCIAS BIBLIOGRÁFICAS 183

Prefácio

A edição do Código de Processo Civil de 2015 desencadeou fértil produção doutrinária. Autores já consagrados e autores pouco conhecidos, puseram mãos à obra e passaram a oferecer ao público interessado o fruto de suas reflexões, assim como suas dúvidas.

Ao longo do período de *vacatio legis* e imediatamente após o início do período (que espero seja muito longo) de vigência do CPC/2015, tivemos todos acesso a incontáveis trabalhos, que em muito nos têm auxiliado a compreender o novo Código.

Mas o processo civil tem conexões necessárias com os procedimentos adotados nas áreas especializadas do Poder Judiciário, e também nesses campos é necessário que compreendamos o alcance normativo das regras processuais civis.

Chega em boa hora, portanto, esta obra coletiva coordenada por Jackson Passos Santos e Simone Barbosa Martins Mello, que trata especificamente da aplicação do NCPC ao processo do trabalho.

Trata-se de livro riquíssimo, com artigos absolutamente adequados a esta fase em que todos devemos nos dedicar a conhecer e compreender o novo sistema processual civil, notadamente no que diz respeito à sua aplicação ao processo trabalhista.

E há, de fato, contribuições extraordinariamente úteis para tanto.

O primeiro artigo, de autoria de Alexandre Luna da Cunha e Luana Pedrosa de Figueiredo Cruz, dá uma visão geral do novo Código, trata de suas normas fundamentais e lança algumas noções sobre a potencialidade de produção de reflexos no processo do trabalho.

Os coordenadores, de sua vez, analisam a autonomia do processo do trabalho e a possível aplicação do CPC de 2015, tanto subsidiária quanto supletivamente, ao processo do trabalho.

Célio Pereira Oliveira Neto trata exaustivamente do tema da tutela de urgência, assim como da tutela de evidência, em suas possíveis aplicações ao processo do trabalho.

Jorge Cavalcanti Boucinhas Filho e Andrei Fernandes de Oliveira tratam de tema que tem causado muita discussão em todos os campos de aplicação do processo civil, que são justamente os negócios jurídicos processuais. Analisam sua possível compatibilidade com o processo do trabalho.

Luciana Aboim Machado Gonçalves da Silva trata da figura do *amicus curiae*, que cataloga dentre as hipóteses de intervenção de terceiros.

Já Bento Herculano Duarte percorre a teoria da prova no CPC de 2015 e suas incidência no processo do trabalho.

De sua vez, Eduardo Milléo Baracat detalha o tema do ônus de provar sob o viés da discriminação que o trabalhador possa sofrer ao longo da relação de emprego.

Os honorários de advogado e a questão da gratuidade de acesso à justiça do trabalho são tratados por Luiz Fernando Basto Aragão e Nicola Manna Piraino.

Claudimir Supioni Junior aborda a nova disciplina da eficácia da coisa julgada e as hipóteses de aplicação no processo do trabalho, ao passo que Ynes da Silva Felix trata do tema ligado à jurisprudência defensiva, inicialmente no processo civil e, em seguida, no próprio processo do trabalho.

O IRDR – incidente de resolução de demandas repetitivas – é objeto de estudos por Océlio de Jesus C. Morais. O autor, após tratar de suas raízes constitucionais e ontológicas, aborda questões relativas à sua aplicação no âmbito da Justiça do Trabalho.

O incidente de desconsideração da personalidade jurídica, as teorias que dele tratam, a desconsideração inversa e os fundamentos favoráveis e contrários à sua aplicação no processo do trabalho são exaustivamente tratados por Ivani Contini Bramante.

Homero Batista Mateus da Silva se dedica a tratar daquilo que denomina "novos horizontes" da execução trabalhista, tratando, dentre outros temas, da penhora em ordem flexível e do conceito de preço vil, assim como da inscrição da dívida trabalhista em cadastros de proteção do crédito.

Considerações sobre a penhora de bens são formuladas por Suely Ester Gitelman, que inicia seu texto pela análise do descrédito no sistema judiciário que é gerado pela morosidade do processo.

O CPC de 2015 autoriza a ação rescisória de decisão transitada em julgado que "violar manifestamente norma jurídica", abandonando a antiga referência (e que já havia sido ultrapassada) de violação do texto de lei. Esse tema é objeto dos estudos de Eduardo Pragmácio Filho, que procura identificar tanto seu alcance quanto seus limites, especificamente no plano da ação rescisória trabalhista.

Graciane Rafisa Saliba e Márcia Regina Lobato Farneze Ribeiro se dedicam à difícil tarefa de identificar hipóteses de aplicação dos procedimentos especiais previstos no CPC de 2015 (ação de exigir contas, por exemplo) no processo do trabalho. Além disso, tratam dos problemas ligados à aplicação dos procedimentos especiais de jurisdição voluntária, que identificam no plano do processo do trabalho.

Por fim, Leone Pereira da Silva Junior trata da necessidade de que súmulas e orientações já sedimentadas, no âmbito do Tribunal Superior do Trabalho, sejam revistas, de modo a que ocorra adaptação dos entendimentos anteriores ao que dispõe o Código de Processo Civil de 2015.

O livro, que em boa hora a LTr Editora oferece ao público interessado, é daqueles que tem todos os ingredientes para se constituir num verdadeiro clássico do tema proposto, seja pela oportunidade, pela qualidade dos textos, pela densidade das reflexões que tais textos expressam ou pela envergadura de seus autores.

Parabéns à Editora, aos autores e aos coordenadores.

Curitiba, Outubro de 2016.

Luiz Rodrigues Wambier
Doutorado em Direito pela Pontifícia Universidade Católica de São Paulo.
Mestrado em Direito das Relações Sociais pela Universidade Estadual de Londrina.

1

Panorama das Inovações do Novo Código de Processo Civil e o Potencial Reflexo no Processo do Trabalho

Alexandre Luna da Cunha
Doutorando e Mestre em Direito pela Universidade Mackenzie/SP. Pesquisador dos grupos de pesquisa Impactos do Novo Código de Processo Civil na tutela dos direitos fundamentais e aperfeiçoamento da tutela coletiva da Universidade de Itaúna e Direitos Sociais e Políticas Públicas da Universidade Mackenzie. Professor, orientador e revisor de TCC dos cursos de graduação e pós-graduação da Escola de Direito da Fundação Getúlio Vargas/SP, Universidade Nove de Julho/SP e Universidade de São Caetano do Sul/SP. Advogado.

Luana Pedrosa de Figueiredo Cruz
Mestre e Doutora em Direito Processual Civil pela PUC/SP. Professora do Mestrado em Direitos Fundamentais da Universidade de Itaúna – UIT/MG. Professora do Curso de Direito da Universidade Nove de Julho/SP. Professora dos cursos de Pós-graduação da PUC/SP (Cogeae) e da Escola Fundação Superior do Ministério Público do Mato Grosso (FESMP-MT). Advogada.

INTRODUÇÃO

Coube-nos, por honroso convite dos Professores Jackson Passos e Simone Barbosa de Martins Mello, escrever sobre o "Panorama das Inovações do novo Código de Processo Civil e o Potencial Reflexo no Processo do Trabalho".

Considerando o caráter introdutório do tema, faz-se necessário, portanto, um corte epistemológico, para que fique claro ao leitor o que será aqui abordado, como trabalho inicial da obra.

O objetivo, aqui, portanto, é trazer, além de um retrato, um primeiro panorama sobre o Novo Código de Processo Civil, para que, a partir de então, possa o leitor adentrar os temas específicos do processo do trabalho, com os artigos dos demais coautores.

Por essa razão, optamos por tratar do que se convencionou chamar de "parte geral da parte geral" do CPC 15 (como o trataremos de agora em diante), ou seja, algo que faltava ao CPC 73, uma espécie de parte principiológica.

Teceremos breves e essenciais comentários sobre os arts. 15 e 1.046, § 2º, apenas no que for necessário para fazer a ligação com o panorama geral e potencial reflexo, inclusive porque a obra traz um trabalho específico sobre o art. 15 do CPC 15.

Em seguida, elencaremos em forma de anexo e por vezes em rodapés explicativos, quando cabíveis, (inclusive para não ingressarmos no tema dos demais colegas) as instruções normativas já lançadas pelo Tribunal Superior do Trabalho, que impactam, exatamente, nos reflexos que o CPC/2015 traz para o processo do trabalho.

Faremos a mesma indicação com os enunciados do Fórum Permanente de Processualistas Civis, do Instituto Brasileiro de Direito Processual, que há anos se reúne, debatendo o CPC/2015 desde quando era projeto de Lei, e emite enunciados, para melhor interpretação da novel legislação.

Com isso, esperamos trazer o que nos foi proposto, que é uma ideia geral do Novo Código, para que os leitores entendam sua estrutura e principais inovações

1. VISÃO GERAL DO NOVO CÓDIGO DE PROCESSO CIVIL

O Código de Processo Civil de 2015 é a primeira grande codificação totalmente oriunda dentro de um Estado Democrático de Direito, com ampla participação de diversos setores da sociedade em geral, debates da comunidade jurídica, sugestões advindas de diversos setores da Magistratura, do Ministério Público e da Ordem dos Advogados do Brasil.

É fato que um novo código já era necessário, pois, desde o ano de 1994, podemos contar algumas dezenas de leis que alteraram, substancialmente, o CPC 73. E não é que o antigo código fosse necessariamente velho, ultrapassado, "imprestável". Mas é fácil perceber que se tornou um modelo de comunicação que não mais atendia às necessidades da população e da comunidade jurídica em geral. Faltava sistematização, organização de ideias, técnicas inovadoras que atendessem ao que nos foi trazido pela Constituição Federal de 1988 e, inclusive, suas diversas Emendas, a exemplo da EC 45, a Reforma do Judiciário, que trouxe mudanças, como, por exemplo, a criação do Conselho Nacional de Justiça.

Nesse sentido, é como se o modelo do CPC 73 não fosse mais compatível com a demanda que acabou surgindo, após a abertura dada pela Constituição Cidadã, que abriu as portas do Judiciário para a população.

Uma das características que podemos salientar, de pronto, é que no CPC 15 as partes deixam de ser coadjuvantes e passam a ser protagonistas, pois haverá muitas situações em que poderão participar da construção das regras do procedimento, juntamente com o magistrado, com o chamado "negócio processual".

Outras novidades que podemos destacar são: a criação de regras gerais, maior incentivo à conciliação e mediação, tratamento mais adequado às causas repetitivas, unificação de prazos e contagem apenas em dias úteis, melhor tratamento à tutela provisória e tutela de urgência, supressão do livro das cautelares e fim das cautelares específicas.

Além disso, temos: alterações na fixação dos honorários advocatícios que, além de passarem a ser fixados, oficialmente, em diversas fases do processo, passam a ser reconhecidos, também oficialmente, como crédito alimentar; consolidação da jurisprudência no que tange à execução; criação de um sistema de precedentes; ônus dinâmico da prova; alterações nas intervenções de terceiros.

Tudo isso pode assustar, mas, na verdade, o que vemos é que nada mudou da água para o vinho. Os institutos não mudam, muda o tratamento que lhes é dado. Temos, sim, verdadeiras inovações, mas nada a que não consigamos, com o tempo, nos acostumar.

2. ESTRUTURA GERAL DO CPC/2015

O CPC 15 tem uma estrutura bem diferente do CPC 73, inclusive em razão da supressão do livro das cautelares, da inversão da ordem dos assuntos (recursos, por exemplo, aparece depois de cumprimento de sentença e execução) sendo agora dividido em três partes, que são[1]:

2.1. Parte Geral (arts. 1º a 317) – Dividida em seis livros

- Livro I – Traz o Capítulo I, com arts. 1 a 12 e as normas fundamentais do Processo Civil e o Capítulo II cujos arts. 13 a 15 trazem regras sobre a aplicação das Normas Processuais – essa parte é a que vem sendo apelidada de "parte geral" do Código de Processo Civil, a exemplo do que já temos no Código Civil.

- Livro II – Função Jurisdicional: Jurisdição, Ação; Limites da Jurisdição Nacional e Cooperação Internacional (*novidade – arts. 26 a 41*); Competência interna; Cooperação Nacional (*novidade – arts. 67 a 69*[2]);

---

(1) O que trazemos aqui é um resumo explicativo sobre os livros, sem correspondência exata com títulos, e sem necessidade de mencionar todo o sumário do CPC 15 e seus respectivos capítulos, títulos, livros, etc.; os artigos são mencionados, na maioria das vezes, quando tratam de inovações do CPC/2015, inclusive porque questões específicas serão tratadas em outros capítulos do livro.

(2) Art. 67. Aos órgãos do Poder Judiciário, estadual ou federal, especializado ou comum, em todas as instâncias e graus de jurisdição, inclusive aos tribunais superiores, incumbe o dever de recíproca cooperação, por meio de seus magistrados e servidores.

Art. 68. Os juízes poderão formular entre si pedido de cooperação para prática de qualquer ato processual.

Art. 69. O pedido de cooperação jurisdicional deve ser prontamente atendido, prescinde de forma específica e pode ser executado como:

I – auxílio direto;

II – reunião ou apensamento de processos;

III – prestação de informações;

IV – atos concertados entre os juízes cooperantes.

§ 1º As cartas de ordem, precatória e arbitral seguirão o regime previsto neste Código.

§ 2º Os atos concertados entre os juízes cooperantes poderão consistir, além de outros, no estabelecimento de procedimento para:

I – a prática de citação, intimação ou notificação de ato;

II – a obtenção e apresentação de provas e a coleta de depoimentos;

III – a efetivação de tutela provisória;

IV – a efetivação de medidas e providências para recuperação e preservação de empresas;

V – a facilitação de habilitação de créditos na falência e na recuperação judicial;

VI – a centralização de processos repetitivos;

VII – a execução de decisão jurisdicional.

§ 3º O pedido de cooperação judiciária pode ser realizado entre órgãos jurisdicionais de diferentes ramos do Poder Judiciário.

- **Livro III** – Sujeitos do Processo: Das Partes e dos Procuradores; Capacidade processual; Dos deveres das partes e dos Procuradores (*Atenção especial pois, agora, apesar de restringir em alguns pontos, o procurador também está incluído dentre os sujeitos do processo que podem ser responsabilizados por vários atos de má conduta no processo*); Dos deveres, das responsabilidades das partes por dano processual; das despesas, dos honorários advocatícios, e das multas; Da gratuidade da justiça (*observe-se, aqui, que o art. 1.072, do CPC 15 revogou diversos artigos da Lei n. 1.050/1960, de modo que a matéria é tratada, agora, no CPC 15*); Dos Procuradores; Da Sucessão das Partes e dos Procuradores.

O mesmo livro ainda trata de: Litisconsórcio; Intervenção de terceiros (*com várias alterações: assistência simples e litisconsorcial foram deslocadas para intervenção de terceiros, permaneceram aqui a denunciação da lide e o chamamento ao processo; nomeação à autoria virou preliminar de contestação. Além disso, para cá também vieram o incidente de desconsideração da personalidade jurídica – que acontece em dupla via e a figura do* amicus curiae).

Ainda o **Livro III**: Do Juiz e dos Auxiliares da Justiça: Poderes, deveres e responsabilidade do Juiz, impedimentos e suspeição (e respectivos procedimentos de exceção) e as figuras dos auxiliares da justiça. *Aqui foram acrescidas duas figuras: o conciliador e o mediador (arts. 165 a 175), de modo que, para tanto, de acordo com o art. 165*[3]*, os Tribunais deverão criar centros judiciários de solução de conflitos.*

Finalizando o **Livro III** temos o tratamento do Ministério Público e duas novidades: *títulos dedicados à Advocacia Pública (arts. 182 a 184) e à Defensoria Pública (arts. 185 a 187).*

- **Livro IV** – Capítulo I: Atos Processuais: Forma, dos Atos Processuais, incluindo o aperfeiçoamento da prática eletrônica de atos processuais; Capítulo II: Tempo e Lugar dos Atos Processuais; Capítulo III: Dos Prazos – *modificações mais relevantes no que tange a forma de contagem que, ao menos no Código de Processo Civil, serão contados apenas em dias úteis (art. 219*[4]*). Também foi estabelecida a suspensão dos prazos processuais entre os dias 20 de dezembro e 20 de janeiro.*

Ainda no **Livro IV** Temos a Comunicação dos atos processuais, que deverá ser facilitada pela cooperação entre os juízos, dando-se preferência ao número de cartas por meio eletrônico. Por fim, temos as Nulidades, Distribuição, Registro e Valor da Causa, finalizando o Livro IV.

- **Livro V** – Essa é uma das grandes novidades do CPC/2015, que é a sistematização da Tutela Provisória. Ao retirar do CPC o livro das ações cautelares, e extinguir as cautelares específicas, trouxe o livro que trata da tutela provisória dividida em tutela de urgência e tutela de evidência. A tutela de urgência, por sua vez, pode ser concedida na modalidade cautelar ou antecipada e qualquer delas na forma antecedente ou incidental, sendo assim divididos os dispositivos: disposições gerais (arts. 294 a 299), tutela de urgência antecedente e incidental (arts. 300 a 310) e tutela de evidência (art. 311).

- **Livro VI** – Formação, suspensão e extinção do processo.

2.2. *Parte Especial (arts. 318 a 1.044) – Dividida em três livros*

Aqui está uma grande curiosidade. A parte especial do Código de Processo Civil, agora dividida em três livros, não trata, necessariamente, de procedimentos que são especiais. Ela está dividida em três livros, conforme apontamos a seguir.

- **Livro I**: Processo de conhecimento e todo o cumprimento de sentença (execução da sentença). Inclui Procedimento Comum: Petição Inicial, Pedido, Improcedência Liminar, Audiência de Conciliação ou de Mediação, Contestação, Reconvenção, Revelia, Providências Preliminares, Julgamento Conforme o Estado do Processo. Também toda a produção de Provas, Audiência de Instrução e Julgamento, Produção Antecipada de Provas (*antes providência cautelar*) e a inclusão, também, da *ata notarial* como meio de prova.

Do mesmo livro ainda constam Sentença (*com substanciais modificações nos requisitos de sua fundamentação*) e Coisa Julgada (*com algumas modificações no que tange aos fundamentos, pois, suprimida a declaratória incidental, poderá ser feito pedido de declaração de questão prejudicial, para que o fundamento possa fazer parte do* decisum).

Todo o procedimento de Liquidação e Cumprimento de Sentença estão regulados no mesmo livro que traz consolidações da Jurisprudência do Processo Civil como, por exemplo, a possibilidade de aplicação de multa de 10% no caso de cumprimento provisório de sentença, o que antes não era possível, no CPC 73.

Os efetivos Procedimentos Especiais também estão no **Livro I**, dentre eles, a Oposição, que deixou de ser intervenção de terceiros para virar procedimento especial. E

---

(3) Art. 165. Os tribunais criarão centros judiciários de solução consensual de conflitos, responsáveis pela realização de sessões e audiências de conciliação e mediação e pelo desenvolvimento de programas destinados a auxiliar, orientar e estimular a autocomposição.
(4) O art. 2º, III, da Resolução n. 203 do TST aponta pela não aplicação desse dispositivo ao processo do trabalho.

aqui se encontram tanto os de jurisdição contenciosa quanto os de jurisdição voluntária.

- **Livro II**: Traz, finalmente, o Processo de Execução, com as disposições gerais de execução, aplicáveis tanto ao cumprimento de sentença quanto à execução de título extrajudicial, o procedimento de execução extrajudicial propriamente dito (partes, competência, requisitos, responsabilidade patrimonial, espécies de execução, penhora, avaliação, expropriação, satisfação do credor, execução contra a fazenda pública, execução de alimentos, embargos à execução, suspensão e extinção da execução).
- **Livro III**: Regula todo o procedimento dos Processos nos Tribunais e os Meios de Impugnação das Decisões Judiciais: disposições gerais, Ordem dos processos nos tribunais, incidente de assunção de competência, incidente de arguição de inconstitucionalidade, conflito de competência, homologação de decisão estrangeira e concessão de *exequatur* à carta rogatória, ação rescisória, incidente de resolução de demandas repetitivas, reclamação. Recursos: disposições gerais, apelação, agravo de instrumento, agravo interno, embargos de declaração, recursos para o STF e STJ, embargos de divergência.

a) **Livro Complementar (disposições finais e transitórias) (arts. 1.045 a 1.072)**

Importante observar que as disposições finais trazem regras de direito intertemporal e alterações em vários outros diplomas.

3. COMENTÁRIOS SOBRE AS NORMAS FUNDAMENTAIS (OU "PARTE GERAL") DO CPC/2015: ARTS. 1º AO 15

A falta de normas fundamentais, ou mesmo uma "parte geral" no CPC 73 era uma reclamação antiga de muitos processualistas. Como se faltasse algo que dessa coesão a todo o conjunto de normas que regula o nosso processo, o nosso procedimento.

E é exatamente para isso que serve uma parte geral, de acordo com as palavras de Vargas (2016, p. 107):

> A parte geral serve para filtrar seletivamente todo o sistema processual civil. Para que seja compreendido em seu todo, nenhum de seus componentes deve ser interpretado isoladamente, ou seja, a seiva que dará eficácia a cada um deles deverá nela buscar fundamento. Em outras palavras, assim como a Constituição Federal, o Código de Processo Civil não pode ser interpretado em tiras, mas sim como um todo harmônico.

O que se observa, de verdade, é que o legislador quis dar um tratamento de normas fundamentais, verdadeiros compromissos a serem assumidos pelos aplicadores do direito processual civil, pois, se o Código é um sistema, deverá ser tratado como tal. É exatamente esse o pensamento de Marinoni, Arenhart e Mitidiero (2016, p. 142):

> A maior visibilidade outorgada a determinados direitos fundamentais processuais no novo Código em detrimento de outros por força da respectiva previsão como normas fundamentais do processo civil decorre da circunstância desses constituírem compromissos fundamentais do legislador: respeitar a liberdade e a igualdade de todos perante a ordem jurídica (arts. 1º, 2º, 3º, e 8º, CPC), prestar tutela tempestiva aos direitos (arts. 4º e 12, CPC) e administrar a justiça civil a partir de uma ideologia democrática (o que leva a um novo equacionamento das relações entre o juiz e as partes a partir da colaboração, do contraditório e da fundamentação, arts. 5º, 6º, 7º, 9º, 10 e 11, CPC).

Muitas das normas fundamentais que veremos aqui comentadas, na verdade, é correto dizer que sequer seriam necessárias, mas também não podemos dizer que são dispensáveis. Isso porque, se aqui estão, no mínimo, foi uma demanda do comportamento de todos aqueles que, de alguma forma, participam do processo. Ao mesmo tempo, como já afirmamos, para melhor organizar o sistema.

Comentários ao art. 1º:

CPC/2015	CPC/1973
Art. 1º O processo civil será ordenado, disciplinado e interpretado conforme os valores e as normas fundamentais estabelecidos na Constituição da República Federativa do Brasil, observando-se as disposições deste Código.	Sem correspondência.

Wambier *et al.* (2015, p. 56), trazem um comentário que, em nossa opinião, traduz de forma precisa muitas das normas fundamentais que integram os arts. 1º a 15 do CPC/2015:

> Esta contextualização tem uma função quase didática. Não é a partir deste artigo, obviamente, que o CPC deverá passar a submeter-se à Constituição Federal. Trata-se de um dispositivo que deve ser lido antes de todo e qualquer outro dispositivo que integra o Código, que deve ser compreendido a partir dos **princípios constitucionais fundamentais**. Está aí para ser visto, para que o intérprete não o deixe de lado, porque não teria sido "lembrado". O artigo dá ênfase à imposição que já existe: a de que o CPC compreendido à luz da Constituição Federal.
>
> (...)

Este dispositivo, como se observou, tem uma função didática: repete um princípio **constitucional**, revelando um aspecto típico, importante e evidente do pensamento jurídico de nossos dias.

Observamos que, se um dos valores fundamentais é o acesso à justiça, por exemplo, não podemos ter um processo com formalismo exagerado, a ponto de impedir a prestação da tutela jurisdicional, quando seria perfeitamente possível a correção ou superação do vício. Há dispositivos do CPC 15, por exemplo, que permitem a expressa complementação dos documentos que são normalmente juntados na inicial ou contestação. O sistema de tutela antecipada antecedente também é um bom exemplo.

Carneiro (2015, p. 59) é preciso quando, ao comentar o mesmo dispositivo, afirma que:

> Não existe nenhuma pretensão em desmerecer o processo, mas sim deixar claro que ele não representa um fim em sim mesmo, mas um meio para a efetivação de valores constitucionais que no peculiar exercício da atividade jurisdicional deve resultar, via de regra, em um julgamento de mérito, justo, eficaz e rápido.

O que se observa, portanto, é que o objetivo do dispositivo vai muito além de simplesmente dizer o óbvio, mas, sim, de ditar qual a tônica do CPC/2015, a de um processo de resultados, que, de fato, respeite a Constituição Federal, dando ao jurisdicionado o mais próximo do que teria, caso não tivesse sido necessário buscar o Judiciário para solucionar o conflito.

Comentários ao art. 2º:

CPC/2015	CPC/1973
Art. 2º O processo começa por iniciativa da parte e se desenvolve por impulso oficial, salvo as exceções previstas em lei.	Art. 2º Nenhum juiz prestará a tutela jurisdicional senão quando a parte ou o interessado a requerer, nos casos e formas legais. Art. 262. O processo civil começa por iniciativa da parte, mas se desenvolve por impulso oficial.

O artigo reflete princípios que já conhecemos como princípio dispositivo e princípio do impulso oficial. Alguns autores denominam de princípio da inércia ou princípio da demanda. De todo modo, significa, em resumo, que uma vez instaurado o processo, por iniciativa da parte, ele se desenvolve por iniciativa do juiz, sem necessidade de pedido específico. Os princípios garantem, tecnicamente, a imparcialidade do juiz, pois, se começa por iniciativa da parte, e por ela os limites são estabelecidos, delimita a atuação do juiz dentro do processo, que por impulso oficial lhe dará continuidade.

Nesse sentido, vejamos os comentários de Medina (2015, p. 37):

> O início do processo é condicionado "à demanda da parte (*nemo iudex sine actore*). A demanda é a primeira manifestação processual do exercício do direito de ação (c. f. comentário *supra*). A jurisdição movimenta-se em decorrência da demanda (*nemo iudex sine actore*), ficando, antes, disso, inerte (*ne proced atiudex ex officio*). O princípio da inércia da jurisdição, assim, é *a outra face* do princípio da demanda, encontrando-se ambos nos princípios positivados nos arts. 2º do CPC/2015.
>
> (...)
>
> Tendo-se iniciado por provocação das partes, o processo desenvolve-se "por impulso oficial" (art. 2º do CPC/2015). Doravante, põe-se a jurisdição a atuar, com o intuito de dar fim à lide, realizando os princípios e garantias decorrentes do *due process of law*...

Como já se observou, nada de novo no dispositivo, porém, faz parte do conjunto de normas que organizam o novo sistema de interpretação das demais regras do Código de Processo Civil.

Comentários ao art. 3º:

CPC/2015	CPC/1973
Art. 3º Não se excluirá da apreciação jurisdicional ameaça ou lesão a direito. § 1º É permitida a arbitragem, na forma da lei.	SEM CORRESPONDÊNCIA (havendo correspondência do *caput* com a redação expressa da CF/1988).
§ 2º O Estado promoverá, sempre que possível, a solução consensual dos conflitos. § 3º A conciliação, a mediação e outros métodos de solução consensual de conflitos deverão ser estimulados por juízes, advogados, defensores públicos e membros do Ministério Público, inclusive no curso do processo judicial.	Art. 125. O juiz dirigirá o processo conforme as disposições deste Código, competindo-lhe: [...] IV – tentar, a qualquer tempo, conciliar as partes.

O primeiro comentário que se pode trazer aqui é que, em princípio, não há correspondência exata com o CPC 73, porém, traz a repetição da redação da CF/1988, repetindo a tendência de trazer, para a legislação infraconstitucional, textos, constitucionais. É a garantia do *acesso à justiça* na legislação processual. Mais uma norma que talvez não precisasse ser positivada em lei federal, mas está aqui por fazer parte de um sistema, e para que a ela se sigam os incisos que deixam claro uma série de outras formas de se garantir o acesso à justiça.

Tanto é assim que os parágrafos seguintes mencionam a arbitragem, o incentivo à solução consensual dos conflitos, estímulo à mediação, deixando claro que a prática deverá ser aplicada por todos, desde as partes, até juízes, advogados, defensores públicos, membros do Ministério Público.

Carneiro (2015, p. 63):

> Reitera-se que o acesso à justiça não pode ser entendido exclusivamente pelo direito de participar, de obter uma resposta. É preciso que o Estado assegure meios para que ele se concretize em toda sua plenitude. Assim, deve estruturar o Poder Judiciário de forma adequada, com juízes suficientes, conciliadores serventuários diversos, cartórios devidamente equipados, etc. São prestações positivas que o Estado deve oferecer para garantir o efetivo acesso à justiça. Quanto melhores forem as ações estatais para aparelhar a máquina judiciária, mais rápido e efetivo será o acesso.

Em suma, o acesso somente será pleno quando a informação dos direitos for adequada, estiver garantida a participação de quem quer que seja no devido processo legal e que se assegure à parte, que tem o melhor direito, receber o mais rápido possível o bem da vida a que faz jus.

Tanto é assim, que será criada, no âmbito do Processo Civil, uma *nova categoria de auxiliares da justiça, a dos conciliadores e dos mediadores* (arts. 165 a 175 do CPC 15). Estes serão capacitados pelos respectivos Tribunais de Justiça, que deverão criar centros judiciários de solução de conflitos, com quadros próprios, preenchidos por concurso público, sem prejuízo de criação de câmaras privadas de conciliação e mediação.

Uma outra novidade que se vê, em decorrência, muito provavelmente, desse dispositivo, é o art. 334, que prevê a realização prévia da audiência de conciliação ou de mediação. A partir dessa, se for o caso de sua realização, passa a fluir o prazo para a apresentação da contestação (art. 335, I). A indicação pelo interesse na audiência de conciliação ou mediação, inclusive, passa, também, a ser *um novo requisito para a petição inicial*.

Comentários ao art. 4º:

CPC/2015	CPC/1973
Art. 4º As partes têm o direito de obter em prazo razoável a solução integral do mérito, incluída a atividade satisfativa.	SEM CORRESPONDÊNCIA Alguns comparativos apontam parcial correspondência ao: Art. 125. O juiz dirigirá o processo conforme as disposições deste Código, competindo-lhe: [...] II – velar pela rápida solução do litígio;

O CPC/2015 tem como uma de suas características, como já viemos afirmando, o objetivo de um processo de resultados no mundo dos fatos, de modo que o excesso de formalismo não se sobreponha à satisfação do direito material.

É muito importante, por outro lado, que não se confunda processo célere com processo rápido. Ao mesmo tempo que se deve compreender que uma prestação adequada deve ser prestada com duração razoável, sem que nenhuma garantia seja violada, por outro lado, não deve haver a dispensa da prática de ato processual necessário ao adequado julgamento da causa. Portanto, quando falarmos, adiante, em diminuição do tempo do processo, é nesse sentido que estaremos nos pronunciando.

Marinoni, Arenhart e Mitidiero (2016, p. 142, 149 e 151) abordam a questão com precisão cirúrgica:

> O direito à razoável duração do processo não constitui e não implica direito a processo rápido ou célere. As expressões não são sinônimas. A própria ideia de processo já repele a instantaneidade e remete ao tempo como algo inerente à fisiologia processual. (...) O que a Constituição e o novo Código determinam é a eliminação do tempo patológico – a desproporcionalidade entre duração do processo e a complexidade do debate da causa que nele tem lugar. O direito ao processo justo implica direito ao processo sem dilações indevidas, que se desenvolva temporalmente dentre de um tempo justo.
>
> (...)
>
> O direito à tutela tempestiva implica direito à economia processual, na medida em que o aproveitamento na maior medida possível dos atos processuais já praticados – sem decretações de nulidade e repetições desnecessárias de atos – promove um processo com consumo equilibrado de tempo. Daí a razão pela qual se entende que a economia processual entra no núcleo duro do direito à tutela jurisdicional tempestiva.

É exatamente por isso que temos a unificação de um sistema de tutelas provisórias (exequíveis de plano), sentenças parciais com efeitos imediatos, a criação de um sistema de precedentes, com o intuito de evitar decisões conflitantes. Além da criação, por exemplo, de um sistema para resolução de demandas repetitivas, dentre outras várias medidas tendentes a um processo mais justo e eficaz.

Foram feitas várias outras modificações como a concentração das defesas – contestação, reconvenção, impugnação ao valor da causa e ao pedido de justiça gratuita – todas feitas na peça de contestação.

Sem falar na limitação do uso do agravo de instrumento, que passou a ter hipóteses taxativas, o que se espera, diminuirá muito a sua utilização, e, com o tempo, acelerará a tramitação do processo.

O privilégio à prática de atos processuais na forma eletrônica, (ouvida de testemunhas, depoimento pessoal, cooperação entre juízes, etc.), e a possibilidade de oficiais de justiça, inclusive em atos de execução, poderem praticar atos em comarcas contíguas (independentemente das leis estaduais) também, espera-se, diminuirá, em muito, o tempo transcorrido entre o início e o fim do processo civil.

Na tônica do que inicialmente afirmamos, finalizamos com a reflexão de Gajardoni *et al.* (2015, p. 26) que afirmam que deve ser um "sempre alerta a nós aplicadores do direito, para não cairmos na tentação da pressa":

> Não se pode diminuir o papel do processo a uma mera técnica de obtenção de resultados, uma vez que sua estruturação serve igualmente ao penhor da segurança jurídica, no que instrumentaliza, controla e direciona o poder estatal, afastando a possibilidade de desmedida sujeição das partes ao poder estatal. Processo não é só instrumento de alocação de decisão. Mesmo porque, o justo processo pressupõe mais, muito mais do que a celeridade na prestação da tutela jurisdicional.

Comentários ao art. 5º:

CPC/2015	CPC/1973
Art. 5º Aquele que de qualquer forma participa do processo deve comportar-se de acordo com a boa-fé.	Art. 14. São deveres das partes e de todos aqueles que de qualquer forma participam do processo: [...] II – proceder com lealdade e boa-fé; Ver também arts. 79 a 81 do CPC/2015

O objetivo maior do dispositivo é regular a conduta dos participantes do processo. É imprescindível perceber que o art. 5º não regula apenas o comportamento do autor e do réu, mas de TODOS aqueles que participam do processo. Isso quer dizer que o princípio da boa-fé também será exigido de terceiros, serventuários, juízes e advogados. Diferentemente dos dispositivos da litigância de má-fé (que se dirigem às partes e participantes) o art. 5º traz linhas gerais para o comportamento de todos. Dessa forma vejamos alguns exemplos que podem demonstrar o reflexo desse princípio (Carneiro, 2015, p. 69):

- Arts. 77 e 78: deveres das partes *e de seus procuradores*. Traz a possibilidade de aplicação de algumas sanções aos procuradores, e, em outros casos, encaminhamento aos órgãos de classe.
- Art. 11: traz a obrigação do juiz de fundamentar adequadamente as suas decisões – o que será especificado, mais claramente, no art. 489;
- Arts. 144 e 145: tratam do impedimento e suspeição do juiz.
- Arts. 139 a 143: poderes e deveres do juiz.

Saindo dos exemplos, Didier (2015, p. 75) vai além para trazer o seu posicionamento sobre o real significado do princípio da boa-fé que ele entende ser, na verdade, extraído de uma cláusula geral processual:

> O *princípio da boa-fé* extrai-se de uma *cláusula geral processual*. A opção por uma cláusula geral de boa-fé é a mais correta. É que a infinidade de situações que podem surgir ao longo do processo torna pouco eficaz qualquer enumeração legal exaustiva de hipóteses de comportamento desleal. Daí ser correta a opção da legislação brasileira por uma norma geral que impõe o comportamento de acordo com a boa-fé. Em verdade, não seria necessária qualquer enumeração das condutas desleais: o art. 5º do CPC é bastante, exatamente por tratar-se de uma cláusula geral.
>
> Há, ainda, as *regras de proteção à boa-fé* que concretizam o princípio da boa-fé e compõem a modelagem do devido processo legal brasileiro. As normas sobre litigância de má-fé (arts. 79-81 do CPC) são um exemplo disso.

Comentários ao art. 6º:

CPC/2015	CPC/1973
Art. 6º Todos os sujeitos do processo devem **cooperar** entre si para que se obtenha, em **tempo razoável**, decisão de mérito justa e efetiva.	SEM CORRESPONDÊNCIA.

O art. 6º, sem correspondência no CPC 73, apresenta o dever geral de cooperação. Muitos autores já têm dito que é um redimensionamento do princípio do contraditório, para melhor aproveitamento dos atos processuais. E não deixa de ser.

O dispositivo menciona que os sujeitos devem cooperar entre si para a obtenção de decisão de mérito, justa e efetiva, em tempo razoável. Wambier *et al.* (2015, p. 62) chegam a relacionar a cooperação com boa-fé. Por outro lado, observamos que a cooperação vai muito além, e está mais ligada à condução que o magistrado dá ao processo, tanto permitindo a participação de terceiros, quanto observando a participação de todos, que, juntos, constroem uma boa decisão. Vemos o que afirma Carneiro (2015, p. 70/71):

> Nos processos jurisdicionais, a cooperação é verificada com a participação das partes e terceiros que devem construir, juntamente, com o juiz, a decisão.
>
> A cooperação ocorre por meio da prática de atos processuais, que, no contexto das partes, realiza-se com o exercício dos direitos de ação, de defesa, e de manifestação em geral; e na seara da magistratura se efetiva por meio das ordens e decisões *lato sensu*. Ademais, a cooperação, como deve ser imposta

aos sujeitos do processo, pressupõe uma harmoniosa sintonia nesta prática de atos processuais, os quais devem ser realizados sempre sob signo da boa-fé... inclusive, aqueles praticados por terceiros estranhos ao conflito, que também devem cooperar com a atividade jurisdicional, como ocorre no procedimento da exibição de documentos (art. 378, c/c o art. 6º).

Marinoni, Arenhart e Mitidiero (2016, p. 155) também enfatizam o papel do juiz na cooperação, quando comentam sobre os seus deveres de esclarecimento, prevenção, auxílio aos litigantes, evitando, por exemplo, que esbarrem em obstáculos que impeçam o prosseguimento do feito, tendo em vista que o processo moderno, preconizado pelo CPC/2015, tem sempre o objetivo de uma decisão de mérito.

No que tange ao tempo razoável para que se profira uma decisão justa, vale lembrar que não só a CF/1988 no art. 5º, LXXVIII, e art. 93, XV, mas também a Convenção Americana de Direitos Humanos no art. 8º, tratam do assunto. Inclusive, CIDH 8º, § 1º.

> Toda pessoa tem o direito a ser ouvida *com as devidas garantias e dentro de um prazo razoável, por um juiz ou tribunal competente, independente e imparcial*, estabelecido anteriormente por lei, na apuração de qualquer acusação penal formulada contra ela, ou para que se determinem os seus direitos e obrigações de natureza civil, trabalhista, fiscal ou de qualquer outra natureza.

Comentários ao art. 7º:

CPC/2015	CPC/1973
Art. 7º É assegurada às partes paridade de tratamento em relação ao exercício de direitos e faculdades processuais, aos meios de defesa, aos ônus, aos deveres e à aplicação de sanções processuais, competindo ao juiz zelar pelo efetivo contraditório.	Art. 125. O juiz dirigirá o processo conforme as disposições deste Código, competindo-lhe: I – assegurar às partes igualdade de tratamento;

Presente no CPC 73 de forma mais tímida, pois dizia respeito à maneira como o juiz deveria conduzir o processo, o art. 7º ganhou força não somente em sua redação, mas no conteúdo.

Podemos observar que existem dois lados para a aplicação do princípio da isonomia, da paridade de armas, da regra que busca trazer equilíbrio entre as partes no processo. O lado que cria regras que buscam o equilíbrio, para tentar retirar a desvantagem daqueles que já ingressam no processo em situação deficitária e aquelas regras que, do contrário, não podem ser violadas, jamais, sob o risco de causarem desacerto, desequilíbrio na balança.

No primeiro caso podemos observar dispositivos como, por exemplo, aqueles que antes constavam da Lei n. 1.060/1950, e agora foram inseridos no CPC/2015, dispondo, entre os arts. 98 a 102, sobre a gratuidade da justiça, revogando diversos artigos daquela lei.

O mesmo ocorre com a prioridade de tramitação instituída no art. 1.048, que está nas disposições finais e transitórias. O tratamento diferenciado é concedido, de maneira geral, a pessoas que tenham idade igual ou superior a 60 (sessenta) anos ou sejam portadoras de doença grave.

A outra face do princípio aqui tratado é a do tratamento verdadeiramente igual, pois é dever do juiz, inclusive em razão da sua imparcialidade, não favorecendo nenhuma das partes, mantendo a relação jurídica processual sempre equilibrada.

Vejamos o que dizem Marinoni, Arenhart e Mitidiero a respeito (2016, p. 157):

> O direito à igualdade – em sua dupla dimensão – dá lugar à igualdade no processo e pelo processo, nada obstante a doutrina de um modo geral preocupe-se apenas com o primeiro aspecto do problema. É, aliás, curioso, que a doutrina se preocupe com a estruturação do processo a partir da igualdade, mas não mostre idêntica preocupação no que tange à igualdade pelo processo. O processo justo visa à tutela dos direitos mediante decisão justa e precedentes. E não há justiça se não há igualdade – unidade – na aplicação do Direito pelo processo. O processo tem de se estruturar com técnicas capazes de promover a igualdade de todos perante a ordem jurídica. Embora esse não seja um problema ligado propriamente à igualdade no processo, certamente constitui assunto de direito processual a necessidade de promoção da igualdade pelo processo.

Os mesmos autores continuam afirmando que:

> O processo só pode ser considerado justo se as partes dispõem das mesmas oportunidades e dos mesmos meios para dele participar. Vale dizer: se dispõem das mesmas armas, se dispõem de paridade de tratamento. Trata-se de exigência que obviamente se projeta sobre o legislador e sobre o juiz: há dever de estruturação e condução do processo de acordo com o direito à igualdade e à paridade de tratamento.

Comentários ao art. 8º:

CPC/2015	CPC/1973
Art. 8º Ao aplicar o ordenamento jurídico, o juiz atenderá aos **fins sociais e às exigências do bem comum**, resguardando e promovendo a **dignidade da pessoa humana** e observando a **proporcionalidade, a razoabilidade, a legalidade, a publicidade e a eficiência**.	SEM CORRESPONDÊNCIA

Dignidade da pessoa humana, proporcionalidade, razoabilidade, legalidade, publicidade e eficiência. Preferimos assim iniciar os comentários, destacando todos os princípios enumerados no art. 8º do CPC/2015. E nos chama atenção, especialmente, um princípio que jamais imaginaríamos ver em um código de processo civil, sim, "dignidade da pessoa humana". Isso porque os demais, de certa forma, já faziam parte da nossa tradição. Mas vamos aos comentários.

Por mais que seja "surpresa", o princípio da dignidade da pessoa humana em legislação processual civil, temos que nos lembrar que a dignidade da pessoa humana é preceito constitucional:

> Art. 1º A República Federativa do Brasil, formada pela união indissolúvel dos Estados e Municípios e do Distrito Federal, constitui-se em Estado Democrático de Direito e tem como fundamentos:
> (...)
> III – a dignidade da pessoa humana;

A percuciente lição de Carneiro (2015, p. 75/76) traz diferentes enfoques sobre o tratamento processual da dignidade da pessoa humana inserida no art. 8º:

> A dignidade da pessoa humana sob o enfoque processual pode ter dois significados: o primeiro, reconhecer às partes um direito de atuação efetiva, uma participação paritária e respeitosa, ao invés da posição de meros coadjuvantes; o segundo se refere à própria prestação jurisdicional, a qual deve ter duração razoável, bem como ser justa e eficaz.
>
> Vários são os exemplos de interpretação de normas processuais sob o ângulo da dignidade da pessoa humana, assim: a conveniência da decretação da prisão do devedor de alimentos desempregado; a proteção dos direitos da personalidade; a legitimidade adequada nos processos coletivos; a impenhorabilidade de determinados bens no processo de execução; a desocupação de imóveis e terrenos ocupados por centenas de pessoas etc.

Quanto à publicidade, seguindo também a CF/1988, art. 5º, LX – a lei só poderá restringir a publicidade dos atos processuais quando a defesa da intimidade ou o interesse social o exigirem – nesse ponto o dispositivo reproduz o texto constitucional. Observe-se, a propósito, que o art. 189 do CPC/2015 determina os processos que devem tramitar em segredo de justiça. Nesse sentido, vale salientar que foram acrescidos dois incisos, com relação ao código anterior[5].

Por fim, quanto à proporcionalidade, legalidade e razoabilidade, devemos lembrar que todos, de alguma forma, têm relação com os limites da aplicação da lei processual, consagrando, em grau máximo, o princípio do devido processo legal.

É importante destacar os enunciados do Fórum Permanente de Processualistas Civis, que tratam das matérias em análise, contribuindo para o esclarecimento de dúvidas que já assolam os estudiosos do tema:

> 106. (arts. 6º, 8º, 1.007, § 2º) Não se pode reconhecer a deserção do recurso, em processo trabalhista, quando houver recolhimento insuficiente das custas e do depósito recursal, ainda que ínfima a diferença, cabendo ao juiz determinar a sua complementação. (Grupo: Impacto do CPC no Processo do Trabalho).

Comentários ao art. 9º:

CPC/2015	CPC/1973
Art. 9º Não se proferirá decisão contra uma das partes sem que ela seja previamente ouvida. Parágrafo único. O disposto no *caput* não se aplica: I – à tutela provisória de urgência; II – às hipóteses de tutela da evidência previstas no art. 311, incisos II e III; III – à decisão prevista no art. 701.	SEM CORRESPONDÊNCIA

O CPC/2015 conta com dois princípios que, expressamente, privilegiam o contraditório, e vedam as chamadas "decisões surpresa", ou seja, que sejam proferidas decisões (definitivas) sem que seja proporcionado às partes o devido debate[6]. Diga-se, desde já, decisões definitivas, porque a doutrina tem sido relativamente unânime quanto à questão das decisões *inaldita altera pars*, nas quais o contraditório é diferido.

Vejamos a lição de Nery Junior (2010, p. 276) que, quando ao comentar exatamente as liminares sem a ouvida da parte contrária afirma:

> Neste caso, existe o contraditório, que fica *diferido*, postergado para momento posterior do procedimento. Aliás, a própria provisoriedade dessas medidas indica a possibilidade de sua modificação posterior, por interferência da manifestação da parte contrária, por exemplo.

---

(5) III – em que constem dados protegidos pelo direito constitucional à intimidade;
IV – que versem sobre arbitragem, inclusive sobre cumprimento de carta arbitral, desde que a confidencialidade estipulada na arbitragem seja comprovada perante o juízo.
(6) Melhor esclarecimento será dado no próximo artigo.

Essa limitação não fere o princípio da bilateralidade da audiência, dizíamos, porque ditada no interesse superior da justiça, dado que em certas ocasiões a ciência dos atos processuais à parte adversa e mesmo a demora na efetivação da medida solicitada poderiam resultar em ineficácia da atividade jurisdicional.

Por essa razão, faz todo sentido que se dê privilégio ao princípio do contraditório e proibição da decisão surpresa, mas resguardando-se, em última hipótese, os casos em que há risco de perecimento de direito, de tutela de evidência e ação monitória, também com fundamento em evidência. Isso porque, entendemos, não faria sentido privilegiar o contraditório a tal ponto de prejudicar o direito material, que é o objetivo máximo da utilização do processo.

Vejamos o que dizem Wambier et al. (2015, p. 65):

> Salvo nessas **hipóteses excepcionais**, não se deixará de proporcionar à parte oportunidade de que se **manifeste**, *antes* que se decida algo contra seus interesses. A lei menciona 'sem que esta seja previamente ouvida', mas deve ser entendida como se se referisse à necessidade de que se *proporcione* à parte a **possibilidade de se manifestar**. (grifos no original).

Resta muito claro, portanto, que o objetivo do dispositivo, conforme apontado, é resguardar o contraditório, e evitar o perecimento do direito material, evitando, também, a prática de atos processuais desnecessários, quando há evidência do direito, quando for o caso, conforme já esclarecido.

Acerca desta norma, assim se manifestou o Fórum Permanente de Processualistas Civis:

> 108. (arts. 9º e 15) No processo do trabalho, não se proferirá decisão contra uma das partes, sem que esta seja previamente ouvida e oportunizada a produção de prova, bem como não se pode decidir com base em causa de pedir ou fundamento de fato ou de direito a respeito do qual não se tenha oportunizado manifestação das partes e a produção de prova, ainda que se trate de matéria apreciável de ofício. (Grupo: Impacto do CPC no Processo do Trabalho).

Comentários ao art. 10:

CPC/2015	CPC/1973
Art. 10. O juiz não pode decidir, em grau algum de jurisdição, com base em fundamento a respeito do qual não se tenha dado às partes oportunidade de se manifestar, ainda que se trate de matéria sobre a qual deva decidir de ofício.	SEM CORRESPONDÊNCIA

A essência do princípio do contraditório tem estreita relação com a efetiva possibilidade de as partes terem, com acesso a todas as informações do processo, elementos para influenciar na decisão do juiz, contribuindo, efetivamente, com manifestações que venham a compor o seu convencimento. Por isso diz respeito ao direito de informação, direito de manifestação, direito de ver os seus argumentos considerados.

Trata-se de um daqueles dispositivos que muitos criticaram, por dizer que não seria necessário, que não deveria estar presente, pois TODOS deveriam conhecer o seu conteúdo. Ocorre que, exatamente por ter sido reiteradamente desrespeitado, é que passou a constar da lei processual, infraconstitucional.

Mesmo quando se trata de questão de ordem pública, portanto (inclusive prescrição e decadência, por exemplo), o juiz, apesar de estar autorizado a *identificar*, não está autorizado a *decidir* sem o efetivo debate.

A imprescindível lição de Nery Junior (2010, p. 261) provavelmente pioneiro ao tratar do tema da proibição da decisão surpresa, sob essa ótica é que:

> Mas o juiz, como sujeito do processo, *terceiro imparcial*, equidistante das partes, deve exercer o seu mister respeitando o direito das partes ao contraditório, a fim de que não sejam surpreendidas com decisões inesperadas, fundadas em premissas que não puderam, previamente, conhecer para tomar as medidas e precauções adequadas para o caso.
>
> Isso tem a ver, igualmente, com a boa-fé com "A proibição de haver *decisão surpresa* no processo, decorrência da garantia instituída pelo princípio constitucional do contraditório, enseja ao juiz o poder-dever de ouvir as partes sobre todos os pontos do processo, incluídos os que possivelmente poderão ser decididos por ele, seja a requerimento da parte ou interessado, seja *ex officio*. Trata-se da proibição da sentença de terceira via".
>
> Não que implique em adiantamento do entendimento do juiz, pois isso seria pré-julgamento intolerável e inconstitucional, que macula a imparcialidade necessária para o juiz julgar a causa.

Anote-se que esse sempre foi o posicionamento de Nery Junior, independentemente de fazer parte do texto do CPC, até porque, se o contraditório é regra constitucional, deveria e deverá ser respeitado de forma plena, sem surpresas para as partes do processo.

A visão de Marinoni, Arenhart e Mitidiero (2016, p. 162) traz uma veia bem pragmática, de democratização do processo, pois entendem que tem total relação com a confiança que o cidadão deposita no Poder Judiciário, atenuando o perigo de decisões preconcebidas, em razão da transparência que traz ao processo.

Acerca desta norma, assim se manifestou o Fórum Permanente de Processualistas Civis:

> 109. (arts. 10 e 15) No processo do trabalho, quando juntadas novas provas ou alegado fato novo, deve o juiz conceder prazo, para a parte interessada se manifestar a respeito, sob pena de nulidade. *(Grupo: Impacto do CPC no Processo do Trabalho).*

Comentários ao art. 11:

CPC/2015	CPC/1973
Art. 11. Todos os julgamentos dos órgãos do Poder Judiciário serão **públicos**, e **fundamentadas todas as decisões**, sob pena de nulidade. Parágrafo único. Nos casos de segredo de justiça, pode ser autorizada a presença somente das partes, de seus advogados, de defensores públicos ou do Ministério Público.	**Art. 155.** Os atos processuais são públicos. Correm, todavia, em segredo de justiça os processos: I – em que o exigir o interesse público; II – que dizem respeito a casamento, filiação, separação dos cônjuges, conversão desta em divórcio, alimentos e guarda de menores. Parágrafo único. O direito de consultar os autos e de pedir certidões de seus atos é restrito às partes e a seus procuradores. O terceiro, que demonstrar interesse jurídico, pode requerer ao juiz certidão do dispositivo da sentença, bem como de inventário e partilha resultante do desquite. **Art. 165.** As sentenças e acórdãos serão proferidos com observância do disposto no art. 458; as demais decisões serão fundamentadas, ainda que de modo conciso. **Art. 131.** O juiz apreciará livremente a prova, atendendo aos fatos e circunstâncias constantes dos autos, ainda que não alegados pelas partes; mas deverá indicar, na sentença, os motivos que lhe formaram o convencimento.

Com relação aos comentários sobre a publicidade, nos remetemos aos comentários do art. 8º. Dessa forma, concentraremos nossos comentários no quesito fundamentação da decisão, que foi aquele que, no CPC/2015 sofreu maior ou, digamos, mais substancial modificação.

A fundamentação das decisões está inicialmente prevista no art. 93, IX e X, da CF/1988, que de igual modo prevê, como penalidade de descumprimento, a sua nulidade. Também o processo administrativo prevê a invalidade da decisão administrativa não fundamentada (Lei do Processo Administrativo – LPA – Lei n. 9.784, de 29 de janeiro de 1999 – art. 53). O objetivo principal da fundamentação, conforme se observa, é possibilitar a compreensão da decisão e, quando for o caso, a sua recorribilidade.

A obrigatoriedade de fundamentar as decisões no processo civil sempre foi regra. Mas temos uma importante novidade no CPC/2015, que é a mudança de técnica na definição do que é considerada uma decisão fundamentada. Exatamente isso. Ao invés de determinar como uma decisão deve ser fundamentada, o CPC/2015 optou por apontar em que situações uma decisão "não é considerada adequadamente fundamentada".

É uma técnica minimamente estranha, porém eficaz, quando aponta o que é uma decisão NÃO fundamentada, em vez de apontar o que a decisão deve conter para ser considerada adequadamente fundamentada.

Vejamos o texto do art. 489:

> Art. 489. São elementos essenciais da sentença:
> (...)
> § 1º Não se considera fundamentada qualquer decisão judicial, seja ela interlocutória, sentença ou acórdão, que:
> I – se limitar à indicação, à reprodução ou à paráfrase de ato normativo, sem explicar sua relação com a causa ou a questão decidida;
> II – empregar conceitos jurídicos indeterminados, sem explicar o motivo concreto de sua incidência no caso;
> III – invocar motivos que se prestariam a justificar qualquer outra decisão;
> IV – não enfrentar todos os argumentos deduzidos no processo capazes de, em tese, infirmar a conclusão adotada pelo julgador;
> V – se limitar a invocar precedente ou enunciado de súmula, sem identificar seus fundamentos determinantes nem demonstrar que o caso sob julgamento se ajusta àqueles fundamentos;
> VI – deixar de seguir enunciado de súmula, jurisprudência ou precedente invocado pela parte, sem demonstrar a existência de distinção no caso em julgamento ou a superação do entendimento.

Em resumo, o que o dispositivo quer dizer é que o magistrado, ao fundamentar suas decisões, deverá realizar uma escorreita subsunção dos fatos à norma. Isto para não correr o risco de proferir uma decisão que poderia ser "colacionada" a qualquer processo, por faltar, exatamente, o liame necessário entre os dispositivos de lei, jurisprudência, precedentes citados, e o caso concreto, que muitas vezes acabam sendo a justificativa para a resposta negativa aos embargos de declaração com provimento negado.

Duarte (2015, p. 68) traz a visão da motivação sob o ponto de vista do contraditório:

> O contraditório tem estreita relação com a motivação do provimento, emancipando-se da mera

condição de ato prévio a sua emanação, para passar a participar ativamente na construção do provimento jurisdicional. A manifestação das partes, enquanto expressiva da realização do contraditório, não é mais simplesmente um ato procedimental, compondo também a motivação do provimento, transmudando-se num dos itens do epílogo jurisdicional. Precisamente, o Código predispôs o contraditório e a fundamentação, além de permitir e induzir o seu exercício, a ser controlada pelo contraditório (recurso). O art. 10 exige o contraditório prévio para o exame de toda e qualquer questão, ao passo que, consequentemente, realizado o contraditório, a fundamentação pressupõe o exame dos argumentos apresentados (artigo 489, § 1º, inciso IV). Na sequência do mecanismo processual, os referidos fundamentos apresentados serão objeto dos recursos apresentados, com o exercício crítico da fundamentação sob tanto o contraditório quanto e principalmente a fundamentação dos provimentos jurisdicionais, numa relação de causa e efeito contínua e reeditada durante todo o desdobramento do andamento do processo.

O texto acima transcrito resume, da melhor forma possível, a mais perfeita tradução do dever de fundamentação, de modo que confirma o que já dissemos anteriormente: sem adequada fundamentação não se pode ter uma decisão justa, segura, exequível, tampouco passível de adequado recurso, quando for o caso.

Comentários ao art. 12:

CPC/2015	CPC/1973
Art. 12. Os juízes e os tribunais **atenderão, preferencialmente**, à ordem cronológica de conclusão para proferir sentença ou acórdão. (Redação dada pela Lei n. 13.256, de 2016) § 1º A lista de processos aptos a julgamento deverá estar permanentemente à disposição para consulta pública em cartório e na rede mundial de computadores. § 2º Estão excluídos da regra do *caput*: I – as sentenças proferidas em audiência, homologatórias de acordo ou de improcedência liminar do pedido; II – o julgamento de processos em bloco para aplicação de tese jurídica firmada em julgamento de casos repetitivos; III – o julgamento de recursos repetitivos ou de incidente de resolução de demandas repetitivas; IV – as decisões proferidas com base nos arts. 485 e 932; V – o julgamento de embargos de declaração; VI – o julgamento de agravo interno; VII – as preferências legais e as metas estabelecidas pelo Conselho Nacional de Justiça; VIII – os processos criminais, nos órgãos jurisdicionais que tenham competência penal; IX – a causa que exija urgência no julgamento, assim reconhecida por decisão fundamentada. § 3º Após elaboração de lista própria, respeitar-se-á a ordem cronológica das conclusões entre as preferências legais. § 4º Após a inclusão do processo na lista de que trata o § 1º, o requerimento formulado pela parte não altera a ordem cronológica para a decisão, exceto quando implicar a reabertura da instrução ou a conversão do julgamento em diligência. § 5º Decidido o requerimento previsto no § 4º, o processo retornará à mesma posição em que anteriormente se encontrava na lista. § 6º Ocupará o primeiro lugar na lista prevista no § 1º ou, conforme o caso, no § 3º, o processo que: I – tiver sua sentença ou acórdão anulado, salvo quando houver necessidade de realização de diligência ou de complementação da instrução; II – se enquadrar na hipótese do art. 1.040, inciso II. OBS.: NOVA REDAÇÃO DO *CAPUT*: "Art. 12. Os juízes e os tribunais atenderão, preferencialmente, à ordem cronológica de conclusão para proferir sentença ou acórdão.	SEM CORRESPONDÊNCIA

Antes mesmo de o CPC/2015 entrar em vigor, o art. 12 sofreu significativa alteração que, ao nosso ver, fez com que seu conteúdo, de certa forma, fosse esvaziado. Isso porque, na redação original, constava que "Os juízes e os tribunais deverão **_obedecer_**" a ordem cronológica, o que impunha conduta de respeito efetivo à ordem cronológica. Com a alteração, que substituiu o vocábulo "obedecer" por "atenderão preferencialmente" a ordem cronológica deixar de ser obrigatória para, tão somente, preferencial.

De todo modo, imagina-se que o objetivo do legislador seria, primordialmente, dar transparência aos julgamentos, evitar o "engavetamento" daqueles casos mais complexos e controlar eventual má-fé.

Além disso, trazer um maior controle da atividade jurisdicional e dos serventuários da justiça quanto ao cumprimento de prazos e previsão expressa de abertura de procedimentos junto aos órgãos de controle. De certa forma isso ocorre quando o art. 235 prevê a possibilidade expressa de representação ao Conselho Nacional de Justiça:

> Art. 235. Qualquer parte, o Ministério Público ou a Defensoria Pública poderá representar ao corregedor do tribunal ou ao Conselho Nacional de Justiça contra juiz ou relator que injustificadamente exceder os prazos previstos em lei, regulamento ou regimento interno.
>
> § 1º Distribuída a representação ao órgão competente e ouvido previamente o juiz, não sendo caso de arquivamento liminar, será instaurado procedimento para apuração da responsabilidade, com intimação do representado por meio eletrônico para, querendo, apresentar justificativa no prazo de 15 (quinze) dias.
>
> § 2º Sem prejuízo das sanções administrativas cabíveis, em até 48 (quarenta e oito) horas após a apresentação ou não da justificativa de que trata o § 1º, se for o caso, o corregedor do tribunal ou o relator no Conselho Nacional de Justiça determinará a intimação do representado por meio eletrônico para que, em 10 (dez) dias, pratique o ato.
>
> § 3º Mantida a inércia, os autos serão remetidos ao substituto legal do juiz ou do relator contra o qual se representou para decisão em 10 (dez) dias.

Comentários ao art. 13:

CPC/2015	CPC/1973
Art. 13. A jurisdição civil será regida pelas normas processuais brasileiras, ressalvadas as disposições específicas previstas em tratados, convenções ou acordos internacionais de que o Brasil seja parte.	

O art. 13 traz a representação máxima do respeito à soberania e melhor especificação do princípio da territorialidade, do tratamento da lei processual no espaço. Ao mesmo tempo, regula como os acordos, convenções e tratados internacionais serão aplicados aqui no Brasil, exatamente, sem que essa soberania seja violada.

Sobre as normas internacionais, Wambier *et al.* (2015, p. 72) explicam:

> Estes instrumentos internacionais têm a mesma hierarquia das leis ordinárias, salvo duas exceções: (1) os que versem sobre direitos do homem, direitos humanos, direitos fundamentais (art. 5º, § 3º, da CF/1988); (2) acordos cujo conteúdo diga respeito ao transporte internacional, firmado pela União (art. 178 da CF). Estes têm hierarquia correspondente às das emendas constitucionais, desde que aprovadas na Câmara e no Senado, em 2 (dois) turnos, por 3/5 (três quintos) dos votos dos respectivos membros.
>
> Então, este *salvo* não significa que as normas constantes de tratados, convenções ou acordos internacionais sobre o processo devam prevalecer sobre as brasileiras. Isto quer dizer que, sendo estes tratados, convenções e acordos, normas brasileiras e também, e da mesma hierarquia, devem-se utilizar critérios de interpretação para ver qual prevalece no caso concreto.

É relevante aqui, todavia, que se levem em consideração os critérios de interpretação adequados e em consonância com a Constituição Federal, para que não se leve à equivocada interpretação de prevalência das normas internacionais sobre as leis brasileiras, por serem de mesma hierarquia.

Comentários ao art. 14:

CPC/2015	CPC/1973
Art. 14. A norma processual não retroagirá e será aplicável imediatamente aos processos em curso, respeitados os atos processuais praticados e as situações jurídicas consolidadas sob a vigência da norma revogada.	Art. 1.211. Este Código regerá o processo civil em todo o território brasileiro. Ao entrar em vigor, suas disposições aplicar-se-ão desde logo aos processos pendentes.

O dispositivo em comento trata do direito intertemporal, que tem como base duas regras: irretroatividade e aplicação imediata da lei nova. Ocorre que a questão, na prática, é bem mais complicada que o que parece. O CPC 15 traz, nas disposições finais e transitórias, alguns dispositivos que tentam resolver alguns dos seus problemas, mas o que se observa é que somente a prática nos apresentará tanto os questionamentos quanto as soluções.

Dessa forma, apresentaremos, aqui, os principais dispositivos do CPC/2015 a respeito do tema:

> Art. 1.046. Ao entrar em vigor este Código, suas disposições se aplicarão desde logo aos processos pendentes, ficando revogada a Lei n. 5.869, de 11 de janeiro de 1973.
>
> § 1º As disposições da Lei n. 5.869, de 11 de janeiro de 1973, relativas ao procedimento sumário e aos procedi-

mentos especiais que forem revogadas aplicar-se-ão às ações propostas e não sentenciadas até o início da vigência deste Código.

§ 2º Permanecem em vigor as disposições especiais dos procedimentos regulados em outras leis, aos quais se aplicará supletivamente este Código.

§ 3º Os processos mencionados no art. 1.218 da Lei n. 5.869, de 11 de janeiro de 1973, cujo procedimento ainda não tenha sido incorporado por lei submetem-se ao procedimento comum previsto neste Código.

§ 4º As remissões a disposições do Código de Processo Civil revogado, existentes em outras leis, passam a referir-se às que lhes são correspondentes neste Código.

§ 5º A primeira lista de processos para julgamento em ordem cronológica observará a antiguidade da distribuição entre os já conclusos na data da entrada em vigor deste Código.

Art. 1.047. As disposições de direito probatório adotadas neste Código aplicam-se apenas às provas requeridas ou determinadas de ofício a partir da data de início de sua vigência.

Art. 1.054. O disposto no art. 503, § 1º, somente se aplica aos processos iniciados após a vigência deste Código, aplicando-se aos anteriores o disposto nos arts. 5º, 325 e 470 da Lei n. 5.869, de 11 de janeiro de 1973.

Art. 1.057. O disposto no art. 525, §§ 14 e 15, e no art. 535, §§ 7º e 8º, aplica-se às decisões transitadas em julgado após a entrada em vigor deste Código, e, às decisões transitadas em julgado anteriormente, aplica-se o disposto no art. 475-L, § 1º, e no art. 741, parágrafo único, da Lei n. 5.869, de 11 de janeiro de 1973.

Art. 1.063. Até a edição de lei específica, os juizados especiais cíveis previstos na Lei n. 9.099, de 26 de setembro de 1995, continuam competentes para o processamento e julgamento das causas previstas no art. 275, inciso II, da Lei n. 5.869, de 11 de janeiro de 1973.

Acerca desta norma, assim se manifestou o Fórum Permanente de Processualistas Civis:

275. (arts. 229, § 2º; 90, 1.046). Nos processos que tramitam eletronicamente, a regra do art. 229, § 2º, não se aplica aos prazos já iniciados no regime anterior. (Grupo: Direito intertemporal e disposições finais e transitórias; redação alterada no V FPPC-Vitória).

295. (arts. 334, § 12 357, § 9º, 1.046). As regras sobre intervalo mínimo entre as audiências do CPC só se aplicam aos processos em que o ato for designado após sua vigência. (Grupo: Direito intertemporal e disposições finais e transitórias).

308. (arts. 489, § 1º, 1.046). Aplica-se o art. 489, § 1º, a todos os processos pendentes de decisão ao tempo da entrada em vigor do CPC, ainda que conclusos os autos antes da sua vigência. (Grupo: Direito intertemporal e disposições finais e transitórias; redação alterada no V FPPC-Vitória).

311. (arts. 496 e 1.046). A regra sobre remessa necessária é aquela vigente ao tempo da publicação em cartório ou disponibilização nos autos eletrônicos da sentença ou, ainda, quando da prolação da sentença em audiência, de modo que a limitação de seu cabimento no CPC não prejudica as remessas determinadas no regime do art. 475 do CPC/1973. (Grupo: Direito intertemporal e disposições finais e transitórias; *redação alterada no V FPPC-Vitória e no VII FPPC-São Paulo*.

341. (arts. 975, §§ 2º e 3º, e 1.046). O prazo para ajuizamento de ação rescisória é estabelecido pela data do trânsito em julgado da decisão rescindenda, de modo que não se aplicam as regras dos §§ 2º e 3º do art. 975 do CPC à coisa julgada constituída antes de sua vigência. (Grupo: Direito intertemporal e disposições finais e transitórias).

354. (arts. 1.009, § 1º, 1.046). O art. 1.009, § 1º, não se aplica às decisões publicadas em cartório ou disponibilizadas nos autos eletrônicos antes da entrada em vigor do CPC. (Grupo: Direito intertemporal e disposições finais e transitórias; redação alterada no V FPPC-Vitória).

355. (arts. 1.009, § 1º, e 1.046). Se, no mesmo processo, houver questões resolvidas na fase de conhecimento em relação às quais foi interposto agravo retido na vigência do CPC/1973, e questões resolvidas na fase de conhecimento em relação às quais não se operou a preclusão por força do art. 1.009, § 1º, do CPC, aplicar-se-á ao recurso de apelação o art. 523, § 1º, do CPC/1973 em relação àquelas, e o art. 1.009, § 1º, do CPC em relação a estas. (Grupo: Direito intertemporal e disposições finais e transitórias).

356. (arts. 1.010, § 3º, e 1.046). Aplica-se a regra do art. 1.010, § 3º, às apelações pendentes de admissibilidade ao tempo da entrada em vigor do CPC, de modo que o exame da admissibilidade destes recursos competirá ao Tribunal de 2º grau. (Grupo: Direito intertemporal e disposições finais e transitórias).

366. (art. 1.047). O protesto genérico por provas, realizado na petição inicial ou na contestação ofertada antes da vigência do CPC, não implica requerimento de prova para fins do art. 1047. (Grupo: Direito intertemporal e disposições finais e transitórias).

367. (arts. 1.054, 312, 503). Para fins de interpretação do art. 1.054, entende-se como início do processo a data do protocolo da petição inicial. (Grupo: Direito intertemporal e disposições finais e transitórias).

424. (art. 319; art. 15, Lei 11.419/2006). Os parágrafos do art. 319 devem ser aplicados imediatamente, inclusive para as petições iniciais apresentadas na vigência do CPC-1973. (Grupo: Direito intertemporal).

449. (art. 806 do CPC/1973). O art. 806 do CPC de 1973 aplica-se às cautelares propostas antes da entrada em vigor do CPC de 2015. (Grupo: Direito intertemporal).

463. (arts. 932, parágrafo único, 933 e 9º, 10). O parágrafo único do art. 932 e o art. 933 devem ser aplicados aos recursos interpostos antes da entrada em vigor do CPC/2015 e ainda pendentes de julgamento. (Grupo: Direito intertemporal; *redação alterada no VII FPPC-São Paulo*.

466. (art. 942). A técnica do art. 942 não se aplica aos embargos infringentes pendentes ao tempo do início da vigência do CPC, cujo julgamento deverá ocorrer nos termos dos arts. 530 e seguintes do CPC de 1973. (Grupo: Direito intertemporal).

476. (arts. 1046 e 14). Independentemente da data de intimação, o direito ao recurso contra as decisões unipessoais nasce com a publicação em cartório, secretaria do juízo ou

inserção nos autos eletrônicos da decisão a ser impugnada, o que primeiro ocorrer, ou, ainda, nas decisões proferidas em primeira instância, será da prolação de decisão em audiência. (Grupo: Direito intertemporal; *redação alterada no VII FPPC-São Paulo*).

477. (arts. 1.026 e 219). Publicada em cartório ou inserida nos autos eletrônicos a decisão que julga embargos de declaração sob a vigência do CPC de 2015, computar-se-ão apenas os dias úteis no prazo para o recurso subsequente, ainda que a decisão embargada tenha sido proferida ao tempo do CPC de 1973, tendo em vista a interrupção do prazo prevista no art. 1.026. (Grupo: Direito intertemporal).

479. (arts. 1046 e 43). As novas regras de competência relativa previstas no CPC de 2015 não afetam os processos cujas petições iniciais foram protocoladas na vigência do CPC-73. (Grupo: Direito intertemporal).

493. (art. 190). O negócio processual celebrado ao tempo do CPC-1973 é aplicável após o início da vigência do CPC-2015. (Grupo: Direito Intertemporal).

528. (art. 520, § 2º; art. 523, § 1º). No cumprimento provisório de sentença por quantia certa iniciado na vigência do CPC-1973, sem garantia da execução, deve o juiz, após o início de vigência do CPC-2015 e a requerimento do exequente, intimar o executado nos termos dos arts. 520, § 2º, 523, § 1º e 525, *caput*. (Grupo: Direito Intertemporal).

530. (art. 525). Após a entrada em vigor do CPC-2015, o juiz deve intimar o executado para apresentar impugnação ao cumprimento de sentença, em quinze dias, ainda que sem depósito, penhora ou caução, caso tenha transcorrido o prazo para cumprimento espontâneo da obrigação na vigência do CPC-1973 e não tenha àquele tempo garantido o juízo. (Grupo: Direito Intertemporal).

564. (arts.1032-1033). Os arts. 1.032 e 1.033 devem ser aplicados aos recursos interpostos antes da entrada em vigor do CPC de 2015 e ainda pendentes de julgamento. (Grupo: Direito Intertemporal).

567. (arts. 1.046, § 1º; art. 1.047). Invalidado o ato processual praticado à luz do CPC de 1973, a sua repetição observará o regramento do CPC-2015, salvo nos casos de incidência do art. 1.047 do CPC-2015 e no que refere às disposições revogadas relativas ao procedimento sumário, aos procedimentos especiais e às cautelares. (Grupo: Direito Intertemporal).

568. (art. 1.046, § 1º). As disposições do CPC-1973 relativas aos procedimentos cautelares que forem revogadas aplicar-se-ão às ações propostas e não sentenciadas até o início da vigência do CPC/2015. (Grupo: Direito Intertemporal).

569. (art. 1.047; art. 190). O art. 1.047 não impede convenções processuais em matéria probatória, ainda que relativas a provas requeridas ou determinadas sob vigência do CPC-1973. (Grupo: Direito Intertemporal).

574. (arts. 4º; 8º). A identificação de vício processual após a entrada em vigor do CPC de 2015 gera para o juiz o dever de oportunizar a regularização do vício, ainda que ele seja anterior. (Grupo: Direito intertemporal).

596. (art. 937, VIII). Será assegurado às partes o direito de sustentar oralmente no julgamento de agravo de instrumento que verse sobre tutela provisória e que esteja pendente de julgamento por ocasião da entrada em vigor do CPC de 2015, ainda que o recurso tenha sido interposto na vigência do CPC de 1973. (Grupo: Direito intertemporal).

616. (arts. 1.046; 14) Independentemente da data de intimação ou disponibilização de seu inteiro teor, o direito ao recurso contra as decisões colegiadas nasce na data em que proclamado o resultado da sessão de julgamento. (Grupo: Direito intertemporal).

Comentários ao art. 15:

CPC/2015	CPC/1973
Art. 15. Na ausência de normas que regulem processos eleitorais, trabalhistas ou administrativos, as disposições deste Código lhes serão aplicadas supletiva e subsidiariamente.	

Iniciaremos os nossos comentários com a observação de Canela Junior (2016, p. 127), que afirma serem incongruentes as hipóteses apresentadas pelo dispositivo legal:

> A primeira parte do art. 15 do CPC/2015 estabelece como condição inicial para a aplicação supletiva e subsidiária de suas disposições a ausência de normas que regulem processos eleitorais, trabalhistas e administrativos. Aparentemente, o legislador estaria se referindo à inexistência de normas, ou seja, à omissão legislativa. Entretanto, esta não será a única hipótese de aplicação das normas processuais civis a outros ramos do direito processual.
>
> A aplicação supletiva das normas processuais civis pressupõe omissão legislativa, porque haverá necessidade de complemento da norma. Já a aplicação subsidiária se refere, dentro do contexto normativo, ao auxílio interpretativo ou melhor estabelecimento dos parâmetros de exegese normativa. É possível, portanto, que a aplicação subsidiária da norma processual decorra da necessidade de harmonização dos institutos jurídicos dos diversos ramos do direito processual, e não da omissão legislativa.

O que Canela Junior entende é que basta que exista uma lacuna que dificulte a aplicação correta da norma processual nos outros ramos mencionados, para que se aplique a norma processual civil.

Ao que se observa, não é esse o pensamento do Tribunal Superior do Trabalho. Não ousaremos adentrar o tema, porém, conforme Resoluções ns. 203, 204 e 205 do TST, que regulamentam a Instrução Normativa 39 de 2016, o TST já se pronunciou pela inaplicabilidade de diversos dispositivos do CPC/2015 ao processo do trabalho. Isto por entender, conforme disposto no art. 2º da Resolução n. 203, que regulamentou a Instrução Normativa n. 39, de 2016 do TST, dentre outras razões, que ou os dispositivos são incompatíveis, ou não há a apontada omissão.

Ao mesmo tempo, também se pronuncia pela aplicabilidade dos dispositivos que entende compatíveis, na mesma resolução, de acordo com a coerência das razões que expõe.

Acerca desta norma, assim se manifestou o Fórum Permanente de Processualistas Civis:

112. (arts. 90, § 3º, 15). No processo do trabalho, se a transação ocorrer antes da sentença, as partes ficam dispensadas do pagamento das custas processuais, se houver. (*Grupo: Impacto do CPC no Processo do Trabalho*).

113. (art. 98). Na Justiça do Trabalho, o empregador pode ser beneficiário da gratuidade da justiça, na forma do art. 98. (*Grupo: Impacto do CPC no Processo do Trabalho*).

124. (art. 133; art. 15). A desconsideração da personalidade jurídica no processo do trabalho deve ser processada na forma dos arts. 133 a 137, podendo o incidente ser resolvido em decisão interlocutória ou na sentença. (*Grupo: Impacto do CPC no Processo do Trabalho*).

126. (art. 134; art. 15). No processo do trabalho, da decisão que resolve o incidente de desconsideração da personalidade jurídica na fase de execução cabe agravo de petição, dispensado o preparo. (*Grupo: Impacto do CPC no Processo do Trabalho*).

131. (art. 190; art. 15). Aplica-se ao processo do trabalho o disposto no art. 190 no que se refere à flexibilidade do procedimento por proposta das partes, inclusive quanto aos prazos. (*Grupo: Impacto do CPC no Processo do Trabalho*).

139. (art. 287; art. 15). No processo do trabalho, é requisito da petição inicial a indicação do endereço, eletrônico ou não, do advogado, cabendo-lhe atualizá-lo, sempre que houver mudança, sob pena de se considerar válida a intimação encaminhada para o endereço informado nos autos. (*Grupo: Impacto do CPC no Processo do Trabalho*).

145. (art. 319; art. 15). No processo do trabalho, é requisito da inicial a indicação do número no cadastro de pessoas físicas ou no cadastro nacional de pessoas jurídicas, bem como os endereços eletrônicos do autor e do réu, aplicando-se as regras do novo Código de Processo Civil a respeito da falta de informações pertinentes ou quando elas tornarem impossível ou excessivamente oneroso o acesso à justiça.(*Grupo: Impacto do CPC no Processo do Trabalho.*

151. (arts. 334, § 12; art. 357, § 9º; art. 15). Na Justiça do Trabalho, as pautas devem ser preparadas com intervalo mínimo de uma hora entre as audiências designadas para instrução do feito. Para as audiências para simples tentativa de conciliação, deve ser respeitado o intervalo mínimo de vinte minutos. (*Grupo: Impacto do CPC no Processo do Trabalho.*

155. (art. 455, § 4º). No processo do trabalho, as testemunhas somente serão intimadas judicialmente nas hipóteses mencionadas no § 4º do art. 455, cabendo à parte informar ou intimar as testemunhas da data da audiência. (*Grupo: Impacto do CPC no Processo do Trabalho*).

159. (art. 485, § 7º). No processo do trabalho, o juiz pode retratar-se no prazo de cinco dias, após a interposição do recurso contra sentença que extingue o processo sem resolução do mérito. (*Grupo: Impacto do CPC no Processo do Trabalho*).

162. (art. 489, § 1º). Para identificação do precedente, no processo do trabalho, a decisão deve conter a identificação do caso, a suma do pedido, as alegações das partes e os fundamentos determinantes adotados pela maioria dos membros do colegiado, cujo entendimento tenha ou não sido sumulado. (*Grupo: Impacto do CPC no Processo do Trabalho*).

167. (art. 926; art. 947, § 3º; art. 976; art. 15). Os tribunais regionais do trabalho estão vinculados aos enunciados de suas próprias súmulas e aos seus precedentes em incidente de assunção de competência ou de resolução de demandas repetitivas. (*Grupo: Impacto do CPC no Processo do Trabalho*).

199. (arts. 938, § 1º, e 15). No processo do trabalho, constatada a ocorrência de vício sanável, inclusive aquele que possa ser conhecido de ofício pelo órgão jurisdicional, o relator determinará a realização ou a renovação do ato processual, no próprio tribunal ou em primeiro grau, intimadas as partes; cumprida a diligência, sempre que possível, prosseguirá no julgamento do recurso. (*Grupo: Impacto do CPC no Processo do Trabalho*).

200. (art. 941, § 3º, e 15). Fica superado o enunciado 320 da súmula do STJ ("*A questão federal somente ventilada no voto vencido não atende ao requisito do prequestionamento*"). (*Grupo: Ordem dos Processos nos Tribunais e Recursos Ordinários*).

245. (art. 99, § 4º, 15). O fato de a parte, pessoa natural ou jurídica, estar assistida por advogado particular não impede a concessão da justiça gratuita na Justiça do Trabalho. (*Grupo: Impacto do CPC no processo do trabalho*).

246. (arts. 99, § 7º, e 15). Dispensa-se o preparo do recurso quando houver pedido de justiça gratuita em sede recursal, consoante art. 99, § 6º, aplicável ao processo do trabalho. Se o pedido for indeferido, deve ser fixado prazo para o recorrente realizar o recolhimento. (*Grupo: Impacto do CPC no processo do trabalho*).

250. (art. 138; art. 15). Admite-se a intervenção do *amicus curiae* nas causas trabalhistas, na forma do art. 138, sempre que o juiz ou relator vislumbrar a relevância da matéria, a especificidade do tema objeto da demanda ou a repercussão geral da controvérsia, a fim de obter uma decisão respaldada na pluralidade do debate e, portanto, mais democrática. (*Grupo: Impacto do CPC no processo do trabalho*).

294. (arts. 332 e § 1º e 15). O julgamento liminar de improcedência, disciplinado no art. 333, salvo com relação ao § 1º, se aplica ao processo do trabalho quando contrariar: a) enunciado de súmula ou de Orientação Jurisprudencial do TST; b) acórdão proferido pelo TST em julgamento de recursos de revista repetitivos; c) entendimento firmado em resolução de demandas repetitivas. (*Grupo: Impacto do CPC no processo do trabalho*).

302. (arts. 373, §§ 1º e 2º, e 15). Aplica-se o art. 373, §§ 1º e 2º, ao processo do trabalho, autorizando a distribuição dinâmica do ônus da prova diante de peculiaridades da causa relacionadas à impossibilidade ou à excessiva dificuldade da parte de cumprir o seu encargo probatório, ou, ainda, à maior facilidade de obtenção da prova do fato contrário. O juiz poderá, assim, atribuir o ônus da prova de modo diverso, desde que de forma fundamentada, preferencialmente antes da instrução e necessariamente antes da sentença, permitindo à parte se desincumbir do ônus que lhe foi atribuído. (*Grupo: Impacto do CPC no processo do trabalho*).

304. (art. 489; art. 15). As decisões judiciais trabalhistas, sejam elas interlocutórias, sentenças ou acórdãos, devem observar integralmente o disposto no art. 499, sobretudo o seu § 1º, sob pena de se reputarem não fundamentadas e, por conseguinte, nulas. (Grupo: Impacto do CPC no processo do trabalho).

325. (arts. 927 e 15). A modificação de entendimento sedimentado pelos tribunais trabalhistas deve observar a sistemática prevista no art. 927, devendo se desincumbir do ônus argumentativo mediante fundamentação adequada e específica, modulando, quando necessário, os efeitos da decisão que supera o entendimento anterior. (Grupo: Impacto do CPC no processo do trabalho.

326. (arts. 927 e 15). O órgão jurisdicional trabalhista pode afastar a aplicação do precedente vinculante quando houver distinção entre o caso sob julgamento e o paradigma, desde que demonstre, fundamentadamente, tratar-se de situação particularizada por hipótese fática distinta, a impor solução jurídica diversa. (Grupo: Impacto do CPC no processo do trabalho).

329. (arts. 843, *caput* e § 1º, e 15). Na execução trabalhista deve ser preservada a quota parte de bem indivisível do coproprietário ou do cônjuge alheio à execução, sendo-lhe assegurado o direito de preferência na arrematação do bem em igualdade de condições. (Grupo: Impacto do CPC no processo do trabalho).

330. (arts. 895 e 15). Na Justiça do trabalho, o juiz pode deferir a aquisição parcelada do bem penhorado em sede de execução, na forma do art. 895 e seus parágrafos. (Grupo: Impacto do CPC no processo do trabalho).

331. (arts. 916 e 15). O pagamento da dívida objeto de execução trabalhista fundada em título extrajudicial pode ser requerido pelo executado nos moldes do art. 916.96 (Grupo: Impacto do CPC no processo do trabalho; redação revista no VI FPPC-Curitiba).

332. (arts. 938, § 1º, e 15). Considera-se vício sanável, tipificado no art. 938, § 1º, a apresentação da procuração e da guia de custas ou depósito recursal em cópia, cumprindo ao relator assinalar prazo para a parte renovar o ato processual com a juntada dos originais. (Grupo: Impacto do CPC no processo do trabalho).

333. (arts. 938, § 1º e 15). Em se tratando de guia de custas e depósito recursal inseridos no sistema eletrônico, estando o arquivo corrompido, impedido de ser executado ou de ser lido, deverá o relator assegurar a possibilidade de sanar o vício, nos termos do art. 938, § 1º. (Grupo: Impacto do CPC no processo do trabalho).

335. (arts. 947 e 15). O incidente de assunção de competência aplica-se ao processo do trabalho. (Grupo: Impacto do CPC no processo do trabalho).

347. (arts. 976 e 15). Aplica-se ao processo do trabalho o incidente de resolução de demandas repetitivas, devendo ser instaurado quando houver efetiva repetição de processos que contenham controvérsia sobre a mesma questão de direito. (Grupo: Impacto do CPC no processo do trabalho).

350. (arts. 988 e 15). Cabe reclamação, na Justiça do Trabalho, da parte interessada ou do Ministério Público, nas hipóteses previstas no art. 988, visando a preservar a competência do tribunal e garantir a autoridade das suas decisões e do precedente firmado em julgamento de casos repetitivos. (Grupo: Impacto do CPC no processo do trabalho).

352. (arts. 998, *caput* e parágrafo único, e 15). É permitida a desistência do recurso de revista repetitivo, mesmo quando eleito como representativo da controvérsia, sem necessidade de anuência da parte adversa ou dos litisconsortes; a desistência, contudo, não impede a análise da questão jurídica objeto de julgamento do recurso repetitivo. (Grupo: Impacto do CPC no processo do trabalho).

353. (arts. 1.007, § 7º, e 15). No processo do trabalho, o equívoco no preenchimento da guia de custas ou de depósito recursal não implicará a aplicação da pena de deserção, cabendo ao relator, na hipótese de dúvida quanto ao recolhimento, intimar o recorrente para sanar o vício no prazo de cinco dias. (Grupo: Impacto do CPC no processo do trabalho).

4. CONCLUSÕES

O CPC 15 é fruto do Pacto Republicano de Estado por um sistema de justiça mais acessível, ágil e efetivo firmado após a Emenda Constitucional 45, de 2001, entre os três poderes.

Em decorrência do pacto, o Senado Federal no Ato do Presidente n. 379 de setembro de 2009 instituiu a Comissão de Juristas, presidida à época pelo Ministro do STJ, hoje Ministro do STF, Luiz Fux, composta por outros notáveis processualistas, destinada a elaborar o anteprojeto de Novo Código de Processo Civil.

O trabalho da comissão foi desenvolvido e realizaram-se audiências públicas nas cinco regiões do país para dar publicidade ao texto do anteprojeto e recolher críticas e sugestões.

Em meados de 2010 o texto foi entregue ao Senado, dando origem ao Projeto de Lei n. 166/2010, contando, então, o projeto com 5 livros e 970 artigos. Após debates e votação no Senado, sob o encargo do Senador Relator Valter Pereira, o projeto foi enviado no mesmo ano para a Câmara dos Deputados onde recebeu o n. 8.046/2010, mantendo a composição de 5 livros, mas já com 1.007 artigos. Iniciada a tramitação na Câmara, o projeto teve como relator o Deputado Sérgio Barradas Carneiro, até meados de 2012, e após, o Deputado Paulo Teixeira.

Ao longo da tramitação, inúmeros outros projetos de lei de alteração do CPC foram anexados, emendas foram propostas e destaques foram debatidos. Em 26.03.2014 a Câmara dos Deputados aprovou o projeto de Lei n. 8.046/2010 que passou a tramitar no Senado. Sendo finalmente sancionado em 16.03.2015 constituindo a Lei n. 13.105.

O pacto estabelecia as premissas sob as quais seria redigido o Anteprojeto de Novo Código de Processo Civil, quais sejam:

I – acesso universal à Justiça, especialmente dos mais necessitados;

II – aprimoramento da prestação jurisdicional, mormente pela efetividade do princípio constitucional da razoável duração do processo e pela prevenção de conflitos;

III – aperfeiçoamento e fortalecimento das instituições de Estado para uma maior efetividade do sistema penal no combate à violência e criminalidade, por meio de políticas de segurança pública combinadas com ações sociais e proteção à dignidade da pessoa humana.

O pacto determina como matérias prioritárias:

2 – Agilidade e efetividade da prestação jurisdicional
[...]
2.6 – Revisão de normas processuais, visando a agilizar e a simplificar o processamento e julgamento das ações, coibir os atos protelatórios, restringir as hipóteses de reexame necessário e reduzir recursos.

2.7 – **Aperfeiçoamento do sistema de execução trabalhista para incorporar aprimoramentos já adotados no processo de execução civil.**

2.8 – **Aperfeiçoamento do recurso de revista, do recurso ordinário e do procedimento sumaríssimo no processo trabalhista.**
[...]
2.11 – Revisão da legislação referente à cobrança da dívida ativa da Fazenda Pública, com vistas à racionalização dos procedimentos em âmbito judicial e administrativo.

3 – **Acesso universal à Justiça:**
3.1 – Fortalecimento da Defensoria Pública e dos mecanismos destinados a garantir assistência jurídica integral aos mais necessitados.

3.2 – Revisão da Lei da Ação Civil Pública, de forma a instituir um Sistema Único Coletivo que priorize e discipline a ação coletiva para tutela de interesses ou direitos difusos, coletivos e individuais homogêneos, objetivando a racionalização do processo e julgamento dos conflitos de massa.
[...]

Essa é a base conceitual que inspirou e norteou a redação do Anteprojeto do Novo Código de Processo Civil, sendo expresso o desejo de que o processo do trabalho também absorvesse as inovações e aprimoramentos da legislação de processo civil, como se vê nos itens 2.7 e 2.8.

A exposição de motivos do anteprojeto de novo Código de Processo Civil é iniciada com o estabelecimento de fundamental premissa:

> Um sistema processual civil que não proporcione à sociedade o reconhecimento e a realização dos direitos, ameaçados ou violados, que tem cada um dos jurisdicionados, não se harmoniza com as garantias constitucionais de um Estado Democrático de Direito.

De vital importância a exposição de motivos estabelecer já de início a fundamental premissa de que as garantias constitucionais do Estado Democrático de Direito não se coadunam com um sistema processual que não garanta à sociedade o reconhecimento e a realização de direitos.

Esse é o norte que inspirou a redação do anteprojeto.

De clareza solar a menção de Barbosa Moreira (2001, p. 185) que dá a perfeita noção dos objetivos do anteprojeto:

> Querer que o processo seja efetivo é querer que desempenhe com eficiência o papel que lhe compete na economia do ordenamento jurídico. Visto que esse papel é instrumental em relação ao direito substantivo, também se costuma falar da instrumentalidade do processo. Uma noção conecta-se com a outra e por assim dizer a implica. Qualquer instrumento será bom na medida em que sirva de modo prestimoso à consecução dos fins da obra a que se ordena; em outras palavras, na medida em que seja efetivo. Vale dizer: será efetivo o processo que constitua instrumento eficiente de realização do direito material.

Para sacramentar:

O novo Código de Processo Civil tem o potencial de gerar um processo mais célere, mais justo, porque mais rente às necessidades sociais e muito menos complexo.

Não obstante estes elevados objetivos, o Tribunal Superior do Trabalho em sua Resolução n. 203, que regulamentou a Instrução Normativa n. 39, de 2016 do Tribunal Superior do Trabalho, afirma que a fim de identificar questões polêmicas e inovatórias para aferir a compatibilidade ou não de aplicação subsidiária ou supletiva ao processo do trabalho do CPC 15, estabelece a referida resolução.

Afirma ainda a referida resolução que seu objetivo é transmitir segurança jurídica e evitar nulidades processuais em detrimento da desejável celeridade.

Mas questiona-se se nulidade maior não é o processo que não consegue alcançar a efetividade de direitos? Se nulidade maior é não se valer de inovações que visam garantir as garantias constitucionais do Estado Democrático de Direito?

A citada resolução ainda afirma que o CPC 15 não adota de forma absoluta a observância do princípio do contraditório prévio como vedação à decisão surpresa e que a garantia do contraditório deve se compatibilizar com os princípios da celeridade, da oralidade da concentração de atos processuais.

Não obstante, nos parece que o CPC 15 respeita em absoluto o princípio do contraditório quando este não afronta outro princípio fundamental do Estado Democrático de Direito que é a prestação célere e efetiva de justiça.

Portanto, não nos parece a solução mais adequada afastar um grande número de inovações e aprimoramentos levados a cabo pelo CPC 15.

O objetivo real do CPC 15 é efetivar justiça a todos os cidadãos. Sejam aqueles sob a competência do processo civil, sejam aqueles sob a égide do processo do trabalho.

Nos cabe esperar que no futuro as normas e justiças se harmonizem e juntas produzam um processo justo, célere e efetivo.

5. REFERÊNCIAS BIBLIOGRÁFICAS

BARBOSA MOREIRA, José Carlos. Por um processo socialmente efetivo. *Revista de Processo*. São Paulo, v. 27, n. 105, p. 183-190, jan./mar. 2002.

CANELA JUNIOR, Osvaldo. Comentários à Parte Geral, Livro I – Das Normas Processuais Civis – Título Único – Das Normas Fundamentais e da Aplicação das Normas Processuais – Capítulo I – Das Normas Fundamentais do Processo Civil – Comentários ao art. 15. In: CUNHA, José Sebastião Fagundes (coord.). *Código de Processo Civil comentado*. São Paulo: Thomson Reuters/Revista dos Tribunais, 2016.

CARNEIRO, Paulo Cezar Pinheiro. Parte geral – Livro I – arts. 1º a 15. In: WAMBIER, Teresa Arruda Alvim; DIDIER JR., Fredie; TALAMINI, Eduardo; DANTAS, Bruno (coord.). *Breves comentários ao novo Código de Processo Civil*. São Paulo: Thomson Reuters/Revista dos Tribunais, 2015.

DIDIER, Fredie. *Curso de direito processual civil*. Vol. 1. 17. ed. Salvador: JusPodivm, 2015.

DUARTE, Zulmar. Comentários à Parte Geral, Livro I – Das Normas Processuais Civis – Título Único – Das Normas Fundamentais e da Aplicação das Normas Processuais – Capítulo I – Das Normas Fundamentais do Processo Civil - Comentários ao art. 11. In: GAJARDONI, Fernando da Fonseca; DELLORE, Luiz; VASCONCELOS, ROQUE, Andre; OLIVEIRA JR., Zulmar Duarte de. *Teoria geral do processo – comentários ao CPC de 2015 – Parte Geral*. Rio de Janeiro: Método/Gen, 2015.

GAJARDONI, Fernando da Fonseca; DELLORE, Luiz; VASCONCELOS, ROQUE, Andre; OLIVEIRA JR., Zulmar Duarte de. *Teoria geral do processo – comentários ao CPC de 2015 – Parte Geral*. Rio de Janeiro: Método/Gen, 2015.

MARINONI, Luiz Guilherme; ARENHART, Sérgio Cruz; MITIDIERO, Daniel. *Código de Processo Civil comentado*. 2. ed. São Paulo: Thomson Reuters/Revista dos Tribunais, 2016.

MEDINA, José Miguel Garcia. *Novo Código de Processo Civil Comentado*. São Paulo: Thomson Reuters/Revista dos Tribunais, 2015.

NERY JUNIOR, Nelson. *Princípios do processo civil na Constituição Federal*. 12ª ed. São Paulo: Thomson Reuters/Revista dos Tribunais, 2016.

VARGAS Jorge de Oliveira. Comentários à Parte Geral, Livro I – Das Normas Processuais Civis – Título Único – Das Normas Fundamentais e da Aplicação das Normas Processuais – Capítulo I – Das Normas Fundamentais do Processo Civil. In: CUNHA, José Sebastião Fagundes (coord.). *Código de Processo Civil comentado*. São Paulo: Thomson Reuters/Revista dos Tribunais, 2016.

WAMBIER, Teresa Arruda Alvim; CONCEIÇÃO, Maria Lúcia Lins; RIBEIRO, Leonardo Ferres da Silva; TORRES DE MELLO, Rogério Licastro. *Primeiros comentários ao novo Código de Processo Civil – artigo por artigo*. São Paulo: Thomson Reuters/Revista dos Tribunais, 2015.

A Aplicação Subsidiária e Supletiva do Novo Código de Processo Civil no Processo do Trabalho

Jackson Passos Santos
Doutorando em Direito do Trabalho pela Pontifícia Universidade Católica de São Paulo; Mestre em Direitos Difusos e Coletivos pela Unimes-SP, Especialista em Direito Material e Processual do Trabalho pelo Cogeae-PUC/SP; Coordenador e Professor do Curso de Direito da Universidade de Mogi das Cruzes – Campus Villa-Lobos.

Simone Barbosa Martins Mello
Mestre em Direito do Trabalho pela Pontifícia Universidade Católica de São Paulo; Mestre em Direito Constitucional pela Unifor; Professora do Curso de Direito da Universidade Nove de Julho; Analista Judiciária do TRT da 2ª Região/São Paulo.

1. INTRODUÇÃO

A publicação do novo Código de Processo Civil – Lei n. 13.105/2015 resultou em várias alterações no ordenamento jurídico brasileiro, alterando as regras processuais para as ações de natureza coletiva e individual e tais alterações não se restringem ao direito processual civil, alcançam as regras aplicadas no processo trabalhista.

Diversas são as alterações advindas da nova Carta Processual, contudo a sua aplicabilidade no processo do trabalho decorre da análise de alguns critérios, a autonomia do Direito Processual do Trabalho, a existência de lacunas na legislação processual trabalhista e, principalmente, a hermenêutica utilizada pelos aplicadores do direito para a solução dessas lacunas.

Essas diretivas serão abordadas no presente artigo e há de se constatar: a) em havendo lacuna na legislação trabalhista como se processará seu saneamento? b) a alteração havida no Código de Processo Civil advinda da redação dada ao art. 15 – caráter supletivo da norma – se sobrepõe ou altera a inteligência do art. 769 da Consolidação das Leis do Trabalho – caráter subsidiário da norma?

As regras processuais têm como finalidade precípua estabelecer meios para salvaguardar os direitos fundamentais insculpidos na Carta Magna e os direitos instituídos pela legislação ordinária, razão pela qual se faz necessário o estudo da temática a fim de auxiliar o aplicador do direito na exegese da norma para a obtenção da pacificação social.

2. A AUTONOMIA DO DIREITO PROCESSUAL DO TRABALHO

A tutela dos valores preconizados no ordenamento jurídico brasileiro é o objeto precípuo das regras processuais. É, portanto, o direito processual o agente de efetivação do direito material.

Considerando que os valores previstos na legislação ordinária trabalhista são eminentemente humanos e dissociados do caráter privado e obrigacional insculpido no direito civil, nos parece lógico o raciocínio no sentido da autonomia do direito processual do trabalho.

Contudo, há divergência doutrinária a respeito do tema; para alguns doutrinadores chamados de monistas, o direito processual do trabalho trata-se de um desdobramento do direito processual civil, não possuindo princípios e institutos próprios. Os monistas asseveram que o direito processual do trabalho é uma subespécie do direito processual civil e tem por característica comum a teoria geral do processo, e sua distinção não se dá pelos institutos processuais, mas sim pelo direito material que é tutelado.

A corrente majoritária, no entanto é a dos chamados dualistas, para os quais o direito processual do trabalho é autônomo, exatamente porque possui institutos e princípios próprios que o distinguem do direito processual civil.

A questão foi tratada por Carlos Henrique Bezerra Leite (Leite, 2014, p. 92) que encerra a discussão assentando que são dois os critérios mais conhecidos e que buscam confirmar a autonomia de um ramo do direito:

> O primeiro leva em conta: a) a extensão da matéria; b) a existência de princípios comuns; c) a observância de método próprio.
>
> O segundo critério baseia-se nos elementos componentes da relação jurídica, isto é, os sujeitos e o vínculo obrigacional que os interliga.

Analisando os critérios acima transcritos não há como entender de forma diversa à dos dualistas, ou seja, pela autonomia do direito processual do trabalho em relação do direito processual civil.

Não há dúvidas de que os elementos que compõem a relação jurídica tutelada são absolutamente distintos, os sujeitos da relação jurídica trabalhista não se confundem com aqueles do direito civil e a relação obrigacional tutelada é diversa daquela estabelecida pelos postulados do direito comum, havendo uma distinção até na prestação jurisdicional estatal na área trabalhista e na esfera comum.

O direito processual do trabalho, apesar de não ter um código próprio, tem suas regras e postulados estabelecidos em ordenamento específico, qual seja, no Título X da Consolidação das Leis do Trabalho, normas esparsas, como o Decreto-lei n. 779/1969, que aborda as prerrogativas da Fazenda Pública, a Lei n. 5.584/1970, que dispõe sobre o valor da causa e os honorários destinados à entidade sindical.

Além das disposições legais específicas, o direito processual do trabalho é também orientado pelas Orientações Jurisprudenciais da SDI e SDC, bem como pelas Súmulas dos Tribunais Regionais e do Tribunal Superior do Trabalho.

A questão relativa aos princípios específicos do direito processual do trabalho também está superada e não pode ser arguida como argumento para afastar sua autonomia. É cediço que além dos princípios que advêm da Teoria Geral do Processo, e que também orientam o direito processual civil, o direito processual do trabalho possui princípios peculiares, quais sejam, o princípio da proteção, da indisponibilidade, da busca pela verdade real, da normatização coletiva, da conciliação e da finalidade social.

O método hermenêutico seria o único argumento a sustentar que o direito processual do trabalho não seria autônomo, isso porque não possui um método próprio, pelo contrário, furta-se da hermenêutica da teoria geral do processo.

Contudo, a interpretação, a integração e a aplicação das normas jurídicas processuais devem ter outro contorno no direito processual do trabalho, exigindo do aplicador do direito uma técnica de interpretação que busque a pacificação social, compreendendo os agentes que participam da relação processual.

A autonomia do direito processual do trabalho é, portanto, imperativa porque possui institutos, princípios e finalidades próprios. Contudo não se pode afirmar pelo isolamento do direito processual do trabalho, ao revés, é indispensável a ocorrência de um diálogo das fontes de direito processual, a fim de se obter os meios mais eficazes para o saneamento das lacunas legislativas e para a efetividade do direito material tutelado.

Oportuno destacar o entendimento de Carlos Henrique Bezerra Leite (Leite, 2014, p. 94):

> A autonomia do direito processual do trabalho, contudo, não implica isolamento. Por integrar um sistema processual, o direito processual do trabalho deve observar a unidade metodológica comum a todos os demais ramos do direito processual.
>
> Cumpre advertir que unidade metodológica não significa homogeneidade de soluções. Dito doutro modo, a unidade de método não visa unificar soluções, mas, tão somente, raciocínio.

Portanto, é salutar que haja, além da supressão de lacunas, a complementação das regras existentes para alcançarmos a efetividade e a celeridade processual.

3. DAS LACUNAS LEGISLATIVAS

A unidade metodológica não visa, de fato, a unificação de soluções, mas sim a necessidade de planificação do raciocínio para a solução de determinada questão processual ou material, que decorrem da interpretação do ordenamento jurídico, que está repleto de lacunas.

Nessa linha de ideias, Karl Larenz nos ensina que:

> Por vezes, não se trata só, no desenvolvimento judicial do Direito, de colmatar lacunas da lei, mas da adoção e conformação ulterior de novas ideias jurídicas que, em todo o caso, se tinham insinuado na própria lei, e cuja realização pela jurisprudência dos tribunais vai para além do plano originário da lei e o modifica em maior ou menor grau. Compreende-se que também um tal desenvolvimento do Direito 'superador da lei' só deva ter lugar em consonância com os princípios directivos da ordem jurídica no seu conjunto; mais, muitas vezes será motivado precisamente pela aspiração a fazer valer estes princípios em maior escala do que aconteceu na lei. A interpretação da lei e o desenvolvimento judicial do Direito não devem ver-se como essencialmente diferentes, mas só como distintos graus do mesmo processo de pensamento. Isto quer dizer que a simples interpretação da lei por um tribunal, desde que seja a primeira ou se afaste de uma interpretação anterior, representa um desenvolvimento do Direito, mesmo que o próprio tribunal não tenha disso consciência [1]; assim co-

mo, por outro lado, o desenvolvimento judicial do Direito que ultrapasse os limites da interpretação lança mão constantemente de métodos 'interpretativos' em sentido amplo. Assinalamos como limite da interpretação em sentido estrito o sentido liberal possível. Um desenvolvimento do Direito conduzido metodicamente para além deste limite, mas ainda no quadro do plano originário, da teleologia da lei em si, é preenchimento de lacunas, desenvolvimento do Direito imanente à lei; o desenvolvimento do direito que esteja já para além deste limite, mas dentro do quadro e dos princípios directivos do ordenamento jurídico no seu conjunto e desenvolvimento do Direito superador da lei. (Larenz, 1997, p. 519-520).

O processo civil e o processo do trabalho são subsistemas processuais que precisam ser interpretados, sempre na busca da correta prestação jurisdicional, e para tanto cumpre ao aplicador analisar as lacunas existentes nesses subsistemas, que na concepção de Maria Helena Diniz podem ser classificadas como:

1ª) normativa, quando se tiver ausência de norma sobre determinado caso;

2ª) ontológica, se houver norma, mas ela não corresponder aos fatos sociais, quando, p. ex., o grande desenvolvimento das relações sociais e o progresso acarretarem o ancilosamento da norma positiva;

3ª) axiológica, no caso de ausência de norma justa, ou seja, quando existe um preceito normativo, mas, se for aplicado, sua solução será satisfatória ou injusta." (Diniz, 2009, p. 95)

4. A APLICAÇÃO SUBSIDIÁRIA E SUPLETIVA DO NOVO CÓDIGO DE PROCESSO CIVIL NO PROCESSO DO TRABALHO

A disposição expressa no art. 769 da CLT é no sentido de que "nos casos omissos o direito processual comum será fonte subsidiária do direito processual do trabalho", excetuando as situações em que há patente incompatibilidade com as disposições e postulados trabalhistas.

A interpretação literal do dispositivo legal implica na limitação da aplicação do direito processual civil nas hipóteses de casos omissos na legislação processual trabalhista, ou seja, apenas nas hipóteses de lacunas normativas é que poder-se-ia aplicar a legislação processual comum.

Contudo não são apenas as lacunas normativas que precisam de saneamento, também devem ser sanadas as lacunas ontológicas e axiológicas, com a finalidade precípua de dar efetividade ao processo, possibilitando a heterointegração dos subsistemas do direito processual civil e do direito processual do trabalho.

A propósito sublinha Carlos Henrique Bezerra Leite (Leite, 2014, p. 105):

A heterointegração pressupõe, portanto, existência não apenas das tradicionais lacunas normativas, mas, também, das lacunas ontológicas e axiológicas. Dito de outro modo, a heteointegração dos dois subsistemas (processo civil e trabalhista) pressupõe a interpretação evolutiva do art. 769 da CLT, para permitir a aplicação subsidiária do CPC não somente na hipótese (tradicional) de lacuna normativa do processo laboral, mas, também, quando a norma do processo trabalhista apresentar manifesto envelhecimento que, na prática, impede ou dificulta a prestação jurisdicional justa e efetiva deste processo especializado.

A heterointegração é a técnica hermenêutica que se assemelha ao "diálogo das fontes"[1] e que tem por objeto a busca pela efetividade do direito tutelado, de tal sorte que as normas do direito processual civil devem ser aplicadas na esfera do direito processual do trabalho, se implicarem na maior efetividade à tutela jurisdicional trabalhista, atendendo-se aos princípios basilares da celeridade e da proteção ao trabalhador que norteiam o processo do trabalho.

Nesse sentido leciona Carlos Henrique Bezerra Leite (Leite, 2014, p. 108):

Ademais, se o processo nada mais é do que instrumento de realização do direito material, é condição necessária aplicar as normas do CPC que, na prática, impliquem a operacionalização do princípio da máxima efetividade da tutela jurisdicional, que tem no princípio da celeridade uma de suas formas de manifestação. Isso significa que as normas do processo civil, desde que impliquem maior efetividade à tutela jurisdicional dos direitos sociais trabalhistas, devem ser aplicadas nos domínios do processo do trabalho como imperativo da promoção do acesso do cidadão-trabalhador à jurisdição justa.

A máxima efetividade da tutela jurisdicional prescinde do diálogo das fontes, da heterointegração das normas processuais dos subsistemas processuais (processo do trabalho e processo civil), afastando-se das antigas teorias da jurisdição, que adotavam a interpretação positivista da norma.

Nesse sentido são as lições de Luiz Guilherme Marinoni (Marinoni, 2005, p. 65):

Diante da transformação da concepção de direito, não há mais como sustentar antigas teorias da ju-

---

[1] Teoria hermenêutica criada Erik Jayme, professor da escola de Heidelbeg e trazida ao Brasil por Claudia Lima Marques.

risdição, que reservavam ao juiz a função de declarar o direito ou de criar a norma individual, submetidas que eram ao princípio da supremacia da lei e ao positivismo acrítico. O Estado constitucional inverteu os papéis da lei e da Constituição, deixando claro que a legislação deve ser compreendida a partir dos princípios constitucionais de justiça e dos direitos fundamentais. Expressão concreta disso são os deveres de o juiz interpretar a lei de acordo com a Constituição, de controlar a constitucionalidade da lei, especialmente atribuindo-lhe novo sentido para evitar a declaração de inconstitucionalidade, e de suprir a omissão legal que impede a proteção de um direito fundamental. Isso para não falar do dever, também atribuído à jurisdição pelo constitucionalismo contemporâneo, de tutelar os direitos fundamentais que se chocam no caso concreto.

Não se pode olvidar que a regra hermenêutica disposta no art. 769 da CLT não dispõe expressamente a utilização subsidiária do Código de Processo Civil, no caso de omissões, mas sim da utilização do "direito processual comum", o que implica dizer que a subsidiariedade se aplica às lacunas normativas, ontológicas e axiológicas – como discutido alhures – aplicando-se as regras de direito processual que sanem as referidas lacunas, e essas regras podem estar em legislações esparsas (Lei da Ação Civil Pública, Código de Defesa do Consumidor, Lei de Execução Fiscal, entre outras), ou no próprio CPC. Destacando que o art. 889 da CLT nos remete à Lei de Execução Fiscal.

Portanto, está superado o debate de eventual revogação dos arts. 769 e 889[2] da CLT pelo art. 15 do novo CPC, pois aqueles tratam de regras específicas do processo trabalhista.

A fim de estabelecer uma diferença conceitual entre a aplicação supletiva e a subsidiária, Mauro Schiavi (Schiavi, 2016, p. 156) nos ensina que:

> a) **Supletiva**: significa aplicar o CPC quando, apesar de a lei processual trabalhista disciplinar o instituto processual, ela não for completa. Nesta situação, o Código de Processo Civil será aplicado de forma complementar, aperfeiçoando e propiciando maior efetividade e justiça ao processo do trabalho. [...]
>
> b) **Subsidiariamente**: significa aplicar o CPC quando a CLT e as leis processuais trabalhistas extravagantes não disciplinarem determinado instituto processual.

Doravante, o autor destaca:

> O fato de o novo código se aplicar *subsidiária e supletivamente* (art. 15) ao Processo Trabalhista não significa que seus dispositivos sejam aplicados, simplesmente, nas omissões da lei processual do trabalho, ou incompletude de suas disposições, mas somente quando forem compatíveis com sistema trabalhista e também propiciarem melhores resultados á jurisdição trabalhista. (Schiavi, Mauro. 2016, p. 155)

É importante frisar que o art. 15 do novo Código inverte a ordem na lógica de aplicação do direito, pois a regra é que a lei eventualmente omissa indique o diploma de que o jurista deve se socorrer. E, pelo art. 15, o próprio Código de Processo Civil se considera (e se oferta) como referência e instrumento de superação de eventual lacuna nos processos eleitorais, administrativos ou trabalhistas.

Na iminência do risco de inúmeras celeumas quanto à aplicação do novo Código, o que poderia trazer nulidades processuais e prejuízo à desejável celeridade, o Tribunal Superior do Trabalho se antecipou ao início da vigência do novo Código (18.03.2016, conforme entendimento do CNJ), e editou a Instrução Normativa n. 39, indicando os artigos que se aplicam e os que não se aplicam ao processo trabalhista, no afã de eliminar ou pelo menos reduzir debates infrutíferos.

5. CONSIDERAÇÕES FINAIS

É premente a necessidade de interpretar os subsistemas processuais civil e trabalhista, de forma a integrá-los para a solução dos conflitos postos à análise jurisdicional, e em havendo lacunas, há de se colmatar o ordenamento, sanando as lacunas, sejam elas normativas, ontológicas ou axiológicas.

A interpretação que se confere ao art. 15 do novo Código de Processo Civil revela a limitação das regras processuais civis às hipóteses de lacunas normativas, ou seja, apenas naquelas situações em que não há normatização específica na legislação trabalhista; assim como às hipóteses de necessidade de complementação, decorrente de sua aplicação supletiva.

Ao utilizar o termo aplicação supletiva no art. 15 do Código de Processo Civil, o legislador teve a manifesta intenção de ultrapassar os limites da ausência de norma, para ver aplicada a norma processual civil nas hipóteses em que se fizer necessária a complementação da norma processual trabalhista, a adequação dessa norma à nova realidade social, aplicando-se a norma processual civil também nas hipóteses de lacunas ontológicas ou axiológicas.

---

(2) **Art. 769.** Nos casos omissos, o direito processual comum será fonte subsidiária do direito processual do trabalho, exceto naquilo em que for incompatível com as normas deste Título.

Art. 889. Aos trâmites e incidentes do processo da execução são aplicáveis, naquilo em que não contravierem ao presente Título, os preceitos que regem o processo dos executivos fiscais para a cobrança judicial da dívida ativa da Fazenda Pública Federal.

Observa-se, contudo, que a aplicação supletiva aduzida na carta processual civil, decorre da evolução interpretativa dos arts. 769 e 889 da CLT, aplicando-se o CPC, para além da hipótese de lacuna normativa – quando há ausência de norma no ordenamento trabalhista, mas, também, e principalmente quando se perceber que a norma trabalhista já não atende ao propósito para o qual foi estabelecida, procrastinando ou mesmo impedindo a célere prestação jurisdicional.

Assim, pode-se entender que o art. 15 do Código de Processo Civil é inócuo, posto que sua interpretação se assemelha à evolução interpretativa já aplicada, na *práxis*, aos termos dos arts. 769 e 889 da Consolidação das Leis do Trabalho.

6. REFERÊNCIAS BIBLIOGRÁFICAS

ADAMOVICH, Eduardo Henrique Raymundo Von. *Comentários à Consolidação das Leis do Trabalho*. Rio de Janeiro: Forense, 2009.

ALMEIDA, Amador Paes de. *CLT Comentada*. 9. ed. rev., atual. e ampl. São Paulo: Saraiva, 2015.

BUENO, Cassio Scarpinella. *Novo Código de Processo Civil anotado*. São Paulo: Saraiva, 2015.

CÂMARA, Alexandre Freitas. *O novo processo civil brasileiro*. São Paulo: Atlas, 2015.

CASSAR, Vólia Bomfim. *Direito do trabalho*. 11. ed. rev. e atual. Rio de Janeiro: Forense; São Paulo: Método, 2015.

DINIZ, Maria Helena. *As lacunas no direito*. 9. ed. rev. e aum. São Paulo: Saraiva, 2009.

DONIZETTI, Elpídio. *Novo Código de Processo Civil comentado (Lei n. 13.105, de 16 de março de 2015)*: análise comparativa entre o novo CPC e o CPC/73. São Paulo: Atlas, 2015.

GARCIA, Gustavo Filipe Barbosa. *Novo Código de Processo Civil: principais modificações*. Rio de Janeiro: Forense, 2015.

GRINOVER, Ada Pelegrini. Significado social, político e jurídico da tutela de interesses difusos. *Revista do Processo*, n. 97, São Paulo, jan.-mar. 2000.

NERY JUNIOR, Nelson; NERY, Rosa Maria de Andrade. *Comentários ao Código de Processo Civil*. São Paulo: Revista dos Tribunais, 2015.

LARENZ, Karl. *Metodologia da ciência do direito*. 3. ed. Lisboa: Fundação Calouste Gulbenkian, 1997

LEITE, Carlos Henrique Bezerra. Princípios jurídicos fundamentais do Novo Código de Processo Civil e seus reflexos no processo do trabalho, in *O Novo Código de Processo Civil e seus reflexos no processo do trabalho*, Organizador Élisson Miessa. Salvador: JusPodivm, 2015.

_____. *Curso de direito processual do trabalho*. 12. ed. São Paulo: LTr, 2014.

_____. As recentes reformas do CPC e as lacunas ontológicas e axiológicas no processo do trabalho sob a perspectiva da efetividade do acesso à justiça. *Revista do Tribunal Superior do Trabalho*, Brasília, v. 73, n. 1, p. 98-106, jan.-mar. 2007.

MARQUES, Claudia Lima (org.). *Diálogo das fontes, do conflito à coordenação de normas do direito brasileiro*. São Paulo: Revista dos Tribunais, 2012.

MARINONI, Luiz Guilherme. A jurisdição no estado contemporâneo. In: MARINONI, Luiz Guilherme (coord.). *Estudos de direito processual civil: homenagem ao professor Egas Dirceu Moniz de Aragão*. São Paulo: Revista dos Tribunais, 2005.

ROMAR, Carla Teresa Martins. *Direito processual do trabalho*. 2. ed. 4. reimpr. São Paulo: Atlas, 2007.

SCHIAVI, Mauro. *Manual de direito processual do trabalho*. 10. ed. São Paulo: LTr, 2016.

SILVA, Homero Batista Mateus da. *Curso de direito do trabalho aplicado*: Volume 9 – Processo do Trabalho. 2. ed. rev., atual. e ampl. São Paulo: Revista dos Tribunais, 2015.

VEIGA, Maurício de F. Correa. Aplicação subsidiária e supletiva das novas regras do CPC no processo do trabalho. *Revista LTr*, v. 80, n. 01, jan. 2016.

WAMBIER, Teresa Arruda Alvim e WAMBIER, Luiz Rodrigues, Coordenadores. *Novo Código de Processo Civil Comparado*: artigo por artigo. São Paulo: Revista dos Tribunais, 2015.

As Tutelas de Urgência e Evidência no Novo CPC – Aplicações no Processo do Trabalho

Célio Pereira Oliveira Neto
Advogado, Doutorando, Mestre e Especialista em Direito do Trabalho pela PUC/SP – Pontifícia Universidade Católica de São Paulo; Professor nos cursos de Pós-Graduação da Ematra IX – Escola da Magistratura do Trabalho da Nona Região, PUC/PR – Pontifícia Universidade Católica do Paraná e Universidade Positivo; Membro do Instituto Brasileiro de Direito Social Cesarino Júnior (IBDSCJ), sócio fundador da Célio Neto Advogados.

INTRODUÇÃO

O NCPC foi promulgado na data de 16 de março de 2015, e entrou em vigência 1 (um) ano após a sua promulgação, em 18 de março de 2016. Por força de seu art. 15 possui aplicação subsidiária e supletiva aos processos trabalhistas.

Observado o propósito do presente estudo, passa-se a avaliar as tutelas provisórias de urgência e evidência. Com efeito, o livro V do novo diploma processual civil trata da tutela provisória, apresentando no Título I as disposições gerais que vão dos arts. 294 ao 299. Tais tutelas podem fundamentar-se em urgência ou evidência.

A tutela provisória de urgência se encontra regrada no Livro V, Título II, Capítulos I e II do NCPC, e representa gênero, cujas espécies são a tutela antecipada e a tutela cautelar, podendo ser concedida em caráter antecedente ou incidental.

Embora fora do Livro V do NCPC, pode-se ainda mencionar a tutela inibitória prevista pelo art. 497 do NCPC, como espécie de tutela de urgência, que pode assumir caráter provisório ou final.[1]

Em se tratando de urgência contemporânea à propositura da ação principal, deve-se manejar a tutela antecipada antecedente, nos moldes do art. 303 do NCPC. Já na hipótese de a urgência anteceder à propositura da ação principal, a tutela aplicável é a cautelar antecedente, prevista no art. 305 do NCPC. Caso a urgência seja posterior à demanda principal, deve-se fazer uso da cautelar incidental, consoante art. 294, parágrafo único, do NCPC.

Já a tutela de evidência se encontra disciplinada no Livro V, Título II, Capítulo III, do NCPC, e reclama uso na inexistência de urgência, quando presente uma das condições estabelecidas no art. 311.

---

(1) Na explicação da Paulo Ricardo Pozzolo, à luz do CPC/1973, "pode-se, até por questões didáticas, dividir a tutela inibitória em provisória e final. A diferença é que a tutela inibitória provisória corresponde a uma liminar ou provimento veiculado através de decisão interlocutória, proferida no curso de um processo, como definido no § 2º do art. 162 do CPC; e a tutela inibitória final equivale a uma sentença, definida pelo § 1º do art. 162 do CPC". In: POZZOLO, Paulo Ricardo. *Ação Inibitória no processo do trabalho*. São Paulo: LTr, 2001. p. 114.

1. TUTELA DE URGÊNCIA

1.1. Escopo e requisitos

O NCPC promove a integração sistemática da tutela antecipada e da cautelar.

A tutela provisória de urgência tem suas disposições gerais no Título II, Capítulo I, do Livro V, e possui o escopo de oferecer a necessária proteção a bens da vida ou seus efeitos, que podem ser deteriorados, se tiverem de aguardar a decisão final.

Para a concessão da tutela, o juiz deve se convencer da probabilidade do direito, desde logo descartando aquele que não é passível de ser concebido em juízo, tal como o pleito usualmente indeferido, e principalmente o pedido juridicamente impossível ou aquele que esbarra em texto de súmula vinculante do STF.

Nos dizeres de Francisco Antonio de Oliveira, a tutela de urgência "tem respaldo no estado de necessidade de quem ajuíza a ação. A característica principal é a urgência na concessão para efetividade da prestação jurisdicional"[2], haja vista que a não concessão poderá causar danos irreparáveis.

O perigo de dano ou risco ao resultado útil do processo está ligado à demora na solução da lide, que pode tornar ineficaz o provimento judicial, prejudicando ou impedindo a realização do direito após a sentença.

Na explicação de Manoel Antonio Teixeira Filho[3], compreende-se por perigo de dano aquele que é iminente, perceptível, fruto de temor real e não da imaginação do autor, que se verifica no momento da apreciação do pedido, e que pode se concretizar caso o processo tenha de aguardar o curso comum, comprometendo a efetividade do feito; ao passo que, por resultado útil revela-se a garantia às partes de iguais oportunidades para demonstrar o direito que sustentam, e não a asseguração do direito material em si.

1.2. Momento da concessão

Presentes os requisitos legais, a tutela deverá ser requerida ao juízo da causa e, quando antecedente[4], ao juízo competente para conhecer do pedido principal, podendo ser concedida sem a ouvida da parte contrária, postergando-se o contraditório, ou após a ouvida da parte adversária sobre o pleito de tutela de urgência em justificação prévia. Significa dizer, pode ser concedida a qualquer momento, desde o início do processo, em sentença ou mesmo em grau recursal, desde que presentes a probabilidade do direito e o perigo de dano ou risco ao resultado útil do processo.

1.3. Competência

Em se tratando de processos cuja competência originária for de tribunal ou em sede de recurso, a tutela provisória deverá ser requerida junto ao órgão jurisdicional competente para apreciar o mérito, consoante parágrafo único do art. 299 do NCPC.

Para as questões de incompetência, aplicam-se as regras do art. 65 do novo diploma processual[5], de sorte que a decisão de juiz absolutamente incompetente não se convalida, ao passo que a incompetência relativa admite deslocamento (prorrogação)[6], na hipótese de o réu não a arguir em sede de contestação.

1.4. Fundamentação

Representando a concretização do previsto pelo art. 93, IX, da CF, voltado à fundamentação das decisões, o art. 298 prevê que, seja para conceder, negar, modificar ou revogar a tutela provisória, caberá ao juiz motivar o seu convencimento de modo claro e preciso, enfrentando as questões relativas à urgência da medida e a evidência da prova.

Aliás, a fundamentação das decisões é característica marcante do novo diploma processual civil, tal como previsto pelo art. 489, II (que considera a fundamentação como parte essencial da sentença) combinado com o art. 489, § 1º, e incisos, do NCPC (que indica os requisitos para fundamentação da sentença).[7]

1.5. Efetividade

Munido de elevado poder discricionário, cabe ao juiz determinar as medidas que considerar adequadas para a efetivação da tutela provisória, aplicando as disposições

---

(2) OLIVEIRA, Francisco de. *Comentários pontuais sobre o novo Código de Processo Civil*. São Paulo: LTr, 2015. p. 69.

(3) TEIXEIRA FILHO, Manoel Antônio. *Comentários ao novo Código de Processo Civil sob a perspectiva do processo do trabalho*: (Lei n.13.105, 16 de março de 2015). São Paulo: LTr, 2015. p. 310.

(4) Entenda-se por antecedente, aquela que precede o processo principal, seja de natureza cautelar, seja de natureza antecipada.

(5) NCPC, Art. 65. Prorrogar-se-á a competência relativa se o réu não alegar a incompetência em preliminar de contestação.

(6) TEIXEIRA FILHO, Manoel Antônio. *Comentários ao novo Código de Processo Civil sob a perspectiva do processo do trabalho*: (Lei n.13.105, 16 de março de 2015). São Paulo: LTr, 2015. p. 305.

(7) Tal dispositivo indica por não fundamentada qualquer decisão judicial, seja qual for a natureza, que, em suma: (i) apenas indicar ou reproduzir ato normativo, deixando de explicar as razões com a causa em exame; (ii) utilizar conceitos indeterminados, sem explicar o motivo; (iii) fazer uso de motivos que poderiam justificar qualquer outra decisão; (iv) não enfrentar todos os argumentos utilizados pelas partes e que tenham o condão de infirmar a conclusão do julgado; (v) se limitar a invocar precedente ou súmula, sem identificar seus fundamentos e as razões de uso no caso concreto; (vi) não observar súmula, jurisprudência ou precedente invocado pela parte, sem demonstrar a distinção no caso em julgamento ou a superação do entendimento.

relativas à execução provisória da sentença, nos termos do art. 297 e parágrafo único do NCPC.

Entenda-se que "efetivar a tutela significa obter os resultados práticos desejados pelo ato concessivo"[8]. A efetividade da decisão tem espeque no princípio constitucional do direito de ação (art. 5º, XXXV, da CF), que deve ser entendido como direito à tutela jurisdicional adequada.[9]

Por sinal, no cenário principiológico, o art. 4º do NCPC é expresso ao dispor que as partes têm de obter em prazo razoável a solução integral da lide, incluída a atividade satisfativa. Tal se repete no art. 6º do NCPC que prevê a cooperação das partes para a obtenção de uma decisão de mérito justa e efetiva, em tempo razoável.

O art. 301 do NCPC representa texto aberto que permite o uso de tutelas de urgência variadas voltadas à efetivação do direito, independentemente de previsão legal. Com efeito, as figuras do arresto, sequestro, arrolamento de bens e registro de protesto contra alienação de bens foram mencionadas a título exemplificativo, tanto que, após citá-las, o dispositivo legal assegura o uso de "qualquer outra medida idônea para asseguração do direito".

1.6. Eficácia

Após concedida, a tutela provisória conserva sua eficácia no curso da ação, mesmo em caso de suspensão do processo, em que pese possa ser revogada ou modificada a qualquer tempo, consoante art. 296 e parágrafo único.

1.7. A tutela diante da irreversibilidade

Em se tratando de tutela de urgência, a literalidade do art. 300, § 3º, não permite a concessão em ocorrendo perigo de irreversibilidade dos efeitos da decisão, tal como já o fazia o art. 273 do CPC/1973, que vedava a concessão de antecipação de tutela quando da existência de perigo de irreversibilidade do provimento antecipado.

Ao tratar do art. 296 do NCPC, Nelson Nery Junior leciona que "deve ser utilizado, por extensão, o sistema do CPC art. 302, de modo que a responsabilidade do requerente da medida é objetiva, devendo ser caracterizada independentemente de sua conduta: havendo o dano e provado o nexo de causalidade entre a execução, a medida e o dano, há o dever de indenizar." Nessa linha de raciocínio, para o autor, quando houver perigo real de irreversibilidade de fato, a tutela não deve ser concedida, tal como na demolição de prédio, embora, em tese, o possa ser em se tratando de irreversibilidade de direito, ao resolver-se em perdas e danos.[10]

Luiz Guilherme Marinoni, na defesa da efetividade do direito é enfático, aduzindo que "não há como não admitir a concessão dessa tutela sob o simples argumento de que ela pode trazer um prejuízo irreversível ao réu. Seria como dizer que o direito provável deve sempre ser sacrificado diante da possibilidade de prejuízo irreversível ao direito improvável – o que é obviamente um contrassenso".

Tal dispositivo provocará grande debate no processo do trabalho, haja vista que a concessão do próprio bem ou benefício daí advindo em caráter satisfativo poderá levar à impossibilidade de ressarcimento da parte contrária em demandas trabalhistas, o que remete à regra do art. 300, § 3º, que em sua literalidade não permite a concessão da tutela em caso de irreversibilidade dos efeitos da decisão.

Pensa-se que deve ocorrer um sopesamento no caso concreto, diante dos bens envolvidos, tomando-se a dicção do dispositivo legal em comento como regra geral que admite exceções.

1.8. Hipóteses legais trabalhistas

Importante fazer notar que os casos de reintegração ao emprego não se compreendem como situação de dano irreversível, afinal, o empregado entrega a sua força de trabalho ao tempo em que reassume o posto de trabalho.

Aliás, casos há em que a tutela de urgência é regrada pela própria CLT, tal como na concessão de liminar para impedir a transferência de que trata o art. 469 da CLT e para reintegrar dirigente sindical ao emprego – nos precisos termos do art. 659, IX e X, respectivamente[11]. Tal posição inclusive está sedimentada em situações especiais, tal como a OJ 64 da SDI-II[12].

---

(8) TEIXEIRA FILHO, Manoel Antônio. *Comentários ao novo Código de Processo Civil sob a perspectiva do processo do trabalho:* (Lei n. 13.105, 16 de março de 2015). São Paulo: LTr, 2015. p. 303.

(9) NERY JUNIOR, Nelson. *Comentários ao Código de Processo Civil*. Nelson Nery Junior, Rosa Maria de Andrade Nery. São Paulo: Revista dos Tribunais, 2015. p. 849.

(10) NERY JUNIOR, Nelson. *Comentários ao Código de Processo Civil*. Nelson Nery Junior, Rosa Maria de Andrade Nery. São Paulo: Revista dos Tribunais, 2015. p. 859.

(11) CLT, Art. 659. Competem privativamente aos Presidentes das Juntas, além das que lhes forem conferidas neste Título e das decorrentes de seu cargo, as seguintes atribuições:

IX – conceder medida liminar, até decisão final do processo, em reclamações trabalhistas que visem a tornar sem efeito transferência disciplinada pelos parágrafos do artigo 469 desta Consolidação.

X – conceder medida liminar, até decisão final do processo, em reclamações trabalhistas que visem reintegrar no emprego dirigente sindical afastado, suspenso ou dispensado pelo empregador.

(12) OJ 64 da SDI – 2. MANDADO DE SEGURANÇA. REINTEGRAÇÃO LIMINARMENTE CONCEDIDA. Não fere direito líquido e certo a concessão de tutela antecipada para reintegração de empregado protegido por estabilidade provisória decorrente de lei ou norma coletiva.

Seguindo a mesma esteira de raciocínio, a OJ n. 142, da SDI-II[13], que prevê a reintegração de empregado "quando demonstrada a razoabilidade do direito subjetivo material, como nos casos de anistiado pela Lei n. 8.878/1994, aposentado, integrante de comissão de fábrica, dirigente sindical, portador de doença profissional, portador de vírus HIV ou detentor de estabilidade provisória prevista em norma coletiva".

1.9. Caução

Outrossim, nota-se que na concessão da tutela de urgência, o juiz tem a faculdade de exigir caução real ou fidejussória idônea – de modo correspondente ao art. 804 do CPC/1973, a fim de ressarcir os danos que a outra parte possa vir a sofrer, sendo que tal poderá ser dispensada quando se tratar de parte economicamente hipossuficiente que não tenha condições de oferecê-la.

1.10. Responsabilidade da parte requerente

Não se olvida do art. 302 do NCPC, que prevê que a parte responde pelo prejuízo advindo da efetivação da tutela, independentemente da reparação do dano processual, quando: i) a sentença lhe for desfavorável; ii) a parte requerente não tomar as medidas necessárias para a citação do requerido no prazo de 5 (cinco) dias; iii) cessar a eficácia da medida em qualquer hipótese legal; iv) o juiz acolher a arguição de prescrição ou decadência.

A redação em enfoque, na essência, possui o mesmo regramento previsto no art. 811 do CPC/1973. Na literalidade, o texto legal não impõe condicionantes, de sorte a atribuir responsabilidade objetiva à parte que obteve a tutela nas hipóteses elencadas no art. 302.

Todavia, Luiz Guilherme Marinoni[14] levanta uma objeção, dizendo não se poder responsabilizar de modo objetivo nas hipóteses dos incisos I e IV, pois a parte beneficiada com a tutela nada mais fez do que o uso de uma decisão judicial que a concedeu. Pensar de modo diverso equivaleria a ignorar a decisão anterior, como se nunca tivesse existido, apagando-a retroativamente.

Bruno Freire e Silva[15] apresenta similar raciocínio defendendo não só a responsabilidade subjetiva, como também que igual pensamento seja aplicado para a hipótese de não concessão da tutela antecipada quando a sentença for favorável ao autor, com o que se pede vênia para discordar do autor, até porque, na hipótese, se estaria atuando em mero cumprimento da decisão judicial que negou a concessão da tutela, de modo análogo ao raciocínio proposto por Luiz Guilherme Marinoni.

Outrossim, o CPC/1973 previa a liquidação da indenização no procedimento cautelar. Já o NCPC prevê que, sempre que possível, esta será liquidada nos próprios autos em que a medida tiver sido concedida, o que deverá ser levado a efeito no processo do trabalho por simples cálculos, artigos ou arbitramento, consoante art. 879, *caput*, da CLT.

1.11. Fungibilidade

O parágrafo único do art. 305 representa consagração legal da fungibilidade das tutelas de urgência, ao dispor que o juiz poderá receber o pedido de tutela cautelar como tutela de natureza antecipada, se entender que o caso sob análise se enquadra na tutela desta última hipótese.

Essa linha de pensamento já permeava a jurisprudência trabalhista, dentro de uma visão constitucionalizada de processo como instrumento e não um fim em si próprio, tendo por escopo o resultado útil das demandas, consoante se observa da ementa de decisão do TST[16] que segue:

103001311758 JCPC.295 JCLT.840 JCPC.796 JCPC.273 JCPC.273.7 JCLT.896 JCLT.896.A – AGRAVO DE INSTRUMENTO EM RECURSO DE REVISTA – ACÓRDÃO PUBLICADO ANTES DA VIGÊNCIA DA LEI Nº 13.015/2014 – INÉPCIA DA INICIAL – FALTA DE PRESSUPOSTOS PROCESSUAIS – JULGAMENTO EXTRA PETITA – CONDIÇÕES DA AÇÃO – AÇÃO CAUTELAR – **FUNGIBILIDADE** – PRAZO PARA INTERPOSIÇÃO DA AÇÃO PRINCIPAL – Quanto à alegação de inépcia, no processo do trabalho não se aplicam, de forma rigorosa, as disposições contidas no art. 295 do CPC, regendo-se a petição inicial pelo disposto no art. 840 da CLT, que exige apenas uma breve exposição dos fatos de que resulte o dissídio, de forma a possibilitar o regular entendimento da pretensão deduzida e permitir à parte adversa formular sua defesa e ao Juízo solver o conflito que lhe é submetido. Na hipótese, conforme consignado pelo e. TRT, é desnecessária a postulação expressa de nulidade de despedida ilegal como pressuposto da determinação da reintegração. A inicial expõe de forma satisfatória os fatos de que decorre o dissídio, razão pela qual não há falar em ofensa aos dispositivos mencionados. Quanto ao mais, a ação cautelar, por sua natureza, não traz provimento de natureza satisfativa, porquanto se trata de providência eminentemente acautelatória, cujo objetivo é resguardar

---

(13) 142. MANDADO DE SEGURANÇA. REINTEGRAÇÃO LIMINARMENTE CONCEDIDA (DJ 04.05.2004). Inexiste direito líquido e certo a ser oposto contra ato de Juiz que, antecipando a tutela jurisdicional, determina a reintegração do empregado até a decisão final do processo, quando demonstrada a razoabilidade do direito subjetivo material, como nos casos de anistiado pela Lei n. 8.878/1994, aposentado, integrante de comissão de fábrica, dirigente sindical, portador de doença profissional, portador de vírus HIV ou detentor de estabilidade provisória prevista em norma coletiva.

(14) MARINONI, Luiz Guilherme. *Novo Código de Processo Civil comentado*. Luiz Guilherme Marinoni, Sérgio Cruz Arenhart, Daniel Mitidiero. São Paulo: Editora Revista dos Tribunais, 2015. p. 314.

(15) SILVA, Bruno Freire e. *O novo CPC e o processo do trabalho I:* parte geral. São Paulo: LTr, 2015. p. 210.

(16) Extraída do Repositório Eletrônico Juris Síntese/IOB.

um direito, ou o resultado útil de um processo, não se destinando a satisfação do direito, tal como objetiva a antecipação de tutela. Desse modo, a tutela cautelar tem natureza acessória ou instrumental, dependente de um processo principal. Nesse sentido, dispõe o artigo 796 do CPC. Contudo, em atenção aos princípios da instrumentalidade do processo, bem como da efetividade processual, consagrou-se o princípio da fungibilidade das tutelas de urgência, insculpido no artigo 273, § 7º, do CPC. Nesse contexto, o v. acórdão registrou que a medida mais adequada para postular a reintegração do reclamante seria postular a matéria por meio do instituto da antecipação de tutela (art. 273 do CPC), como pedido incidental na própria ação principal. Contudo, o Regional entendeu que a via adotada pelo autor não pode ser considerada nula. Confirmando a r. decisão de origem, o e. TRT concluiu que restaram comprovados o *periculum in mora* e o *fumus boni iuris* para autorizar a reintegração do trabalhador, que gozava de estabilidade provisória, bem como possibilitá-lo a se inscrever a cargo da CIPA. **Verifica-se, portanto, que o v. acórdão aplicou a fungibilidade entre a ação cautelar e a tutela antecipada, pois entendeu que estavam preenchidos os requisitos para antecipar a tutela de reintegração ao emprego pretendida pelo reclamante, ainda que no bojo de uma ação cautelar. Esta Corte já reconheceu a fungibilidade entre a ação cautelar e a antecipação de tutela.** Nesse sentido, o Superior Tribunal de Justiça também se manifestou. Logo, ante a natureza eminentemente satisfativa da concessão do pleito de reintegração ao emprego, em virtude de dispensa do reclamante quando ainda estava no gozo de estabilidade provisória, não há falar ajuizamento de ação principal no prazo de 30 (trinta) dias. Não se vislumbra, portanto, violação aos dispositivos apontados. Quanto à divergência jurisprudencial, os arestos transcritos em suas razões recursais são provenientes de Turma desta Corte, órgão não mencionado na alínea "a" do art. 896 da CLT, não se prestando ao confronto de teses. Agravo de instrumento não provido. (TST – AIRR 0000568-93.2013.5.04.0205 – Rel. Des. Conv. Breno Medeiros – DJe 30.06.2015 – p. 1029)v114

Em princípio, não haveria qualquer óbice para aplicar o raciocínio de modo inverso, a fim de que o requerimento de tutela antecipada seja recebido como cautelar se assim o juiz entender aplicável.

Há de se observar, no entanto, o momento de apresentação do pleito de tutela, afinal, na lição de Nelson Ney Junior, "no caso da tutela de urgência, não há razão para acreditar que haja necessidade de aplicação do princípio, uma vez que a atenção se volta para o momento em que é requerida a medida: se ao mesmo tempo em que proposta a ação principal, ou anteriormente a esta".[17]

1.12. Custas

Ainda de acordo com as regras gerais do Título I, quando incidental, a tutela de urgência não enseja o pagamento de custas, a teor do art. 295 do NCPC, que não possui correspondência legislativa no CPC/1973.

2. ESPÉCIES DE TUTELA DE URGÊNCIA

2.1. Tutela antecipada

2.1.1. Escopo e requisitos

O Livro V, Título II, Capítulo II, do NCPC, trata da tutela antecipada requerida em caráter antecedente, não tendo correspondente no CPC/1973. Tem por escopo a celeridade, visando à efetividade da medida ante o risco de ineficácia ou perecimento do direito, se aguardado o tempo normal de curso para solução final processo. Trata-se, pois, de tutela satisfativa, na medida em que há uma antecipação na entrega do bem ou dos efeitos deste, mesmo antes do julgamento definitivo.

O art. 303, *caput*, inova, ao prever que, nos casos em que a urgência for contemporânea à propositura da ação – ou seja, a tutela de urgência se verificar ao tempo em que já se poderia distribuir a ação cabível[18] – a petição inicial pode se limitar à apresentação concomitante dos seguintes requisitos: a) requerimento de tutela antecipada; b) indicação do pedido de tutela final; c) exposição da lide; d) exposição do direito que se pleiteia; e) perigo de dano ou risco ao resultado útil do processo.

Em sendo concedida a tutela, nos próprios autos, sem que incidam novas custas, caberá ao autor o aditamento da petição inicial, em que deverá complementar a sua argumentação, juntar novos documentos (se for caso) e confirmar o pedido de tutela final, sob pena de extinção do processo sem resolução do mérito. Deverá ainda indicar o valor da causa, considerado o pleito de tutela final e informar que pretende valer-se do benefício do *caput*.

Não há, contudo, qualquer óbice na propositura da demanda, mediante requerimento da tutela antecipada já com a petição inicial completa, sem a necessidade de aditamento, com o que se ganha maior celeridade e simplifica-se o processo.[19]

2.1.2. Trâmite

Cumpridos os requisitos legais pelo autor, e não sendo o caso de improcedência liminar do pedido, o réu será

---

(17) NERY JUNIOR, Nelson. *Comentários ao Código de Processo Civil*. Nelson Nery Junior, Rosa Maria de Andrade Nery. São Paulo: Revista dos Tribunais, 2015. p. 842.

(18) TEIXEIRA FILHO, Manoel Antônio. *Comentários ao novo Código de Processo Civil sob a perspectiva do processo do trabalho*: (Lei n.13.105, 16 de março de 2015). São Paulo: LTr, 2015. p. 315.

(19) NERY JUNIOR, Nelson. *Comentários ao Código de Processo Civil*. Nelson Nery Junior, Rosa Maria de Andrade Nery. São Paulo: Revista dos Tribunais, 2015. p. 862.

citado pelo menos 20 (vinte) dias antes da audiência de conciliação ou mediação, que deverá ser designada com antecedência mínima de 30 (trinta) dias.

Tal disposição decorre do art. 303, § 1º, II, que faz remissão ao art. 334 do NCPC, e merece aplicação no processo do trabalho mediante adequação de prazos, haja vista que o art. 841 da CLT prevê que a citação poderá ocorrer até 5 (cinco) dias antes da audiência, até porque, em não havendo composição, inexistirá prejuízo para a defesa se observada a regra do art. 303, § 1º, III, que remete ao art. 335 do NCPC, que estipula prazo de 15 (quinze) dias para apresentação da contestação, cujo termo inicial se encontra regrado em seus incisos[20] – devendo no processo do trabalho observar-se a concessão de prazo a partir da primeira audiência, ou minimamente contada da citação.

Na hipótese de entender que não se trata de caso sujeito à concessão da tutela antecipada, ante a ausência de elementos para tanto, o órgão jurisdicional determinará a emenda da petição inicial em até 5 (cinco) dias, sob pena de extinção do feito sem resolução do mérito, o que deverá ser levado a efeito minimamente observadas as regras acima apontadas no que tange ao aditamento da inicial.

2.1.3. Impugnação

Consoante regras do processo civil, é cabível a interposição de agravo de instrumento da decisão que aprecia o pedido de tutela antecipada. Contudo, no processo do trabalho o agravo possui o único fim de destrancar recurso, não podendo ser manejado com o escopo de modificar a decisão que nega ou concede a tutela antecipada. Diante da ausência de recurso específico, pois, o processo laboral admite o mandado de segurança.

Claro que, se concedida em sentença, o meio próprio de impugnação é o recurso ordinário, que pode vir acompanhado de medida cautelar visando à concessão de efeito suspensivo à tutela antecipada deferida em sentença. Nesses termos, a Súmula n. 414 do TST:

> MANDADO DE SEGURANÇA. ANTECIPAÇÃO DE TUTELA (OU LIMINAR) CONCEDIDA ANTES OU NA SENTENÇA I – A **antecipação da tutela concedida na sentença não comporta impugnação pela via do mandado de segurança, por ser impugnável mediante recurso ordinário.** A ação cautelar é o meio próprio para se obter efeito suspensivo a recurso. II – **No caso da tutela antecipada (ou liminar) ser concedida antes da sentença, cabe a impetração do mandado de segurança, em face da inexistência de recurso próprio.** III – A superveniência da sentença, nos autos originários, faz perder o objeto do mandado de segurança que impugnava a concessão da tutela antecipada (ou liminar).

Por outro lado, a jurisprudência trabalhista também se pacificou no sentido de que a concessão de liminar se encontra na esfera do poder discricionário de que goza o magistrado[21], não podendo ser atacada via mandado de segurança, caso não haja abuso ou ilegalidade, consoante Súmula n. 418 do TST:

> MANDADO DE SEGURANÇA VISANDO À CONCESSÃO DE LIMINAR OU HOMOLOGAÇÃO DE ACORDO. A concessão de liminar ou a homologação de acordo constituem faculdade do juiz, inexistindo direito líquido e certo tutelável pela via do mandado de segurança.

2.1.4. Estabilização da sentença

A grande novidade está no art. 304 do novo diploma processual civil, que em evolução ao anterior, institui a figura da "estabilização da sentença", que tem por fim afastar o perigo de dano ou risco ao resultado útil do processo, tornando estável a decisão, o que consiste na conservação dos efeitos da decisão proferida em sede de concessão de tutela antecipada, quando da ausência de recurso.

Essa estabilização não implica em formação de coisa julgada, de tal arte que não ficará sujeita ao juízo rescisório, nos termos do Enunciado 33 do Fórum Permanente de Processualistas Civis[22], que assim está redigido: "Não cabe ação rescisória nos casos de estabilização da tutela antecipada de urgência".

Importante observar que o art. 304 do NCPC trata da tutela prevista pelo art. 303, de modo que se aplica unicamente à tutela antecipada requerida em caráter antecedente. Logo, não se cogita da estabilização da sentença nas hipóteses de tutela antecedente cautelar, tutela incidental, de evidência, e mesmo às concedidas na vigência do CPC/1973 ainda não cassadas ou revogadas.[23]

A decisão que concede a tutela antecedente manterá seus efeitos de modo autônomo, enquanto não houver revisão, reforma ou invalidação decorrente de decisão de mérito em ação própria que visa invalidar a tutela antecipada estabilizada, cujo prazo decadencial é de 2 (dois) anos a contar da decisão que extinguiu o processo.

---

(20) I – da audiência de conciliação ou de medição, ou da última sessão de conciliação, quando qualquer parte não comparecer ou, comparecendo, não houver autocomposição; II – do protocolo do pedido de cancelamento da audiência de conciliação ou de mediação apresentado pelo réu, quando ocorrer a hipótese do art. 334, § 4º, inciso I; III – prevista no art. 231, de acordo com o modo como foi feita a citação, nos demais casos.

(21) SCHIAVI, Mauro. *Manual de direito processual do trabalho*. 9. ed. São Paulo: LTr, 2015. p. 1334.

(22) Que não possui caráter vinculativo.

(23) TEIXEIRA FILHO, Manoel Antônio. *Comentários ao novo Código de Processo Civil sob a perspectiva do processo do trabalho:* (Lei n.13.105, 16 de março de 2015). São Paulo: LTr, 2015. p. 318.

Veja-se que a teor do art. 304, § 1º, ocorre a extinção do processo após a estabilização da sentença, permitindo-se, no entanto, a qualquer das partes, ou mesmo terceiros interessados[24] requerer o desarquivamento dos autos com o escopo de cumprir o requisito obrigatório de instruir a petição inicial que visa invalidar a tutela estabilizada, ficando prevento o juízo em que a tutela foi concedida.

2.2. Tutela cautelar

2.2.1. Escopo e requisitos

A tutela cautelar está regrada no Livro V, Título II, Capítulo III do NCPC. A teor do art. 305, deve o autor indicar na exordial, a lide e seu fundamento, além de exposição sumária do direito que se pretende assegurar e o perigo de dano ou risco ao resultado útil do processo, podendo a medida ser deferida liminarmente ou após justificação prévia.

As disposições atuais representam simplificação do art. 801 do CPC/1973, em que pese não se deva deixar de fora a indicação da autoridade judiciária a que é dirigida, e muito menos a qualificação das partes, provas a serem produzidas e os pedidos, que figuram como regras da petição inicial consoante arts. 319 e 320 do NCPC, e art. 840 da CLT.

A tutela pleiteada com supedâneo no art. 305 tem por requisitos a demonstração do perigo da demora e a plausibilidade do direito, e por finalidade a proteção imediata e em caráter provisório de um bem ou direito daí decorrente, mediante apreciação sumária, visando à efetividade do direito.

Trata-se de medida preparatória e acessória, portanto, não subsiste por si só, reclamando a propositura da demanda principal, tal como aponta o art. 309, que dispõe que cessa a eficácia da tutela concedida em caráter antecedente, se: (i) não deduzido o pedido principal em 30 (trinta) dias; (ii) não for efetivada a tutela no prazo de 30 (trinta) dias; (iii) se o pedido principal for julgado improcedente ou extinto sem resolução do mérito.

Nessas condições, não se cogita da estabilização dos efeitos da decisão que a concede. Veja-se que o art. 309 do NCPC, ao mencionar a cessação da eficácia está a tratar da concedida em tutela de caráter antecedente. É expressa nesse sentido. Tal como exposto no item 2.1.4, não se cogita – até por obviedade – da propositura de ação principal em se tratando de cautelar incidental, pois a ação já existe.

2.2.2. Fungibilidade

A tutela cautelar de natureza antecedente possui largo uso no processo do trabalho, sempre devendo vir acompanhada da posterior propositura da ação principal. Trata-se de medida, em seu uso, confundida com alguma frequência com a tutela antecipada, situação que já havia sido resolvida pela jurisprudência trabalhista, e agora expressa em dispositivo de lei que consagrou a fungibilidade das tutelas de urgência, consoante mencionado no item 1.11 deste estudo.

Todavia, é importante que se faça notar que a consagração da fungibilidade não tem o condão de justificar a ausência de propositura da ação principal, na hipótese de o pleito possuir natureza cautelar e não vir acompanhado de posterior ação principal.

2.2.3. Trâmite

O art. 306 do novo diploma processual civil fixa o prazo de 5 (cinco) dias a contar da citação, para que o réu se manifeste sobre o pedido à tutela cautelar, enfrentando as questões da probabilidade do direito objeto do direito acautelado e do perigo de dano[25], indicando as provas que pretende produzir, presumindo-se as alegações como verdadeiras, a teor do art. 307 do NCPC[26], se não contestados os fatos ou o pedido.

Tal presunção limita-se à cautelar, não atingindo o objeto da ação principal. Já em sendo apresentada a contestação, o rito a ser seguido será o comum, com dilação probatória e proferimento de sentença, consoante art. 316 do NCPC.

O art. 308 do NCPC, tal como seu correspondente art. 806 do CPC/1973, traz em seu bojo a obrigação de apresentação do pedido principal, no prazo de 30 (trinta) dias, a contar da efetivação da tutela cautelar, ou seja, após "a prática de todos os atos, materiais ou processuais, necessários para que a tutela atinja a plenitude dos seus efeitos".[27]

Todavia, a semelhança para por aí, na medida em que o pedido deverá ser formulado nos mesmos autos, independendo do adiantamento de novas custas processuais, assim como fica permitido o aditamento da causa de pedir no momento da formulação do pedido principal, consoante art. 308, § 2º, do NCPC.

Pode, no entanto, o pedido principal ser formulado conjuntamente com o da tutela cautelar, a teor do art. 308, § 1º, do NCPC.

---

(24) SILVA, Bruno Freire e. *O novo CPC e o processo do trabalho I:* parte geral. São Paulo: LTr, 2015. p. 212.

(25) MARINONI, Luiz Guilherme. *Novo Código de Processo Civil comentado.* Luiz Guilherme Marinoni, Sérgio Cruz Arenhart, Daniel Mitidiero. São Paulo: Revista dos Tribunais, 2015. p. 309.

(26) NCPC, Art. 316. A extinção do processo dar-se-á por sentença.

(27) TEIXEIRA FILHO, Manoel Antônio. *Comentários ao novo Código de Processo Civil sob a perspectiva do processo do trabalho:* (Lei n.13.105, 16 de março de 2015). São Paulo: LTr, 2015. p. 331.

Após a apresentação do pedido principal, as partes serão intimadas para audiência de conciliação ou de mediação, no prazo de 30 (trinta) dias, sendo desnecessária nova citação do réu. A exemplo da tutela antecipada, em não havendo composição, o prazo da contestação é disciplinado pelo art. 335 do NCPC, sendo de 15 (quinze) dias a contar, em regra da audiência de conciliação ou de mediação.[28]

2.2.4. Eficácia

A cessação da eficácia da tutela cautelar implica na vedação da apresentação de renovação do pedido, se utilizados os mesmos fundamentos. Todavia, tal não representa impedimento para que seja formulado o pedido principal, nem influi no julgamento deste, ressalvada a condição de indeferimento fundada na decadência ou prescrição, que, a seu turno, inviabiliza o requerimento do pedido principal, a teor do art. 310 do NCPC.

Insta observar, consoante escólio de Luiz Guilherme Marinoni, que mesmo à luz do CPC/1973 poderia ocorrer de uma ação ser julgada improcedente, porém, ainda assim, em situação extraordinária ser mantida a eficácia da tutela cautelar, haja vista a gravidade do dano que poderia ocorrer automaticamente após a sentença.[29]

2.3. Tutela inibitória

2.3.1. Escopo e requisitos

A tutela inibitória tem caráter preventivo, possuindo por escopo evitar possível dano, independentemente da existência de conduta culposa ou dolosa, e se funda nos valores constitucionais de acesso à justiça (art. 5º, XXXV) e efetividade da tutela jurisdicional.

Ainda que se trate de tutela de urgência, com caráter provisório, correspondente a uma liminar[30], a matéria está fora do Livro V do NCPC, sendo objeto do art. 497 do NCPC, assim redigido:

> Na ação que tenha por objeto a prestação de fazer ou de não fazer, o juiz, se procedente o pedido, concederá a tutela específica ou determinará providências que assegurem a obtenção de tutela pelo resultado prático equivalente.
>
> Parágrafo único. Para a concessão da tutela específica destinada a inibir a prática, a reiteração ou a continuação de um ilícito, ou a sua remoção, é irrelevante a demonstração da ocorrência de dano ou da existência de culpa ou dolo.

No processo do trabalho, possui uso frequente em caso de greve, na forma de interdito proibitório, tendo por escopo permitir o acesso à empresa, consoante ementa exemplificativa que segue:

> 120000061335 JCPC.461 JCPC.461.6 – **INTERDITO PROIBITÓRIO** – MULTA POR DESCUMPRIMENTO DA ORDEM JUDICIAL DE ABSTER-SE DE OBSTRUIR AS VIAS DE ACESSO DA EMPRESA – Hipótese na qual foi determinado que o sindicato se abstivesse de obstruir as vias de acesso às dependências da empregadora, por intermédio de seus associados, de terceiros ou qualquer outro meio, possibilitando a entrada de empregados que não aderissem à paralisação, de clientes e outros que a elas queiram ter acesso; Porém, acabou sendo comprovado nos autos que a determinação foi parcialmente descumprida. Devida, nesse caso, a multa estabelecida na decisão que concedeu a liminar requerida pelo empregador. Todavia, com a incidência do que estabelece o § 6º do art. 461 do CPC, aliado aos princípios da proporcionalidade e da razoabilidade, uma vez que a prova dos autos demonstra que a decisão foi descumprida em alguns casos esparsos e por alguns minutos. (TRT 09ª R. – RO 0000871-81.2014.5.09.0028 – Relª Thereza Cristina Gosdal – DJe 14.04.2015 – p. 477)v113[31]

Outrossim, tem sido objeto de inúmeras demandas propostas pelo Ministério Público do Trabalho, visando prevenir condutas antissindicais, discriminação nas relações de emprego, cumprimento da jornada de trabalho, dentre outros direitos relacionados à dignidade da pessoa humana, tal como na ementa que segue:

> MINISTÉRIO PÚBLICO DO TRABALHO – TUTELA INIBITÓRIA – **ADIMPLEMENTO DA LEGISLAÇÃO TRABALHISTA** – 1. O Ministério Público do Trabalho detém legitimidade para pleitear em Ação Civil Pública **tutela inibitória na defesa de direitos individuais homogêneos** – Registro em CTPS, especialmente quando relacionados à dignidade da pessoa humana e aos valores sociais do trabalho (1º, III e IV, CF), nos exatos limites dos arts. 127 e 129, III e IX, da Constituição Federal, 6º, VII, alíneas "a" e "d", e 84 da Lei Complementar n. 75/93, 1º, IV, e 3º da Lei n. 7.347/85. Está qualificado o "Parquet", mesmo que se busque o adimplemento de elementares direitos trabalhistas – Aqui residente a valia de sua atuação. 2. No presente caso, a busca da efetividade do intervalo de onze horas entre duas jornadas de trabalho autoriza a representação do MPT. Agravo de instrumento conhecido e desprovido. (TST – AIRR 551-67.2011.5.01.0025 – 3ª T. – Rel. Min. Alberto Luiz Bresciani de Fontan Pereira – DJe 31.03.2015) v114.

---

(28) O art. 335 do NCPC estipula prazo de 15 (quinze) dias para apresentação da contestação, cujo termo inicial se encontra regrado em seus incisos – devendo no processo do trabalho observar-se a concessão de prazo a partir da primeira audiência, ou minimamente contado da citação.

(29) MARINONI, Luiz Guilherme. *Novo Código de Processo Civil comentado*. Luiz Guilherme Marinoni, Sérgio Cruz Arenhart, Daniel Mitidiero. São Paulo: Editora Revista dos Tribunais, 2015. p. 320.

(30) POZZOLO, Paulo Ricardo. *Ação Inibitória no processo do trabalho*. São Paulo: LTr, 2001. p. 114.

(31) Extraída do Repositório Eletrônico Juris Síntese/IOB

3. TUTELA DE EVIDÊNCIA

3.1. Escopo e requisitos

A tutela de evidência está disciplinada no Livro V, Capítulo III, Título III, consoante art. 311 do NCPC:

> A tutela da evidência será concedida, independentemente da demonstração de perigo de dano ou de risco ao resultado útil do processo, quando:
>
> I – ficar caracterizado o abuso do direito de defesa ou o manifesto propósito protelatório da parte;
>
> II – as alegações de fato puderem ser comprovadas apenas documentalmente e houver tese firmada em julgamento de casos repetitivos ou em súmula vinculante;
>
> III – se tratar de pedido reipersecutório fundado em prova documental adequada do contrato de depósito, caso em que será decretada a ordem de entrega do objeto custodiado, sob cominação de multa;
>
> IV – a petição inicial for instruída com prova documental suficiente dos fatos constitutivos do direito do autor, a que o réu não oponha prova capaz de gerar dúvida razoável.
>
> Parágrafo único. Nas hipóteses dos incisos II e III, o juiz poderá decidir liminarmente.

Diferentemente da tutela de urgência, a tutela de evidência não requer demonstração ou mesmo alegação de perigo de dano ou risco ao resultado útil do processo, que se tornam desnecessários haja vista a evidência do direito, diante da inconsistência da defesa ou mesmo frente a fatos incontroversos.

Consoante leciona Francisco Antonio de Oliveira, "o direito deve vir demonstrado de plano por meio de documento que confirme a certeza (líquido e certo). O direito está demonstrado por fatos notórios e/ou incontroversos". Nos dizeres de Nelson Nery Junior, "o direito da parte requerente é tão óbvio que deve ser prontamente reconhecido pelo juiz", merecendo tratamento diferenciado.[32]

Tal tutela tem seu fundamento na busca da efetividade do processo diante da evidência do direito, tal como o direito líquido e certo. Há, na espécie, "probabilidade de certeza do direito alegado"[33], que deve ser atendido de pronto, afinal, a prestação jurisdicional deve ser entregue em tempo suficiente de modo a não sacrificar o interesse das partes.

Nos ensinamento de Luiz Fux, "o tempo é fator de denegação de justiça e sob essa ótica deve ser a exegese acerca dos poderes e deveres do juiz quanto à rápida solução dos litígios e quanto ao acesso à justiça na sua acepção de efetividade e de cumprimento do devido processo legal".[34]

Destarte, com amparo no art. 311, parágrafo único, no processo do trabalho será concedida pelo Juízo, liminarmente, caso ocorra uma das hipóteses a seguir elencadas: (i) as alegações de fato puderem ser comprovadas apenas documentalmente, e cumulativamente, houver tese firmada em julgamento de casos repetitivos ou em súmula vinculante; (ii) a exordial for instruída com prova documental cabal, suficiente para comprovação dos fatos que constituem o direito do autor, a que o réu não oponha prova capaz de gerar dúvida razoável.

Em sede de processo laboral, ainda que não liminarmente, a tutela será concedida quando ficar caracterizado o abuso do direito de defesa ou manifesto propósito protelatório.

O NCPC disciplina ainda a tutela de evidência com base em pedido reipersecutório fundado em prova documental adequada do contrato de depósito – o que refoge à competência material do julgador trabalhista.

3.2. Momento da concessão

Na hipótese de as alegações de fato serem suficientemente comprovadas por documentos idôneos, cumulada com a existência de tese firmada em julgamento de casos repetitivos ou em súmula vinculante, a tutela poderá ser concedida antes do oferecimento da contestação.

Na conjectura da petição inicial acompanhada de prova documental suficiente dos fatos constitutivos do direito do autor, para verificar a oponibilidade da defesa do réu, faz-se necessária a análise do teor da contestação, de tal arte que a constatação do direito à tutela se dará quando o autor se desincumbir do ônus probatório, e o réu, em sede de contestação, não contestar os fatos tornando a matéria incontroversa, ou não apresentar desde logo elementos suficientes para elidir o pleito.

Na hipótese derradeira, dado o conteúdo ético do processo, como punição, quando ficar caracterizado o abuso do direito de defesa ou manifesto propósito protelatório, de modo semelhante ao previsto pelo art. 273, II, do CPC/1973, ainda que não liminarmente. Uma das possibilidades é a apresentação de contestação meramente formal, sem qualquer consistência. Sobre o tema, Mauro Schiavi leciona, "abusa do direito de defesa o réu que invoca teses infundadas, sem consistência jurídica, ou sustenta argumentos divorciados da realidade do processo com a finalidade de protelar o feito".[35]

---

(32) DIDIER JR., Fredie. *Curso de direito processual civil*. 6. ed. São Paulo: JusPodivm, 2011. p. 408.

(33) FUX, Luiz. *A tutela dos direitos evidentes*. Jurisprudência do Superior Tribunal de Justiça, Brasília, ano 2, número 16, p. 23-43, abril de 2000. Disponível em: <http://bdjur.stj.jus.br//dspace/handle/2011/894>. Acesso em: 18 jan. 2016, p. 2.

(34) FUX, Luiz. *A tutela dos direitos evidentes*. Jurisprudência do Superior Tribunal de Justiça, Brasília, ano 2, número 16, p. 23-43, abril de 2000. Disponível em: <http://bdjur.stj.jus.br//dspace/handle/2011/894>. Acesso em: 18 jan. 2016, p. 16.

(35) SCHIAVI, Mauro. *Manual de direito processual do trabalho*. 9. ed. São Paulo: LTr, 2015. p. 1350.

3.3. Eficácia

Após concedida, por se tratar de tutela provisória – tal como a tutela de urgência – a tutela de evidência também conserva sua eficácia no curso da ação, mesmo em caso de suspensão do processo, em que pese possa ser revogada ou modificada a qualquer tempo, consoante art. 296 e parágrafo único.

4. CONSIDERAÇÕES FINAIS

Dada a sua principiologia, o NCPC se legitima sob o viés do processo do trabalho constitucionalizado, em caráter subsidiário (quando de omissão) ou supletivo (leia-se complementar), para o avanço do processo do trabalho, incorporando técnicas mais atuais – tal como já vinha ocorrendo com o CPC/1973 – quando da compatibilidade lógica formal com o processo do trabalho.

As disposições relativas à tutela provisória do NCPC, aliás, vêm imbuídas de valores constitucionais, tal como a efetividade do processo, mediante a entrega da prestação jurisdicional justa e em tempo razoável.

Destarte, no que tange ao objeto do presente estudo, a omissão da CLT combinada com a compatibilidade das regras do NCPC, permitem a completa[36] aplicação das tutelas provisórias previstas no Livro V do novo diploma processual, observada a necessidade de pontual adequação de prazo, tal como a relativa ao disposto no art. 303, § 1º, II, que faz remissão ao art. 334 do NCPC.

5. REFERÊNCIAS BIBLIOGRÁFICAS

DIDIER JR., Fredie. *Curso de direito processual civil*. 6. ed. São Paulo: JusPodivm, 2011.

FUX, Luiz. *A tutela dos direitos evidentes*. Jurisprudência do Superior Tribunal de Justiça, Brasília, ano 2, número 16, p. 23-43, abril de 2000. Disponível em: <http://bdjur.stj.jus.br//dspace/handle/2011/894>. Acesso em: 18 jan. 2016.

MARINONI, Luiz Guilherme. *Novo Código de Processo Civil comentado*. Luiz Guilherme Marinoni, Sérgio Cruz Arenhart, Daniel Mitidiero. São Paulo: Editora Revista dos Tribunais, 2015.

NERY JUNIOR, Nelson. *Comentários ao Código de Processo Civil*. Nelson Nery Junior, Rosa Maria de Andrade Nery. São Paulo: Revista dos Tribunais, 2015.

OLIVEIRA, Francisco de. *Comentários pontuais sobre o novo Código de Processo Civil*. São Paulo: LTr, 2015.

POZZOLO, Paulo Ricardo. *Ação Inibitória no processo do trabalho*. São Paulo: LTr, 2001.

SCHIAVI, Mauro. *Manual de direito processual do trabalho*. 9. ed. São Paulo: LTr, 2015.

SILVA, Bruno Freire e. *O novo CPC e o processo do trabalho I*: parte geral. São Paulo: LTr, 2015.

TEIXEIRA FILHO, Manoel Antônio. *Comentários ao novo Código de Processo Civil sob a perspectiva do processo do trabalho*: (Lei n.13.105, 16 de março de 2015). São Paulo: LTr, 2015.

---

(36) Ressalvada a incompetência material da Justiça do Trabalho, no que tange ao objeto art. 311, III, do NCPC.

A Negociação Processual: Uma Nova Figura no Processo do Trabalho

Jorge Cavalcanti Boucinhas Filho
Mestre e doutor em direito do trabalho pela Universidade de São Paulo. Pós-doutor em direito pela Université de Nantes. Professor de Direito do Trabalho da Fundação Getúlio Vargas. Consultor da Confederação Nacional da Indústria e membro efetivo do Conselho de Relações de Trabalho da Fecomercio/SP. Sócio-fundador do escritório Boucinhas e Fernandes Advogados.

Andrei Fernandes de Oliveira
Mestre em direito do trabalho pela Universidade de São Paulo. Sócio-fundador do escritório Boucinhas e Fernandes Advogados.

INTRODUÇÃO

O processo do trabalho e o processo civil aproximam-se cada vez mais. Aquele cada vez mais incorpora, por meio da chamada técnica de subsidiariedade, preceitos deste, antes considerados incompatíveis com seus princípios. A reconvenção, a ação rescisória e as hipóteses de intervenção de terceiros, são exemplos de institutos que algumas décadas atrás eram considerados incompatíveis com o processo do trabalho e mais recentemente passaram a ser aceitos e se tornaram, de certa forma, comuns.

O aumento na complexidade das relações de emprego tornou a aplicação pura, estrita e fiel do rito da Consolidação das Leis do Trabalho (CLT) inadequado e impraticável. O art. 840 do texto consolidado, por exemplo, estatui, até hoje, que a defesa deverá ser apresentada oralmente em vinte minutos pelo reclamado. Esse prazo era bastante factível em 1943, quando as questões que chegavam ao Judiciário trabalhista eram eminentemente patrimoniais. Pequenas divergências acerca do montante devido a título de verba rescisória, existência de trabalho em sobrejornada, grau de insalubridade, quando o processo era muito complexo discutiam-se situações hipotéticas de justa causa ou rescisão indireta do contrato de trabalho. No século XXI é praticamente impossível uma reclamada impugnar oralmente em vinte minutos todos os pedidos de uma inicial cujo rol esgota as letras do alfabeto. Sobretudo quando a impugnação é feita sob aplicação do princípio da impugnação específica, segundo o qual o reclamado que deixar de impugnar algum pedido terá confessado as questões fáticas que o fundamentam.

Demais disso, em 1943 os litisconsórcios passivos eram raros. Em 2016 tornaram-se extremamente comuns, em razão de fenômenos como a terceirização e a intensificação dos movimentos de concentração do capital mediante formação de grupos econômicos cada vez maiores. Imaginar uma defesa oral em vinte minutos é fácil. Difícil é imaginar como aplicar essa regra quando há dez litisconsortes passivos. Assegurar dois minutos para cada um seria um disparate. Assegurar vinte para cada seria uma solução igualmente inadequada, pois inviabilizaria qualquer pauta de audiência. A adaptação de permitir a entrega da defesa escrita em audiência foi uma forma interessante de incorporar a forma do processo cível ao processo do trabalho, sem desvirtuar a lógica trabalhista que estabeleceu a apresentação da defesa em audiência.

O caminhar do processo civil em direção ao processo do trabalho é bastante perceptível em todas as reformas legislativas no processo civil feitas a partir dos anos setenta. A adesão do Código Buzaid a um sistema de comunicação predominantemente por carta, e não mais predominantemente por oficial de justiça, seria um primeiro ótimo exemplo. A concentração dos atos em audiência, o número de testemunhas, o *jus postulandi*, ainda que com limitações, o início do processo pela tentativa de conciliação, o número de testemunhas e a forma das razões finais previstas na Lei n. 9.099 representam, a nosso ver, o grande marco da aproximação do processo civil com o processo do trabalho. Mas esse movimento de aproximação continuou com as mudanças efetuadas na fase de execução do processo civil pela a Lei n. 11.232/2005, que incorporou a ideia de processo sincrético há muito existente no processo do trabalho. E continua com o advento da Lei n. 13.105/2015, que incorpora muito mais preceitos do processo do trabalho do que traz inovações que possam servir-lhe.

Uma inovação bastante interessante, que poderia ser bastante útil ao processo do trabalho é a negociação processual, tema deste artigo. A hipervalorização da conciliação, sempre foi uma das marcas do processo do trabalho. Era factível imaginar que a possibilidade de conciliação não apenas em relação ao objeto da lide, mas também aos seus procedimentos, seria bem recebida na Justiça Especializada. Não foi, contudo, o que se verificou nas primeiras discussões acerca da aplicação das regras do CPC/2015 ao processo do trabalho.

O escopo deste trabalho é apresentar alguns singelos esclarecimentos sobre o instituto estudado, demonstrar sua compatibilidade com a lógica do processo do trabalho e apresentar suposições para a sua rejeição, em parte, pela maior Corte da Justiça do Trabalho.

1. NEGÓCIO JURÍDICO PROCESSUAL NA JURISDIÇÃO CIVIL

Os arts. 190 e 191 do Novo Código de Processo Civil consagraram uma das grandes inovações do Novo Código de Processo Civil. Ao estabelecer ser lícito às partes plenamente capazes estipular mudanças no procedimento para ajustá-lo às especificidades da causa e convencionar sobre os seus ônus, poderes, faculdades, calendário e deveres processuais, antes ou durante o processo, desde que o processo verse sobre direitos que admitem autocomposição, o legislador criou uma modalidade de flexibilização do procedimento que permite às partes promover uma negociação processual. Essa transação consistiria, nas palavras de Tereza Arruda Alvim Wambier e outros, de uma "técnica complementar de gestão do processo civil, com uma equilibrada extensão da incidência da autonomia privada na conformação da atividade processual"[1].

Não se trata, a bem da verdade, de uma ideia absolutamente inovadora no Direito Brasileiro. O Código de Processo Civil de 1973, a legislação esparsa e a jurisprudência já previam diversas hipóteses de negócios jurídicos de caráter processual. Apenas para citar alguns exemplos cabe mencionar as hipóteses de suspensão convencional do processo (CPC/1973, art. 265, II, repetido no art. 313, II, do CPC/2015), a convenção acerca da distribuição do ônus da prova (respeitados os limites impostos pelo art. 333, parágrafo único, do CPC/1973, e pelo art. 373, §§ 3º e 4º, do CPC/2015), a admissibilidade da cláusula de eleição de foro (Súmula n. 334 do STF) e o inciso IV do art. 58 da Lei n. 8.245/1991[2].

Essas hipóteses, contudo, sempre foram utilizadas de forma muito tímida pelos litigantes e seus advogados. Flávio Yarshell supõe que a pequena margem de disposição pelas partes tornava inútil, ou pelo menos arriscado, o esforço para a criação de normas processuais convencionais. A possibilidade de essas regras não serem chanceladas pelo órgão jurisdicional estatal levava os advogados a optar por aderir às normas legais. Mesmo quando elas, em razão das peculiaridades das partes e da controvérsia, não se mostrassem as mais adequadas ou racionais[3].

O art. 190 do CPC/2015 inovou ao consagrar uma espécie de norma geral de autorização dos negócios jurídicos de caráter processual. Uma autorização geral para que as partes pactuem negócios jurídicos que reflitam no processamento da ação, desde que respeitadas algumas condições[4]. A nova codificação apresenta o firme propósito de realçar a possibilidade de pacto jurídico cujo objeto são temas atinentes ao procedimento da causa[5].

Antes do art. 190 do CPC/2015 era possível afirmar que a vontade das partes estava limitada essencialmente ao que a lei autorizava. Com a nova regra é possível concluir que a lei processual tolera tudo o que não seja explícita ou implicitamente por ela vedado. Ou seja, a forma de tratar a autonomia da vontade em matéria processual foi invertida[6]. E com isso,

---

(1) WAMBIER, Teresa Arruda Alvim (et al.). *Primeiros comentários ao Novo Código de Processo Civil:* artigo por artigo. São Paulo: Revista dos Tribunais, 2015. p. 352.

(2) Art. 58. Ressalvados os casos previstos no parágrafo único do art. 1º, nas ações de despejo, consignação em pagamento de aluguel e acessório da locação, revisionais de aluguel e renovatórias de locação, observar-se-á o seguinte:
(...)
IV – desde que autorizado no contrato, a citação, intimação ou notificação far-se-á mediante correspondência com aviso de recebimento, ou, tratando-se de pessoa jurídica ou firma individual, também mediante telex ou fac-símile, ou, ainda, sendo necessário, pelas demais formas previstas no Código de Processo Civil;

(3) YARSHELL, Flávio Luiz. Convenção das partes em matéria processual no Novo CPC. O Novo Código de Processo Civil. *Revista do advogado*, ano XXXV, maio de 2015, n. 126, p. 90.

(4) WAMBIER, Teresa Arruda Alvim (et al.). *Primeiros comentários ao Novo Código de Processo Civil:* artigo por artigo. São Paulo: Revista dos Tribunais, 2015. p. 352.

(5) WAMBIER, Teresa Arruda Alvim (et al.). *Primeiros comentários ao Novo Código de Processo Civil:* artigo por artigo. São Paulo: Revista dos Tribunais, 2015. p. 351.

os litigantes passam a ter maior liberdade para adequar sua disputa à realidade da lide estabelecendo diferentes procedimentos[7]. Prestigia-se, outrossim, a autorregulação dos procedimentos pelas partes[8].

A possibilidade ora criada não deve ser vista como uma mera oportunidade para o exercício da criatividade dos advogados. Ela deve sim ser utilizada como forma de trazer resultados relevantes para racionalização do processo[9].

A questão é saber se e em que medida a resistência antes existente à utilização de negócios processuais irá ceder. O texto legal deixa claro que o negócio jurídico processual poderá ser celebrado antes ou durante o processamento da causa, podendo versar sobre procedimento, ônus, poderes, faculdades e deveres processuais.

A partir dessas possibilidades é preciso reconhecer a ampliação das possibilidades de acordos entre as partes no processo. São possíveis pactos com eficácia, substancial, como as tradicionais e absolutamente frequentes conciliações judiciais e os acordos tácitos de não contestação; os acordos sobre os poderes judiciais, como seriam exemplos a convenção de arbitragem e os acordos sobre provas; e, finalmente, os acordos no processo para o processo, que corresponderiam aos contratos processuais[10].

Ora, como bem observa Flávio Luiz Yarshell, o negócio jurídico processual consiste em declaração de vontade emitida pelas partes. Outrossim, deverá, para que tenha existência, ter a forma escrita, virtual ou ser documentado de alguma outra forma. Ele deve resultar de vontade manifestada de forma expressa e não pode ser presumido do silêncio. Deverá versar sobre condutas voluntárias a serem realizadas em processo e destinadas a produzir efeitos sobre ele. Por meio dele serão regulados tanto posições jurídicas que resultam da relação processual (a lei fala em ônus, poderes, faculdades e deveres) como atos que compõem o aspecto formal do processo, que é o procedimento. Poderá apresentar termos e condições, muito embora seja forçoso reconhecer que o ato processual normalmente não se concilia com o caráter condicional. Poderá, pelo menos em tese, conter cláusula penal[11].

O mesmo Yarshell destaca, para a validade do negócio jurídico processual, que: a) a manifestação de vontade seja consciente, livre e em ambiente de boa-fé; b) seja assegurada igualdade substancial entre as partes ou, pelo menos, assegurada pelo negócio quando a desigualdade decorrer do plano material; c) quando versar sobre processos "de Estado", as partes sejam capazes. Para Yarshell como a lei não falou em direitos patrimoniais, mas em causas que "admitam autocomposição", não há impedimento para que a Fazenda Pública dele participe; d) a convenção deverá se ajustar aos postulados do devido processo legal, notadamente a observância dos princípios do contraditório, igualdade, imparcialidade e livre convencimento; e) os sujeitos deverão ser "plenamente capazes" (art. 190, *caput*); f) a convenção poderá ser celebrada pelas entidades que, embora despidas de personalidade civil, têm aptidão de estar em juízo tais quais o condomínio, o espólio e outro; g) a lei não exige capacidade postulatória para a pactuação do negócio jurídico processual, de modo que sua validade não está condicionada à presença de advogado, embora esta seja aconselhável dada a natureza do negócio; h) não há forma prevista em lei, admitindo-se, portanto, instrumento particular, seja qual for a matéria controvertida no processo correlato; i) não será possível derrogação das normas processuais cogentes[12].

Os possíveis conteúdos dessas convenções passam a compreender estipulações sobre a impossibilidade de existir esta ou aquela modalidade probatória. Para Teresa Arruda Alvim Wambier e sua equipe as partes podem ajustar, por exemplo, que em hipótese alguma serão ouvidas testemunhas por carta precatória, apenas se admitindo as que residirem na sede do juízo. As partes poderiam, pensando em agilizar o desfecho do processo, estipular prazos mais exíguos que os legais, admitir no processo civil a validade da citação postal da pessoa física como feito no processo do trabalho, ou seja, mesmo que o AR não seja firmado pessoalmente pelo réu[13].

Flávio Yarshell também apresenta o seu rol de interessantes hipóteses em que a negociação processual poderia ser um grande sucesso, a saber: a) mudanças nas regras sobre ônus de alegação e de prova, inclusive com restrição da

---

(6) YARSHELL, Flávio Luiz. Convenção das partes em matéria processual no Novo CPC. O Novo Código de Processo Civil. *Revista do advogado*, ano XXXV, maio de 2015, n. 126, p. 92).

(7) THEODORO JÚNIOR, Humberto *(et al.)*. *Novo CPC* – Fundamentos e sistematização. 2. ed. Rio de Janeiro: Forense, 2015. p. 268.

(8) WAMBIER, Teresa Arruda Alvim *(et al.)*. *Primeiros comentários ao Novo Código de Processo Civil*: artigo por artigo. São Paulo: Revista dos Tribunais, 2015. p. 353.

(9) YARSHELL, Flávio Luiz. Convenção das partes em matéria processual no Novo CPC. O Novo Código de Processo Civil. *Revista do advogado*, ano XXXV, maio de 2015, n. 126, p. 90.

(10) THEODORO JÚNIOR, Humberto *(et al.)*. *Novo CPC* – Fundamentos e sistematização. 2. ed. Rio de Janeiro: Forense, 2015. p. 257.

(11) YARSHELL, Flávio Luiz. Convenção das partes em matéria processual no Novo CPC. O Novo Código de Processo Civil. *Revista do advogado*, ano XXXV, maio de 2015, n. 126, p. 91.

(12) YARSHELL, Flávio Luiz. Convenção das partes em matéria processual no Novo CPC. O Novo Código de Processo Civil. *Revista do advogado*, ano XXXV, maio de 2015, n. 126, p. 91/92.

(13) WAMBIER, Teresa Arruda Alvim *(et al.)*. *Primeiros comentários ao Novo Código de Processo Civil*: artigo por artigo. São Paulo: Revista dos Tribunais, 2015. p. 353.

atuação oficial em matéria probatória (desde que não haja interferência em sua persuasão racional); b) convenções acerca da produção extrajudicial de prova, com ônus de exibição de documentos, com consequências preclusivas para eventual inobservância; c) a oitiva prévia de testemunhas e depoimento pessoal de partes, realizada perante os advogados e documentada por notário, de forma similar à praticada em determinadas lides nos Estados Unidos da América; d) dispensa de perito oficial ou admissão de sua intervenção apenas na falta de consenso entre experts das partes; e) organização dos atos de comunicação processual, prazos e datas, desde que as deliberações passem, contudo, pelo crivo do órgão judicial; f) supressão de recursos ou retirada do efeito suspensivo de determinados recursos, notadamente a apelação; g) condicionamento do cumprimento da decisão ao trânsito em julgado; h) restrição ou alargamento da regra de responsabilidade patrimonial, desde que não interfira nos direitos de terceiros; i) autorização para que a decisão judicial seja proferida com base em equidade não na legislação vigente, limitação do litisconsórcio ou intervenção de terceiros e flexibilização da rigidez do processo de forma similar à que ocorre com a arbitragem.

Por fim, Erico Andrade, citado por Humberto Theodoro Júnior, lista alguns exemplos interessantes que constituem objeto dos acordos processuais na França. Seriam eles: a) as conclusões finais das partes com anúncio claro das razões de fato e de direito; b) a comunicação entre tribunal e advogado por via eletrônica; c) o acordo para perícias firmado entre tribunal, ordem dos advogados e associação de peritos, para regulamentar a produção da prova e uniformizar critérios de fixação de honorários; d) a instituição de comissão mista de estudo para acompanhar processos e estudar as eventuais disfunções e apresentar propostas de alterações[14].

2. RESTRIÇÕES AO NEGÓCIO JURÍDICO PROCESSUAL NA JURISDIÇÃO CIVIL

A principal restrição ao negócio jurídico processual na jurisdição civil encontra-se no próprio *caput* do art. 190, segundo o qual o negócio processual só será válido se versar sobre direitos que admitem autocomposição, espécie que não deve ser confundida com a dos direitos patrimoniais disponíveis, a que se refere o art. 1º da Lei n. 9.307. Como bem observa Teresa Arruda Alvim e sua equipe, "Direitos que admitem autocomposição perfazem a categoria jurídica mais ampla que os direitos disponíveis: dentre os primeiros, com efeito, podem existir direitos disponíveis e, também indisponíveis, como são os direitos a alimentos"[15].

Outra restrição foi aposta de forma bastante clara no *caput* do art. 191 da Consolidação das Leis do Trabalho. Quando o negócio jurídico processual tratar de prazos, o comum acordo entre as partes e o órgão jurisdicional é imprescindível. A concordância do órgão jurisdicional acerca do calendário para a prática dos atos processuais deverá ser expressa.

Além dessas restrições, outras há que decorrem do regime de invalidade dos negócios jurídicos em geral e que serão controlados pelo órgão jurisdicional, de ofício ou a requerimento de qualquer das partes. Demais disso, como bem observa Humberto Theodoro Júnior e sua equipe:

> Como o processo é prioritariamente conduzido em ambiente não cooperativo, a compartipação normativamente estabelecida conforme pressuposto, impõe aos acordos procedimentais o respeito ao formalismo democrático, que significa que a autonomia privada das partes estará embasada e limitada pelos direitos fundamentais processuais.[16]

Ressalvando que o rol é apenas exemplificativo, Flávio Yarshell enumera situações em que a negociação processual não será possível. Para ele não seria válido pacto que objetivasse excluir ou mesmo limitar a intervenção do Ministério Público; alterar regras cuja falta de observância leva à incompetência absoluta; dispor sobre organização judiciária; dispensar as partes (mesmo que de forma bilateral) dos deveres inerentes à litigância proba e legal; ampliar o rol das condutas caracterizadoras de litigância de má-fé; criar sanções processuais para repressão de litigância de má-fé ou de atos atentatórios à dignidade da Justiça; criar recursos não previstos em lei; dispensar o atendimento aos requisitos legais da petição inicial, aí incluída a atribuição de valor da causa; criar hipóteses de ação rescisória ou de outras medidas tendentes a desconstituir a coisa julgada; ampliar ou reduzir os requisitos para concessão da tutela de urgência; criar outras hipóteses de suspensão do processo, ressalvado o requerimento comum das partes para tanto, em dado processo (CPC novo, art. 313, II); criar regra que permita superar o limite legal de suspensão convencional do processo (salvo requerimento feito e justificado em dado processo, o que é coisa diversa); dispensar a presença de requisitos de validade da relação jurídica processual (que não se confundem com os requisitos do negócio processual); dispensar o requisito do interesse processual[17].

---

(14) THEODORO JÚNIOR, Humberto *(et al.)*. *Novo CPC – Fundamentos e sistematização*. 2. ed. Rio de Janeiro: Forense, 2015. p. 277.

(15) WAMBIER, Teresa Arruda Alvim *(et al.)*. *Primeiros comentários ao Novo Código de Processo Civil*: artigo por artigo. São Paulo: Revista dos Tribunais, 2015. p. 351.

(16) THEODORO JÚNIOR, Humberto *(et al.)*. *Novo CPC – Fundamentos e sistematização*. 2. ed. Rio de Janeiro: Forense, 2015. p. 267.

(17) YARSHELL, Flávio Luiz. Convenção das partes em matéria processual no Novo CPC. O Novo Código de Processo Civil. *Revista do Advogado*, ano XXXV, maio de 2015, n. 126, p. 93.

Teresa Arruda Alvim Wambier destaca que o simples fato de constar de contrato de adesão não conduz à conclusão de que a aplicação do negócio jurídico processual deva ser rejeitada. Em sua opinião é necessário que se afira seu real poder de causar prejuízo ao comportamento processual de uma das partes gerando-lhe iniquidade ou inferioridade de posição processual[18].

3. COMPATIBILIDADE COM O PROCESSO DO TRABALHO

A hipervalorização da conciliação, sempre foi uma das marcas do direito e do processo do trabalho. Basta que se imagine a obrigatoriedade das partes de negociarem coletivamente e a imposição ao juiz de que comece e termine a audiência com as duas tentativas obrigatórias de conciliação.

Fala-se inclusive num princípio da conciliação, que teria existido com força constitucional até o advento da Emenda Constitucional n. 45/2004, enquanto a redação do art. 114 da Constituição Federal de 1988 afirmava caber à Justiça do Trabalho "conciliar e julgar" as demandas decorrentes da relação entre empregado e empregador. Para Carlos Henrique Bezerra Leite a supressão dessa expressão não desnaturou o princípio da conciliação, dado que ele continua existindo no plano constitucional, em particular por aplicação do art. 764 e seus parágrafos, 846 e 850 da Consolidação das Leis do Trabalho. Aludido autor destaca ainda o art. 831 da CLT que equipara o termo de conciliação à coisa julgada[19].

Sendo certo de que as regras dos arts. 190 e 191 do CPC/2015 consagram a possibilidade de as partes ajustarem consensualmente, com ou sem participação do juiz que preside o processo, detalhes procedimentais da lide, era factível imaginar que a possibilidade de conciliação não apenas em relação ao objeto da lide, mas também aos seus procedimentos, seria bem recebida na Justiça Especializada.

As regras sob análise não deixam de caracterizar uma forma de conciliação. Como bem observa Mário Pasco, conciliar consiste em entregar a decisão às partes, à confluência de suas vontades[20]. O mesmo autor destaca que "Não há, por conseguinte, em princípio, restrições formais nem materiais para a conciliação, salvo as que em nível concreto pudesse estabelecer uma determinada legislação"[21]. A partir dessa assertiva é forçoso reconhecer que a conciliação vale para as decisões de mérito, mas também deveria valer para as decisões acerca do rito pelo qual passará o processo.

Essa conclusão é reforçada pela circunstância de as restrições legais previstas nos arts. 190 e 191 do Código de Processo Civil não serem particularmente oponíveis no tocante ao processo do trabalho. A maioria das ações que tramitam na Justiça do Trabalho versam sobre direitos patrimoniais ou patrimonialmente conversíveis que admitem autocomposição. Como bem salientou Arnaldo Süssekind, as transações "ocorridas na Justiça do Trabalho, sob a forma de conciliação dos dissídios individuais, são consideradas sempre válidas, uma vez que operadas sob a vigilância e a tutela da própria Magistratura especializada"[22].

Poder-se-ia argumentar que algumas questões trabalhistas, mormente quando relacionadas com a preservação da vida, saúde e integridade física do empregado, seu direito ao nome e imagem são indisponíveis e, portanto, insuscetíveis de autocomposição. Essa conclusão mostra-se bastante apropriada quando o pleito for preventivo para evitar violação desses direitos. Quando, entretanto, a demanda visar reparação civil por dano causado em decorrência da violação de um desses direitos, eles se tornam transacionáveis e, portanto, suscetíveis de autocomposição.

Em termos práticos não é difícil imaginar o cabimento das hipóteses de diversos dos negócios jurídicos processuais, mencionadas no item anterior, no processo do trabalho.

As partes poderiam acordam em audiência que em hipótese alguma serão ouvidas testemunhas por carta precatória, estipular prazos mais exíguos que os legais, mudar as regras sobre ônus de alegação e de prova, por exemplo, da sobrejornada. Poderiam acordar em audiência a dispensa de perito oficial para admitir apenas a intervenção solução por consenso entre expertos das partes. Combinar termos para produção extrajudicial de prova, com ônus de exibição de documentos, com consequências preclusivas para eventual inobservância. Outro ponto em que parece haver possibilidade de transação é a restrição ou alargamento da regra de responsabilidade patrimonial, desde que não interfira nos direitos de terceiros.

4. ENTENDIMENTO DO TRIBUNAL SUPERIOR DO TRABALHO

Reunido em 15 de março de 2016, o pleno do Tribunal Superior do Trabalho, composto por todos os vinte e sete ministros da Corte, editou, por meio da Resolução n. 203, a Instrução Normativa n. 39 que dispõe sobre as normas do Código de Processo Civil de 2015 aplicáveis e inaplicáveis ao Processo do Trabalho, de forma não exaustiva.

---

(18) WAMBIER, Teresa Arruda Alvim *(et al.)*. *Primeiros comentários ao Novo Código de Processo Civil*: artigo por artigo. São Paulo: Revista dos Tribunais, 2015. p. 355.
(19) LEITE, Carlos Henrique Bezerra. *Curso de direito processual do trabalho*. 9. ed. São Paulo: Saraiva, 2011. p. 86/87.
(20) PASCO, Mario. *Fundamentos do direito processual do trabalho*. São Paulo: LTr, 1997. p.192.
(21) PASCO, Mario. *Fundamentos do direito processual do trabalho*. São Paulo: LTr, 1997. p.193.
(22) SÜSSEKIND, Arnaldo et al. *Instituições de direito do trabalho*, vol. 1. 20. ed. São Paulo: LTr, 2002. p. 146.

Analisando-se os "considerandos" que justificaram a elaboração da instrução normativa fica fácil compreender as preocupações que levaram os integrantes da mais alta corte trabalhista a editarem o referido ato normativo. Neles mencionou-se a imperativa necessidade de o Tribunal Superior do Trabalho se posicionar, de forma declaradamente não exaustiva, sobre as normas do Código de Processo Civil de 2015 aplicáveis e não aplicáveis ao Processo do Trabalho. Partiu o Tribunal Superior do Trabalho da premissa de que as normas dos arts. 769 e 889 da CLT não foram revogadas pelo art. 15 do CPC de 2015, dado que o art. 2º, § 2º, da Lei de Introdução às Normas do Direito Brasileiro, estatui que "lei nova, que estabeleça disposições gerais ou especiais a par das já existentes, não revoga nem modifica a lei anterior".

O Tribunal Superior do Trabalho também destacou a plena possibilidade de compatibilização das normas processuais cíveis e trabalhistas mencionando-se, inclusive, dispositivo no novo Código (o art. 1.046, § 2º, do CPC), que expressamente preserva as "disposições especiais dos procedimentos regulados em outras leis". E dentre esses procedimentos estariam, na visão dos ministros, as normas especiais que disciplinam o Direito Processual do Trabalho.

A instrução normativa, todavia, a partir do que se pode extrair de seus considerandos, destina-se a identificar "apenas questões polêmicas" e "algumas das questões inovatórias relevantes" objetivando assim aferir a compatibilidade ou não de aplicação subsidiária ou supletiva ao Processo do Trabalho do Código de Processo Civil de 2015. O motor de toda essa inovação seria "a exigência de transmitir segurança jurídica aos jurisdicionados e órgãos da Justiça do Trabalho" e, com isso, "prevenir nulidades processuais em detrimento da desejável celeridade".

Do ponto de vista teórico e científico, é possível criticar a resolução por considerar que, por meio dela, o Tribunal Superior do Trabalho estaria legislando em matéria de Direito Processual, tema que só pode ser tratado por lei, norma oriunda do Congresso Nacional (art. 22, I, da Constituição Federal de 1988), e que não pode sequer ser objeto de Medida Provisória (art. 62, § 1º, b, da Constituição Federal de 1988).

Essa iniciativa não representa, entretanto, nenhuma novidade. O Tribunal Superior do Trabalho vem, há muito, construindo o processo do trabalho por meio de suas Súmulas, orientações judiciais (particularmente as da SDI 2, que trata predominantemente de questões processuais) e atos normativos, como a Instrução Normativa n. 27 que acalmou os ânimos e trouxe alguma tranquilidade aos operadores do direito do trabalho nos primeiros momentos após a ampliação da competência da Justiça do Trabalho pela Emenda Constitucional n. 45.

Diante das dificuldades em se organizar uma reforma na legislação trabalhista, seja a de direito material, seja a de direito processual, a criação de regras por Tribunais acaba representando uma forma de ativismo judicial necessária para compensar a inércia e morosidade do legislador. A edição de verbetes torna-se imprescindível para atualizar normas já existentes e para regulamentar questões relevantes que permanecem sem disciplina legal, conferindo, em matéria processual, um mínimo de segurança jurídica ao jurisdicionado.

Do ponto de vista prático, todavia, é indiscutível o acerto dos ministros do Tribunal Superior do Trabalho em antecipar o problema e conferir aos jurisdicionados um mínimo que seja de segurança jurídica, problema clássico do processo do trabalho em razão de um modelo de organização do processo que preferiu a enumeração de poucas regras básicas com uma enumeração de complementação pelas do processo comum, com a aplicação da chamada técnica da subsidiariedade, do que a elaboração de um Código de Processo do Trabalho autônomo e independente.

O art. 2º, II, da mencionada Instrução Normativa n. 39 é bastante claro ao estatuir que "não se aplicam ao Processo do Trabalho, em razão de inexistência de omissão ou por incompatibilidade" o "art. 190 e parágrafo único (negociação processual)".

A partir da literalidade da instrução editada pelos ministros do Tribunal Superior do Trabalho as partes não poderão, no processo do trabalho, estipular mudanças no procedimento para ajustá-lo às especificidades da causa e convencionar sobre os seus ônus, poderes, faculdades e deveres processuais, antes ou durante o processo com base no art. 190, caput, do CPC/2015. Essa conclusão torna desnecessário o controle judicial de validade das convenções resultantes da negociação processual para sua recusa quando identificar nulidade ou inserção abusiva em contrato de adesão ou em situação em que alguma parte se encontre em manifesta situação de vulnerabilidade, previsto no parágrafo único do referido artigo.

A instrução normativa não esclarece porque os Ministros do Tribunal Superior do Trabalho não concordam com a pactuação de negócio jurídico processual para que as partes modifiquem o procedimento para ajustá-lo às especificidades da causa e convencionem sobre ônus, poderes, faculdades e deveres processuais.

Duas são as possibilidades mais plausíveis. A primeira é que os integrantes do pleno do Tribunal Superior do Trabalho consideraram que os direitos discutidos na ação trabalhista não admitem autocomposição. Caso essa suposição seja verdadeira, não há como se concordar com a premissa e, por conseguinte, com a conclusão dos ministros do TST. Se os direitos trabalhistas não admitissem autocomposição os arts. 846 e 850 da Consolidação das Leis do Trabalho que tratam das duas tentativas obrigatórias de conciliação no processo do trabalho.

A segunda conclusão é a de que a negociação jurídica processual seria incompatível com a natureza de ordem pública das regras processuais trabalhistas.

A partir do relevante estudo feito por Gisele Goes é forçoso reconhecer que o reconhecimento das normas trabalhistas, materiais e processuais, como de ordem pública não implica na conclusão de que elas são inflexíveis e, portanto, não suscetíveis de negociação jurídica processual. Implica sim no reconhecimento de que os magistrados trabalhistas deverão ter consciência de sua condição de agente de contribuição para a ordem pública nacional, sempre que desenvolverem qualquer demanda, seja ela simples ou complexa, seja qual for o tema sob reflexão[23]. Permitir que as partes transacionem acerca de determinados procedimentos, sob a supervisão do magistrado que preside o processo, não implica, por si só, em subversão da ordem pública.

Fatores de ordem prática certamente também influenciaram a edição da Instrução Normativa ora analisada. Preocupações de ordem prática como as relacionadas, por exemplo, com a organização e a disposição das pautas de audiência, também devem ter influenciado os Ministros do TST. Essas questões, contudo, são facilmente solucionáveis. Basta que os ajustes acerca do procedimento sejam feitos durante a audiência inicial e, quando uma, nela sejam estabelecidas as regras para as audiências em prosseguimento e demais atos processuais.

Pode-se também supor que preocupações com fraude ou transações excessivamente lesivas para o trabalhador hipossuficiente, também podem estar por trás do posicionamento do Tribunal Superior do Trabalho. Essa preocupação, contudo, não se justifica. A própria norma processual civil antecipou esse risco e estabeleceu a solução ao dispor que "o juiz controlará a validade das convenções". Será um trabalho similar, por exemplo, ao que é feito hoje com a supervisão dos acordos sobre o mérito da lide, formalizados ou apenas homologados em audiências.

Seja qual for a razão que levou o Tribunal Superior do Trabalho a não admitir a aplicação da regra geral de negociação processual no processo do trabalho é preciso reconhecer que ela ignorou uma prática usual na Justiça do Trabalho. O pedido conjunto de adiamento de audiência para que as partes possam chegar a um acordo que já está próximo seria um ótimo exemplo. Apesar de não dispor de previsão legal, essa pratica é bastante corriqueira na Justiça do Trabalho.

A exigência de comum acordo para ajuizamento de dissídio coletivo, previsto no art. 114, § 2º, da Constituição Federal, pode ser interpretada como uma forma de negociação imperativa ligada ao processo do trabalho. Embora a ação ainda não exista quando o ajuste é exigido, ele está diretamente ligado a uma relação processual. O que demonstra que a negociação jurídica processual não é incompatível, em absoluto, com o processo do trabalho.

Cabe, por fim, estatuir, que ao não se pronunciar sobre a inaplicabilidade do art. 191 do CPC/2015, o Pleno do Tribunal Superior do Trabalho permite a conclusão de que este é efetivamente utilizável no processo do trabalho. Outrossim, o juiz e as partes podem fixar calendário para a prática dos atos processuais trabalhistas, para os quais as partes não precisarão ser intimadas por terem ciência desde a subscrição do negócio jurídico processual. Uma vez que assim procedam, o combinado só poderá ser modificado de forma excepcional e com devida justificativa.

5. CONSIDERAÇÕES FINAIS

É prudente supor que as negociações processuais não se tornarão jamais corriqueiras e frequentes no processo do trabalho. A natureza da disputa, a concentração dos atos processuais em audiência e a celeridade do rito desestimularão as partes, particularmente o empregado, parte usualmente mais fraca, a aceitar qualquer proposta de negociação para alterar o rito.

Excluir previamente e de forma imperativa a possibilidade de negociação processual sobre os ônus, poderes, faculdades e deveres processuais das partes, admitindo-a apenas em relação ao calendário processual, não parece a melhor solução. O Tribunal Superior do Trabalho teria agido melhor se tivesse deixado em aberto essa possibilidade, sem vedá-la expressamente de forma prévia. Há sempre a possibilidade de, diante de casos práticos inusitados, nos surpreendermos com a criatividade humana para desenhar soluções para os problemas postos.

6. REFERÊNCIAS BIBLIOGRÁFICAS

GOÉS, Gisele Santos Fernandes. Ordem Pública e os papéis da Justiça do Trabalho e Ministério Público do Trabalho. *Rev. TST*, Brasília, vol. 77, n. 2, abr./jun. 2011, p. 187/195.

LEITE, Carlos Henrique Bezerra. *Curso de Direito Processual do Trabalho*. 9. ed. São Paulo: Saraiva, 2011.

PASCO, Mario. *Fundamentos do direito processual do trabalho*. São Paulo: LTr, 1997.

SÜSSEKIND, Arnaldo *et al*. *Instituições de direito do trabalho*, vol. 1. 20. ed. São Paulo: LTr, 2002.

THEODORO JÚNIOR, Humberto (*et al*.). *Novo CPC* – Fundamentos e sistematização. 2. ed. Rio de Janeiro: Forense, 2015.

WAMBIER, Teresa Arruda Alvim (*et al*.). *Primeiros comentários ao Novo Código de Processo Civil*: artigo por artigo. São Paulo: Revista dos Tribunais, 2015.

YARSHELL, Flávio Luiz. Convenção das partes em matéria processual no Novo CPC. O Novo Código de Processo Civil. *Revista do Advogado*, ano XXXV, maio de 2015, n. 126.

---

(23) GOÉS, Gisele Santos Fernandes. Ordem Pública e os papéis da Justiça do Trabalho e Ministério Público do Trabalho. *Rev. TST*, Brasília, vol. 77, n. 2, abr./jun. 2011, p.187/195.

5

Intervenção de Terceiros: O *Amicus Curiae* no Processo do Trabalho a Partir do Novo Código de Processo Civil

Luciana Aboim Machado Gonçalves da Silva
Professora Adjunta IV da Universidade Federal de Sergipe-UFS. Doutora em Direito do Trabalho pela Faculdade de Direito da Universidade de São Paulo-USP. Mestre em Direito do Trabalho, especialista em Direito do Trabalho e em Direito Processual Civil, todos pela Pontifícia Universidade Católica de São Paulo (PUC/SP). Vice-Presidente da Asociación Iberoamericana de Derecho de Trabajo y de la Seguridad Social.

INTRODUÇÃO

Na perspectiva clássica, própria do positivismo jurídico, a aplicação das normas jurídicas pelos juízes em um processo judicial caracterizava-se pela atividade técnica de mera subsunção do fato à norma, não cabendo ao intérprete qualquer juízo de valor em face do caso concreto que lhe era apresentado.

Com o advento do pós-positivismo, surgiu uma nova forma de pensar o Direito e, por conseguinte, o processo judicial que passou a ser norteado pela teoria da justiça, transcendendo a legalidade estrita em busca da efetiva justiça e pacificação social.

É certo que, hodiernamente, não mais é possível solucionar demandas considerando apenas o conhecimento jurídico. Mister se faz romper a cultura normativista de que somente a lei, doutrina e jurisprudência podem solucionar problemas expostos em juízo que afetam a sociedade civil, porquanto esta deve ter suas vozes transportadas para dentro do processo legitimando o provimento jurisdicional que a envolve.

Na direção de conferir maior legitimidade às decisões judiciais em razão da sua contramajoritariedade e com vistas que o Brasil se constitui em Estado Democrático de Direito (CF, art. 1º), formou-se uma nova hermenêutica constitucional que tem em conta a sociedade caracterizada pela pluralidade de sujeitos; nesta mira, oriunda da Alemanha, é a teoria denominada "Sociedade Aberta dos Intérpretes da Constituição", desenvolvida a partir do pensamento de Peter Häberle, que confere ao destinatário da norma participação direta e ativa na construção do provimento jurisdicional[1].

Nessa ordem de ideias, rompe-se o dogma de que as decisões proferidas no processo judicial só produzem efeitos entre as partes, ou seja, alcança as partes envolvidas, passando a considerar que as decisões atingem terceiros, em observância que de alguma maneira a sociedade sofre os efeitos da decisão proferida para solucionar a lide, sobretudo com o reconhecimento dos interesses metaindividuais e o advento do direito sumular, cada vez mais presente no sistema jurídico brasileiro.

---

(1) Nas palavras de Peter Häberle: "Povo não é apenas um referencial quantitativo que se manifesta no dia da eleição e que, enquanto tal, confere legitimidade democrática ao processo de decisão. Povo é também um elemento pluralista para a interpretação que se faz presente de forma legitimadora no processo constitucional: como partido político, como opinião científica, como grupo de interesse, como cidadão. A sua competência objetiva para a interpretação constitucional é um direito da cidadania." (*Hermenêutica constitucional. A sociedade aberta dos intérpretes da Constituição:* contribuição para a interpretação pluralista e 'procendimental' da Constituição. Tradução de Gilmar Ferreira Mendes. Porto Alegre: Sergio Antonio Fabris Editor, 1997. p. 37)

Diante dos reflexos que a decisão judicial pode gerar no seio social, inclusive em casos futuros, aliado à nova hermenêutica constitucional da sociedade aberta dos intérpretes, constata-se a importância de implementar a democracia participativa no processo judicial objetivo ou subjetivo, seja este de essência individual ou coletiva, o que pode ser feito com o melhor aproveitamento a partir da inclusão do *amicus curiae* na lide.

É nesse diapasão que, nas linhas que seguem, analisaremos a aplicação dessa forma de intervenção de terceiros na seara trabalhista, na busca de concretização de um processo judicial justo.

1. *AMICUS CURIAE*: SENTIDO, ALCANCE, ORIGEM E NATUREZA JURÍDICA

1.1. *Sentido e alcance*

O *amicus curiae*, também chamado de "amigo da corte" ou "colaborador da corte"[2], é o instituto jurídico que se caracteriza por permitir que um terceiro ingresse no processo judicial, de natureza objetiva ou subjetiva, por convocação judicial ou por livre iniciativa, para fornecer informações e apresentar teses jurídicas que auxiliem ao magistrado na resolução adequada do conflito cujo objeto, por sua essência, é relevante e reflete os anseios da sociedade.[3]

Esse instituto tem em vista que os interesses sociais não são necessariamente "subjetiváveis" nos indivíduos – partes no processo – de modo que se faz necessária a intervenção de um terceiro reconhecido como seu legítimo portador.[4]

Concede-se, portanto, espaço processual a terceiros, não imersos no conceito de parte, para prestar esclarecimentos – principalmente relacionados a temas cuja compreensão pode escapar às partes e ao próprio julgador – na busca de solução justa de questão posta em juízo que afeta, ainda que de forma subliminar, o interesse da sociedade.

Dessa forma, há a concretização do direito fundamental de participação (quarta dimensão)[5], por meio da abertura do processo para manifestação de interessados que não integram diretamente a relação jurídica.

Convém salientar, com Mílton Luiz Pereira[6], que essa intervenção é admitida "sobretudo quando se projetar a conveniência de o direito disputado ter alargadas suas fronteiras, máxime do interesse público, facultando a composição judicial com o conhecimento de todas as suas implicações e repercussões."

Considerando o relevo da atuação do *amicus curiae* no processo, Cassio Scarpinella Bueno ensina:

> Não me parece nem um pouco despropositado equiparar o *amicus curiae* a uma das funções que, entre nós, o Ministério Público sempre exerceu e continua a exercer, a de fiscal da lei (*custos legis*) e, em menor escala, ao perito ou, mais amplamente, a um mecanismo de prova no sentido de ser uma das variadas formas de levar ao Magistrado, assegurada, por definição, sua imparcialidade, elementos que, direta ou indiretamente, são relevantes para o proferimento de uma decisão.

O *amicus curiae* é, portanto, um representante adequado dos anseios da sociedade, que podem ser afetados pela decisão judicial. Mas, quem pode atuar como *amicus curiae* no processo? A resposta não é simples. Não há na legislação uma enumeração de legitimados, como há, por exemplo, no microssistema de processo coletivo (Lei de Ação Civil Pública e Código de Defesa do Consumidor) ao estabelecer um rol dos legitimados para defesa dos interesses transindividuais em juízo.

Ao disciplinar essa temática, a legislação utiliza conceitos jurídicos indeterminados, por meio de expressões como "representatividade adequada", de maneira que a análise da admissibilidade para intervenção do *amicus curiae* é feita de forma casuística pelo magistrado, por meio de uma decisão fundamentada (CF, art. 93, IX).

---

(2) Cassio Scarpinella Bueno critica esta nomenclatura ao dizer: "É que o nosso direito não conhece, pelo menos como este nome, um amigo" ou um "colaborador" da "Corte", mesmo que se entenda por "Corte" os Tribunais ou, de forma ainda mais ampla, o Poder Judiciário. Assim, é inócuo, porque vazio de significado para a experiência jurídica brasileira, traduzir a expressão *amicus curiae* para o vernáculo. Ela, mesmo quando traduzida, não tem referencial na nossa história jurídica e, por isto, fica carente de verdadeira identificação. (*Quatro perguntas e quatro respostas sobre o 'amicus curiae'*. Disponível em: <http://www.scarpinellabueno.com.br/Textos/Amicus%20curiae.pdf>. Acesso em: 3 jan. 2016)

(3) Nesse sentido, Adhemar Ferreira Maciel destaca que o *amicus curiae* "permite que terceiros penetrem no mundo fechado e subjetivo do processo para discutir teses jurídicas que vão afetar toda a sociedade". (*Amicus Curiae*: um instituto democrático). Distrito Federal: Revista da Associação dos Juízes Federais do Brasil – Ano 21 – Número 70, p. 62.

(4) BUENO, Cassio Scarpinella. *Quatro perguntas e quatro respostas sobre o 'amicus curiae'*. Disponível em: <http://www.scarpinellabueno.com.br/Textos/Amicus%20curiae.pdf>. Acesso em: 3 jan. 2016.

(5) Corolário dos direitos à democracia, pluralismo e ao desenvolvimento. Conforme as lições de Paulo Bonavides: "São direitos da quarta geração o direito à democracia, o direito à informação e o direito ao pluralismo. Deles depende a concretização da sociedade aberta, em sua dimensão de máxima universalidade, para a qual parece o mundo inclinar-se no plano de todas as relações de convivência." (*Curso de direito constitucional*. 24. ed. São Paulo: Malheiros, 2008. p. 571)

(6) *Amicus curiae: Intervenção de terceiros*. R. CEJ, Brasília, n. 18, p. 83-86, jul./set. de 2002, p. 84. Disponível em: <http://daleth.cjf.jus.br/revista/numero18/artigo16.pdf>. Acesso em: 5 jan. 2016.

Como *amici curiae* podem atuar todos que participam da sociedade, sejam pessoas físicas ou jurídicas, órgãos ou entidades que representam forças de interpretação que não podem ser desconsideradas em processos judiciais significativos para a sociedade.

Convém salientar que no direito norte-americano os órgãos governamentais, associações particulares de interesse coletivo e grupos de pressão há muito tempo se utilizam desse *iter* judicial para deduzirem seus entendimentos, influindo na vida de toda a comunidade. (Maciel, 2003, p. 76).

Nesses termos, o magistrado analisa a necessidade e legitimidade para um terceiro intervir como *amicus curiae* em cada caso concreto, com vistas ao atendimento de sua função processual, qual seja, levar "elementos de fato e/ou de direito que de alguma forma relacionam-se intimamente com a matéria posta para julgamento".[7]

É importante atentar que, diante desse papel relevante, deve-se possibilitar a mais ampla e variada atuação do *amicus curiae*, de sorte a alargar os horizontes processuais e contribuir para melhor qualidade das decisões judiciais, constituindo instrumento de aproximação com a sociedade civil e o próprio Estado, bem como de implementação do acesso à justiça.

A expressão *acesso à justiça*, como ensinam Mauro Cappelletti e Bryant Garth[8] é:

> reconhecidamente de difícil definição, mas serve para determinar duas finalidades básicas do sistema jurídico – o sistema pelo qual as pessoas podem reivindicar seus direitos e/ou resolver seus litígios sob os auspícios do Estado. Primeiro, o sistema deve ser igualmente acessível a todos; segundo, ele deve produzir resultados que sejam individual e socialmente justos.

Nessa linha, são os ensinamentos de Cassio Scarpinella Bueno[9]:

> Assim, para ir direto ao ponto, a prévia oitiva da sociedade civil organizada e do próprio Estado, em suas diversas órbitas de interesse, para fixar da melhor maneira possível (entendida esta expressão no seu sentido comum e amplo), o conteúdo do "precedente jurisdicional" não pode mais ser olvidada.

O que os Tribunais decidem hoje vincula procedimentalmente e, até mesmo, o conteúdo, do que se decidirá amanhã. É esta uma tendência inegável das alterações que, há mais de quinze anos, vêm sendo feitas no processo civil brasileiro.

Na prática judicial, esse instituto já vinha sendo amplamente admitido pelo Supremo Tribunal Federal (STF) nos processos objetivos (ações diretas de inconstitucionalidade, ações declaratórias de constitucionalidade e nas arguições de descumprimento de preceito fundamental). Todavia, em processos subjetivos, nota-se uma aplicação ainda incipiente, diante da recente normatização; espera-se uma ampla atuação do *amicus curiae* em situações que gerem precedentes jurisdicionais de relevo social e paradigmáticos.

1.2. Origem

A doutrina não é uníssona ao estabelecer a fonte primária do *amicus curiae*. Considerável parte da doutrina destaca que desde a Roma Antiga se conhece tal realidade. Outros destacam o nascedouro no direito inglês.

Nessa direção, Cássio Scarpinella Bueno[10] comenta que no direito romano sua função era de um mero colaborador dos magistrados, auxiliando em casos que versavam assuntos não estritamente jurídicos no intuito de evitar erros de julgamento por parte dos juízes; entretanto, no direito inglês é que o instituto ganha forma mais sistemática, no qual a sua função era atuar em causas que não envolviam interesses governamentais, de forma a apontar, sistematizar e atualizar precedentes e leis que por algum motivo eram desconhecidos pelos juízes. Essa evolução foi incorporada no direito norte-americano quando passou a ter ampla aplicação[11]. Diante da utilização constante do *amicus curiae*, em 1938, a Suprema Corte Americana regulamentou este instituto no processo (Rule 37).[12]

1.3. Natureza Jurídica

Importante recordar que o *amicus curiae* é um terceiro que participa do processo para contribuir com a prestação de informações relevantes e necessárias para a formação do livre convencimento motivado do órgão judicial e consecução de um provimento jurisdicional justo.

---

(7) BUENO, Cassio Scarpinella. *Quatro perguntas e quatro respostas sobre o* amicus curiae. Disponível em: <http://www.scarpinellabueno.com.br/Textos/Amicus%20curiae.pdf>. Acesso em: 3 jan. 2016.

(8) *Acesso à justiça*. Tradução Ellen Gracie Northfleet. Porto Alegre: Fabris, 1988. p. 8.

(9) *Quatro perguntas e quatro respostas sobre o 'amicus curiae'*. Disponível em: <http://www.scarpinellabueno.com.br/Textos/Amicus%20curiae.pdf>. Acesso em: 3 jan. 2016.

(10) *Amicus curiae no processo civil brasileiro:* um terceiro enigmático. São Paulo: Saraiva, 2006. p. 90-91.

(11) Cassio Scarpinella Bueno (*Amicus curiae no processo civil brasileiro:* um terceiro enigmático. São Paulo: Saraiva, 2006. p. 99) chama atenção que na transposição do direito inglês para o direito norte-americano, o *amicus curiae* perdeu sua principal característica, a da neutralidade de sua manifestação em juízo, passando a ser entendido como ente interessado na solução da causa.

(12) *Amicus curiae no processo civil brasileiro:* um terceiro enigmático. São Paulo: Saraiva, 2006. p. 94-95.

Nessa esteira, a intervenção processual desse terceiro não tem, por essência, a pretensão de que a ação seja julgada a favor de uma das partes ou contra uma delas, embora possa coincidir com a perspectiva defendida por uma ou mais partes. Logo, não se exige a imparcialidade, ou seja, que sempre seja desinteressado no desfecho da lide; é imprescindível que este terceiro tenha um grau de representatividade da comunidade que transcenda o mero interesse subjetivo no deslinde da demanda.

Trata-se, portanto, o *amicus curiae* de um *terceiro especial*[13], com características singulares, que intervém no processo representando interesses sociais e levando informações úteis ao processo.

Importa salientar que na ADI n. 748, de 1º de agosto de 1994, o Ministro Relator Celso de Mello tinha se manifestado dizendo que o *amicus curiae* era um "colaborador informal da Corte".[14]

Com vistas ao antigo CPC (1973) e acentuando tratar-se de uma nova modalidade de intervenção de terceiros – haja vista que há o ingresso de terceiro em processo alheio para apresentar tese jurídica que lhe interessa ("interesses institucionais") e não para defender a pretensão de uma da partes – são os escólios de Cassio Scarpinella Bueno[15]:

> É que a razão pela qual o *amicus curiae* intervém em um dado processo alheio não guarda nenhuma relação com o que motiva e justifica, perante a lei processual civil, o ingresso do assistente, seja na forma *simples* ou na *litisconsorcial*.
>
> O que enseja a intervenção deste "terceiro" no processo é a circunstância de ser ele, desde o plano material, legítimo portador de um 'interesse institucional', assim entendido aquele interesse que ultrapassa a esfera jurídica de *um* indivíduo e que, por isso mesmo, é um interesse metaindividual, típico de uma sociedade pluralista e democrática, que é titularizado por grupos ou por segmentos sociais mais ou menos bem definidos.
>
> O *amicus curiae* não atua, assim, em prol de um indivíduo ou uma pessoa, como faz o assistente, em prol de um *direito* de alguém. Ele atua em prol de um *interesse*, que pode, até mesmo, não ser titularizado por ninguém, embora seja compartilhado difusa ou coletivamente por um grupo de pessoas e que tende a ser afetado pelo que vier a ser decidido no processo.

É na mira de considerar o *amicus curiae* como uma espécie singular de intervenção de terceiros, com características próprias, que o Novo Código de Processo Civil (Lei n. 13.105/2015) insculpiu sua disciplina jurídica no capítulo V, do título V, denominado "Da Intervenção de Terceiros".

2. RELEVÂNCIA DO *AMICUS CURIAE*

O *amicus curiae* é instituto processual que possibilita a participação de terceiro no processo, auxiliando o Poder Judiciário na busca da solução de questões que apresentam, por seu relevo, repercussão social, cultural, política e econômica.

Com essa abertura do processo judicial concretiza-se o princípio da democracia participativa e permite a construção de um provimento jurisdicional legítimo.

Cabe lembrar, com Paulo Maycon Costa da Silva[16], que a democracia participativa não se restringe à esfera legislativa e administrativa, mas deve também permear a atividade jurisdicional, obviamente, dentro dos limites e permissões legalmente admitidas em nossa ordem jurídica.[17]

A finalidade do *amicus curiae* é, dessa feita, assegurar o pluralismo processual por meio da intervenção adequada

---

(13) Nesse sentido, Gustavo Binenbojm entende que o *amicus curiae* é um *terceiro* especial com direito de ingressar formalmente na relação processual, assumindo determinadas prerrogativas processuais inerentes à sua condição (A dimensão do 'amicus curiae' no processo constitucional brasileiro: requisitos, poderes processuais e aplicabilidade no âmbito estadual. In: *Revista da AJUFE* – Associação dos Juízes Federais do Brasil, vol. 22, n. 78, out. 2004, p. 157). Também, Milton Luiz Pereira afirma que o *amicus curiae* é um "terceiro especial ou de natureza excepcional", não se confundindo com a assistência ou qualquer outra forma de intervenção de terceiros prevista no Código de Processo Civil (1973). (*Amicus Curiae* – intervenção de terceiros. *Revista de Informação Legislativa* n. 156, ano 39, out./dez. 2002, p. 9)

(14) AÇÃO DIRETA DE INCONSTITUCIONALIDADE – INTERVENÇÃO ASSISTENCIAL – IMPOSSIBILIDADE – ATO JUDICIAL QUE DETERMINA A JUNTADA, POR LINHA, DE PEÇAS DOCUMENTAIS – DESPACHO DE MERO EXPEDIENTE – IRRECORRIBILIDADE – AGRAVO REGIMENTAL NÃO CONHECIDO. – "O processo de controle normativo abstrato instaurado perante o Supremo Tribunal Federal não admite a intervenção assistencial de terceiros. Precedentes. Simples juntada, por linha, de peças documentais apresentadas por órgão estatal que, sem integrar a relação processual, agiu, em sede de ação direta de inconstitucionalidade, como *colaborador informal da Corte (amicus curiae)*: situação que não configura, tecnicamente, hipótese de intervenção *ad coadjuvandum*. (...)" (grifo nosso) – (ADI 748 AgR, Relator(a): Min. CELSO DE MELLO, Tribunal Pleno, julgado em 01.08.1994)

(15) *Curso sistematizado de direito processual civil*: procedimento comum: ordinário e sumário, vol. 2, tomo I. 3. ed. rev. e atual. São Paulo: Saraiva, 2010. p. 557-558.

(16) Do *amicus curiae* ao método da sociedade aberta dos intérpretes. *Revista CEJ*. Brasília, DF, v. 12, n. 43, out./dez. 2008, p. 26.

(17) De igual modo, Didier Júnior acentua que o *amicus curiae* possibilita a participação democrática na construção do Direito a partir da aplicação da lei no caso concreto e auxilia o juiz na sua tarefa hermenêutica. (Possibilidade de Sustentação Oral do *Amicus Curiae*. *Revista Dialética de Direito Processual*, v. 8, 2003, p. 36.)

de uma pessoa que possui representatividade de modo a ampliar os horizontes de informações do magistrado e ensejar um julgamento mais adequado e efetivo em matérias específicas ou de grande interesse social.

Em sendo o Brasil um Estado Democrático de Direito e o processo instrumento de concretização do direito material, louvável é a adoção de mecanismos que promovam a participação da sociedade plural na esfera jurisdicional.

Apresenta-se, assim, o *amicus curiae* como instrumento de democracia participativa que deverá incidir não apenas no âmbito da jurisdição constitucional propriamente dita (processos objetivos), mas, também, em outros feitos judiciais de índole subjetiva, proporcionando maior legitimidade às decisões proferidas pelo Judiciário.

Essa participação no processo realiza o ideal de uma sociedade aberta de intérpretes constitucionais; como diz Peter Häberle[18], a ampliação do círculo dos intérpretes é consequência da necessidade, por todos defendida, de integração da realidade no processo de interpretação. "Qualquer intérprete é orientado pela teoria e pela práxis. Todavia, essa práxis não é, essencialmente, conformada pelos intérpretes oficiais da Constituição."

Nessa perspectiva, é interessante ressaltar que o Ministro do STF Celso de Mello, destacou, em 2005, que o *amicus curiae* tem:

> (...) por objetivo essencial pluralizar o debate constitucional, permitindo, desse modo, que o Supremo Tribunal Federal venha a dispor de todos os elementos informativos possíveis e necessários à resolução da controvérsia, visando-se, ainda, com tal abertura procedimental, superar a grave questão pertinente à legitimidade democrática das decisões emanadas desta Suprema Corte (...) (ADI 2.321-MC, rel. Min. Celso de Mello, Tribunal Pleno, DJ 10.06.2005.)

Deveras, a abertura de processos – cujos interesses transcendem a esfera das partes – para membros da sociedade que representam adequadamente os anseios de uma coletividade plural é de suma relevância, já que chama a atenção dos julgadores para informações e teses jurídicas sobre matéria de fato ou de direito objeto da controvérsia.

É nessa mira que se esgrime o alargamento da aplicação do instituto *amicus curiae* para além daqueles casos comumente aceitos, de sorte a suprir o "déficit democrático da atuação do Judiciário brasileiro".

3. PREVISÃO JURÍDICA NO SISTEMA JURÍDICO BRASILEIRO

Há alguns anos, diversos diplomas legislativos brasileiros já estabeleciam intervenções diferenciadas de terceiro no processo judicial que muito se aproximavam do *amicus curiae*, tal qual passou a ser regulamentada no sistema jurídico processual civil.

Como introito, podemos citar o art. 31 da Lei n. 6.385/1976[19], estabelecendo a intervenção da Comissão de Valores Mobiliários (CVM) nos processos judiciários que tenham por objetivo matéria incluída na sua competência para oferecer parecer ou prestar esclarecimentos.

Seguindo uma ordem cronológica, ressaltamos também a lei de propriedade industrial (Lei n. 9.279/1996, nos arts. 57[20] e 175[21]) que traz a intervenção do Instituto Nacional da Propriedade Industrial (INPI) nas ações de nulidade; a Lei n. 9.469/1997 (art. 5º, parágrafo único[22]) que autoriza a intervenção da União nas causas em que figurem, como partes, autarquias, fundações públicas, so-

---

(18) *Hermenêutica constitucional. A sociedade aberta dos intérpretes da Constituição*: contribuição para a interpretação pluralista e 'procendimental' da Constituição. Tradução de Gilmar Ferreira Mendes. Porto Alegre: Sergio Antonio Fabris, 1997. p. 30-31.

(19) Art. 31. Nos processos judiciários que tenham por objetivo matéria incluída na competência da Comissão de Valores Mobiliários, será esta sempre intimada para, querendo, oferecer parecer ou prestar esclarecimentos, no prazo de quinze dias a contar da intimação. § 1º A intimação far-se-á, logo após a contestação, por mandado ou por carta com aviso de recebimento, conforme a Comissão tenha, ou não, sede ou representação na comarca em que tenha sido proposta a ação. § 2º Se a Comissão oferecer parecer ou prestar esclarecimentos, será intimada de todos os atos processuais subsequentes, pelo jornal oficial que publica expedientes forenses ou por carta com aviso de recebimento, nos termos do parágrafo anterior. § 3º À comissão é atribuída legitimidade para interpor recursos, quando as partes não o fizerem. § 4º O prazo para os efeitos do parágrafo anterior começará a correr, independentemente de nova intimação, no dia imediato àquele em que findar o das partes.

(20) Art. 57. A ação de nulidade de patente será ajuizada no foro da Justiça Federal e o INPI, quando não for autor, intervirá no feito. § 1º O prazo para resposta do réu titular da patente será de 60 (sessenta) dias. § 2º Transitada em julgado a decisão da ação de nulidade, o INPI publicará anotação, para ciência de terceiros.

(21) Art. 175. A ação de nulidade do registro será ajuizada no foro da Justiça Federal e o INPI, quando não for autor, intervirá no feito. § 1º O prazo para resposta do réu titular do registro será de 60 (sessenta) dias. § 2º Transitada em julgado a decisão da ação de nulidade, o INPI publicará anotação, para ciência de terceiros.

(22) Art. 5º A União poderá intervir nas causas em que figurarem, como autoras ou rés, autarquias, fundações públicas, sociedades de economia mista e empresas públicas federais. Parágrafo único. As pessoas jurídicas de direito público poderão, nas causas cuja decisão possa ter reflexos, ainda que indiretos, de natureza econômica, intervir, independentemente da demonstração de interesse jurídico, para esclarecer questões de fato e de direito, podendo juntar documentos e memoriais reputados úteis ao exame da matéria e, se for o caso, recorrer, hipótese em que, para fins de deslocamento de competência, serão consideradas partes.

ciedades de economia mista e empresas públicas federais; e a Lei n. 9.784/1999 (arts. 31[23] e 32[24]) que permite a manifestação de terceiros, inclusive em audiência pública, para realizar debates mais amplos sobre a matéria discutida em processos administrativos no âmbito federal.

Todavia, a amplitude da utilização do *amicus curiae*, em nosso país, adveio com o art. 7º, § 2º, Lei n. 9.868/1999[25] – que dispõe sobre o processo e julgamento da ação direta de inconstitucionalidade e da ação declaratória de constitucionalidade perante o STF – ao permitir ao relator, considerando a relevância da matéria e a representatividade dos postulantes, por meio de despacho irrecorrível, admitir, observado o prazo de 30 dias, a manifestação de outros órgãos ou entidades.[26]

A supracitada lei de controle concentrado de constitucionalidade incluiu três parágrafos no art. 482 do Código de Processo Civil de 1973[27], fornecendo, para o incidente de declaração de inconstitucionalidade, o mesmo subsídio.

Em idêntico sentido, a Lei n. 9.882/1999, que regulamenta a Arguição de Descumprimento de Preceito Fundamental (ADPF), no § 1º do art. 6º[28] prevê a participação do *amicus curiae*.

Nesse caminho, também, dispõe o § 7º do art. 14 da Lei n. 10.259/2001[29] que trata do incidente de uniformização de jurisprudência no Juizado Especial Federal, bem como o art. 3º, § 2º, da Lei n. 11.417/2006[30], que disciplina a edição, revisão e cancelamento das súmulas vinculantes do Supremo Tribunal Federal.

---

(23) Art. 31. Quando a matéria do processo envolver assunto de interesse geral, o órgão competente poderá, mediante despacho motivado, abrir período de consulta pública para manifestação de terceiros, antes da decisão do pedido, se não houver prejuízo para a parte interessada. § 1º A abertura da consulta pública será objeto de divulgação pelos meios oficiais, a fim de que pessoas físicas ou jurídicas possam examinar os autos, fixando-se prazo para oferecimento de alegações escritas. § 2º O comparecimento à consulta pública não confere, por si, a condição de interessado do processo, mas confere o direito de obter da Administração resposta fundamentada, que poderá ser comum a todas as alegações substancialmente iguais.

(24) Art. 32. Antes da tomada de decisão, a juízo da autoridade, diante da relevância da questão, poderá ser realizada audiência pública para debates sobre a matéria do processo.

(25) Art. 7º Não se admitirá intervenção de terceiros no processo de ação direta de inconstitucionalidade. § 1º (VETADO) § 2º O relator, considerando a relevância da matéria e a representatividade dos postulantes, poderá, por despacho irrecorrível, admitir, observado o prazo fixado no parágrafo anterior, a manifestação de outros órgãos ou entidades.

(26) Por oportuno, informa-se que, anteriormente ao advento deste dispositivo legal, havia previsão no Regimento Interno do Supremo Tribunal Federal que vedava a intervenção de terceiros nas ações diretas de inconstitucionalidade. Todavia, posteriormente, este regramento foi alterado para admitir sustentação oral de terceiros que intervieram no processo (art. 131, § 3º). Gustavo Binenbojm relata que "mesmo antes do advento da Lei n. 9.868/99, o Supremo Tribunal Federal já admitia, informalmente, que terceiros interessados apresentassem memoriais à Corte sobre o objeto de ação direta de inconstitucionalidade em curso." (A dimensão do 'amicus curiae' no processo constitucional brasileiro: requisitos, poderes processuais e aplicabilidade no âmbito estadual. In: *Revista da AJUFE* – Associação dos Juízes Federais do Brasil, vol. 22, n. 78, out. 2004, p. 157)

(27) Art. 482. Remetida a cópia do acórdão a todos os juízes, o presidente do tribunal designará a sessão de julgamento. § 1º O Ministério Público e as pessoas jurídicas de direito público responsáveis pela edição do ato questionado, se assim o requererem, poderão manifestar-se no incidente de inconstitucionalidade, observados os prazos e condições fixados no Regimento Interno do Tribunal. § 2º Os titulares do direito de propositura referidos no art. 103 da Constituição poderão manifestar-se, por escrito, sobre a questão constitucional objeto de apreciação pelo órgão especial ou pelo Pleno do Tribunal, no prazo fixado em Regimento, sendo-lhes assegurado o direito de apresentar memoriais ou de pedir a juntada de documentos. § 3º O relator, considerando a relevância da matéria e a representatividade dos postulantes, poderá admitir, por despacho irrecorrível, a manifestação de outros órgãos ou entidades. De forma similar, o novo CPC assim dispõe no art. 950: Remetida cópia do acórdão a todos os juízes, o presidente do tribunal designará a sessão de julgamento. § 1º As pessoas jurídicas de direito público responsáveis pela edição do ato questionado poderão manifestar-se no incidente de inconstitucionalidade se assim o requererem, observados os prazos e as condições previstos no regimento interno do tribunal. § 2º A parte legitimada à propositura das ações previstas no art. 103 da Constituição Federal poderá manifestar-se, por escrito, sobre a questão constitucional objeto de apreciação, no prazo previsto pelo regimento interno, sendo-lhe assegurado o direito de apresentar memoriais ou de requerer a juntada de documentos. § 3º Considerando a relevância da matéria e a representatividade dos postulantes, o relator poderá admitir, por despacho irrecorrível, a manifestação de outros órgãos ou entidades.

(28) Art. 6º Apreciado o pedido de liminar, o relator solicitará as informações às autoridades responsáveis pela prática do ato questionado, no prazo de dez dias. § 1º Se entender necessário, poderá o relator ouvir as partes nos processos que ensejaram a arguição, requisitar informações adicionais, designar perito ou comissão de peritos para que emita parecer sobre a questão, ou ainda, fixar data para declarações, em audiência pública, de pessoas com experiência e autoridade na matéria. § 2º Poderão ser autorizadas, a critério do relator, sustentação oral e juntada de memoriais, por requerimento dos interessados no processo.

(29) Art. 14. Caberá pedido de uniformização de interpretação de lei federal quando houver divergência entre decisões sobre questões de direito material proferidas por Turmas Recursais na interpretação da lei. (...) § 7º Se necessário, o relator pedirá informações ao Presidente da Turma Recursal ou Coordenador da Turma de Uniformização e ouvirá o Ministério Público, no prazo de cinco dias. Eventuais interessados, ainda que não sejam partes no processo, poderão se manifestar, no prazo de trinta dias.

(30) Art. 3º São legitimados a propor a edição, a revisão ou o cancelamento de enunciado de súmula vinculante: (...) § 2º No procedimento de edição, revisão ou cancelamento de enunciado da súmula vinculante, o relator poderá admitir, por decisão irrecorrível, a manifestação de terceiros na questão, nos termos do Regimento Interno do Supremo Tribunal Federal.

Em 2006, o CPC de 1973 foi alterado regulamentando a repercussão geral para fins de admissibilidade do recurso extraordinário, introduzindo no § 6º do art. 543-A[31] a possibilidade de utilização da figura em comento.[32]

Na direção de elastecer os horizontes da aplicação do *amicus curiae* em processos de índole subjetiva, adveio, com o novo Código de Processo Civil – Lei n. 13.105, de 16 de março de 2015, a sua específica disciplina jurídica no processo civil brasileiro – capítulo V do título III denominado "Da intervenção de terceiros" –, perfilhando a linha inaugurada pela Constituição Federal de 1988 de valorização dos instrumentos de democracia participativa, que será analisado no item que segue.

4. A DISCIPLINA DO *AMICUS CURIAE* NO NOVO CPC (NCPC)

O capítulo V do Novo CPC – intitulado "Do *Amicus Curiae*", é composto de um único artigo prevendo *in verbis*:

> Art. 138. O juiz ou o relator, considerando a relevância da matéria, a especificidade do tema objeto da demanda ou a repercussão social da controvérsia, poderá, por decisão irrecorrível, de ofício ou a requerimento das partes ou de quem pretenda manifestar-se, solicitar ou admitir a participação de pessoa natural ou jurídica, órgão ou entidade especializada, com representatividade adequada, no prazo de 15 (quinze) dias de sua intimação.
>
> § 1º A intervenção de que trata o *caput* não implica alteração de competência nem autoriza a interposição de recursos, ressalvadas a oposição de embargos de declaração e a hipótese do § 3º.
>
> § 2º Caberá ao juiz ou ao relator, na decisão que solicitar ou admitir a intervenção, definir os poderes do *amicus curiae*.
>
> § 3º O *amicus curiae* pode recorrer da decisão que julgar o incidente de resolução de demandas repetitivas.

Da leitura do artigo em foco extrai-se que a participação do *amicus curiae* no processo somente ocorre quando pela temática posta em juízo – relevância, especificidade ou repercussão social da matéria – se revelar útil e desejável a intervenção de uma pessoa natural ou jurídica, órgão ou entidade especializada, que possui representatividade adequada para, por meio das informações levadas ao processo, contribuir na concretização de um processo justo com efetividade qualitativa.

É importante repisar que a lei não estabelece especificamente um rol de legitimados para atuar como *amicus curiae*, sendo possível, inclusive, um cidadão ser admitido no processo nesta qualidade, desde que possua capacidade contributiva na temática objeto da ação.[33] Cabe lembrar que, desde 1988, a Constituição Federal, art. 5º, LXXVII, empresta-lhe "legitimidade" para a ação popular.

A representatividade adequada constitui um requisito subjetivo para atuação como *amicus curiae* que revela o potencial deste sujeito de fornecer novos e relevantes elementos para o processo.

Em outras palavras, somente se admite a intervenção do *amicus curiae* no processo quando demonstra ser legítimo portador de informações relevantes para a compreensão da matéria jurídica levada à discussão no Poder Judiciário, representando interesses daqueles que estão fora do processo, mas que, de alguma forma, serão atingidos pela decisão judicial.

O terceiro interveniente, dessa forma, possui conhecimentos de questões complexas e multifacetárias relacionadas à demanda, que exigem uma profunda tarefa hermenêutica, a justificar seu ingresso no processo para fornecimento de informações e teses jurídicas de forma objetiva que podem, inclusive, complementar outras já apresentadas no processo.

A contribuição trazida pelo *amicus curiae* independe de servir para a defesa de uma ou mais teses jurídicas em disputa, podendo coincidir com interesses de uma ou ambas as partes processuais. Não há que se exigir imparcialidade para este terceiro interveniente no processo, mas, sim, uma atuação pautada pela honestidade, em atenção aos princípios da boa-fé e da lealdade processual. Entretanto, observa-se que meros interesses corporativos, pertinentes exclusivamente ao terceiro interessado em ingressar em juízo, não são suficientes para sua admissão na qualidade de *amicus curiae*.

Atenta-se que a entidade interveniente no processo prescinde de capacidade postulatória; a lei não cuida disso, mas esta conclusão é mais do que lógica, pois sua

---

(31) Art. 543-A. O Supremo Tribunal Federal, em decisão irrecorrível, não conhecerá do recurso extraordinário, quando a questão constitucional nele versada não oferecer repercussão geral, nos termos deste artigo. (...) § 6º O Relator poderá admitir, na análise da repercussão geral, a manifestação de terceiros, subscrita por procurador habilitado, nos termos do Regimento Interno do Supremo Tribunal Federal. (Incluído pela Lei n. 11.418, de 2006).

(32) Em idêntico sentido é o teor do novo CPC (2015): Art. 1.035. O Supremo Tribunal Federal, em decisão irrecorrível, não conhecerá do recurso extraordinário quando a questão constitucional nele versada não tiver repercussão geral, nos termos deste artigo. (...) § 4º O relator poderá admitir, na análise da repercussão geral, a manifestação de terceiros, subscrita por procurador habilitado, nos termos do Regimento Interno do Supremo Tribunal Federal.

(33) Nelson Nery Junior e Rosa Maria de Andrade Nery ensinam que o rol de *amicus curiae* é amplo, sendo possível "admitir a manifestação de pessoa física ou jurídica, professor de direito, associação civil, cientista, órgão e entidade, desde que tenha respeitabilidade, reconhecimento científico ou representatividade para opinar sobre a matéria objeto da ação". (*Código de Processo Civil Comentado e legislação processual civil extravagante em vigor*. 6. ed. São Paulo: RT, 2003. p. 1408.)

atuação visa ao fornecimento de argumentos e dados que possam auxiliar no deslinde da questão judicial, não tendo o condão de auferir pronunciamento judicial que lhe seja favorável.

A tradução da fórmula "representatividade adequada" é feita casuisticamente pelo magistrado. Alguns doutrinadores criticam a inexistência de dados objetivos na lei a nortear tal definição, por entender que esta subjetividade judicial traz descompassos inexplicáveis já que possibilita que um *amicus curiae* participe de um processo enquanto em outro não, dependendo da boa vontade do juiz. Discordamos deste pensar por entendermos ser fundamental esta discricionariedade do juiz. Como explica Mauro Cappelletti[34], ao buscar o sentido de representatividade adequada para "parte ideológica" na defesa de interesse coletivo:

> A experiência comparativa demonstra, por outro lado, que seria absurdo esperar-se do legislador uma resposta *completa*, e ainda mais absurdo seria pretender-se uma resposta *uniforme* a cada tipo de "parte ideológica". (...) Tal solução legislativa, rígida e apriorística, estaria destinada a fazer mais mal que bem. Seria como o machado do lenhador usado em certo lugar, quando o que se pede é, ao invés, a delicada intervenção do bisturi do cirurgião.

Estabelecer exigências específicas na lei, em *numerus clausus*, para atuação do *amicus curiae* traduz, em nossa visão, excesso de formalismo que vai de encontro com toda a perspectiva trazida pelo Novo Código de Processo Civil, que adota o *modelo cooperativo*, também denominado de *modelo comparticipativo de processo*[35], ao valorizar a participação deste terceiro em demandas nas quais se imiscuem questões que podem fugir aos limites teóricos do Direito, contribuindo de forma substancial para o aprimoramento da prestação jurisdicional.

A par da *representatividade adequada*, a norma jurídica estabelece um outro filtro quando condiciona o ingresso do *amicus curiae* à relevância, especificidade ou repercussão social da temática objeto da demanda.

A atuação do *amicus curiae* está vinculada à necessidade concreta sentida pelo magistrado de que outros elementos sejam trazidos ao processo para fins de formação de seu convencimento diante da matéria posta em juízo.

Assim, a representatividade adequada somada à relevância, especificidade ou repercussão social da matéria posta em juízo constituem, respectivamente, requisitos subjetivo e objetivo para atuação do *amicus curiae*.

Quanto ao momento dessa intervenção de terceiro no processo, o dispositivo do NCPC em apreço não especifica, posto que se refere apenas ao prazo de quinze dias para manifestação de um sujeito (*amicus curiae*) ou mais (*amici curiae*), a contar da intimação pelo juiz.

Em nosso pensar, este pronunciamento do magistrado somente pode ocorrer até antes do início do julgamento, a fim de que o terceiro efetivamente tenha possibilidade de auxiliar o magistrado na formação de um provimento jurisdicional adequado.

É de se ressaltar, com George Ventura Morais[36], que o pedido de intervenção do *amicus curiae* pode ocorrer após a liberação da pauta do processo para julgamento, ainda que leve ao adiamento do mesmo. A suposta falta de celeridade processual não é suficiente para afastar os benefícios que podem ser trazidos pela intervenção deste terceiro.

É por meio de uma decisão irrecorrível que o magistrado solicita ou admite a participação de terceiro com representatividade adequada na demanda, sem a necessidade de consentimento das partes e nem implicar alteração de competência.

Embora a literalidade da norma do NCPC refira que o magistrado solicita de ofício ou admite a participação do *amicus curiae* a requerimento da parte ou do próprio interessado, deve-se conceber uma interpretação extensiva para admitir o requerimento pelo Ministério Público da intervenção de um terceiro, em respeito à sociedade pluralista e aberta de intérpretes.

Ademais, cabe observar que a irrecorribilidade é da decisão que admite a intervenção do *amicus curiae*. Logo, é passível de recurso o pronunciamento judicial que não admite esta intervenção, sendo esta interpretação condizente com a axiologia democrática imposta pela Constituição, que confere legitimidade para as decisões judiciais por permitir sua maior aproximação da complexidade da vida atual.

Nesse sentido, Carlos Gustavo Rodrigues Del Prá[37] manifesta:

---

(34) Formações sociais e interesses coletivos diante da justiça civil. *Revista de Direito Processual Civil. Revista de Processo/Instituto Brasileiro de Direito Processual (IBDP).* São Paulo: Revista dos Tribunais, v. 2, n. 5, jan./mar., 1977, p. 155-156.

(35) Dierle José Coelho Nunes destaca o *modelo comparticipativo de processo* como técnica de construção de um processo civil democrático em conformidade com a Constituição no qual "a comunidade de trabalho deve ser revista em perspectiva policêntrica e comparticipativa". (*Processo jurisdicional democrático*. Curitiba: Juruá, 2008. p. 215.)

(36) Direito e desenvolvimento: a ampliação da participação processual e o *amicus curiae* no anteprojeto do novo Código de Processo Civil. *Revista Direito e Desenvolvimento*, a. 3, n. 5, janeiro/junho 2012, p. 160.

(37) Breves considerações sobre o *amicus curiae* na ADIN e sua legitimidade recursal. In: *Aspectos polêmicos e atuais sobre os terceiros no processo civil (e assuntos afins)*. DIDIER JR., Fredie e WAMBIER, Teresa Arruda Alvim. São Paulo: Revista dos Tribunais, 2004. p. 76.

(...) que se deve reconhecer a legitimidade recursal do *amicus curiae*, especificamente para fins de impugnar a decisão que indefere sua intervenção. A legitimidade decorreria de uma perspectiva potencial, ou seja, é legitimado a recorrer daquela decisão porquanto é legitimado a pleitear sua intervenção. O interesse, de outra parte, adviria de uma perspectiva concreta e atual, ou seja, o *efetivo* indeferimento de sua intervenção.

De mais a mais, a intervenção do *amicus curiae* não é irrestrita, pois está atrelada aos poderes especificados pelo magistrado em sua decisão que manifesta a intervenção[38], com vistas a proporcionar um caminho argumentativo razoável em prol da promoção de um processo justo, célere e efetivo.

Dessa forma, a decisão judicial que pronuncia a intervenção deste terceiro no processo deve especificar os atos processuais, a serem praticados, umbilicalmente relacionados ao fornecimento de informações que, de outro modo, provavelmente chegariam insuficientes ou até mesmo não chegariam para formação do convencimento do magistrado.

A manifestação desse terceiro, seja oral ou por escrito, deve ser levada em consideração pelo juiz quando da decisão judicial na qual expressa o seu livre convencimento motivado. Isso porque, como acentua Gustavo Binenbojm[39], nenhum instituto processual pode ser presumido inútil, de modo que as informações levadas ao processo pelo *amicus curiae* merecem a devida consideração e enfrentamento, ainda que, ao final, suas ponderações sejam inteiramente descartadas.

O estabelecimento de balizas para atuação do *amicus curiae* é fundamental para assegurar a concretização do direito fundamental à duração razoável do processo – previsto no art. 5º, LXXVIII, da Lei Fundamental. Como leciona José Rogério Cruz e Tucci[40] "tempo e processo constituem duas vertentes que estão em constante confronto. Em muitas ocasiões o tempo age em prol da verdade e da justiça. Na maioria das vezes, contudo, o fato temporal conspira contra o processo".

Visando assegurar a celeridade processual, o novo CPC destaca, também, que a intervenção do *amicus curiae* não autoriza a interposição de recursos, ainda que as razões recursais contenham informações ou dados técnicos relevantes, uma vez que não é parte, mas, sim, terceiro apto a contribuir com o magistrado na consecução do provimento jurisdicional. Exceção a esta regra são os embargos declaratórios, bem como os recursos da decisão que julgar o incidente de resolução de demandas repetitivas, que se justificam para viabilização de um escorreito provimento jurisdicional e preservação do princípio da segurança jurídica.

Em seguida à presente análise, é mister averiguar se a normatização do *amicus curiae* no CPC/2015 serve de referencial e aplicabilidade para o processo do trabalho, considerando que este visa precipuamente assegurar direitos humanos dos trabalhadores, constituindo instrumento de justiça social.

5. APLICAÇÃO DO *AMICUS CURIAE* NO PROCESSO DO TRABALHO A PARTIR DO NOVO CÓDIGO DE PROCESSO CIVIL (2015)

Desde a codificação do sistema de processo judicial, o Código de Processo Civil tem a função de fonte subsidiária dos processos administrativo, eleitoral, penal e trabalhista.

Nessa esteira, o Novo Código de Processo Civil (NCPC), de 2015, no art. 15 prevê que "na ausência de normas que regulem processos eleitorais, trabalhistas ou administrativos, as disposições deste Código lhes serão aplicadas supletiva e subsidiariamente", revelando-se como uma disciplina processual basilar para todos os tipos de processo.

A propósito, é importante destacar que o artigo se vale das expressões supletiva e subsidiariamente. Como a lei não tem palavras inúteis, importa distinguir estes termos. A palavra "supletiva" é sinônima de "complementar", de modo que significa a aplicação no caso de disciplina normativa incompleta a respeito do instituto. Já o termo "subsidiário" significa a inexistência de normatização legal sobre o assunto.

Em sua redação original (1943), a Consolidação das Leis do Trabalho (CLT), no art. 769[41], estabelece a aplicação subsidiária da legislação processual comum quando houver omissão e compatibilidade com a sistemática processual trabalhista.[42]

Cotejando os citados artigos, cabe salientar, com Homero Batista Mateus da Silva[43], enquanto o art. 769 da

---

(38) Recorda-se que o § 2º do art. 138 do NCPC expressa: "Caberá ao juiz ou ao relator, na decisão que solicitar ou admitir a intervenção, definir os poderes do *amicus curiae*" (grifo nosso).

(39) A dimensão do *amicus curiae* no processo constitucional brasileiro: requisitos, poderes processuais e aplicabilidade no âmbito estadual. In: *Revista da AJUFE* – Associação dos Juízes Federais do Brasil, vol. 22, n. 78, out. 2004, p. 158.

(40) *Tempo e processo: uma análise empírica das repercussões do tempo na fenomenologia processual (civil e penal).* São Paulo: Revista dos Tribunais, 1997. p. 11.

(41) Art. 769. Nos casos omissos, o direito processual comum será fonte subsidiária do direito processual do trabalho, exceto naquilo em que for incompatível com as normas deste Título.

(42) Convém ressaltar que a CLT utiliza a expressão subsidiária.

(43) *Curso de direito do trabalho aplicado,* vol. 9. São Paulo: Revista dos Tribunais, 2015. p. 38.

CLT se refere a "casos omissos" o art. 15 do CPC/2015 menciona "ausência de normas". Logo, a norma consolidada é mais genérica e permissiva do que o Código de Processo Civil, porquanto admite a abertura para o processo comum quando houver omissão o que é diferente de "ausência de normas", já que esta diz respeito à inexistência de tratamento legal sobre o tema.

É importante, portanto, conjugar essas disposições legais (art. 15 do NCPC e art. 769 da CLT) para dar uma interpretação sistemática do ordenamento jurídico que, seguindo os escólios de Juarez Freitas[44], realiza sempre uma hierarquização axiológica tendo em vista as exigências de prestação adequada da tutela jurisdicional.

Desse modo, para a heterointegração da processualística civil ao processo do trabalho impende, por meio da interpretação sistemática, analisar se enseja a concretização do devido processo legal em sua dimensão formal e material, mormente tendo em mira a essência dos direitos laborais, de sorte ao processo se revelar como garantia da dignidade do trabalhador.

Em atenção à intervenção no processo do *amicus curiae*, a CLT, com a alteração promovida pela Lei n. 13.015/2015, previu este instituto especificamente na sistemática de recursos repetitivos. Estabelece que o relator poderá admitir manifestação de pessoa, órgão ou entidade com interesse na controvérsia, inclusive como assistente simples (CLT, art. 896-C, § 8º).

Por sua vez, a disciplina do *amicus curiae* no Novo Código de Processo Civil (art. 138) é mais ampla, permitindo a sua utilização em qualquer fase processual – o artigo consolidado limita a atuação deste terceiro como desdobramento do procedimento do recurso de revista repetitivo – e não vincula a sua atuação a existência de interesse na controvérsia.

Surge, portanto, a indagação: há aplicação desta disciplina normativa processual civil referente ao *amicus curiae* no processo do trabalho?

É antiga a cizânia doutrinária e jurisprudencial a respeito da utilização das normas do capítulo "intervenção de terceiros" do CPC no processo do trabalho. Nota-se uma antiga resistência para sua aplicação motivada pela preocupação com a celeridade e a efetividade do processo do trabalho.

Mauro Schiavi[45] destaca que antes da Emenda Constitucional n. 45 (2004) a jurisprudência havia se firmado no sentido de não cabimento, como regra geral, do instituto da intervenção de terceiros no direito processual do trabalho; todavia, após esta alteração constitucional muitos já estão admitindo a intervenção de terceiros de forma ampla no processo do trabalho. Assim, opina que cabe ao juiz do trabalho, como diretor do processo, "avaliar o custo-benefício da intervenção de terceiros e indeferi-la quando não traga benefícios aos litigantes, não iniba o direito de regresso e gere complicadores desnecessários ao rápido andamento do processo".

Em atenção à aplicação do art. 138 do NCPC ao processo do trabalho, Carlos Henrique Bezerra Leite[46], entre outros, destaca ser de aplicação supletiva e subsidiária duvidosa no processo do trabalho.

A nosso ver, a melhor resposta no que tange à aplicação da regulamentação do *amicus curiae* no CPC ao processo do trabalho é a positiva, pois, desde que adequadamente utilizado, pluraliza o processo individual pela permissão de manifestações de terceiros que possuem legitimidade para abordagem da temática discutida, proporcionando uma decisão mais justa na medida em que se aproxima da realidade. Caso contrário, haveria um desprestígio ao princípio democrático em favor do puro formalismo.

Cabe recordar que os processos trabalhistas envolvem direitos sociais, de essência indisponível, contendo verbas de natureza existencial para o trabalhador. Nessa mira, muitas demandas apresentam interesse para a sociedade, a exemplo das que envolvem discriminação, inserção social de minorias, trabalho em condições análogas à de escravo, dispensa coletiva e meio ambiente do trabalho.

Ademais, é importante atentar que as formas tradicionais de solução dos conflitos trabalhistas no Brasil, de caráter e alcance exclusivamente individuais, não mais atendem à necessidade de efetivação das normas protetoras dos direitos dos trabalhadores.

Assim, o uso dessa figura jurídica apresenta posição privilegiada em ações de vocação coletiva, ou seja, em processos que envolvem interesses difusos, coletivos propriamente dito ou individuais homogêneos, já que atingem um maior número de pessoas a ensejar uma maior pressão social para decisões legítimas.

Também, merece destaque a importância da participação do *amicus curiae* na construção do "direito sumular"[47], mormente em vista de que a jurisprudência constitui fonte material e formal de Direito do Trabalho[48].

---

(44) *A interpretação sistemática do direito*. São Paulo: Malheiros, 2004. p. 304

(45) *Manual de direito processual do trabalho*. 8. ed. São Paulo: LTr, 2015. p. 409-411.

(46) *Curso de direito processual do trabalho*. 13. ed. São Paulo: Saraiva, 2015. p. 1697.

(47) Diante da progressiva utilização das súmulas no Direito Brasileiro, fala-se atualmente em "direito sumular", que o aproxima do modelo de *common law*.

(48) Na seara laboral, a utilização de precedentes judiciais uniformizados (súmulas e orientações jurisprudenciais) é latente, inclusive revelando-se como fonte primária de Direito, o que se percebe, a título de ilustração, com as Súmulas ns. 291, que prevê indenização por supressão de horas extraordinárias, e 331 do Tribunal Superior do Trabalho (TST), que regulamenta a terceirização trabalhista.

O relevo das súmulas se vislumbra não só quando norteia a sociedade do entendimento uniformizado do Tribunal sobre determinada temática, como também na hipótese de apresentar aplicação obrigatória ante o efeito vinculante ou ter efeito impeditivo de recursos para tribunais superiores.

Surge, então, a necessidade de ativar a aplicação do instituto na seara trabalhista, permitindo a participação de pessoas, órgãos e entidades com representatividade adequada nas demandas trabalhistas com matérias socialmente relevantes, trazendo informações que subsidiam uma prestação jurisdicional adequada e legítima, já que condizente com a realidade social.

A prática processual hodierna dos tribunais trabalhistas brasileiros vem demonstrando progressos que não podem ser desconsiderados, com imensa simpatia para com o instituto em apreço, aceitando a participação do *amicus curiae* em várias e importantes oportunidades.

A exemplificar é o caso em que o Desembargador Federal do Trabalho do TRT da 3ª Região, Sebastião Geraldo de Oliveira, foi ouvido na qualidade de *amicus curiae* no julgamento do Conflito de Competência 7204-1/MG, de 29.06.2005, em que o STF reconheceu a competência da Justiça do Trabalho para processar e julgar ações de acidente de trabalho e doença ocupacional.[49]

Da análise jurisprudencial de processos trabalhistas, observa-se também um crescimento da intervenção de entidades representativas por solicitação do magistrado para que prestem informações esclarecedoras sobre assunto relevante, visando a um provimento jurisdicional profícuo.

A consolidar a admissão do *amicus curiae* em processos trabalhistas, o Tribunal Superior do Trabalho (TST), na Resolução n. 203, de 15 de março de 2006, editou a Instrução Normativa n. 39[50], destacando em seu art. 3º, II, expressamente a omissão da CLT e compatibilidade do preceito do Código de Processo Civil que regula o *amicus curiae* (art. 138).

Mister se faz, todavia, ir além para o amadurecimento desse instrumento de pluralização do debate judicial e fortalecimento da democracia participativa na seara laboral, por meio de uma disciplina normativa pelo TST com disposições esclarecendo a admissibilidade do *amicus curiae* e condições de seu exercício[51], nos moldes concretizados pelos Estados Unidos[52], com vistas a alargar a sua utilização sem, contudo, ensejar a procrastinação do provimento jurisdicional.

6. CONCLUSÕES

A participação do *amicus curiae* no processo protagoniza a sociedade aberta dos intérpretes, sob os auspícios da contribuição teórica de Peter Häberle, conformando-se com a democracia participativa preconizada em nossa Constituição Federal de 1988.

A utilização dessa figura é indispensável no atual contexto em que se vislumbra o processo em uma perspectiva de espaço público plural, levando-se em consideração o avanço dos processos coletivos e do direito sumular cujas decisões atingem interesses que não estão diretamente colocados em juízo.

Essa forma de intervenção de terceiros, trazida pelo Código de Processo Civil de 2015, também para processos subjetivos, de natureza individual, que apresentam relevo social, dada a natureza estratégica e fundamental das matérias em debate, merece granjear progressivo acolhimento, posto que enseja uma maior aprovação do provimento jurisdicional pela sociedade e, por conseguinte, sua efetividade.

E, por se tratar de instrumento de concretização dos direitos humanos dos trabalhadores, o *amicus curiae* encontra campo mais fértil no processo do trabalho, revelando-se como espaço institucionalizado de efetivação da cidadania social por permitir o debate judicial de diversas questões fáticas e jurídicas dispersas na sociedade.

7. REFERÊNCIAS BIBLIOGRÁFICAS

BARROSO, Luiz Roberto. Neoconstitucionalismo, e constitucionalização do direito (O triunfo tardio do direito constitucional no Brasil). In: Regina Quaresma, Maria Lúcia de Paula Oliveira e Farlei Martins Riccio de Oliveira. (Org.). *Neoconstitucionalismo*. Rio de Janeiro: Forense, 2009.

BINENBOJM, Gustavo. A dimensão do 'amicus curiae' no processo constitucional brasileiro: requisitos, poderes processuais e aplicabilidade no âmbito estadual. In: *Revista da AJUFE* – Associação dos Juízes Federais do Brasil, vol. 22, n. 78, out./2004.

BONAVIDES, Paulo. *Curso de direito constitucional*. 24. ed. São Paulo: Malheiros, 2008.

---

(49) EÇA, Vitor Salino de Moura e MAGALHÃES, Aliene Carneiro. *Jurisdição trabalhista democrática. A construção do provimento jurisdicional, a partir dos anseios da sociedade e a intervenção do* amicus curiae *no direito processual do trabalho, importa em promoção de justiça social*. Disponível em: <http://www.fdv.br/publicacoes/periodicos/revistadireitosegarantiasfundamentais/n5/1.pdf>. Acesso em: 1º fev. 016

(50) A Instrução Normativa n. 39 estabeleceu as normas do Código de Processo Civil de 2015 aplicáveis ou não ao processo do trabalho.

(51) Ressalta-se que esta disciplina normativa não deve trazer parâmetros rígidos e fechados de atuação do *amicus curiae*, no intuito de nortear e ampliar a aplicação em processos trabalhistas, pois, se assim não for, corre-se o risco de esvaziar a importante missão deste instituto.

(52) A *Rule 37* regula a participação do *amicus curiae* no processo. Aos interessados, consultar o *site* da U.S. Supreme Court <www.supremecourt.gov>.

BUENO, Cassio Scarpinella. *Quatro perguntas e quatro respostas sobre o 'amicus curiae'*. Disponível em: <http://www.scarpinellabueno.com.br/Textos/Amicus%20curiae.pdf>. Acesso em: 3 jan. 2016.)

_____. *Amicus Curiae no Processo Civil Brasileiro*: um terceiro enigmático. São Paulo: Saraiva, 2006.

_____. *Curso sistematizado de direito processual civil*: procedimento comum: ordinário e sumário, vol. 2, tomo I. 3. ed. rev. e atual. São Paulo: Saraiva, 2010.

BUENO FILHO, Edgard Silveira. *Amicus Curiae* – a democratização do debate nos processos de controle da constitucionalidade. *Revista de Direito Constitucional e Internacional*, São Paulo, v. 12, n. 47, abr./jun.2004.

CAPPELLETTI, Mauro. Formações sociais e interesses coletivos diante da justiça civil. Revista de Direito Processual Civil. Revista de Processo/Instituto Brasileiro de Direito Processual (IBDP). São Paulo: *Revista dos Tribunais*, v. 2, n. 5, jan./mar., 1977.

_____ e GARTH, Bryant. *Acesso à justiça*. Tradução Ellen Gracie Northfleet. Porto Alegre: Fabris, 1988.

CRUZ E TUCCI, José Rogério. *Tempo e processo: uma análise empírica das repercussões do tempo na fenomenologia processual (civil e penal)*. São Paulo: Revista dos Tribunais, 1997.

DEL PRÁ, Carlos Gustavo Rodrigues. Breves considerações sobre o *amicus curiae* na ADIN e sua legitimidade recursal. In: *Aspectos polêmicos e atuais sobre os terceiros no processo civil (e assuntos afins)*. DIDIER JR, Fredie e WAMBIER, Teresa Arruda Alvim. São Paulo: Revista dos Tribunais, 2004.

DIDIER JÚNIOR, Fredie. Possibilidade de sustentação oral do *amicus curiae*. *Revista Dialética de Direito Processual*, v. 8, 2003.

_____. WAMBIER, Tereza Arruda Alvim. *Aspectos polêmicos e atuais sobre os terceiros no processo civil (e assuntos afins)*. São Paulo: Revista dos Tribunais, 2004.

EÇA, Vitor Salino de Moura e MAGALHÃES, Aliene Carneiro. *Jurisdição trabalhista democrática. A construção do provimento jurisdicional, a partir dos anseios da sociedade e a intervenção do amicus curiae no direito processual do trabalho, importa em promoção de justiça social*. Disponível em: <http://www.fdv.br/publicacoes/periodicos/revistadireitosegarantiasfundamentais/n5/1.pdf>. Acesso em: 1º fev. 2016.

FREITAS, Juarez. *A interpretação sistemática do direito*. São Paulo: Malheiros, 2004.

GRINOVER, Ada Pellegrini. Mudanças estruturais para o novo processo civil. In: CARNEIRO, Athos Gusmão; CALMON, Petrônio. (Orgs.). *Bases científicas para um renovado direito processual*. 2. ed. Salvador: JusPodivm, 2009.

HÄBERLE, Peter. *Hermenêutica constitucional. A sociedade aberta dos intérpretes da Constituição: contribuição para a interpretação pluralista e 'procendimental' da Constituição*. Tradução de Gilmar Ferreira Mendes. Porto Alegre: Sergio Antonio Fabris, 1997.

LEAL, Mônia Clarissa Hennig e MAAS, Rosana Helena. O *Amicus curiae* como instrumento de abertura da jurisdição constitucional: uma abordagem a partir dos pressupostos da constituição democrática de direito e da teoria da sociedade aberta dos intérpretes da Constituição. In: *Estado, jurisdição e novos atores sociais*. São Paulo: Conceito Editorial, 2010.

LEITE, Carlos Henrique Bezerra. *Curso de direito processual do Trabalho*. 13. ed. São Paulo: Saraiva, 2015.

MACIEL, Adhemar Ferreira. *Amicus curiae*: um instituto democrático. Distrito Federal: *Revista da Associação dos Juízes Federais do Brasil* – Ano 21 – Número 70, abr./2002.

MENDES, Gilmar Ferreira; COELHO, Inocêncio Mártires; BRANCO, Paulo Gustavo Gonet. *Curso de direito constitucional*. 5. ed. rev. e atual. São Paulo: Saraiva, 2010.

MORAIS, George Ventura. Direito e desenvolvimento: a ampliação da participação processual e o *amicus curiae* no anteprojeto do novo Código de Processo Civil. *Revista Direito e Desenvolvimento*, a. 3, n. 5, janeiro/junho 2012.

NERY JUNIOR, Nelson e NERY, Rosa Maria de Andrade. *Código de Processo Civil comentado e legislação processual civil extravagante em vigor*. 6. ed. São Paulo: RT, 2003.

NUNES, Dierle José Coelho. *Processo jurisdicional democrático*. Curitiba: Juruá, 2008.

PEREIRA, Mílton Luiz Pereira. *Amicus curiae*: intervenção de terceiros. R. CEJ, Brasília, n. 18, p. 83-86, jul./set. de 2002, p. 84. Disponível em: <http://daleth.cjf.jus.br/revista/numero18/artigo16.pdf>. Acesso em: 5 jan. 2016.

_____. *Amicus curiae* – intervenção de terceiros. *Revista de Informação Legislativa* n. 156, ano 39, out./dez. 2002.

ROSÁRIO, Luana Paixão Dantas do. *Amicus curiae* instituto processual de legitimação e participação democrática no Judiciário politizado. *Revista Brasileira de Direito Processual*, v. 17, n. 67, Belo Horizonte, jul./set. 2009.

SCHIAVI, Mauro. *Manual de direito processual do trabalho*. 8. ed. São Paulo: LTr, 2015.

SILVA, Homero Batista Mateus da. *Curso de direito do trabalho aplicado*, vol. 9. São Paulo: Revista dos Tribunais, 2015.

SILVA, Paulo Maycon Costa da. Do *amicus curiae* ao método da sociedade aberta dos intérpretes. *Revista CEJ*. Brasília, DF, v. 12, n. 43, out./dez 2008.

U.S. Supreme Court <www.supremecourt.gov>.

WAMBIER, Teresa Arruda Alvim. *Amicus curiae* afinal quem é ele? *Ideias e Opiniões*, v. 5, n. 10, Curitiba, fev./2006.

WINCK, Fernando Pritsch. O *amicus curiae*: uma proposta adequada ao estado democrático de direito do século XXI, em consonância com a hermenêutica concretista de Peter Häberle. In: *Constitucionalismo contemporâneo: novos desafios*. GORCZEVSKI, Clovis e LEAL, Mônia Clarissa Heninng. Curitiba: Multideia, 2012.

6

Teoria da Prova no Novo CPC e sua Incidência no Processo do Trabalho

BENTO HERCULANO DUARTE
Doutor e mestre em direito pela PUC-SP, professor da UFRN, desembargador do TRT da 21ª Região, membro da Academia Brasileira de Direito do Trabalho e do Instituto Brasileiro de Direito Processual (IBDP).

"A prova é o coração do problema do juízo, como o juízo é o coração do problema do pensamento."
Carnelutti

"Mais vale um juiz bom e prudente que uma lei boa. Com um juiz mau e injusto, uma lei boa de nada serve, porque ele a verga e a torna injusta a seu modo."
Código Geral da Suécia, 1734

1. CONSIDERAÇÕES INTRODUTÓRIAS

O que é prova? Para que serve a prova? Existe certeza? Costuma-se dizer que alegar e nada provar significa nada alegar. No âmbito do processo judicial tal sentido se eleva, posto que o julgador é um representante do Estado cuja autoridade funda-se na imparcialidade e cujos bens maiores em proteção consubstanciam-se na justiça em sentido material e na chamada *segurança jurídica*, por óbvio correlatas. Logo, havendo controvérsia sobre alguma afirmação colocada no processo, deve o magistrado cuidar de bem apurar a verdade, sob pena de propiciar decisão injusta. Fundamentos de fato equivocadamente avaliados podem fazer naufragar a nau da Justiça, por melhor que seja a compreensão do direito material. Preliminar o silogismo das premissas maior e menor, respeitantes ao direito e aos fatos.

Destarte, o instituto da prova assume a condição de pilastra da credibilidade do Poder Judiciário. Uma das maiores angústias que se pode supor é alguém perder uma demanda porque a verdade por si apontada foi declarada mentira; o direito sucumbiu em face da inverdade, a configurar estelionato por via processual. O Poder Judiciário, apesar de todas as mazelas que lhe povoam, em geral é tido como instituição garante da verdade, logo é lastimável quando se verifica decisão judicial injusta, mormente em face de uma má avaliação dos fatos.

Como disse Carnelutti, a prova é o coração do processo. Tal frase, a nosso ver, bem resume a importância do instituto da prova, pelo que se anuncia o relevo do tema cuja abordagem ora se inicia.[1] Sustenta William Twining que os advogados haveriam de gastar 81% (oitenta e um por cento) do tempo da sua educação jurídica devotando-se ao estudo da prova judicial, já que 90% (noventa por cento) deles gastam 90% (noventa por cento) de seus tempos lidando com fatos.[2] Chega ele a propor o grau de bacharel de fatos.[3]

Nesse diapasão, trataremos, a seguir, de alguns dos aspectos centrais da prova judicial, no caso seu conceito

---

(1) Registre-se, desde logo, que a importância da prova varia conforme as circunstâncias processuais, notadamente em face da petição inicial e da defesa do réu. Havendo ausência de impugnação ou situação análoga (revelia; reconhecimento da procedência do pedido; confissão; silêncio puro), é lógico que o instituto da prova tem, em princípio, seu relevo diminuído. O mesmo ocorre quando a matéria é dita de Direito.

(2) *Apud* MARINONI, Luiz Guilherme; ARENHART, Sérgio Cruz. *Manual do processo de conhecimento*. 4. ed. São Paulo: Revista dos Tribunais, 2005. p. 248.

(3) *Idem*.

jurídico, objeto (fatos), princípios, meios, ônus dinâmico, valoração e convencimento do juiz.

Nesse campo pouco mudou com o advento do NCPC (Lei n. 13.105/2015), mas algo mudou. E, se é tempo de revisitação da teoria geral da prova à luz do novo digesto processual civil, é tempo de se reanalisar a presença da prova na esfera do processo do trabalho, restando oportuno focar-se eventual mudança, ainda que satélite, em uma justiça onde, reconhecidamente, o instituto da prova merece um olhar peculiar, seja pela predominância das matérias de fato, seja pela singular desigualdade nas relações jurídico-processuais.

2. CONCEITO JURÍDICO DE PROVA

Prova vem do latim *probatio*, significando verificação, exame, inspeção. A prova é aquilo que mostra a verdade de uma proposição ou a realidade de um fato (Caldas Aulete).[4]

Conceitualmente, podemos sintetizar o sentido de prova judicial como a demonstração, em juízo, da existência ou da inexistência de algo; ou seja, provar é demonstrar a veracidade ou a não veracidade de uma afirmação.

Diz Carnelutti que a prova *é o* controle de verdade de uma proposição.[5] Mas será que existe verdade, ou teremos que nos contentar com *quase-verdades*? Para Mittermayer a prova é o conjunto de motivos produtores de certeza a respeito dos fatos que interessam à solução da lide.[6] Preocupado com as acepções objetiva e subjetiva, afirma Couture que provar é estabelecer a existência de uma verdade e as provas são os meios pelos quais a inteligência chega ao descobrimento da mesma.[7]

Na doutrina pátria, conceitua Humberto Theodoro Júnior: a prova é o instrumento para a demonstração de existência de fato (sentido objetivo); e é, por outro lado, a convicção formada no espírito do julgador (sentido subjetivo).[8] Na dicção de João Batista Lopes, é a convicção que se forma no espírito do julgador a respeito da existência ou da inexistência de fatos alegados no processo.[9]

Sob a perspectiva da prova como 'resultado', Arruda Alvim a conceitua como meio definido pelo direito ou contido por compreensão num sistema jurídico, como idôneo a convencer o juiz da ocorrência de determinado fato. Sob o ângulo da prova como 'atividade', acentua que vem ela ao processo, principalmente, em decorrência de atividade dos litigantes.[10]

Por José Frederico Marques, a prova é o meio e modo utilizados pelos litigantes com o escopo de convencer o juiz da veracidade dos fatos por eles alegados e, igualmente, pelo magistrado, para formar sua convicção sobre os fatos que constituem a base empírica da lide. Torna-se possível reconstruir, historicamente, os acontecimentos geradores do litígio, de sorte a possibilitar, com a sua qualificação jurídica, um julgamento justo e conforme o Direito.[11]

Enfim, a prova consiste no meio pelo qual se estabelece a existência ou a inexistência de um fato. O sujeito que produz a prova tanto pode ser a parte como o juiz ou mesmo um terceiro. Prevalece, portanto, o caráter instrumental da prova, pelo que se acentua seu aspecto objetivo. Não obstante, o centro da prova é o poder de convencimento sobre o julgador, que é quem lhe avalia e aquilata, pelo que não se pode desprezar seu sentido subjetivo. A nosso ver, os sentidos objetivo e subjetivo de prova são duas faces de uma mesma moeda.

3. OBJETO DA PROVA. FATOS X DIREITO

Os pretensos direitos subjetivos se originam de fatos (*ex facto ius oritur*). A prova busca uma declaração (positiva ou negativa) de um direito, necessário à solução da lide, porém com remissão ao mundo factual.

A prova se destina, portanto, naturalmente, a fatos. O Direito, como regra, não requer prova (*jura novit curia*).[12]

Todavia, há norma expressa no NCPC, que prevê a hipótese em que o próprio Direito é o objeto de prova. "O Direito, ordinariamente, não se prova, facultada a exigência quanto ao Direito Municipal, Estadual, Estrangeiro ou Consuetudinário" (art. 376, repetindo, literalmente, o art. 337 do CPC/1973).

Pela regra transcrita, o juiz 'pode' exigir a prova do Direito, desde que não extraído de lei federal, o fazendo de ofício ou a requerimento da parte adversa. É, pois, uma *faculdade* do juiz.

---

(4) *Novo dicionário da língua portuguesa*. 6. ed. Lisboa: Bertand, p. 719.

(5) CARNELUTTI, Francesco. *A prova civil:* parte geral: o conceito jurídico de prova. Tradução e notas de Amilcare Carletti. Campinas: Leud, 2002. p. 66.

(6) *Apud* THEODORO JÚNIOR, Humberto. *Curso de direito processual civil*. Vol. I. Rio de Janeiro: Forense, 2001. p. 368.

(7) *Idem*.

(8) *Op. cit.*, p. 367.

(9) *A prova no direito processual civil*. 2. ed.. São Paulo: Revista dos Tribunais, 2002. p. 26.

(10) *Manual de direito processual civil*: processo de conhecimento. 9. ed. rev., atual. e ampl. São Paulo: Revista dos Tribunais, 2005. v. 2.

(11) *Manual de direito processual civil*. 1. ed. vol. 1. Atualizada por Vilson Rodrigues Alves. Campinas: Bookseller, 1997, *passim*.

(12) Outro brocardo latino que bem sintetiza a questão é o *Narra mihi factum dabo tibi jus* (Dai-me o fato que te darei o Direito).

Com efeito, na hipótese do desconhecimento do Direito pelo juiz, deve este exigir da parte que demonstre a sua existência, sendo vedado ao magistrado, porém, concretizar a chamada decisão surpresa, pois, de acordo com o art. 10, *caput*, do NCPC, "o juiz não pode decidir, em grau algum de jurisdição, com base em fundamento a respeito do qual não se tenha dado às partes oportunidade de se manifestar, ainda que se trate de matéria sobre a qual tenha que decidir de ofício".

Tal dispositivo tem sua origem não apenas no contraditório substancial, como no direito das partes de participar ativamente no procedimento de tomada da decisão judicial (José Miguel Garcia Medina).[13] É, na expressão de Giuseppe Tarzia,[14] o 'diálogo' essencial ao processo democrático.

Quanto ao ônus de provar o Direito, resta claro que aquele que invoca a norma tem o dever de demonstrar a sua existência, ante a dificuldade de produzir prova negativa. Todavia, é possível que o próprio magistrado demonstre o Direito, na hipótese de uma parte o negar materialmente e o juiz invocá-lo na decisão.

4. PRINCÍPIOS INERENTES À PROVA JUDICIAL

São diversos os princípios setoriais relacionados à prova judicial. Iremos meramente arrolá-los, com uma sintética definição. Despreocupamo-nos, em geral, com a indicação da fonte legislativa.

a) Necessidade: a prova somente deve ser admitida quando necessária, sob pena de violação à lógica, à celeridade e à economia processual (v. item 5);

b) dispositivo: a iniciativa probatória cabe, preponderantemente, às partes, interessadas em vencer a causa. Todavia, isso não pode implicar na errônea interpretação contrária à prova produzida *ex officio*, na medida em que o processo judicial possui inegável escopo público e a própria legislação prevê, em diversos momentos, o poder/dever do juiz de produzir provas sem provocação;

c) ampla defesa e contraditório: ao mesmo tempo em que o magistrado deve indeferir provas desnecessárias, deve ele garantir a produção daquelas necessárias, possibilitando à parte adversa contradizê-las;

d) unidade (concentração dos atos processuais): sempre que possível a prova deve ser produzida em conjunto. Por exemplo, todas as testemunhas devem ser ouvidas em uma mesma audiência, salvo a inquirição via carta precatória;

e) oralidade: verifica-se, em matéria de prova, a possibilidade de o magistrado manter-se em contato direto com as provas produzidas, com a validade da comunicação oral. No processo do trabalho, registre-se, não cabe a inquirição direta entre a testemunha e o advogado;

f) igualdade: em iguais circunstâncias todos têm o mesmo direito de apresentação de provas (CPC, art. 7º: É assegurada às partes paridade de tratamento em relação ao exercício de direitos e faculdades processuais, aos meios de defesa, aos ônus, aos deveres e à aplicação de sanções processuais, competindo ao juiz zelar pelo efetivo contraditório);

g) imediação: preferencialmente é mediante o juiz que as provas devem ser produzidas;

h) proibição da prova ilícita: tal regra, prevista na Constituição da República, afasta a validade da prova obtida por meio ilícito;

i) lealdade: não se admite má-fé processual também na atividade probatória, a exemplo da parte que age com espírito de ocultação, ou seja, tentar surpreender o adversário juntando documento em momento posterior (CPC, art. 5º: Aquele que de qualquer forma participa do processo deve comportar-se de acordo com a boa-fé);

j) legalidade: as provas permitidas são aquelas previstas na legislação, ainda que de forma não taxativa, como as ditas moralmente legítimas;

k) livre convencimento motivado do juiz: (trataremos em capítulo próprio do tema);

l) aquisição processual: uma vez produzida no processo, a prova a ele se incorpora, não cabendo a qualquer das partes, em sendo a prova válida, postular a sua desconsideração. Prova inválida, a contrário senso, pode ser até eventualmente desentranhada dos autos, se documental;

m) cooperação (CPC, art. 6º: Todos os sujeitos do processo devem cooperar entre si para que se obtenha, em tempo razoável, decisão de mérito justa e efetiva).

5. NECESSIDADE DA PROVA

Somente os fatos relevantes e possíveis devem ser objeto de prova. Essa é uma conclusão lógica, pois deve se otimizar o tempo e o custo do processo, a consubstanciar a face primordial do princípio da necessidade da prova.

---

(13) *Novo Código de Processo Civil comentado*. São Paulo: Revista dos Tribunais, 2015. p. 61.
(14) *Apud* Garcia Medina, *Idem*.

O art. 370 do NCPC dispõe que "Caberá ao juiz, de ofício ou a requerimento da parte, determinar as provas necessárias ao julgamento do mérito. Parágrafo único. O juiz indeferirá, em decisão fundamentada, as diligências inúteis ou meramente protelatórias".

Veja-se que o mesmo repete a essência do anterior art. 130 (CPC/1973), em diapasão com o art. 765 da CLT, no sentido de que "Caberá ao juiz, de ofício ou a requerimento da parte, determinar as provas necessárias à instrução do processo, indeferindo as diligências inúteis ou meramente protelatórias". O acréscimo está apenas na necessidade expressa de fundamentação quanto ao indeferimento da prova.

Já o novel art. 374, por sua vez, repetindo o anterior art. 334, dispõe: "Não dependem de prova os fatos: I – notórios; II – afirmados por uma parte e confessados pela parte contrária; III – admitidos no processo como incontroversos; IV – em cujo favor milita presunção legal de existência ou de veracidade."

Diligência inútil difere da meramente protelatória porque nesta reside carga subjetiva no intuito de procrastinação. Assim, toda diligência protelatória necessariamente será inútil, não sendo verdadeira a recíproca.

Na Justiça do Trabalho, orienta a necessidade da prova, não apenas o art. 765 consolidado, no sentido de que "Os juízos e Tribunais do Trabalho velarão pelo rápido andamento das causas", o que implica no dever de se indeferir diligências inúteis. Mas a CLT vai além, pelo seu art. 852-D, destinado ao rito sumaríssimo, ao dispor que "O juiz pode limitar ou excluir as provas que considerar excessivas, impertinentes ou protelatórias".

Aqui, resta oportuno citar o inciso LXXVIII do art. 5º da Constituição da República, advindo com a EC n. 45/2005, que prevê o direito do cidadão a um processo judicial desenvolvido em 'tempo razoável', por sua vez atendendo ao princípio do acesso à justiça, considerado em sentido amplo, e em diapasão com o art. 139, II, do NCPC (125, II, do CPC/1973), que determina que o juiz dirigirá o processo velando 'pela rápida solução do litígio'.

Fatos impertinentes são aqueles que não guardam relação com o cerne da controvérsia, pelo que a prova a si respeitante torna-se prescindível. Não há de se admitir, *verbi gratia*, em demanda cujo objeto são horas extras, a realização de prova atinente à existência de garantia de emprego.

Prova inconsequente é aquela que, embora pertinente ao que se debate no processo, não trará utilidade naquele momento. Se o horário de trabalho resta cabalmente provado por documentos e testemunhas, não haverá valia na tomada de novo depoimento. Apenas deve o juiz cuidar para não praticar cerceamento de defesa.

No mais, há de se registrar que somente cabe a atividade relacionada à denominada prova possível materialmente. Tal prova é aquela que se relaciona com a possibilidade física de ser realizada. Não há de se admitir prova pericial em pessoa falecida, quanto a fato inerente à vida; não admitir-se-á vistoria em ambiente de trabalho não subsistente.

6. MEIOS DE PROVA. PROVA EMPRESTADA

Os meios de prova são os instrumentos pessoais ou materiais trazidos ao processo para revelar ao juiz a verdade de um fato.[15] Pela lição de Rosenberg, "meios de prova são as coisas corpóreas que devem proporcionar ao juiz uma percepção sensível, os portadores da intuição ou da transmissão: o objeto da inspeção ocular, os documentos, as testemunhas, os peritos, as partes".[16]

A teor do art. 369 do NCPC, "As partes têm o direito de empregar todos os meios legais, bem como os moralmente legítimos, ainda que não especificados neste Código, para provar a verdade dos fatos em que se funda o pedido ou a defesa e influir eficazmente na convicção do juiz".

Destarte, o CPC/2015 foi além do CP/1973, que previa apenas a admissão, no processo, das provas legais e das moralmente legítimas, repetindo que relacionadas aos fatos apontados na ação ou na defesa.

As provas legítimas são aquelas não arroladas taxativamente pelo código. Conforme alguns doutrinadores, aí estariam os indícios, as presunções e a prova emprestada. Na expressão de Barbosa Moreira, são as provas atípicas.

Prova emprestada é, conforme Marinoni e Arenhart, "aquela que, produzida em outro processo, é trazida para ser utilizada em processo em que surge interesse em seu uso".[17] Serve ela para evitar a repetição inútil de atos processuais, otimizando-se, ao máximo, as provas já produzidas perante a jurisdição.[18] Seria o exemplo de um laudo pericial produzido em um processo e que trata de situação idêntica à discutida neste.

Apresenta-se legítima, enquanto meio de demonstração e convencimento. A sua aceitação ou efetividade depende, fundamentalmente, de sua qualidade e do ambiente em que foi concebida e elaborada, e se verificado o contraditório.

À época do CPC/1973, a nosso sentir de forma imprópria, alguns juízes inadmitiam a prova emprestada por

---

(15) GRECO FILHO, Vicente. *Direito processual civil brasileiro*. v. 2. São Paulo: Saraiva, 2003. p. 185.
(16) *Apud* SILVA, Ovídio A. Baptista da. *Curso de direito processual civil*. V. 1. São Paulo: Revista dos Tribunais, 2000. p. 352.
(17) *Op. cit.*, p. 286.
(18) *Idem*.

ter sido produzida fora do juízo. Todavia, nos parece que a discussão findou, à luz do art. 372 do CPC/2015: "O juiz poderá admitir a utilização de prova produzida em outro processo, atribuindo-lhe o valor que considerar adequado, observado o contraditório."

Quanto aos indícios e presunções, temos posição crítica a respeito de se tê-los como provas.

Indício difere de prova. Sequer concordamos com a classificação enquanto prova indiciária. Uma coisa é prova, outra é indício. Este, isoladamente, não serve para fundamentar o convencimento de um juiz. Presunção, por sua vez, é algo distinto de prova. Significa uma pré-concepção a respeito de determinado fato, por força de uma verdade preestabelecida.

Não obstante, registre-se a valiosa lição de José Carlos Pestana de Aguiar Silva, reconhecendo o caráter de prova atípica ou inominada aos indícios e presunções. Diz ele que a presunção é um meio lógico consistente na ilação tirada de um fato conhecido, para a prova de um fato desconhecido; já o indício é a circunstância conhecida que, tendo relação com o fato, em princípio autoriza, por indução, concluir-se pela existência de outra ou outras circunstâncias que deverão ser encontradas.[19]

No que diz respeito à forma, certas relações jurídicas necessitam de uma modalidade de demonstração. No processo laboral a regra é a da informalidade, em face de certos princípios, mormente o da primazia da realidade. Contudo, algumas situações escapam da informalidade, mesmo em um direito marcado pela simplificação, como no exemplo do trabalho insalubre ou perigoso, que exige laudo escrito.

7. ÔNUS DINÂMICO DA PROVA

Ao nascer deste artigo afirmamos que alegar e não provar pode significar nada alegar.[20] De tal sorte, há uma necessidade de se provar para se vencer a causa. E quando há alegações conflitantes, quem tem de provar o quê? Logo, surge a importância de se distribuir o encargo probatório. As regras de ônus da prova consistem em critérios que permitem resolver a controvérsia quando não resulte provada a existência de fatos principais (Michelle Taruffo).

No direito romano, quando o magistrado não se convencia a respeito dos fatos, ele simplesmente declarava *non liquet*, retomando-se o processo perante outro julgador. No direito germânico medieval, a consequência era diversa, extinguindo-se o processo sem solução de mérito.

Todavia, nos sistemas jurídicos contemporâneos não se permitem tais soluções, pois significativas de negativa de jurisdição. A necessidade que o sistema processual tem de regular minuciosamente o ônus da prova decorre, pois, de um princípio geral vigente no direito moderno, segundo o qual ao juiz, mesmo em caso de dúvida invencível, decorrente de contradição ou insuficiência das provas existentes nos autos, não é lícito eximir-se do dever de julgar a causa (Rosenberg).[21] Logo, há de se ter um método que sirva de bússola quando se caracteriza a situação de não convencimento do julgador quanto aos fatos.

Ônus da prova "é a conduta que se espera da parte para que a verdade dos fatos alegados seja admitida pelo juiz e possa ele extrair daí as consequências jurídicas pertinentes ao caso" (Luiz Rodrigues Wambier).[22]

Trata-se de ônus processual e não de obrigação, pois naquele há uma faculdade da parte em realizar o ato, enquanto nesta pode se impelir o sujeito a praticar certa atitude. João Batista Lopes bem coloca a diferença: "No ônus há ideia de carga, e não de obrigação ou dever. Por outras palavras, a parte a quem a lei atribui um ônus tem interesse em nele se desincumbir, mas se não o fizer, nem por isso será automaticamente prejudicada, já que o juiz, ao julgar a demanda, levará em consideração todos os elementos dos autos, ainda que não alegados pelas partes."[23]

Por outro lado, as regras de distribuição do ônus da prova dirigem-se ao juiz, por consistirem em regra de julgamento, embora em geral orientem conduta processual das partes.

Diversos podem ser os critérios para a repartição do *onus probandi*.

Para Bentham, a prova deve ser feita por quem possa satisfazer mais fácil, menos inconveniente e menos dispendiosamente. Para Webber, a prova incumbe a quem pleiteia um direito ou uma liberação em relação a fatos ainda incertos. Para Gianturco, cabe o ônus da prova a quem dela auferir vantagem.[24]

Mas quais são as regras que regulam a questão do ônus da prova em nosso Direito?

Moacyr Amaral Santos sintetiza extraordinariamente a questão, ao dizer que "o ônus da prova é uma consequência do ônus de afirmar".[25] De tal sorte, aquele que afirma um fato tem, em princípio, o ônus de comprová-lo.

---

(19) *Apud* MONTENEGRO FILHO, Misael. *Curso de direito processual civil*. São Paulo: Atlas, 2005. p. 470.
(20) *Allegatio et non probatio quase non allegatio*.
(21) *Apud* Ovídio A. Baptista da Silva. *Curso de processo civil*. v. 1. São Paulo: RT, 2000. p. 345.
(22) *Apud* João Penido Burnier Júnior. *Teoria geral da prova*. São Paulo: Edicamp, 2001. p. 103.
(23) *Idem*.
(24) Soares de Faria, *apud* João Batista Lopes, *op. cit.*, p. 41.
(25) *Apud* Ovídio Baptista da Silva, *op. cit.*, mesma página.

Destarte, o art. 373 do CPC/2015, repetindo o art. 333 do CPC/1973, diz que cabe ao autor a prova do fato constitutivo de seu direito (inciso I), ao réu cabendo a prova do fato impeditivo, modificativo ou extintivo do direito do autor (inciso II). A CLT, na mesma direção, dispõe que prova das alegações incumbe à parte que a fizer (art. 818).

Contudo, em inegável avanço, o NCPC acolheu a diretriz antes acolhida pelo Código de Defesa do Consumidor,[26] consagrando o chamado ônus dinâmico da prova.

Conforme o § 1º do art. 373, "Nos casos previstos em lei ou diante de peculiaridades da causa relacionadas à impossibilidade ou à excessiva dificuldade de cumprir o encargo nos termos do *caput* ou à maior facilidade de obtenção da prova do fato contrário, poderá o juiz atribuir o ônus da prova de modo diverso, desde que o faça por decisão fundamentada, caso em que deverá dar à parte a oportunidade de se desincumbir do ônus que lhe foi atribuído". Ressalva-se, porém, que "A decisão prevista no § 1º deste artigo não pode gerar situação em que a desincumbência do encargo pela parte seja impossível ou excessivamente difícil" (§ 2º).

No processo do trabalho, mais que em qualquer outro, afigura-se conducente a um sentido de justiça a possibilidade de inversão do *onus probandi*, na medida em que o empregado, via de regra, é hipossuficiente perante o empregador, inclusive na esfera processual. Outrossim, sempre tomando em consideração a capacidade probatória das partes, o julgador trabalhista há de favorecer o mais fraco.

Se não víamos o porquê de não se aplicar a regra do CDC ao processo do trabalho, agora irrefutavelmente impõe-se que o magistrado trabalhista inverta o ônus da prova em favor do trabalhador, sempre que verificar sua peculiar dificuldade em desincumbir-se do ônus respectivo, e desde que se mostre este acessível ao empregador. Apesar da ressalva de nosso entendimento pessoal, no sentido da não aplicação da parte final do § 1º ao processo do trabalho, a Instrução Normativa n. 39/2016 do C. TST estabelece que o dispositivo aplica-se integralmente na Justiça do Trabalho, devendo o juiz advertir o empregador da inversão, quando for o caso. A regra é de instrução.

8. VALORAÇÃO DA PROVA. PERSUASÃO RACIONAL E (LIVRE) CONVENCIMENTO

Valorar não é avaliar. Valorar é ver a coisa sob o prisma de valor. Quando se compra um quadro não se valora, mas se avalia. Em tal caso, compara-se um objeto com outros. Valorar, ao contrário, pode ser a mera contemplação de algo, sem cotejos ou confrontos, em sua singularidade sob um prisma de valor. O crítico de arte valora um quadro ou uma estátua, porque os compreende sob um prisma valorativo, em seu sentido ou significado (Miguel Reale).

Não obstante, a doutrina tem usado indistintamente os dois termos, hora falando em avaliação hora falando em valoração da prova judicial. Preferimos a expressão *sistemas de valoração da prova*,[27] embora reconheçamos uma maior prudência no uso do termo *critérios*, em face de sua menor amplitude.

Com efeito, são três os sistemas no que respeita à valoração da prova: o da prova legal, o do livre convencimento e o da persuasão racional (livre convencimento motivado).

No sistema da prova legal, cada prova tem uma tarifa estabelecida na lei, pelo que também se denomina de critério da prova tarifada. A prova tem peso e valor. Era esse o mecanismo do direito romano primitivo, com a prevalência dos juramentos, dos duelos, dos juízos divinos e das ordálias. Tal modelo, que imperou nos sistemas de *civil law* até a Revolução Francesa, fundamenta-se na supremacia do formalismo sobre o ideal de uma verdadeira justiça. No direito canônico, por exemplo, fala-se em prova plena, meia prova, começo de prova, etc.

Pelo sistema da prova legal ou tarifada, o juiz torna-se um órgão passivo, cuja única função em matéria probatória resume-se em constatar a ocorrência da prova e reconhecê-la como produzida, sem que lhe seja possível avaliá-la segundo critérios racionais capazes de formarem seu convencimento.[28]

Já no âmbito da livre apreciação ou da convicção íntima, tem o juiz ampla liberdade para decidir, convencendo-se da verdade dos fatos segundo critérios de valoração íntima, independentemente do que consta dos autos ou de uma fundamentação de seu convencimento. Decide por livre apreciação pura, o Tribunal do Júri, no processo penal.[29] Nos Códigos Germânicos da Idade Média prevalecia o sistema da liberdade de convicção, caracterizado pela ausência de contraditório, admissibilidade de prova extra-autos e possibilidade de decisão contrária às provas dos autos. Não há limitação quanto aos meios de prova, nem restrições especiais quanto à origem ou qualidade dela. O que define incisivamente o sistema é sua oposição ao sistema da prova legal.[30]

---

(26) Art. 6º, VIII: "é direito básico do consumidor a facilitação da defesa de seus direitos, inclusive com a inversão do ônus da prova, a seu favor, no processo civil, quando, a critério do juiz, for verossímil a alegação ou quando for ele hipossuficiente, segundo as regras ordinárias de experiência."

(27) Sentis Melendo e Eduardo Couture, dentre outros, preferem falar em sistema de valoração da prova, e não em critério, como prefere Moacyr Amaral Santos (*apud* João Penido Burnier Júnior. *Teoria geral da prova*. São Paulo: Edicamp, 2001. p. 237/238). Ovídio Baptista da Silva prefere chamar de sistemas de avaliação da prova.

(28) SILVA, Ovídio A. Baptista da. *Curso de processo civil*. v. 1. 5. ed. São Paulo: RT, 2000. p. 349.

(29) GRECO FILHO, Vicente. *Direito processual civil brasileiro*. v. 2. 16. ed. São Paulo: Saraiva, 2003. p. 199.

(30) Ovídio Baptista, *op. cit.*, p. 350.

De tal sorte, posteriormente surgiu um sistema intermediário, entre o modelo da prova tarifada e o da livre convicção. Tal sistema, embora dando liberdade ao julgador na apreciação e valoração das provas, não sujeita o jurisdicionado à livre convicção *pura* do magistrado, certamente cuidando para evitar a prática de arbitrariedades judiciais. Assim, modernamente consagra-se o sistema do livre convencimento motivado ou persuasão racional, consistente em uma operação lógica, com base nos elementos de convicção existentes no processo.

Como bem define o professor Ovídio Baptista, o sistema da persuasão racional aproveita os elementos de ambos os sistemas precedentes, impondo ao juiz a observância de regras lógicas e das chamadas máximas de experiência comum, culminando com a necessidade de fundamentação de suas decisões.[31]

No sistema da prova tarifada estabelece-se, *a priori*, um valor para cada prova, assim como se limitam os meios para se provar cada espécie de fato. Não se permite uma investigação probatória mais ampla, coerente com a primazia da realidade, coerente com a chamada verdade real. Ademais, tarifar cada prova certamente conflitará, em algum momento, com a dinâmica dos fatos e suas circunstâncias.

Já no sistema da livre convicção, embora se presumindo e prestigiando a boa-fé e a capacidade do julgador, na medida em que se lhe dá liberdade para decidir, a ausência de critérios aumentará, inexoravelmente, a possibilidade de arbitrariedade judicial.

Assim é que, majoritariamente, os sistemas processuais modernos optaram pelo sistema do livre convencimento motivado, também denominado de sistema da persuasão racional, ou seja; o julgador tem liberdade para decidir quanto aos fatos, porém guiando-se por alguns critérios preestabelecidos. Por tal critério, o juiz não está adstrito, sequer, a considerar verdadeiros os fatos sobre cujas proposições estão de acordo as partes (Pontes de Miranda).

No processo civil pátrio, o art. 131 do CPC, ao consagrar a persuasão racional, deixava extreme de dúvidas a concessão ao juiz da liberdade em valorar com certa liberdade as provas, para bem decidir: "O juiz apreciará os fatos segundo as regras de livre convencimento, mas deverá atender aos fatos e circunstâncias constantes dos autos e, ainda, indicar na sentença os motivos que lhe formaram o convencimento."

Registre-se que o caminho trilhado foi o mesmo do CPC de 1939, ao ver de seu art. 118: "Na apreciação da prova, o juiz formará livremente o seu convencimento, atendendo aos fatos e circunstâncias constantes dos autos, ainda que não alegados pela parte. Mas, quando a lei considerar determinada forma como da substância do ato, o juiz não lhe admitirá a prova por outro meio. Parágrafo único: o juiz tem o dever de, na sentença ou despacho, indicar os fatos e circunstâncias que motivaram o seu convencimento."

Ocorre que o NCPC inovou, ao suprimir a expressão 'livre', declaradamente com o intuito de se retirar a 'maior' liberdade do julgador, na valoração e aplicação das provas (Fredie Didier, Lênio Streck). Houve, inclusive, supressão do termo quanto ao texto original do anteprojeto.

O texto aprovado, assim o foi: "Art. 371. O juiz apreciará a prova constante dos autos, independentemente do sujeito que a tiver promovido, e indicará na decisão as razões da formação de seu convencimento."

Eis, portanto, a questão: não obstante a nítida intenção do legislador, restou abolido o 'livre' convencimento motivado?

Entendemos que não.

Na verdade, a liberdade nunca significou discricionariedade, mas sim amplitude em poder bem valorar provas produzidas perante si. Até por uma perspectiva sensorial ou psicológica, em face da imediação com a prova, ao juiz de primeiro grau se dá maior facilidade em bem aquilatar a prova judicial, o que não afasta, por óbvio, a possibilidade de reforma por um juízo superior.

O magistrado deve estar adstrito às alegações das partes, seguindo o princípio dispositivo ou da demanda. Quer dizer que o juiz deve fundar sua decisão sob os estritos limites da *litiscontestatio*, estabelecidos pela inicial e pela defesa.

Depois, o juiz deve usar, como fundamento fático de sua decisão, apenas aquilo que está nos autos, pois *quod non est in actis non est in mundo*.

Em seguida, a teor do art. 375 do NCPC, na falta de normas jurídicas particulares, o juiz deve aplicar as regras de experiência comum, o que se refere à avaliação e valoração das provas produzidas em juízo.

Por derradeiro, toda e qualquer decisão judicial, mesmo as interlocutórias, deve ser devidamente fundamentada, a teor do art. 93, IX, da Constituição da República. Tal princípio jurídico-processual decorre da necessidade de uma maior segurança jurídica, inclusive possibilitando o reexame das decisões pelas instâncias revisoras. Cremos que este último critério é a mais efetiva *cláusula assecuratória* de uma decisão arbitrária. E considere-se o novel art. 489 do NCPC, a revigorar o dever de fundamentação, doravante havendo de ser analítica.

Enfim, nos parece, *data venia*, uma discussão estéril essa da permanência ou não do livre convencimento, posto que tal liberdade sempre situou-se primordialmente no campo semântico, indicativo de prestígio às decisões judiciais, não importando de que grau, sendo 'aprisionada' por diversos 'muros', retroexpostos. Assim, o dado relevante a ser considerado é de que a persuasão racional, ou livre convencimento motivado, consiste no melhor sistema,

---

(31) *Idem.*

intermediário e afastando mazelas indiscutíveis, seja pelo formalismo em excesso, seja pela arbitrariedade, com uma má compreensão dos fatos pelo julgador.

9. CONCLUSÕES

Brevemente, impõem-se algumas sintéticas conclusões:

1. O estudo da prova possui enorme importância, em geral não vislumbrada pelos estudiosos do Direito;

2. Provar significa comprovar a existência ou inexistência de um fato e as provas são os meios pelos quais se demonstra a veracidade de uma afirmação;

3. Os fatos é que são objeto de prova, pois o Direito, ordinariamente, não requer prova. Contudo, o direito municipal, estadual, estrangeiro e o consuetudinário podem ser objeto de prova;

4. Os fatos incontroversos, confessados, notórios e os presumidos independem de prova para serem considerados existentes. Entretanto, não se impede a realização de prova sobre tais espécies de fatos;

5. São admitidas, no processo, as provas legais e as moralmente legítimas;

6. Prova emprestada é aquela produzida em outra relação processual e, à luz do NCPC, são expressamente admitidas no processo, desde que garantido o contraditório;

7. Nos sistemas jurídicos contemporâneos, o magistrado tem o dever de julgar, ainda que não convencido quanto aos fatos. Daí decorre o instituto do *onus probandi*. A regra geral é que cabe a prova a quem alega, sendo que o NCPC consagrou o ônus dinâmico da prova, conforme a capacidade probatória da parte;

8. Não obstante a supressão, pelo NCPC, da expressão 'livre', subsiste em nosso Direito o sistema da persuasão racional ou livre convencimento motivado, estando o julgador adstrito à *litiscontestatio*, à prova nos autos e ao dever de fundamentação, previsto no art. 93, IX, da CF, e revigorado pelo art. 489 do NCPC.

10. REFERÊNCIAS BIBLIOGRÁFICAS

ALVIM, Arruda. *Manual de direito processual civil*: processo de conhecimento. v. 2. 9. ed. rev., atual. e ampl. São Paulo: Revista dos Tribunais, 2005.

AULETE, Caldas. *Novo dicionário da língua portuguesa*. 6. ed. Lisboa: Bertand.

BARBOSA MOREIRA, José Carlos. O juiz e a prova. In *Revista de Processo* n. 35. São Paulo: Revista dos Tribunais, 1984.

BENTHAM, Jeremías. *Tratado de las pruebas judiciales*. Traducción del francés por Manuel Ossorio Florit. Granada: Comares, 2001.

BOBBIO, Norberto. *A era dos direitos*. Rio de Janeiro: Campus, 1992.

BURNIER JÚNIOR. João Penido. *Teoria geral da prova*. São Paulo: Edicamp, 2001.

CARNELUTTI, Francesco. *A prova civil: parte geral: o conceito jurídico da prova*. Tradução e notas de Amilcare Carletti. Campinas: Leud, 2002.

CHIOVENDA, Giuseppe. *Instituições de direito processual civil*. v. II. Trad. J. Guimarães Menegale. São Paulo: Saraiva, 1943.

COMPARATO, Fábio Konder. *A afirmação histórica dos direitos humanos*. São Paulo: Saraiva, 1999.

DINAMARCO, Cândido Rangel. *Instituições de direito processual civil*. 4. ed. v. III. São Paulo: Malheiros, 2004.

GIGLIO, Wagner. *Direito processual do trabalho*. 13. ed. São Paulo: Saraiva, 2003.

GRECO FILHO, Vicente. *Direito processual civil brasileiro*. v. 2. São Paulo: Saraiva, 2003.

LOPES, João Batista. *A prova no direito processual civil*. 2. ed. São Paulo: Revista dos Tribunais, 2002.

MALATESTA, N. Flamarino de. *Lógica de las pruebas en materia criminal*. Buenos Aires: Lavalle, 1945.

MARINONI, Luiz Guilherme e ARENHART, Sérgio Cruz. *Manual do processo de conhecimento*. São Paulo: Revista dos Tribunais, 2005.

MARQUES, José Frederico. *Manual de direito processual civil*. 1. ed. vol. 1. Atualizada por Vilson Rodrigues Alves. Campinas: Bookseller, 1997.

MEDINA, José Miguel Garcia. *Novo Código de Processo Civil comentado*. São Paulo: Revista dos Tribunais, 2015.

MONTENEGRO FILHO, Misael. *Curso de direito processual civil*. São Paulo: Atlas, 2005.

NEVES E CASTRO, Francisco Augusto e PONTES DE MIRANDA, Francisco Cavalcanti. *Theoria das provas e sua applicação aos actos civis*. 2. ed. Rio de Janeiro: Jacinto Ribeiro dos Santos editor, 1917.

SANTOS, MOACYR AMARAL. *Primeiras linhas de direito processual civil*. 2º vol. 23. ed. rev. e atual. por Aricê Moacyr Amaral Santos. São Paulo: Saraiva, 2004.

SILVA, Ovídio A. Baptista da. *Curso de direito processual civil*. Vol. 1. São Paulo: Revista dos Tribunais, 2000.

THEODORO JÚNIOR, Humberto. *Curso de direito processual civil*. Vol. 1. Rio de Janeiro: Forense, 2001.

WALTER, Gerhard. *Libre apreciación de la prueba*. Bogotá: Temis, 1985.

O Ônus de Provar a Discriminação do Trabalhador no Emprego em Face do § 1º do Art. 373 do CPC/2015

EDUARDO MILLÉO BARACAT
Juiz Titular da 9ª Vara do Trabalho de Curitiba. Doutor pela UFPR/2002.
Professor Titular do Programa de Mestrado do Centro Universitário Curitiba – Unicuritiba.

INTRODUÇÃO

"As desigualdades de gênero e raça são eixos estruturantes da matriz da desigualdade social no Brasil que, por sua vez, está na raiz da permanência e reprodução das situações de probreza e exclusão social" (Laís Abramo).[1]

A discriminação que se vê no ambiente de trabalho, contudo, não se limita apenas à raça e ao gênero, estendendo-se também aos idosos, trabalhadores com deficiência, *gays*, dentre outras minorias.

A discriminação viola o princípio da igualdade que representa valor fundamental que deve nortear todas as relações sociais.

A igualdade, enquanto direito fundamental, recebe especial proteção da Constituição brasileira, na medida em que o art. 5º, § 1º, garante a aplicação imediata das normas definidoras dos direitos e garantias fundamentais.

O art. 7º, XXX, da Constituição, por seu turno, reconhece o direito fundamental de todo trabalhador de não sofrer discriminação em relação a fixação de seus salários, exercício de funções e critério de admissão, por motivo de sexo, idade, cor ou estado civil.

O art. 60, § 4º, também da Constituição, reforça a especial tutela dos direitos fundamentais pelo ordenamento jurídico brasileiro ao incluí-los dentre o rol das cláusulas pétreas.

A previsão textual na Constituição, por si só, não tem sido suficiente para a efetivação do direito fundamental da igualdade material dos trabalhadores – sobretudo no tocante ao gênero e à raça –, seja em virtude da ausência de medidas concretas do Poder Público, seja em virtude da persistente compreensão de que o texto constitucional é meramente programático, dependendo para sua efetividade de lei infraconstitucional.

A discriminação da mulher e do negro, seja em relação ao acesso ao emprego, seja no tocante à ascensão profissional, é pública e notória.

A PNAD de 2013 mostrou que as mulheres, embora representem, aproximadamente, 45,4% da população economicamente ativa, ocupam apenas 43,1% do mercado de trabalho (considerados empregados, trabalhadores por conta própria, domésticos e empregadores). A discriminação em relação ao gênero existe, ainda, em relação à renda, pois, mesmo que as mulheres tenham mais tempo de formação superior (7,9 anos, enquanto os homens, 7,4), auferem, em média, apenas 73,75% da renda dos homens.

A PNAD de 2013, ainda, indicou que os negros e pardos correspondem a 46,5% da população economicamente

---

(1) <http://cienciaecultura.bvs.br/scielo.php?pid=S0009-67252006000400020&script=sci_arttext>. Acesso em: 1º dez. 2015.

ativa, mas que representam apenas 40,1% da mão de obra ocupada. A renda dos negros e pardos, por outro lado, representa em torno de 50% da renda do branco.

Essa realidade não se alterou nos últimos anos, na medida em que carecem políticas públicas efetivamente inclusivas.

O trabalhador discriminado, por outro lado, não consegue, a partir das regras processuais existentes, comprovar a discriminação sofrida, pois essa prova que, via de regra, incumbe ao trabalhador é extremamente difícil, ou, até mesmo impossível.

O CPC de 2015 trouxe uma inovação interessante em relação à distribuição do ônus da prova: ampliou os poderes do juiz para, previamente, distribuir o ônus probatório, naquelas situações excepcionais em que, de acordo com a teoria clássica, a realização da prova é impossível ou extremamente difícil.

Trata-se, portanto, da previsão da carga dinâmica do ônus da prova.

Ante a autorização do art. 769 da CLT, de que o processo civil comum é fonte subsidiária do processo do trabalho, exceto naquilo em que com este for incompatível, pretende-se por meio da presente pesquisa, enfrentar o seguinte problema: em que medida a carga dinâmica do ônus da prova prevista no § 1º do art. 372 do CPC/2015 é aplicável ao processo do trabalho, sobretudo no tocante à prova da discriminação do trabalhador?

1. DISCRIMINAÇÃO E IGUALDADE DO TRABALHADOR NO BRASIL: CONCEITOS E EVOLUÇÃO LEGISLATIVA

1.1. Discriminação e igualdade

As Convenções internacionais que dispõem sobre discriminação preveem um núcleo conceitual caracterizado pelos predicadores da discriminação – distinguir, excluir, restringir ou preterir –, pelas causas que ensejam a discriminação – raça, cor, sexo, língua, religião, opinião ou de outra natureza, origem nacional ou social, riqueza, nascimento, ou qualquer outra condição – e pelos objetivos do sujeito que discrimina – anular ou restringir o reconhecimento, gozo ou exercício de direitos e liberdades fundamentais no campo político, social, cultural ou em qualquer outro domínio.[2]

Também se incluem entre os atos e práticas discriminadores aqueles em que se busca privar minorias, quaisquer que sejam, "do direito de ter, conjuntamente com outros membros de seu grupo, sua própria vida cultural, de professar e praticar sua própria religião e usar sua própria língua".[3]

Constata-se, desse modo, que a construção do conceito de discriminação visa ao reconhecimento do princípio da igualdade, atributo inerente a todos os seres humanos, que têm em comum a mesma dignidade, base estruturante dos direitos humanos.[4]

A formulação do conceito de discriminação compreende além da violação do princípio de que todos possuem a mesma dignidade – a despeito das diferenças individuais e grupais –, também o desrespeito do "direito à diferença", ou seja, o menoscabo do "direito ao reconhecimento da própria identidade cultural".[5]

É essencial para a estrutura dos direitos humanos a diferenciação entre desigualdades e diferenças. Aquelas correspondem a situações em que se verifica uma posição de "superioridade-inferioridade", entre pessoas ou grupos humanos, o que leva à obliteração do valor ético fundamental de que todas as pessoas possuem em comum a mesma dignidade. Assim, a desigualdade corresponde à negação da dignidade da pessoa. As diferenças, de forma oposta, representam todos os atributos e características que tornam os seres humanos únicos. Assim, as diferenças resultantes do sexo, da raça, das culturas e das orientações religiosas e sexuais fazem o humano um ser de complexidade e riqueza inesgotáveis. Ao mesmo tempo em que as contradições decorrentes das diferenças – próprias entre pessoas e grupos – permitem a evolução da humanidade, também são fonte de desigualdades.[6]

A igualdade, portanto, é um valor ético fundamental, pois possui uma repercussão de amplo alcance em todos os seguimentos da sociedade,[7] e deve ser defendido em face de práticas consideradas discriminatórias.

Embora a igualdade tenha sido uma exigência constante da vida coletiva, o significado, conteúdo e relevância

---

(2) Declaração Universal dos Direitos Humanos; Pacto Internacional sobre Direitos Civis e Políticos de 1966, ratificado pelo Governo brasileiro, por meio do Decreto n. 592/1992; Convenção Internacional sobre a Eliminação de todas as Formas de Discriminação Racial, de 1966, ratificada pelo Governo brasileiro por meio do Decreto n. 65.810/1969; Convenção sobre a Eliminação de Todas as Formas de Discriminação contra a Mulher, de 1979, ratificada pelo Governo brasileiro, por meio do Decreto n. 4.377/2002 (<http://www.planalto.gov.br/ccivil_03/decreto/2002/D4377.htm>. Acesso em: 28 nov. 2015).

(3) Art. 27 do Pacto Internacional sobre Direitos Civis e Políticos de 1966, ratificado pelo Governo brasileiro, por meio do Decreto n. 592/1992 (COMPARATO, Fábio Konder. *A afirmação histórica dos direitos humanos*. 3. ed. São Paulo: Saraiva, 2003. p. 318).

(4) COMPARATO, Fábio Konder. *A afirmação histórica dos direitos humanos*. 3. ed. São Paulo: Saraiva, 2003. p. 232.

(5) COMPARATO, Fábio Konder. *A afirmação histórica dos direitos humanos*. 3. ed. São Paulo: Saraiva, 2003. p. 318.

(6) COMPARATO, Fábio Konder. *A afirmação histórica dos direitos humanos*. 3. ed. São Paulo: Saraiva, 2003. p. 287.

(7) PÉREZ LUÑO, Antonio Enrique. *Dimensiones de la igualdad*. 2. ed. Madrid: Dykinson, 2007. p. 15.

de seu valor sofreram significativas variações ao longo da história, em razão de exigências religiosas, políticas, jurídicas, raciais ou socioeconômicas. Assim, é necessário para a compreensão da igualdade, considerar a multiplicidade de esferas nas quais incide, bem como o caráter histórico de sua realização.[8]

A dificuldade para a compreensão do sentido do valor *igualdade* está no fato de que como quase todos os grandes valores fundamentais apresenta proximidade com outros princípios ideais, tais como a liberdade, a justiça, o bem comum, que estão relacionados ao desenvolvimento ético-social da comunidade humana. Desse modo, o vocábulo igualdade já pretendeu significar realidades ou esperanças, verdades da natureza ou programas revolucionários, explicações racionais da condição humana ou a aspirações arbitrárias; já foi considerada realidade história, mas também, fantasia utópica, ou, ainda, representou o papel de uma bandeira: direito, dever, reivindicação ou obediência de uma lei suprema. De qualquer forma, a palavra *igualdade* representa ideias, valores e sentimentos díspares, produtos de concepções de mundo, muitas vezes antagônicas.[9]

A busca pela concreção da igualdade, nos diversos segmentos sociais, cria inúmeras dificuldades, pois exige um esforço, seja de eleger o âmbito valorativo de incidência, seja de escolher os instrumentos adequados e eficientes para a realização desse valor.

Ou seja, a busca do ideal da igualdade material passa pelo filtro das limitações impostas pelos instrumentos existentes que, a rigor, e quando muito, permitem apenas a realização da igualdade formal.

De qualquer maneira, de acordo com Pérez-Luño, é importante observar que, de acordo com uma perspectiva lógica, a igualdade possui três dimensões necessárias. A primeira é a dimensão plural, em que se constrói a igualdade, a partir de uma pluralidade de pessoas, entre as quais se manifesta a condição de serem iguais. A segunda, a dimensão relacional, em que a pluralidade se desenvolve por meio de relações bilaterais ou multilaterais, de modo que não existe igualdade onde não se estabelece um determinado nexo entre entes. Por fim, a dimensão comparativa, em que a relação de igualdade se manifesta por meio da comparação entre os entes considerados. Necessita-se para isso, de um elemento que torne possível a comparação, um *tertium comparationis*. Significa que dois ou mais entes são iguais, ou seja, pertencem a uma mesma classe lógica, quando entre eles concorrer uma qualidade comum, o *tertium comparationis*, que opera como um elemento definidor da classe – e são desiguais quando tal circunstância não se produz. A determinação desse termo de comparação é básica para qualificar dois ou mais entes como iguais. Um juízo comparativo se mostra necessário para se estabelecer quais entes e quais aspectos dos mesmos serão considerados relevantes para efeitos de igualdade.[10]

Essencial, portanto, verificar que a concreção da igualdade se realiza a partir de processos relacionais e comparativos da onde se inferem as equivalências, mas também, paradoxalmente, as diferenças.

A igualdade formal – aquela que se caracteriza pelo princípio da igualdade perante a lei – é mais bem compreendida a partir das dimensões plural, relacional e comparativa.

A igualdade formal tem como fundamento elementar a exigência de segurança jurídica que está diretamente ligada à ideia de Estado de Direito. De fato, o princípio da igualdade perante a lei mostra-se de suma importância para as revoluções burguesas do séc. XVIII que elencam dentre os seus principais objetivos pôr fim ao sistema de imunidades e privilégios próprios do mundo feudal e proclamar a igualdade jurídica de todos os homens.[11]

Em que pese o reconhecimento da igualdade formal tenha representado um significativo avanço frente à realidade vivida até o séc. XVIII, os valores das revoluções burguesas – inclua-se também a liberdade –, levados a ferro e fogo pela classe dominante a partir do final do séc. XVIII e durante todo o séc. XIX, criaram outras formas de desigualdades e de exclusão.[12] Com efeito, a igualdade formal da sociedade capitalista fez nascer a exigência socialista de igualdade real e geral.[13]

No entanto, a busca pela igualdade material acarretou, em algumas sociedades socialistas, certo sacrifício às liberdades individuais, ao passo que nas democracias pluralistas dependeu do equilíbrio das condições socioeconômicas e da ideologia das forças políticas que se alternavam no poder.[14]

De qualquer forma, a dicotomia igualdade formal e igualdade material, antes do que uma alternativa, representa um processo de ampliação do princípio da igualdade em sociedades pluralistas e democráticas. Assim, sua dimensão jurídica não pode desprender-se da realidade política, econômica e social que permeia sua concreção; por outro lado, sua dimensão material não pode pretender realizar seu programa de distribuição de oportunidades e de bens

---

(8) PÉREZ LUÑO, Antonio Enrique. *Dimensiones de la igualdad*. 2. ed. Madrid: Dykinson, 2007. p. 16-17.
(9) PÉREZ LUÑO, Antonio Enrique. *Dimensiones de la igualdad*. 2. ed. Madrid: Dykinson, 2007. p. 20.
(10) PÉREZ LUÑO, Antonio Enrique. *Dimensiones de la igualdad*. 2. ed. Madrid: Dykinson, 2007. p. 20-21.
(11) PÉREZ LUÑO, Antonio Enrique. *Dimensiones de la igualdad*. 2. ed. Madrid: Dykinson, 2007. p. 19-20.
(12) IRTI, Natalino. *La edad de la descodificación*. Barcelona: Jose Maria Bosch editor, 1992. p. 21.
(13) PÉREZ LUÑO, Antonio Enrique. *Dimensiones de la igualdad*. 2. ed. Madrid: Dykinson, 2007. p. 36.
(14) PÉREZ LUÑO, Antonio Enrique. *Dimensiones de la igualdad*. 2. ed. Madrid: Dykinson, 2007. p. 40.

sem observar os requisitos formais que, em um Estado de Direito, garantem aos cidadãos a proteção contra abusos daqueles que exercem o poder.[15]

Especificamente no âmbito da discriminação do trabalhador, é importante observar que o Brasil ratificou a Convenção n. 111 da OIT, segunda a qual é vedada "toda distinção, exclusão ou preferência fundada na raça, cor, sexo, religião, opinião política, ascendência nacional ou origem social, que tenha por efeito destruir ou alterar a igualdade de oportunidade ou de tratamento em matéria de emprego ou profissão".

Não basta, todavia, apenas proibir a discriminação, sendo imprescindível a existência de medidas que busquem a implementação do direito à igualdade.

No Brasil, existem leis que tanto coíbem a discriminação, quanto tentam implementar a igualdade.

1.2. Tutela do trabalhador diante da discriminação: ações afirmativas e medidas coibitivas

Na igualdade, como visto, aspira-se à inclusão, ao passo que a discriminação, por seu turno, acarreta a exclusão.

Ora, essa dualidade demanda programas que visem à inclusão, de um lado, e coíbam a exclusão, por outro.

Existem, basicamente, duas formas de políticas públicas que visam combater a discriminação e os seus efeitos. Na primeira, o Poder Público estabelece normas, constitucionais e infraconstitucionais, de conteúdo meramente proibitivo ou inibitório à discriminação, prevendo, no máximo, a reparação do prejuízo sofrido pela pessoa discriminada. Por meio da segunda, o poder público estabelece normas que além de proibir o ato discriminatório preveem medidas de promoção, afirmação ou restauração, com vistas a tornar efetiva a igualdade entre as pessoas, a despeito de suas diferenças.[16]

As medidas de combate à discriminação no ambiente de trabalho, contudo, também podem advir da iniciativa privada, por meio da iniciativa individual do empregador, ou por meio de acordos com empregados ou sindicatos profissionais.

Os últimos anos mostraram preocupação do Poder Público brasileiro relativa à adoção de medidas protetivas em relação ao gênero no âmbito do acesso e manutenção do emprego.

O inciso XX do art. 7º da Constituição de 1988 prevê a proteção do mercado de trabalho da mulher, mediante incentivos específicos, nos termos da lei, e no inciso XXX proíbe a existência de diferenças de critérios para admissão de trabalhadores por motivo de sexo e cor. O art. 203, III, do mesmo diploma estipula que a assistência social será prestada a quem dela necessitar independentemente de contribuição à asseguridade social, tendo dentre seus objetivos a promoção da integração ao mercado de trabalho.

A Lei n. 7.716/1989, com redação dada pela Lei n. 9.459/1997, tipifica como crime os atos que impeçam pessoa, devidamente habilitada, ao acesso a cargo da Administração Pública Direta ou Indireta, bem como a concessionárias de serviços públicos, ou a emprego em empresa privada, que impliquem discriminação ou preconceito de raça, cor, etnia, religião. Também caracteriza crime quem por motivo de discriminação de raça ou de cor ou práticas resultantes do preconceito de descendência ou origem nacional ou étnica deixa de conceder equipamentos necessários ao empregado em igualdade de condições com os demais trabalhadores, ou impeça ascensão funcional do empregado ou obsta outra forma de benefício profissional.

Ainda no tocante ao gênero, o art. 10, § 3º, da Lei n. 9.504/1997, referido no tópico anterior, estabelece cota para mulheres de no mínimo 30%, que cada partido ou coligação deverá observar dentre seus candidatos durante as eleições.

A Lei n. 9.799/1999, por sua vez, inseriu o art. 373-A na CLT e estabeleceu algumas medidas protetivas objetivando o acesso da mulher e do negro ao mercado de trabalho, dentre as quais a vedação de publicação de anúncio de emprego no qual haja referência a sexo e cor (I), de se recusar emprego, promoção ou motivo da dispensa em virtude de sexo e cor, salvo quando a natureza da atividade seja notória e publicamente incompatível (II), sejam considerados o sexo e a cor como variáveis determinantes para fins de remuneração, formação profissional e oportunidade de ascensão profissional (III), de exigência de atestado ou exame de qualquer natureza para comprovação de esterilidade ou gravidez na admissão ou permanência no emprego (IV), de impedimento de acesso ou adoção de critérios subjetivos para deferimento de inscrição ou aprovação em concursos, em empresas privadas, em razão de sexo ou cor.

O parágrafo único do art. 373-A da CLT ainda incita a adoção, mesmo temporariamente, de medidas que visem ao estabelecimento de políticas de igualdade entre homens e mulheres, em particular aquelas que se destinem a corrigir as distorções que afetem a formação profissional, o acesso ao emprego e as condições gerais de trabalho da mulher.

O art. 1º da Lei n. 9.029/1995 proíbe a adoção de qualquer prática discriminatória e limitativa para efeito de acesso à relação de emprego ou sua manutenção por motivo de sexo, origem, raça, cor, estado civil, situação familiar ou idade, caracterizando como prática discriminatória a

---

(15) PÉREZ LUÑO, Antonio Enrique. *Dimensiones de la igualdad*. 2. ed. Madrid: Dykinson, 2007. p. 38.

(16) BARBOSA, Joaquim. *Ação afirmativa e princípio constitucional da igualdade. O direito como instrumento de transformação social. A Experiência dos EUA*. Rio de Janeiro: Renovar, 2001. p. 49.

exigência de teste, exame, perícia, laudo, atestado, declaração ou qualquer outro procedimento relativo à esterilização ou a estado de gravidez, como também a adoção de quaisquer medidas de iniciativa do empregador que configurem indução e instigamento à esterilização genética e promoção e controle da natalidade.

Os programas que objetivam a inclusão, por outro lado, são as ações afirmativas e se caracterizam por medidas públicas e privadas, coercitivas ou voluntárias, que buscam a inclusão de pessoas e grupos sociais tradicionalmente discriminados em decorrência da origem, raça, sexo, orientação sexual, idade, religião, deficiência física, dentre outros.[17]

Trata-se, portanto, de prática lícita que procura corrigir discriminação histórica de determinados grupos sociais, criando meios que permitam a igualdade formal entre as pessoas discriminadas e as não discriminadas.

Em verdade, as ações afirmativas surgem como estratégia de combate à discriminação, na medida em que as regras meramente proibitivas, ou aqueles que declaram a igualdade formal, mostraram-se, ao longo do tempo, insuficientes para permitir a efetiva igualdade material combalida por séculos de história.

Inicialmente, as ações afirmativas limitavam-se a mero encorajamento emanado do Estado para dirigentes das áreas públicas e privadas para considerarem a raça, a cor, o sexo e a origem das pessoas, ao depararem com questões relativas a acesso à educação e ao mercado de trabalho.

Entre as décadas de 60 e 70, houve significativa mudança na concepção de ação afirmativa, na medida em que o mero encorajamento mostrou-se ineficaz para que tanto escolas quanto empresas contivessem, proporcionalmente, em suas composições membros de cada grupo social. As ações afirmativas passaram a corresponder à imposição de cotas rígidas de acesso de representantes de determinadas minorias ao mercado de trabalho e ao acesso à educação.[18]

Os objetivos das ações afirmativas seriam a concretização da igualdade de oportunidades, como também induzir a transformação social, de modo a "subtrair do imaginário coletivo a ideia de supremacia e de subordinação de uma raça em relação a outra, do homem em relação à mulher".[19]

No Brasil, as ações afirmativas têm fundamento em diversos preceitos constitucionais, dentre os quais o art. 3º, IV, segundo o qual constitui objetivo fundamental da República Federativa do Brasil "promover o bem de todos, sem preconceitos de origem, raça, sexo, cor, idade e quaisquer outras formas de discriminação"; o art. 5º, XLII, que prevê ser o racismo crime inafiançável e imprescritível; o art. 7º, XXX, que proíbe a diferença de salários, de exercício de funções e de critério de admissão por motivo de sexo, idade, cor ou estado civil.

As ações afirmativas manifestam-se preponderantemente por meio das cotas. Ou seja, impor àquele que oferta vagas para emprego, destinar parte dessas vagas exclusivamente a pessoas que, por suas diferenças ou por integrarem determinado grupo social, não teriam, normalmente, acesso às referidas vagas.

Exemplo importante de cotas é o do art. 93 da Lei n. 8.213/1991, segundo o qual qualquer empresa com cem ou mais empregados é obrigada a preencher de 2% a 5% dos seus cargos com beneficiários reabilitados ou pessoas portadoras de deficiência, habilitadas.

Em que pesem esses exemplos – e o texto constitucional seja rico nas referências à proibição de discriminação – o ordenamento jurídico brasileiro é completamente carente de ações afirmativas em relação ao gênero e à raça.

O combate à discriminação cresce à medida em que a sociedade conscientiza-se de que a evolução socioeconômica passa necessariamente pela concretização da igualdade material entre todos os seus membros.

O Poder Judiciário, ao interpretar a lei no caso concreto, pode intervir positivamente no sentido do reconhecimento pleno da igualdade entre as pessoas.

2. O ÔNUS DE PROVAR A DISCRIMINAÇÃO DO TRABALHADOR NO PROCESSO DO TRABALHO EM FACE DO NOVO CPC

2.1. O ônus da prova no processo do trabalho: conceito e características

A prova é uma das formas pela qual o juiz formula o seu convencimento sobre os fatos relativos ao processo. "Objeto da prova são os fatos", afirma Egas Moniz de Aragão.[20]

---

(17) CRUZ, Alvaro Ricardo Souza. *O direito à diferença*. 2. ed. Belo Horizonte: Del Rey, 2005. p. 143.

(18) BARBOSA, Joaquim. *Ação afirmativa e princípio constitucional da igualdade. O direito como instrumento de transformação social. A experiência dos EUA*. Rio de Janeiro: Renovar, 2001. p. 39-40. Joaquim Barbosa ainda define ações afirmativas como "um conjunto de políticas públicas e privadas de caráter compulsório, facultativo ou voluntário, concebidas com vistas ao combate à discriminação racial, de gênero e de origem nacional, bem como para corrigir os efeitos presentes da discriminação praticada no passado, tendo por objetivo a concretização do ideal de efetiva igualdade de acesso a bens fundamentais como a educação e o emprego" (*Ação afirmativa e princípio constitucional da igualdade. O direito como instrumento de transformação social. A experiência dos EUA*. Rio de Janeiro: Renovar, 2001. p. 39-40).

(19) BARBOSA, Joaquim. *Ação afirmativa e princípio constitucional da igualdade. O direito como instrumento de transformação social. A experiência dos EUA*. Rio de Janeiro: Renovar, 2001. p. 44.

(20) ARAGÃO, Egas Moniz. *Exegese do Código de Processo Civil*. Vol. IV-1, arts. 329-399. Rio de Janeiro: Aide, p. 60.

Para a ciência, em que se busca a evidência dos fatos, o juiz, ao julgar uma questão, em tese, não poderia conservar a menor dúvida acerca da verdade dos fatos. No entanto, essa hipótese levaria ao *non liquet*, ou seja, "o julgador se negaria a sentenciar por não se sentir habilitado, dada a ausência de prova",[21] o que geraria incontáveis prejuízos à sociedade, não apenas ao custo do processo, mas, também, à insegurança, decorrente da falta de certeza acerca das relações sociais controvertidas, além de violar o princípio da indeclinabilidade da jurisdição.

Para evitar essa situação, a lei adota a teoria do ônus da prova, segundo a qual ausente prova que permita ao juiz formar seu convencimento deverá, mesmo assim, julgar contrariamente ao interesse daquele a quem incumbia a produção da prova, e não o fez, ou produziu prova insuficiente para o resultado pretendido.[22]

Saliente-se, contudo, que além de o ônus da prova nortear a atividade do julgador – tratando-se, portanto, de regra de julgamento –, também permite às partes, antecipadamente, organizar a estratégia probatória, concentrando-se nas provas relativas ao seu ônus – trata-se, também, de regra de conduta.[23]

O processo do trabalho, no entanto, viveu uma crise histórica em relação ao ônus da prova, ante à redação do art. 818 da CLT, segundo a qual "A prova das alegações incumbe à parte que as fizer". Essa regra, bem como aquela prevista no art. 769 do mesmo diploma legal, que estabelece que nos casos omissos "o direito processual comum será fonte subsidiária do direito processual do trabalho, exceto naquilo em que for incompatível com as normas deste Título", gerou certa polêmica sobre a aplicabilidade, no âmbito do processo do trabalho, da regra prevista no art. 333 do CPC/1973.

E essa polêmica decorreu, principalmente, do peso da doutrina de Manoel Antonio Teixeira Filho, que perfilhou o entendimento de que o art. 333 do CPC/1973 é inaplicável ao processo do trabalho, sob o fundamento de que a CLT não é omissa e porque a colisão do "dispositivo pertencente ao processo civil com o art. 818 da CLT, é frontal".[24]

A dúvida – se é que existiu de fato – sobre a aplicação subsidiária do art. 333 do CPC ao processo do trabalho encontra-se superada pela doutrina[25] e, principalmente, pela jurisprudência. Com efeito, cite-se, como exemplo, que a Súmula n. 6, VIII, do TST consagra a aplicabilidade da regra processual do CPC/1973, de forma subsidiária ao processo do trabalho, ao prever que é "do empregador o ônus da prova do fato impeditivo, modificativo ou extintivo da equiparação salarial".

Na feliz síntese de José Aparecido dos Santos, "também no processo do trabalho compete ao autor a prova dos fatos que alega e sejam constitutivos de seu direito, enquanto ao réu compete a prova dos fatos que alega e sejam extintivos, impeditivos e modificativos de seu direito".[26]

Pois bem. A regra do art. 333 do CPC/1973 consagra a teoria estática de distribuição do ônus da prova. De fato, cada litigante já tem conhecimento, quando ingressa em juízo, de qual ônus lhe incumbe no tocante à matéria probatória.[27] De fato, como regra geral, caberá ao autor o ônus de provar os fatos constitutivos do direito alegado, enquanto ao réu, os fatos extintivos, modificativos e impeditivos.

A partir exclusivamente dessa teoria, entretanto, inexiste qualquer elemento que autorize uma otimização da produção da prova em situações em que uma das partes teria maior facilidade de obter a prova.[28]

Essa concessão está relacionada aos valores consagrados pelas revoluções burguesas da segurança jurídica e de igualdade formal entre as partes no processo, de modo que, já se sabe, de antemão, a regra de distribuição de ônus probatório fixado por lei, desprezando-se peculiaridades subjetivas das partes, sobretudo em relação ao acesso à prova.[29]

Trata-se, portanto, de regra de julgamento, pois quando as provas não tiverem sido produzidas ou se mostrarem insuficientes, o juiz irá julgar contrariamente ao interesse da parte sobre a qual recaíra o ônus.[30] Ou seja, apenas ao julgar o processo é que o juiz aplicará a regra do art. 333 do CPC/1973.

---

(21) ARAGÃO, Egas Moniz. *Exegese do Código de Processo Civil*. Vol. IV-1, arts. 329-399. Rio de Janeiro: Aide, p. 86.

(22) ARAGÃO, Egas Moniz. *Exegese do Código de Processo Civil*. Vol. IV-1, arts. 329-399. Rio de Janeiro: Aide, p. 86.

(23) WAMBIER, Luiz Rodrigues; TALAMINI, Eduardo. *Curso avançado de processo civil. Teoria geral do processo e processo de conhecimento*. 13. ed. São Paulo: RT, 2013. p. 506.

(24) *Curso de direito processual do trabalho*. Vol. II. São Paulo: LTr, 2009. p. 974.

(25) *Vide* por todos SANTOS, José Aparecido. Teoria geral das provas e provas em espécie *in Curso de processo do trabalho*. 2. ed. São Paulo: LTr, 2012. p. 692.

(26) Teoria geral das provas e provas em espécie *in Curso de processo do trabalho*. 2. ed. São Paulo: LTr, 2012. p. 692.

(27) SANTOS, José Carlos Van Cleef de Almeida. O ônus da prova e a teoria da carga dinâmica. In: *Revista dos Tribunais*, ano 101, vol. 924, out./2012, p. 616.

(28) SANTOS, José Carlos Van Cleef de Almeida. O ônus da prova e a teoria da carga dinâmica. In: *Revista dos Tribunais*, ano 101, vol. 924, out./2012, p. 616.

(29) SANTOS, José Carlos Van Cleef de Almeida. O ônus da prova e a teoria da carga dinâmica. In: *Revista dos Tribunais*, ano 101, vol. 924, out./2012, p. 616.

(30) *A prova civil. Admissibilidade e relevância*. SP: RT, 2006. p. 320.

Assim, no processo do trabalho, ao autor que postula a declaração de vínculo empregatício, incumbe a prova de que trabalhou em prol do réu, quando este nega ter havido prestação de serviços. – A realização do trabalho, desse modo, é fato constitutivo. – No entanto, se o réu admite a prestação de serviços pelo autor, mas alega que decorreu de contrato autônomo, atraiu para si o ônus de provar fato impeditivo, ou seja, de impedir os efeitos próprios e normais decorrentes do trabalho subordinado.

Se o autor, contudo, pleiteia horas extras, e o réu reconhece esse fato constitutivo, se alegar o pagamento, lhe caberá provar a respectiva quitação, que representa um fato extintivo do direito às horas extras.

Caso o réu – ainda no tocante ao pedido de horas extraordinárias – afirme a existência de acordo de compensação, deverá demonstrar o fato modificativo, ou seja, a alteração substancial do fato constitutivo do direito do autor a horas extras.[31]

Constata-se, destarte, que, enquanto critério geral para distribuição do ônus da prova, a teoria estática é de grande utilidade, pois dá conta da grande maioria das situações.

Há casos, no entanto, em que o desequilíbrio da relação jurídica havida entre as partes – especificamente durante o vínculo empregatício – é tão grande que impacta diretamente no processo, tornando extremamente difícil ou impossível o exercício do direito à prova, a partir dos critérios adotados pelo art. 333 do CPC, gerando decisões injustas.

Nesse sentido, é importante a ressalva feita por Eduardo Cambi, de que "o ônus da prova, na perspectiva da instrumentalidade do processo, não pode servir para inviabilizar a tutela dos direitos materiais".[32]

Essa dificuldade foi percebida nas relações de consumo, o que fez com que o legislador criasse um sistema diferenciado através do inciso VIII do art. 6º CDC, que autoriza ao juiz, inverter o ônus da prova, a favor do consumidor, "quando for ele hipossuficiente, segunda as regras ordinárias de experiências".

Cuida-se da aplicação da "teoria dos fatos normais e extraordinários", de forma que o ordinário se presume, enquanto o extraordinário deve ser provado.[33]

A técnica de inversão do ônus da prova, desse modo, a partir das máximas de experiência e da garantia constitucional do contraditório e da ampla defesa, permite que a parte hipossuficiente (aquela desprovida de condições técnicas de provar um fato que poderia mais facilmente ser provado pela outra parte), obtenha a prestação jurisdicional.[34]

No processo do trabalho, o exemplo paradigmático é o da Súmula n. 338, III, do TST, segundo a qual considera-se normal que os registros de ponto demonstrem horários variáveis de entrada e saída, e por extraordinário, que esses mesmos registros espelhem horários invariáveis. Presume-se, por conseguinte, que os cartões-ponto que apresentem horários de entrada e saída uniformes são inválidos, invertendo-se o ônus da prova, relativo às horas extras, que passa a ser do empregador.

Nesse exemplo, por força do art. 333, I, do CPC, o ônus de provar o horário extraordinário trabalhado, em princípio, é do autor, pois fato constitutivo do direito às horas extras. Caso, no entanto, os registros de ponto apresentados possuam horários invariáveis, presume-se que são inválidos, passando o ônus de provar o horário trabalhado do empregado para o empregador.

Outro caso interessante, no âmbito do processo do trabalho, e reconhecido pela Súmula n. 443 do TST, é do empregado portador do vírus HIV ou de outra doença grave que suscite estigma ou preconceito, dispensado sem justa causa. Tem-se – lamentavelmente – que o normal é que o empregador, quando sabe que seu empregado é portador do vírus HIV irá dispensá-lo exatamente pelo fato de ser portador da doença estigmatizante. Assim, presume-se que toda a dispensa, sem justa causa, de emprego portador do vírus HIV é discriminatória. De acordo com a regra do art. 333, do CPC, em princípio, o ônus da prova seria do empregado, já que o fato constitutivo do seu direito à reintegração, seria a prova da discriminação, ou seja, de que o único fato que motivou a dispensa foi a doença. Trata-se, no entanto, de *prova diabólica*, visto que extremamente difícil de ser produzida pelo empregado. Por isso, a presunção referida permite a inversão do ônus da prova, de modo que passa a ser do empregador o ônus de provar que dispensou o empregado portador do vírus HIV por razão diversa da doença – econômica ou financeira, por exemplo.

Há outros casos de discriminação, no âmbito da relação de emprego – como, por exemplo, em relação ao gênero e à raça – em que não se costuma inverter o ônus da prova, embora se trate de prova extremamente difícil ou praticamente impossível de ser produzida por parte do trabalhador.

Para esses casos, entende-se possível a adoção da teoria da carga dinâmica do ônus da prova, prevista no § 1º do art. 373 do CPC/2015.

---

(31) SANTOS, José Aparecido. Teoria geral das provas e provas em espécie. *In: Curso de processo do trabalho*. 2. ed. São Paulo: LTr, 2012. p. 693.

(32) *A prova civil. Admissibilidade e relevância*. São Paulo: RT, 2006. p. 335.

(33) CAMBI, Eduardo. *A prova civil. Admissibilidade e relevância*. São Paulo: RT, 2006. p. 320.

(34) CAMBI, Eduardo. *A prova civil. Admissibilidade e relevância*. São Paulo: RT, 2006. p. 336.

2.2. A carga dinâmica do ônus da prova e o problema da prova da discriminação do trabalhador no processo do trabalho

Necessário analisar os óbices decorrentes da compreensão do papel do juiz em face da concreção do princípio da igualdade na sua dimensão material.

A teoria segundo a qual a função do juiz é apenas declarar a vontade da lei parte do pressuposto de que o ordenamento jurídico é completo e coerente.

O positivismo jurídico, sobretudo no sentido restrito de positivismo legalista, influenciou significativamente o sistema brasileiro. De acordo com essa teoria, o sistema jurídico seria fechado, no sentido de ausência de lacunas. As lacunas aparentes que venham a surgir serão supridas por meio de ato interpretativo, com a redução de determinado caso à lei superior, por meio de hierarquia lógica. Daí decorre a ideia de completude do ordenamento jurídico, no sentido de que, das normas explícita ou implicitamente existentes no ordenamento jurídico, o juiz poderá sempre extrair a decisão para solver o caso que lhe é apresentado.[35]

Outra característica importante do positivismo jurídico legalista refere-se à ideia de sistema como método de pensamento, no qual estão presentes o procedimento construtivo e o dogma da subsunção. Segundo o procedimento construtivo, as regras jurídicas são referidas a um princípio ou a um pequeno número de princípios daí deduzidas. Já no dogma da subsunção, segundo o modelo da lógica clássica, haveria uma premissa maior, representada por diretiva legal genérica e abstrata e uma premissa menor, caracterizada pelo caso concreto. O juiz, por meio de operação lógica dedutiva, construiria o raciocínio jurídico buscando apenas na norma abstrata a justificativa para a decisão.[36] Verifica-se, portanto, uma interpretação mecanicista caracterizada pela prevalência, no ato de julgar, do elemento declarativo sobre o produtivo ou criativo do juiz.[37]

O positivismo jurídico legalista, desse modo, preocupa-se em excluir da ciência do Direito a questão de um "sentido" ou de um "valor" com validade objetiva, o que não significa que o positivista não tenha para si valores ou exigências éticas; tem-nas, mas as "remete para o mundo das crenças pessoais e das convicções morais sobre as quais, do seu ponto de vista, não é possível um enunciado científico",[38] de forma que, para o positivismo jurídico legalista, a ideia de justiça não é um princípio com validade universal e que possa ter relevância para o conhecimento do Direito positivo.[39]

Por detrás dessa concepção, encontra-se a ideologia liberal-individualista, no sentido de que o indivíduo necessita de regras claras e seguras que lhe permitam total liberdade para realizar o desenvolvimento econômico, a partir da igualdade formal entre as pessoas, não cabendo ao juiz dar sentido à lei diferente daquele expresso no texto.

Essa concepção fazia algum sentido, nos séculos XVIII e XIX, com os adventos dos códigos oitocentistas, sobretudo o Napoleônico, onde predominava uma "sociedade legalmente igualizada" e que as relações jurídicas eram "homogeneizadas", de modo que ao juiz não se incumbia a função de interpretar a lei à luz dos princípios constitucionais e direitos fundamentais, com vistas à realidade, desigualdades sociais e pluralismo.[40]

Decisões pautadas exclusivamente no texto da lei mostraram-se – e ainda se mostram – descontextualizadas do sentido de justiça compreendida a partir dos valores predominantes na Constituição. Aplicar apenas a letra da lei, sem compreender o sentido do caso concreto, sem apreender-lhe suas peculiaridades socioeconômicas gera decisões contrárias a esses valores.

Imprescindível, desse modo, que o juiz atribua sentido ao caso levado à sua análise, de forma que se aproxime da realidade em que vive.[41]

Mas não é só. As sucessivas crises éticas pelas quais passam os Poderes Executivo e Legislativo, agravadas pela recusa desses poderes de realizarem reformas políticas que permitam a efetiva representatividade popular nas casas legislativas, demandam do juiz um novo papel.

Com efeito, passou-se a exigir do juiz – tradicionalmente mero agente passivo da realidade social – um protagonismo na implantação de valores sociais previstos na Constituição, sobretudo nos recorrentes casos de omissão dos Poderes Executivo e Legislativo.

Existe grande dificuldade de tratar da discriminação do trabalhador no Brasil, seja porque aquele que oferece emprego não é obrigado a justificar porque contratou Pedro, e não Maria, e, ainda, ante o entendimento dominante de que a dispensa sem justa causa do empregado é direito potestativo do empregador, de forma que não necessita qualquer motivação.

---

(35) FERRAZ JÚNIOR, Tércio Sampaio. *A ciência do direito*. 2. ed. São Paulo: Atlas, 1991. p. 31-39.

(36) FERRAZ JÚNIOR, Tércio Sampaio. A ciência do direito. 2. ed. São Paulo: Atlas, 1991. p. 31-39

(37) BOBBIO, Norberto. *O positivismo jurídico. Lições de filosofia do direito*. São Paulo: Ícone, 1995. p. 133.

(38) LARENZ, Karl. *Metodologia da ciência do direito*. Lisboa: Fundação Calouste Gulbenkian, 1997. p. 46.

(39) LARENZ, Karl. *Metodologia da ciência do direito*. Lisboa: Fundação Calouste Gulbenkian, 1997. p. 46.

(40) MARINONI, Luiz Guilherme. *Teoria geral do processo*. 7. ed. São Paulo: RT, 2013. p. 91-92.

(41) MARINONI, Luiz Guilherme. *Teoria geral do processo*. 7. ed. São Paulo: RT, 2013. p. 91-92.

O empregador, portanto, tem ampla liberdade de contratar e dispensar qualquer trabalhador.(42)

Não havendo necessidade de justificar a não contratação de determinado trabalhador, nem, tampouco, de motivar a dispensa sem justa causa, o controle sobre a discriminação, em tese, torna-se impossível ou muito difícil.

Haveria, nesse contexto, um ônus do trabalhador discriminado de provar que o empregador agira com culpa. Esse entendimento decorre da aplicação dos arts. 818 da CLT e 333, I, do CPC, segundo os quais é ônus do autor no processo trabalhista a prova de fato que fundamenta o direito postulado.

Trata-se da teoria clássica do ônus da prova, também conhecida como teoria estática do ônus da prova, conforme analisado acima.

Seguindo-se essa teoria, se o trabalhador alegou que foi discriminado, deve ele produzir prova nesse sentido.

Cuida-se, evidentemente, de "prova diabólica", ou seja, daquela impossível de ser produzida. Com efeito, em um contexto de que a dispensa sem justa causa do empregado, sem motivação, é lícita, a demonstração de que a motivação da rescisão contratual foi ato discriminatório é praticamente inviável, equivalente à inexistência do direito; suporia investigação sobre a intenção do empregador no momento da dispensa, o que implicaria análise subjetiva e inviável.

A partir da ideia de que a distribuição do ônus da prova, conforme a teoria estática, quando absolutamente inviável, equivaleria à própria inexistência do direito, é que se admite a aplicação subsidiária do § 1º do art. 373 do CPC/2015, redigido nos seguintes termos:

> § 1º Nos casos previstos em lei ou diante de peculiaridades da causa relacionadas à impossibilidade ou à excessiva dificuldade de cumprir o encargo nos termos do *caput* ou à maior facilidade de obtenção da prova do fato contrário, poderá o juiz atribuir o ônus da prova de modo diverso, desde que o faça por decisão fundamentada, caso em que deverá dar à parte a oportunidade de se desincumbir do ônus que lhe foi atribuído.

A teoria dinâmica do ônus da prova viabiliza juridicamente essa corrente de pensamento. Para essa teoria, "a prova incumbe a quem tem melhores condições de produzi-la, à luz das circunstâncias do caso concreto. Em outras palavras: prova quem pode".(43)

Importa frisar que não há na distribuição dinâmica do ônus da prova uma inversão, conforme o modelo do art. 6º, VIII, do CDC, já que inversão pressupõe que o ônus foi estabelecido inicialmente para a outra parte. Na técnica da distribuição dinâmica, ao contrário, o juiz, diante das peculiaridades da causa, relacionadas à impossibilidade ou à excessiva dificuldade de a parte cumprir o ônus que, via de regra lhe incumbiria pela teoria estática, atribuíra o ônus de modo diverso, mediante decisão fundamentada.

A aplicação dessa teoria justifica-se para casos que fogem da normalidade, para os quais a aplicação da teoria clássica atentaria contra princípios basilares do direito processual e do próprio Estado de Direito, tais como o acesso à justiça e a paridade entre as partes.

São precisamente as hipóteses, em que se discute discriminação do empregado, notadamente, em razão de gênero ou raça.

Imprescindível, contudo, que o juiz do trabalho reconheça o § 1º do art. 373 do CPC/2015, como uma técnica de procedimento, esclarecendo às partes, previamente à audiência de instrução, quais encargos probatórios lhes recaem, observando, ainda, o disposto no § 2º do mesmo artigo, segundo o qual a distribuição do ônus da prova realizada pelo juiz "não pode gerar situação em que a desincumbência do encargo pela parte seja impossível ou excessivamente difícil".

Sob essa perspectiva, poderia o juiz do trabalho, diante de um processo no qual o trabalhador alegue não ter sido contratado em razão de ser negro, que, por meio de decisão fundamentada, atribua ao réu o ônus de provar que possui outros empregados negros, demonstrando, assim, que a questão racial não foi a causa da não contratação.

Parece que essa é uma interessante forma de compor o binômio liberdade do empregador de contratar os trabalhadores que lhe parecerem mais aptos à função e igualdade de acesso a essa função entre todos os trabalhadores, independentemente do gênero, raça, idade, orientação sexual ou qualquer outra razão que não seja a aptidão profissional.

CONSIDERAÇÕES FINAIS

A sociedade brasileira é extremamente desigual, em que pese possua uma ordem jurídica que reconheça a igualdade como um de seus valores basilares.

A desigualdade, sobretudo no tocante ao gênero e à raça, possui origens históricas e está na raiz da exclusão social no Brasil.

Existem poucas políticas públicas que visam concretizar o princípio da igualdade no âmbito do trabalho.

A discriminação da mulher e do negro no mercado de trabalho é uma realidade visível a olho nu, embora comprovada pelos insistentes números divulgados pelo IBGE, por meio de suas pesquisas por amostras.

---

(42) Existem exceções no tocante à dispensa de trabalhadores detentores de estabilidades especiais, tais como gestante, acidentado, membro de CIPA e dirigente sindical.

(43) CAMBI, Eduardo. *A prova civil. Admissibilidade e relevância*. São Paulo: RT, 2006. p. 336.

O trabalhador discriminado, assim, se vê desprovido de instrumentos que lhe proporcionem a efetividade dos valores consagrados no ordenamento jurídico brasileiro.

Para isso, é importante que o juiz do trabalho – juiz natural das causas envolvendo o trabalho – reflita sobre o seu papel na sociedade, sobretudo em relação ao combate às desigualdades, e o reconhecimento das diferenças.

A posição predominante, a partir da teoria clássica da distribuição do ônus da prova, no sentido de que o trabalhador que alega discriminação tem o ônus de prová-la, tem inviabilizado a demonstração no processo do trabalho, de fato que extravasa na realidade brasileira, já que se trata de prova extremamente difícil.

O § 1º do art. 373 do Código de Processo Civil de 2015 é um elemento fundamental para essa reflexão e envolve um repensar sobre a própria finalidade do processo.

Com efeito, a adoção da teoria dinâmica da distribuição do ônus da prova, como exceção, mas nos casos em que se discute discriminação do trabalhador, seja no momento da contratação, seja no curso do contrato, permitirá trazer para o processo do trabalho um debate fundamental para o combate da discriminação na sociedade brasileira.

REFERÊNCIAS BIBLIOGRÁFICAS

ARAGÃO, Egas Moniz. *Exegese do Código de Processo Civil.* Vol. IV-1, arts. 329-399. Rio de Janeiro: Aide, 1973.

BARROSO, Luiz Roberto. Judicialização, ativismo judicial e legitimidade democrática. *In: Cadernos da AMATRA IV. 13º Cadernos de Estudos sobre Processo e Direito do Trabalho. XX Encontro dos Juízes do Trabalho do Rio Grande do Sul.* Porto Alegre: Amatra IV, 2010.

BARBOSA, Joaquim. *Ação afirmativa e princípio constitucional da igualdade. O Direito como instrumento de transformação social. A experiência dos EUA.* Rio de Janeiro: Renovar, 2001.

BOBBIO, Norberto. *O positivismo jurídico. Lições de filosofia do direito.* São Paulo: Ícone, 1995.

CAMBI, Eduardo *A prova civil. Admissibilidade e relevância.* São Paulo: RT, 2006.

COMPARATO, Fábio Konder. *A afirmação histórica dos direitos humanos.* 3. ed. São Paulo: Saraiva, 2003.

CRUZ, Alvaro Ricardo Souza. *O direito à diferença.* 2. ed. Belo Horizonte: Del Rey, 2005.

FERRAZ JÚNIOR, Tércio Sampaio. *A ciência do direito.* 2. ed. São Paulo: Atlas, 1991.

IRTI, Natalino. La edad de la descodificación. Barcelona: Jose Maria Bosch Editor, 1992.

LARENZ, Karl. *Metodologia da ciência do direito.* Lisboa: Fundação Calouste Gulbenkian, 1997.

MARINONI, Luiz Guilherme. *Teoria geral do processo.* 7. ed. São Paulo: RT, 2013.

PÉREZ LUÑO, Antonio Enrique. *Dimensiones de la igualdad.* 2. ed. Madrid: Dykinson, 2007.

SANTOS, José Aparecido. Teoria geral das provas e provas em espécie. *In: Curso de processo do trabalho.* 2. ed. São Paulo: LTr, 2012.

SANTOS, José Carlos Van Cleef de Almeida. O ônus da prova e a teoria da carga dinâmica. In: *Revista dos Tribunais,* ano 101, vol. 924, out./2012

WAMBIER, Luiz Rodrigues; TALAMINI, Eduardo. *Curso avançado de processo civil. Teoria geral do processo e processo de conhecimento.* 13. ed. São Paulo: RT, 2013.

Honorários Advocatícios e a Justiça Gratuita na Justiça do Trabalho Ante ao Novo CPC

Luiz Fernando Basto Aragão
Advogado e professor universitário de Graduação e Pós-graduação da Universidade Cândido Mendes – UCAM/Rio.

Nicola Manna Piraino
Advogado do Sindicato dos Radialistas do Rio de Janeiro e Presidente da Comissão Especial de Estudos de Honorários de Sucumbência na Justiça do Trabalho da OAB/RJ.

INTRODUÇÃO

Com a vigência da Carta Política da República de 1988, há mais de 27 anos, ficou assentado no art. 133, que o exercício da advocacia e os advogados são indispensáveis à administração da Justiça e fundamentais no "Estado de Direito" e na luta pela plena democracia.

O jurista e decano da advocacia trabalhista fluminense, Dr. Benedito Calheiros Bomfim, ao dissertar sobre este relevante assunto declarou: "Depois que a CF/1988 estabeleceu ser "o Advogado indispensável à administração da Justiça", sem excluir dessa regra a Justiça do Trabalho, não há mais como admitir possa a parte postular e defender-se pessoalmente. Se a Carta Magna não excetuou a Justiça do Trabalho da regra geral que prescreve ser o advogado indispensável à atuação da Justiça, não é mais possível restringir nem, muito menos, criar exceção a esse princípio."

1. ASSISTÊNCIA OBRIGATÓRIA (CF/1988 – ART. 133) E O PAPEL DO ADVOGADO NA JUSTIÇA DO TRABALHO

Com a vigência da Carta Política da República de 1988, há mais de 27 anos, ficou assentado no art. 133, que o exercício da advocacia e os advogados são indispensáveis à administração da Justiça e fundamentais no "Estado de Direito" e na luta pela plena democracia.

Lamentavelmente, na Justiça do Trabalho, mesmo depois da vigência da atual Constituição Federal firmou-se entendimento de que a regra constitucional não se aplica, ao argumento de que a parte pode praticar atos processuais sem a presença do advogado, e com isso afastaram a possibilidade de serem devidos os honorários judiciais de sucumbência, de forma geral, aos advogados, mesmo com o pronunciamento do Supremo Tribunal Federal (STF) que reconheceu a natureza alimentar desses honorários. Além de manifesta a incongruência é visível a injustiça praticada contra o advogado militante na Justiça do Trabalho.

É certo, pois, que a Justiça do Trabalho, ao longo de décadas, se tornou cada vez mais complexa na discussão de matérias jurídicas, sendo corriqueiras, no processo de diversas demandas, a efetivação de ações de pré-executividade, ações de atentado, de antecipação de tutela, ações monitórias, intervenções de terceiro, *habeas corpus*, dentre outras, e não apenas de simples casos de pedidos de horas extras, férias ou mesmo de verbas rescisórias.

Mais, a presença da parte processual sem a presença do advogado na Justiça do Trabalho, mesmo que praticamente inexistente, na prática, nos mais distantes rincões brasileiros, significa, sem qualquer margem de dúvida, uma claríssima ofensa aos festejados princípios constitucionais do devido processo legal e da isonomia, seja em relação ao empregado, seja em relação ao empregador.

É crível aceitar, por exemplo, que um ex-empregado, possa conhecer do direito e da legislação, para contestar uma reconvenção ou uma exceção de incompetência em razão do lugar suscitadas pela empresa? Por outro lado, e a parte ré, poderia, com competência e conhecimento jurídico, oferecer uma defesa, suscitar a coisa julgada ou a prescrição total do direito de ação postulado?

Não restam dúvidas de que os exemplos acima elencados são cabais, quanto à real impossibilidade de aplicação do *jus postulandi*, no Judiciário trabalhista, pois os prejuízos processuais são concretos e inegáveis, para as partes.

Outra garantia constitucional afrontada pela ausência obrigatória do advogado é o descumprimento do princípio da "duração razoável do processo", fato que resulta, também, em obstar ou dificultar o acesso do cidadão à Justiça. Sem advogado o processo se torna mais moroso, trazendo prejuízo ao Judiciário, ao trabalhador e até mesmo ao empregador. Esse cenário, em diversas oportunidades acarreta a desistência de alguns autores que deixam de ajuizar suas ações na Justiça, ou outros que firmam acordos, alguns bastante lesivos a seus interesses e direitos.

Também os cofres públicos, pela eterna utilização do aparelho estatal, são onerados, demasiadamente, pela lenta tramitação processual, na esfera trabalhista.

Reconhecer honorários sucumbenciais ao trabalhador quando pleiteia e vence na Justiça comum, e não fazê-lo na Justiça do Trabalho, é de uma discriminação descomunal.

Por uma construção jurisprudencial restou assentado, segundo a ótica emanada do Tribunal Superior do Trabalho, pelas Súmulas ns. 219 e 329 daquela Corte, que apenas são devidos os honorários de sucumbência quando o autor estiver assistido pelo seu sindicato, e tiver auferido salário mensal inferior a dois salários mínimos ao longo de seu contrato de trabalho.

Cabe destacar que a inexistência de vedação em qualquer norma legal para o indeferimento da verba de sucumbência, na Justiça do Trabalho, essa sob o argumento de prevalência das Súmulas ns. 219 e 329 do TST não pode prosperar. Os arts. 14 e 16 da Lei n. 5.584/1970, ao contrário do que muitos lecionam, não traduzem óbice à condenação dos honorários, quando a assistência for efetivada por advogado diverso daquele que pertence ao quadro do Sindicato profissional da categoria do autor da demanda.

A interpretação literal e única daquela jurisprudência, por sinal inusitada, de que a assistência jurídica sindical não se confunde com o anacrônico instituto do *jus postulandi*, não vigora mais, pois a verba honorária é destinada ao Sindicato profissional e não ao advogado, ao arrimo do art. 14 da Lei n. 5.584/1970.

Com a abolição quase integral em todo o país da faculdade de a parte processual se fazer presente, na Justiça do Trabalho, sem a assistência de advogado, para a prática de variados atos processuais, não restam quaisquer dúvidas de que a legislação vigente, que trata da gratuidade de justiça, notadamente o § 3º do art. 790 da CLT, com redação dada pela Lei n. 10.537/2002, não possui qualquer vinculação com a assistência sindical, traduzindo-se em mais um sólido argumento legal, para o deferimento integral da verba honorária.

Até mesmo a extinção do juiz classista, com a vigência da Emenda Constitucional n. 29, de 13 de setembro de 2000, coloca mais uma pá de cal no art. 791 da CLT, porque, em tese, os representantes dos empregados e dos empregadores estavam assistindo às duas partes processuais, situação que deixou de existir há mais de 15 anos.

Com o advento da Emenda Constitucional n. 45, de 8 de dezembro de 2004, foi ampliada a competência da Justiça do Trabalho, e com isso nas relações de trabalho, como por exemplo, numa ação indenizatória, aplica-se a regra dos honorários advocatícios de sucumbência do processo civil, tendo inclusive o Tribunal Superior do Trabalho regulamentado tal previsão, por meio da Instrução Normativa 27, de 16 de fevereiro de 2005, consolidando ainda mais a segregação para com os advogados trabalhistas que patrocinam demandas oriundas das relações de emprego.

Se isso não bastasse, é válido notar que o *jus postulandi*, com a edição da Súmula n. 425 do Tribunal Superior do Trabalho, foi suprimido das demandas que tramitam no TST, restando sua observância na primeira e segunda instâncias dos Tribunais Regionais, excluindo sua aplicação em ações rescisórias e cautelares, além de mandados de segurança e dos recursos de competência do TST, entendimento, este que resulta numa enorme contradição, pois como explicar sua adoção parcial, na Justiça do Trabalho, do ponto de vista jurídico?

Por outro lado, é possível, face ao que dispõe o art. 769 da CLT, como aplicação subsidiária, na seara trabalhista, no acolhimento e adoção dos arts. 389 e 404 do novo Código Civil nas ações trabalhistas versando sobre relação de emprego, com a condenação do vencido ao pagamento de indenização por perdas e danos, o que abrange, induvidosamente, os honorários advocatícios laborais.

Ao se aplicar os aludidos dispositivos do Código Civil na seara trabalhista, não há margem de dúvida quanto à existência de um custo monetário, para a parte processual credora, ao contratar um advogado, visando à propositura de demanda, além de toda prática de atos, no curso do processo, visando à reparação de lesões praticadas pelo devedor, o ex-empregador, no curso da relação de emprego, ao deixar de quitar os direitos do ex-empregado.

Com tantos e relevantes argumentos constitucionais, legais e jurídicos tudo isso já seria suficiente para decretar a derrocada definitiva do jurássico *jus postulandi*. Para dificultar ainda mais a situação do leigo, foi implantado o Processo Judicial Eletrônico na Justiça do Trabalho, o que significa uma verdadeira pá de cal, e de maneira definitiva, para aqueles que ainda possam defender a faculdade de a parte processual atuar, sem a assistência de advogado porque, não se tem notícias de petições iniciais, contestações, recursos ou quaisquer medidas legais e processuais, sendo digitalizadas pelas partes do processo trabalhista no já famoso PJe.

Cabe ressaltar, por relevante, os trabalhos desenvolvidos sobre a matéria na Comissão de Estudos sobre Honorários de Sucumbência na Justiça do Trabalho, criada, em 2007, na OAB, Seccional RJ, na presidência do Dr. Wadih Damous, na qual figuraram ilustres advogados e juristas, do porte do saudoso ex-Ministro Arnaldo Süssekind, coautor na elaboração da CLT, que, em conjunto com uma figura emblemática da Justiça do Trabalho, Dr. Benedito Calheiros Bomfim, constituiu a referida comissão. A comissão elaborou um anteprojeto de lei, que se tornou o PL n. 5.452/2009, depois acoplado ao Substitutivo ao PL n. 3.392/2004, já aprovado pela CCJC da Câmara dos Deputados, em novembro de 2011, cujo relator foi o Deputado Hugo Leal (PROS-RJ), que estabelece a indispensabilidade do advogado, com a revogação do *jus postulandi* e a concessão de honorários de sucumbência na Justiça do Trabalho.

Toda a advocacia trabalhista, aliás, toda a comunidade jurídica e a sociedade brasileira aguardam, com bastante esperança e ansiedade, a aprovação definitiva do Substitutivo ao Projeto de Lei n. 3.392/2004, em tramitação no Senado Federal. Com a vigência do Novo Código de Processo Civil/2015 e a sua compatibilidade na aplicação subsidiária ao processo do trabalho estará sendo reparada uma histórica injustiça e inequívoca discriminação praticada com os advogados trabalhistas do país.

2. NATUREZA JURÍDICA DOS HONORÁRIOS JUDICIAIS DO ADVOGADO

A prestação de serviço profissional executada assegura ao advogado devidamente constituído o direito aos honorários contratados ou os fixados pela legislação vigente.

O princípio da sucumbência surgiu e foi adotado pela 1ª vez no Brasil com a entrada em vigor da Lei n. 4.215, de 1963 e, posteriormente, com a promulgação do Código de Processo Civil de 1973 (Lei n. 5.869/1973, art. 20).

No citado artigo o legislador estabeleceu que na sentença será condenado o vencido a pagar ao vencedor as despesas processuais que antecipou e os honorários advocatícios, acrescentando em 1976 a verba honorária também nos casos em que o advogado funciona em causa própria.

Vale destacar que após longo período de teses divergentes quanto à destinação dos honorários judiciais, cuja posição do Supremo Tribunal Federal (STF) era inclusive no sentido de conceder tal verba à parte e não ao profissional de direito ao entender que o advogado, não é titular de direito material afetado pelo julgado que fixa o valor da condenação honorária, fazendo desse pagamento uma penalidade ao vencido com intuito de minimizar as despesas do vencedor com a contratação de um advogado. Nesta teoria, os honorários se equipararam às denominadas "despesas processuais", tornando os *honorários* espécie deste gênero (despesas processuais).

O Estatuto da Advocacia e da OAB, no entanto, ao ser promulgado, estabeleceu expressamente e de maneira literal um entendimento diverso, isto é, definiu que "nas causas em que for parte o empregador, ou pessoa por este representada, os honorários de sucumbência são devidos aos advogados empregados" (Lei n. 8.906/1994, art. 21).

Diante disso, restou evidenciado que os honorários pertencem ao advogado, independentemente de fixação contratual ou convenção, não se destinando à parte litigante vencedora.

Com o Novo Código de Processo Civil (Lei n. 13.105/2015), foi definitivamente eliminada a discussão sobre a natureza jurídica da verba honorária e seu destinatário.

Para ilustrar a temática, basta fazer a leitura do art. 85 do Novo Código de Processo Civil que impõe ao julgador constar na sentença a condenação do vencido a pagar honorários ao advogado do vencedor (NCPC, art. 85, *caput*).

Por outro lado, se os honorários pagos ao advogado empregado não possuíam, em entendimento pacificado, natureza salarial, seja porque não pagos pelo empregador, seja porque não enquadrados como gorjetas (CLT, art. 457), o CPC de 2015 sedimentou outra questão de suma importância para os advogados.

O legislador, concedendo natureza alimentar e privilégios que equiparam os honorários do advogado aos créditos oriundos da legislação trabalhista (NCPC, art. 85, § 14), facilitou a sua cobrança diante das vantagens verificadas nos créditos com essa natureza jurídica.

Por conseguinte, definitivamente, a parte litigante vencedora, ainda que empregadora, não deve ser intermediária ou fonte pagadora dos honorários de sucumbência do advogado, mesmo que este seja seu empregado.

A nova legislação processual eliminou qualquer discussão teórica quanto ao beneficiário dos honorários advocatícios de sucumbência ou fixados no processo judicial e definiu sua natureza jurídica em manifesta vantagem ao profissional de direito a quem a verba é destinada.

3. VANTAGENS INSTITUÍDAS E QUANDO SÃO DEVIDOS OS HONORÁRIOS ADVOCATÍCIOS

O novo Código de Processo Civil de 2015 ampliou e introduziu inúmeras novidades sobre honorários advocatícios.

A matéria envolvendo o pagamento assegurado ao advogado em decorrência de situações definidas na legislação processual civil sancionada em 2015 (Lei n. 13.105/2015) trouxe grandes transformações seja na valorização do exercício profissional do advogado, seja de maneira indireta na celeridade e efetividade processual características constitutivas da nova estrutura da legislação processual moderna, seja ao ser utilizado na sucumbência recursal como desestímulo aos recursos infundados ou meramente procrastinatórios.

Para melhor exame da questão, devem ser destacadas as mudanças introduzidas no novo Código de Processo Civil relativamente aos honorários advocatícios, a seguir observadas:

3.1. Caução de autor residente fora do país

O autor, brasileiro ou estrangeiro, que residir fora do Brasil ou deixar de residir no país no curso do processo e não tiver bens imóveis no Brasil que lhe assegurem o pagamento das custas processuais e dos honorários do advogado da parte contrária nas ações que propuser, prestará caução das referidas custas e honorários (NCPC, art. 83, *caput*).

Essa exigência não se aplica quando houver dispensa de tal garantia em acordo ou tratado internacional de que o Brasil faça parte, na execução fundada em título extrajudicial e no cumprimento de sentença ou na reconvenção (NCPC, art. 83, § 1º, I, II e III).

3.2. Fixação na sentença

A sentença deverá conter a condenação da parte vencida a pagar honorários ao advogado da litigante vencedora (NCPC, art. 85, *caput*).

3.3. Devidos na reconvenção e no cumprimento da sentença

Os honorários do advogado da parte vencedora são devidos na sentença da reconvenção e no cumprimento da sentença, provisória ou definitiva, na execução, resistida ou não (NCPC, art. 85, § 1º).

3.4. Sucumbência recursal

São devidos honorários advocatícios nos recursos interpostos de forma cumulativa (NCPC, art. 85, § 1º). A soma da condenação em honorários advocatícios não poderá, no entanto, ultrapassar 20% (vinte por cento) sobre o valor da condenação (NCPC, art. 85, § 2º). É oportuno destacar que o tribunal, ao julgar o recurso interposto, aumentará os honorários fixados anteriormente levando em conta o trabalho adicional do advogado, realizado em grau de recurso, respeitado o limite máximo de 20% (vinte por cento) sobre o valor da condenação (NCPC, art. 85, § 11).

3.5. Limites da fixação percentual

Os honorários serão fixados pelo juiz, observando-se o mínimo de 10% (dez por cento) e o máximo de 20% (vinte por cento) sobre o valor da condenação, do proveito econômico obtido na ação ou, não sendo possível mensurar tal resultado, sobre o valor arbitrado e atribuído à causa, devidamente atualizado (NCPC, art. 85, § 2º), devendo o juiz observar o grau de zelo profissional do advogado, o local da prestação do serviço profissional, a natureza e a importância da causa, o trabalho realizado e o tempo exigido para o seu serviço (NCPC, art. 85, § 2º, I, II, III e IV).

3.6. Fazenda Pública

Nas ações em que a Fazenda Pública for parte, a fixação dos honorários observará a seguinte tabela, os percentuais e os critérios abaixo indicados:

> I – mínimo de dez e máximo de vinte por cento sobre o valor da condenação ou do proveito econômico obtido até 200 (duzentos) salários mínimos;
>
> II – mínimo de oito e máximo de dez por cento sobre o valor da condenação ou do proveito econômico obtido até 2.000 (dois mil) salários mínimos;
>
> III – mínimo de cinco e máximo de oito por cento sobre o valor da condenação ou do proveito econômico obtido acima de 2.000 (dois mil) salários mínimos até 20.000 (vinte mil) salários mínimos;
>
> IV – mínimo de três e máximo de cinco por cento sobre o valor da condenação ou do proveito econômico obtido acima de 20.000 (vinte mil) salários mínimos até 100.000 (cem mil) salários mínimos;
>
> V – mínimo de um e máximo de três por cento sobre o valor da condenação ou do proveito econômico obtido acima de 100.000 (cem mil) salários mínimos;
>
> Em qualquer das hipóteses acima:
>
> I. Os percentuais previstos nos incisos I a V devem ser aplicados desde logo, quando for líquida a sentença;
>
> II. Não sendo líquida a sentença, a definição do percentual, nos termos previstos nas hipóteses acima, somente ocorrerá quando liquidado o julgado;
>
> III. Não havendo condenação principal ou não sendo possível mensurar o proveito econômico obtido, a condenação em honorários observará o valor atualizado da causa;
>
> IV. Será considerado o salário mínimo vigente quando prolatada sentença líquida ou o que estiver em vigor na data da decisão de liquidação.
>
> Quando, conforme o caso, a condenação contra a Fazenda Pública ou o benefício econômico obtido pelo vencedor ou o valor da causa for superior ao montante de 200 (duzentos) salários mínimos, a fixação do percentual de honorários deve observar a faixa inicial e, naquilo que a exceder, a faixa subsequente, e assim sucessivamente.
>
> Os limites e critérios previstos de 10% a 20% do valor da condenação aplicam-se independentemente de qual seja o conteúdo da decisão, inclusive aos casos de improcedência ou de sentença sem resolução de mérito.
>
> Não serão devidos honorários no cumprimento da sentença contra a Fazenda Pública que enseje expedição de precatório, desde que não tenha sido impugnada (NCPC, art. 85, §§ 3º a 7º).

3.7. Inestimável ou irrisório o valor da condenação

Nas causas em que for inestimável ou irrisório o proveito econômico ou, ainda, quando o valor da causa for muito baixo, o juiz fixará o valor dos honorários por apreciação equitativa, observando o trabalho do advogado de acordo com o disposto nos incisos do § 2º do art. 85, prestigiando, portanto, a atuação do advogado, independentemente do valor ou proveito econômico resultante da ação (NCPC, art. 85, § 8º).

3.8. Ação com indenização por ato ilícito e perda do objeto

Na ação de indenização por ato ilícito contra pessoa, o percentual de honorários incidirá sobre a soma das prestações vencidas acrescida de 12 (doze) prestações vincendas (NCPC, art. 85, § 9º). Nos casos de perda superveniente do objeto da ação, os honorários serão devidos por quem deu causa ao processo (NCPC, art. 85, § 10).

3.9. Sucumbência recíproca

O Novo Código de Processo Civil estabelece vedação à compensação de honorários advocatícios nos casos em que ocorre sucumbência parcial (NCPC, art. 85, § 14), eliminando, consequentemente, um equivocado entendimento jurisprudencial que admitia a compensação não mais admitida. Com isso, fica superada a tese consagrada na Súmula n. 306, do STJ.

3.10. Cumulatividades e outras novidades peculiares

A seção que disciplina as DESPESAS, HONORÁRIOS E MULTAS também, em síntese, aditaram ao *novo* Código de Processo Civil (Lei n. 13.105/2015) inovações que marcam uma nova fase processual cujo destaque à advocacia é relevante.

Além das novidades já citadas é importante realçar outras que igualmente merecem relevo.

Nesse sentido, ressalta-se que os honorários advocatícios são cumuláveis com multas e outras sanções processuais (NCPC, art. 85, § 12), são devidas ao advogado que atuar em causa própria (NCPC, art. 85, § 17) e podem ser revertidas em favor da sociedade de advogados na qual o advogado beneficiário da verba honorária compuser na condição de sócio (NCPC, art. 85, § 15).

Quando os honorários forem fixados em quantia certa, os juros moratórios incidirão a partir da data do trânsito em julgado da decisão (NCPC, art. 85, § 18) e se não constarem da decisão transitada em julgado, a omissão deve ser sanada por ação autônoma que objetive a definição e cobrança dos referidos honorários (NCPC, art. 85, § 18).

No cumprimento da sentença, além dos honorários atribuídos ao advogado no processo de conhecimento, quando não ocorrer o pagamento voluntário pelo devedor o valor da condenação, no prazo de 15 (quinze) dias, passará a ter expressamente o acréscimo de 10% (dez por cento) de honorários advocatícios (NCPC, art. 523, § 1º).

O mesmo será aplicado ao procedimento do cumprimento provisório da sentença (NCPC, art. 520, § 2º c/c art. 527).

Outra novidade no novo CPC é a extensão aos advogados públicos da percepção dos honorários de sucumbência (NCPC, art. 85, § 19).

3.11. Honorários na execução por quantia certa

No capítulo que trata da "Execução por Quantia Certa" o juiz ao despachar a petição inicial da execução deverá fixar os honorários advocatícios em 10% (dez por cento) da condenação, a ser pago pela parte executada (NCPC, art. 827).

Na hipótese de integral pagamento da condenação no prazo de 3 (três) dias, o valor dos honorários advocatícios será reduzido pela metade (NCPC, art. 827, § 1º).

Por outro lado, o valor da verba honorária, no entanto, poderá ser elevado até 20% (vinte por cento) quando rejeitados os embargos à execução, podendo essa majoração ser paga ao final do procedimento executivo caso não haja oposição de embargos, levando-se em conta o trabalho realizado pelo advogado do exequente (NCPC, art. 827, § 2º).

4. A GRATUIDADE NA JUSTIÇA DO TRABALHO COM A ADOÇÃO DO NOVO CPC

A gratuidade da Justiça no novo Código de Processo Civil de 2015 trouxe em seu contexto importantes novidades a partir de estudos e entendimentos jurisprudenciais fixados nos tribunais brasileiros.

Vale destacar que a gratuidade da justiça não era tratada no CPC de 1973, sendo, neste aspecto, novidade a sua inclusão na legislação processual civil de 2015.

A crítica que se faz ao tema está no seu título ou denominação no texto legal, porquanto não se trata de *gratuidade*, mas exclusivamente de dispensa do adiantamento de despesas processuais, custas etc.

Compreende a "gratuidade da justiça", na forma prevista no novo Código de Processo Civil a dispensa ou isenção do seguinte (NCPC, art. 98, § 1º):

I. As taxas ou as custas judiciais;

II. Os selos postais;

III. As despesas com publicações na imprensa oficial, dispensando-se a publicação em outros meios;

IV. A indenização devida à testemunha que, quando empregada, receberá do empregador salário integral, como se em serviço estivesse;

V. As despesas com a realização de exame de código genético – DNA e de outros exames considerados essenciais;

VI. Os honorários do advogado e do perito e a remuneração do intérprete ou do tradutor nomeado para apresentação de versão em português de documento redigido em língua estrangeira;

VII. O custo com a elaboração de memória de cálculo, quando exigida para instauração da execução;

VIII. Os depósitos previstos em lei para interposição de recurso, para propositura de ação e para a prática de outros atos processuais inerentes ao exercício da ampla defesa e do contraditório;

IX. Os emolumentos devidos a notários ou registradores em decorrência da prática de registro, averbação ou qualquer outro ato notarial necessário à efetivação de decisão judicial ou à continuidade de processo judicial no qual o benefício tenha sido concedido.

Sobre o tema da gratuidade da justiça cabe destacar algumas importantes questões.

1. Beneficiários: Concede o novo Código de Processo Civil a gratuidade da justiça a toda pessoa natural ou jurídica, brasileira ou estrangeira, com insuficiência de recursos para pagar as custas, as despesas processuais e os honorários advocatícios (NCPC, art. 98, *caput*).

A maior novidade é a inclusão expressa da pessoa jurídica como beneficiária da gratuidade em exame, embora a jurisprudência dos tribunais já concedesse esse enquadramento ampliativo, desde que demonstrada a impossibilidade econômica/financeira em arcar com os encargos processuais (Súmula n. 481, STJ).

2. Sucumbência: a concessão do benefício da gratuidade da justiça prevista no novo CPC não afasta, no entanto, a responsabilidade da parte litigante pelas despesas processuais e honorários advocatícios decorrentes de sua sucumbência (NCPC, art. 98, § 2º).

As obrigações decorrentes da sucumbência da parte vencida ficarão sob condição suspensiva de exigibilidade e somente poderão ser executadas se, nos 5 (cinco) anos subsequentes ao trânsito em julgado da decisão que as certificou, o credor demonstrar que deixou de existir a situação de insuficiência de recursos que justificou a concessão de gratuidade do litigante sucumbente na demanda.

Passado o prazo de 5 (cinco) anos do trânsito em julgado da sentença acima descrito, extinguirão as obrigações do beneficiário (NCPC, art. 98, § 3º).

3. Extensão da gratuidade: o benefício pode ser concedido em relação a todos ou a alguns atos processuais ou mesmo reduzir os percentuais de despesas processuais que o beneficiário tiver de adiantar no curso do procedimento (NCPC, art. 98, § 5º).

A concessão de gratuidade não afasta o dever de o beneficiário pagar, ao final, as multas processuais que lhe sejam impostas (NCPC, art. 98, § 4º). O juiz poderá, conforme o caso da parte litigante, conceder direito ao parcelamento de despesas processuais que o beneficiário tiver de adiantar no curso do procedimento (NCPC, art. 98, § 6º).

4. Pedido e indeferimento do benefício: o pedido de gratuidade da justiça pode ser formulado na petição inicial, na contestação, na petição de ingresso de terceiro no processo ou em recurso (NCPC, art. 99, *caput*). Se superveniente à primeira manifestação da parte na instância, o pedido poderá ser formulado por petição simples, nos autos do próprio processo. O pedido não suspenderá o curso do processo (NCPC, art. 99, § 1º).

O juiz somente poderá indeferir o pedido se houver nos autos elementos que evidenciem a falta dos pressupostos legais para a concessão da gratuidade pretendida devendo, antes de indeferir o pedido, determinar à parte a comprovação do preenchimento dos referidos pressupostos (NCPC, art. 99, § 2º).

5. Gratuidade deferida em recurso: requerida a concessão de gratuidade da justiça em recurso, o recorrente estará dispensado de comprovar o recolhimento do preparo, incumbindo ao relator, nesse caso, apreciar o requerimento e, se indeferi-lo, fixar prazo para realização do recolhimento para evitar a deserção do recurso (NCPC, art. 99, § 7º).

6. Pessoalidade na gratuidade da justiça e a assistência do advogado particular: o direito à gratuidade da justiça é pessoal, não se estendendo a litisconsorte ou sucessor do beneficiário, salvo em casos especiais, mediante requerimento e deferimento expressos (NCPC, art. 99, § 6º).

A assistência do requerente por advogado particular não impede a concessão da gratuidade da justiça como era entendido por alguns que negavam o benefício sob esse argumento (NCPC, art. 99, § 4º).

7. Impugnação ao pedido de gratuidade da justiça e os efeitos de sua revogação: deferido o pedido, a parte contrária poderá oferecer impugnação na contestação, na réplica, nas contrarrazões de recurso ou, nos casos de pedido superveniente ou formulado por terceiro, por meio de petição simples, a ser apresentada no prazo de 15 (quinze) dias, nos autos do próprio processo, sem suspensão de seu curso (NCPC, art. 100, *caput*). Revogado o benefício, a parte arcará com as despesas processuais que tiver deixado de adiantar e pagará, em caso de má-fé, até o décuplo de seu valor a título de multa, que será revertida em benefício da Fazenda Pública estadual ou federal e poderá ser inscrita em dívida ativa (NCPC, art. 100, parágrafo único).

Com o indeferimento do pedido de gratuidade, ou a sua revogação, após ser acolhida deve ser objeto de recurso que se suceder ao ato decisório de indeferimento (recurso ordinário, recurso de revista etc.).

Caso não haja recurso próprio, a parte deverá impetrar mandado de segurança ou outra medida judicial observando a peculiaridade da situação processual e o Regimento Interno do Tribunal (TRT, TST, STJ ou STF).

Não se aplica ao processo trabalhista o disposto no *caput* do art. 101, do Novo Código de Processo Civil/2015 relativamente à questão recursal nela prevista, isto é, a interposição de agravo de instrumento.

Na interposição de recurso que antecede o julgamento da gratuidade, o recorrente estará dispensado do recolhimento de custas até decisão do relator sobre a questão, preliminarmente ao julgamento do recurso (NCPC, art. 101, § 1º).

Confirmada a denegação ou a revogação da gratuidade, o relator ou o órgão colegiado determinará ao recorrente o recolhimento das custas processuais, no prazo de 5 (cinco) dias, sob pena de não conhecimento do recurso (NCPC, art. 101, § 2º).

5. CONSIDERAÇÕES FINAIS

A legislação processual trabalhista (CLT, art. 769) dispõe que nos casos omissos o direito processual comum será fonte subsidiária do Direito Processual do Trabalho, exceto naquilo em que for incompatível com as normas previstas para disciplinar o processo do trabalho.

Como toda matéria inovadora, a aplicabilidade das normas disciplinadoras dos honorários advocatícios e da gratuidade da justiça previstas no novo Código de Processo Civil (Lei n. 13.105/2015), deverão sofrer grandes discussões e divergências, especialmente daqueles que entendem que a adoção na Justiça do Trabalho das normas processuais comuns estão em dissonância com os princípios e regras do processo trabalhista.

Por outro lado, é oportuno salientar que não há previsão na Consolidação das Leis do Trabalho (CLT) acerca dos honorários judiciais advocatícios e da gratuidade da justiça, aplicando-se, no caso, normas supletivas e subsidiárias.

Diante disso, e mesmo considerando a possibilidade de um pronunciamento formal do Tribunal Superior do Trabalho ou mesmo sanção de normas que aguardam votação no Congresso Nacional brasileiro, as regras previstas no Novo Código de Processo Civil promulgado pela Lei n. 13.105/2015, relativamente aos honorários de advogado e à gratuidade da justiça são perfeitamente justificáveis em virtude da total compatibilidade dos princípios utilizados nas lacunas de proteção previstas na legislação processual do trabalho e podem ser adotadas na Justiça do Trabalho imediatamente.

REFERÊNCIAS BIBLIOGRÁFICAS

BOMFIM, Benedito Calheiros. Palestra proferida no *I Seminário sobre Honorários Advocatícios de Sucumbência na Justiça do Trabalho*, realizado no dia 17 de abril de 2008, na OAB/RJ.

MARINONI, Luiz Guilherme; ARENHART, Sérgio Cruz; MITIDIERO, Daniel. *Código de Processo Civil Comentado*. 2. ed. São Paulo: Thomson Reuters/Revista dos Tribunais, 2016.

SCHIAVI, Mauro. *Manual de direito processual do trabalho*. 9. ed. São Paulo: LTr, 2015.

TEIXEIRA FILHO, Manoel Antônio. *Comentários ao novo Código de Processo Civil sob a perspectiva do processo do trabalho: (Lei n. 13.105, 16 de março de 2015)*. São Paulo: LTr, 2015.

WAMBIER, Teresa Arruda Alvim; CONCEIÇÃO, Maria Lúcia Lins; RIBEIRO, Leonardo Ferres da Silva; TORRES DE MELLO, Rogério Licastro. *Primeiros comentários ao novo Código de Processo Civil – artigo por artigo*. São Paulo: Thomson Reuters/Revista dos Tribunais, 2015.

9

A Nova Dimensão de Eficácia da Coisa Julgada e seus Reflexos no Processo do Trabalho: Extensão de Efeitos a Terceiros e Absorção de Questões Incidentais

CLAUDIMIR SUPIONI JUNIOR

Doutorando, mestre e especialista em direito do trabalho. Professor nos cursos de graduação e pós-graduação em Direito da Universidade Católica de Santos (Unisantos). Professor-assistente nos cursos de graduação e pós-graduação lato sensu (especialização) em Direito da Pontifícia Universidade Católica de São Paulo (PUC/SP). Professor-convidado nos cursos de pós-graduação lato sensu (especialização) das Faculdades Integradas Antônio Eufrásio de Toledo (Unitoledo), da Universidade Metodista de Piracicaba (Unimep), da Escola Superior de Advocacia (ESA/SP) e da Associação dos Advogados de São Paulo (AASP).

INTRODUÇÃO

A coisa julgada é o fenômeno que estabiliza a sentença de mérito, tornando-a insuscetível de modificação na mesma relação processual (coisa julgada formal) e imunizando-a contra nova demanda que pretenda rediscutir o mesmo conflito de interesses (coisa julgada material). Trata-se de um instituto constitucional (CF, art. 5º, XXXVI) que "nasce do processo e depois volta ao processo para limitar o exercício da jurisdição em relação à mesma causa [...] em nome de um valor de elevadíssimo grau nas democracias modernas, que é a *segurança jurídica*" (Dinamarco, 2009, p. 300-302).

A ordem jurídica é composta pelo acervo de normas gerais e abstratas organizadas em um sistema; acervo que é continuamente alimentado por novos preceitos editados pelo poder estatal competente. Além das normas gerais e abstratas produzidas pelo legislador, o juiz, ao proferir uma sentença, produz uma norma jurídica concreta e particular destinada a resolver o litígio que as partes lhe submeteram. A sentença, a partir do ordenamento posto, cria uma moldura normativa que declara o direito do autor ou do réu, constitui, desconstitui ou modifica relações obrigacionais, veicula uma ordem condenatória, enfim, promove a passagem do Direito do plano abstrato para o plano real da causa.

A produção contínua de normas jurídicas confere ao Direito um caráter dinâmico e cambiante em que o tempo constitui um vetor de impermanência. A essa condição, opõe-se o problema da segurança jurídica e a consequente necessidade de conferir estabilidade ao Direito. Nesse contexto, "a coisa julgada é um dos institutos que, ao garantir a segurança contra a entropia temporal, está inserida no rol de direitos fundamentais" (Ferraz Júnior, 2014, p. 11-15).

Tal como repousa em sua definição legal, a coisa julgada é a autoridade que torna imutável e indiscutível a decisão de mérito não mais sujeita a recurso.

O novo Código de Processo Civil (CPC/2015) criou uma nova disciplina para o instituto, alargando notavelmente as dimensões objetiva e subjetiva da coisa julgada. As alterações promovidas pela nova Lei Processual têm aplicação direta sobre o Processo do Trabalho, na medida em que não se observa na legislação trabalhista qualquer regulação do fenômeno da *res judicata* (CLT, art. 769).

O Código de Processo Civil anterior (CPC/1973), forjado na tradição individualista do direito privado, adota o postulado de que a lide e seus efeitos circunscrevem-se aos litigantes, daí porque a autoridade da sentença jamais se projeta em prejuízo ou benefício de terceiros. Esse paradigma restritivo dos efeitos da sentença também se observa no ponto em que o CPC/1973 afirma que a *auctoritas res judicatae* recai apenas sobre a matéria principal de mérito decidida – o dispositivo da sentença – não atingindo a *ratio decidendi* ou as demais questões decididas incidentalmente.

O CPC/2015 altera consideravelmente tal disciplina ao permitir a extensão dos efeitos da coisa julgada a terceiros e ao prever a possibilidade de a *res judicata* incidir sobre as questões incidentais resolvidas na ação.

A coisa julgada, a autoridade que torna imutável a norma jurídica concreta produzida pelo juiz na sentença, opera efeitos em duas dimensões. Em sua concepção negativa, a coisa julgada impede que o mesmo conflito de interesses seja reexaminado pelo Judiciário, ainda que em ação posterior. Já em seu contexto positivo, a coisa julgada corresponde à estabilização da moldura normativa criada pela sentença de modo a torná-la insuscetível de nova discussão, ainda que em uma nova ação com características distintas da primeira. Em sua dimensão negativa, a coisa julgada impede que a mesma ação seja reproposta; em sua dimensão positiva, consolida o comando jurisdicional de forma que ele projete efeitos sobre outra ação, ainda que esta não seja idêntica à primeira.

O efeito negativo da coisa julgada se opera diante de ações que se relacionam entre si por um critério de tríplice identidade: (i) mesmas partes, (ii) mesma causa de pedir e (iii) mesmo pedido. Somente atrai o óbice da coisa julgada a demanda que guardar correspondência com ação anterior, já resolvida em definitivo, em todos esses aspectos. A coincidência parcial afasta a invocação do instituto, habilitando a nova ação a prosseguimento. Essa é fórmula que habita o CPC/1973 (art. 301, § 2º) e que, com idênticos contornos, ganhou nova residência no CPC/2015 (art. 337, § 2º).

A constatação da tríplice identidade representa um problema cuja solução nem sempre é simples, sobretudo quando a relação jurídica subjacente seja de trato continuado e prestação sucessiva, tais como são as relações de trabalho. O trabalhador que perde uma ação de equiparação salarial poderia propor nova ação, porém com a indicação de outro paradigma? O fato de apenas nominar outro modelo constitui realmente uma alteração na causa de pedir da ação? E em um caso de assédio moral, que se caracteriza justamente pela continuidade do acosso: o trabalhador derrotado em uma ação poderia posteriormente ajuizar outra, agregando outros fatos aos narrados na primeira demanda? Nesse caso, o juiz poderia somar as condutas agressivas veiculadas na primeira ação com outras condutas trazidas no segundo processo e entender que esse novo quadro, em seu conjunto, constitui um assédio moral? Mesmo se referidos comportamentos tivessem integrado uma ação anterior julgada improcedente?

São apenas alguns exemplos que demonstram a complexidade do problema. Entretanto, tendo em vista que o CPC/2015 não alterou a disciplina existente no CPC/1973 para a matéria, passaremos ao largo do problema. A proposta, nesse momento, é concentrar-nos nas novidades do novo Processo Civil. E elas somam em número e importância.

Antes de prosseguirmos, consideramos necessário fazer uma advertência ao leitor: essas linhas são escritas em uma época em que todas as opiniões a respeito do CPC/2015, que sequer teve sua vigência iniciada, são provisórias e, portanto, sujeitas à maturação – e modificações – que o tempo cuidará de provocar. Ainda não é tempo de se assumir posições definitivas sobre a nova Lei Processual.

1. O NOVO LIMITE SUBJETIVO DA COISA JULGADA: A PROJEÇÃO DE EFEITOS EM BENEFÍCIO DE TERCEIROS

A sentença, já dissemos, produz uma norma jurídica concreta e particular que se destina à solução do conflito derivado da relação jurídica havida entre as partes da ação. Como moldura normativa particular, a sentença não se habilita a produzir efeitos sobre outras relações individuais; sobre estas incide a moldura da norma jurídica geral e abstrata, até que uma das partes peça ao Judiciário a criação de um quadro obrigacional concreto e particular. A ação, portanto, produz uma relação que vincula apenas as partes e o órgão estatal investido na jurisdição. Visto dessa forma, é natural afirmar que a sentença – e aqui estamos nos referindo apenas às que são tiradas do contexto de um litígio individual – faz lei apenas entre as partes às quais é dada, não criando obrigações ou gerando direitos a terceiros.

Essa fórmula restritiva quanto aos efeitos subjetivos da coisa julgada foi adotada explicitamente pelo CPC/1973 ao afirmar que "a sentença faz coisa julgada às partes entre as quais é dada, não beneficiando, nem prejudicando terceiros" (art. 472).

O CPC/2015 não repetiu integralmente essa solução, o que pode representar uma importante alteração quanto ao alcance dos efeitos da coisa julgada. A comparação dos textos é um confortável ponto de partida para o estudo:

CPC/1973	CPC/2015
Art. 472. A sentença faz coisa julgada às partes entre as quais é dada, não beneficiando, nem prejudicando terceiros [...].	Art. 506. A sentença faz coisa julgada às partes entre as quais é dada, não prejudicando terceiros.

Como se observa, o CPC/2015 manteve a garantia de que a sentença proferida em uma ação não pode prejudicar outros que não as partes da própria demanda. Dissemos se tratar de uma garantia porque a proposta de proteger o terceiro – assim entendido o sujeito que não participou da ação, nem mesmo como litisconsorte – contra os efeitos da coisa julgada deflui diretamente das garantias fundamentais do devido processo legal e do contraditório e da ampla defesa, que têm assento permanente no art. 5º, LIV e LV, da CF de 1988. Todo cidadão que se vê diante de ameaça ao seu patrimônio jurídico tem garantido o acesso à Justiça e o direito de exercer de forma substancial as prerrogativas que lhe conferem o contraditório e a ampla defesa. É evidente que um terceiro, aquele que não participou da relação processual, não pode ter seus bens ou direitos atingidos por uma ação da qual não fez parte. Não poderia o CPC/2015 dispor de forma diferente.

O que merece atenção é uma supressão existente no CPC/2015. Enquanto o seu antecessor diz que a sentença não pode nem *beneficiar* nem *prejudicar* terceiros, a Lei Processual de 2015 fala apenas que a coisa julgada não pode *prejudicar* outrem, suprimindo do texto qualquer referência à impossibilidade de a sentença *beneficiar* outras pessoas. Analisado sob uma perspectiva exclusivamente gramatical, o CPC/2015 propõe que a sentença não pode prejudicar terceiros, nada mencionando quanto à possibilidade de ela vir a beneficiá-los.

Para Fredie Didier Junior (2015, p. 778), o CPC/2015 alterou o regime processual anterior, que vedava que a sentença produzisse qualquer efeito *ultra partes*, ou seja, tanto em prejuízo como em benefício de outros, por um novo modelo que assimila a "extensão benéfica da coisa julgada a terceiros". Para Fredie Didier Junior, houve uma alteração substancial em relação à matéria, uma "mudança bem oportuna".

Emprestando interpretação divergente, Nelson Nery Junior e Rosa Maria de Andrade Nery (2105, p. 1238) afirmam que o fato de o CPC/2015 vedar a extensão dos efeitos da coisa julgada apenas à hipótese de prejuízos de terceiros, sem fazer qualquer referência à possibilidade de beneficiá-los, não deve ser visto como uma alteração em relação à disciplina até então em vigor, uma vez que se a sentença projetar-se em benefício de alguém ela também estará, em contrapartida, projetando-se em prejuízo de outrem, o que ainda resta proibido. Além disso, os referidos autores afirmam que a norma processual possui clareza bastante ao limitar os efeitos da decisão às partes entre as quais é dada, o que confirmaria que o novo sistema processual continua a vedar a extensão dos efeitos da coisa julgada a terceiros, ainda que em seu benefício. Em síntese, Nelson Nery Junior e Rosa Maria de Andrade Nery sustentam que o art. 506 do CPC/2015 deve ser interpretado como uma norma que restringe os efeitos da sentença perante terceiros, seja para beneficiá-los ou para prejudicá-los.

Tais conflitos hermenêuticos, comuns nesses dias em que o CPC/2015 ainda se recobre por dúvidas, servem para confirmar a coragem dos autores pioneiros na interpretação da nova lei. Aqueles que os sucedem, como nós, já se defrontam com um terreno mais ou menos aplainado, o que lhes permite avançar um pouco mais no debate. É reconhecendo o trabalho já realizado por outros que acrescentamos alguns elementos que podem contribuir para a construção de uma correta compreensão do problema em estudo.

O art. 506 do CPC/2015 trata de duas dimensões diferentes da coisa julgada. Em sua primeira parte ("a sentença faz coisa julgada às partes entre as quais é dada"), a norma define aqueles que estão *vinculados à autoridade da res judicata*; já na segunda parte ("não prejudicando terceiros"), o dispositivo trata dos *efeitos que a decisão judicial pode produzir* perante outros que não as parte do processo. São fenômenos jurídicos distintos.

As partes da ação ficam definitivamente vinculadas à norma jurídica concreta e particular constituída pela sentença. Como dissemos linhas atrás, essa moldura normativa não incide diretamente sobre outras relações individuais, justamente por representar um quadro obrigacional específico e objetivo. Qualquer outra relação jurídica está vinculada à moldura da norma jurídica geral e abstrata até que sobre elas repouse a *auctoritas rei judicatae*.

Isso não significa que a sentença não produza efeitos perante terceiros. Luiz Guilherme Marinoni, Sérgio Cruz Arenhart e Daniel Mitidiero (2015, p. 629-632) exemplificam a distinção entre *sofrer os efeitos* da sentença e *ser atingido pela autoridade da coisa julgada* com a hipótese de uma ação de despejo: decretada a desocupação do imóvel, a família do locatário sofreria diretamente os efeitos da decisão, assim como eventual sublocatário regular que não tivesse sido citado da ação. São terceiros que sofrem imediatamente os efeitos da sentença, embora não estejam submetidos à autoridade da coisa julgada. No exemplo dado, os primeiros (a família do locatário) não seriam terceiros juridicamente interessados, razão pela qual sofrem apenas os efeitos naturais da sentença. Já o segundo (o sublocatário), seria um terceiro juridicamente interessado, o que o habilitaria a se opor judicialmente à ordem de desocupação. É a possibilidade de discutir a decisão – via embargos de terceiros, por exemplo – que faz com que o sublocatário não citado não seja atingido pela autoridade da coisa julgada, embora possa vir a sofrer seus efeitos.

O exemplo acima retrata a hipótese de um terceiro (o sublocatário) prejudicado pelos efeitos da sentença. Nesse aspecto, não houve qualquer alteração no sistema processual, pois o CPC/2015 repete a previsão de seu antecessor quanto à impossibilidade de a coisa julgada produzir efeitos *ultra partes* prejudiciais.

A mudança do CPC/2015 diz respeito à possibilidade de um terceiro ser *beneficiado* pelos efeitos da sentença, o que o CPC/1973 expressamente vedava. Essa vedação, contudo, já não era considerada como absoluta pela doutrina, pela jurisprudência e até mesmo pela legislação, que reconheciam a possibilidade de extensão benéfica da coisa julgada a terceiros. Um exemplo nítido está no Código Civil de 2002, que afirma que o julgamento favorável a um dos credores solidários aproveita aos demais (art. 274).

Outro exemplo – e aqui já cuidamos de trazer o tema ao campo do Direito do Trabalho – é o da chamada equiparação salarial em cadeia. A situação é bem conhecida: o trabalhador "A" promove ação postulando equiparação salarial a "B". A ação é julgada procedente e "A" passa a receber o mesmo salário que "B". Posteriormente, outro trabalhador ("C") resolve ajuizar demanda igual e aponta "A" como paradigma. Se esta ação for julgada procedente, ele terá direito ao mesmo salário que "A", incluindo-se as diferenças salariais relativas à equiparação a "B". Parece razoável afirmar que a sentença proferida na ação de "A" produziu efeitos em benefício de "C", ainda que de forma indireta.

Se a extensão dos efeitos da sentença em benefício de terceiros já era possível sob a vigência do CPC/1973, ainda que como exceção, no CPC/2015 ela passou a constituir uma regra. E esse foi o inequívoco objetivo do legislador.

O CPC/2015 resulta de projeto iniciado no Senado Federal (PLS n. 166/2010), que substituiu e incorporou diversos outros projetos de lei em tramitação. O texto final aprovado pelo Senado foi remetido à Câmara dos Deputados que, por sua vez, aprovou um texto substitutivo (PL n. 8.046/2010) que retornou ao Senado Federal (SCD n. 166/2010) para definitiva aprovação e encaminhamento ao Poder Executivo para sanção.

O texto inicialmente aprovado pelo Senado Federal repetia a fórmula empregada no CPC/1973, segundo a qual "a sentença faz coisa julgada às partes entre as quais é dada, não beneficiando nem prejudicando terceiros" (PLS n. 166/2010, art. 493).

Encaminhada a proposta legislativa à Câmara dos Deputados, esta instituiu uma "Comissão Especial para Emitir Parecer Sobre o Projeto de Lei n. 8.046, de 2010", que tomou a iniciativa de remover a expressão que vedava a extensão da coisa julgada para benefício de terceiros do texto do projeto. O relatório final da Comissão, subscrito pelo relator-geral, Dep. Paulo Teixeira, faz referência expressa à alteração do projeto em relação à extensão subjetiva da coisa julgada. Apesar do teor quase telegráfico, o relatório deixa claro que a Câmara dos Deputados fez uma opção: "Altera-se o art. 493. A coisa julgada pode beneficiar terceiros."

No substitutivo aprovado pela Câmara dos Deputados, o texto descansou em sua redação final: "a sentença faz coisa julgada às partes entre as quais é dada, não prejudicando terceiros" (PL n. 8.046/2010, art. 517). A única alteração promovida pelo Senado Federal foi na numeração do artigo.

Parece claro que o fato de o CPC/2015 omitir referência à impossibilidade de a coisa julgada produzir efeitos em benefício de terceiros não foi resultado de um descuido do legislador; ao revés, foi resultado de uma ação propositiva da Câmara dos Deputados que, conforme assentado no relatório de sua Comissão Especial, pretendeu conscientemente que a sentença viesse a produzir efeitos *ultra partes* em caráter benéfico.

É certo que no processo de interpretação da lei a vontade inicial daqueles que a produziram, a *mens legislatoris*, possui importância menor do que a vontade autônoma da própria lei, a *mens legis*. O objeto da interpretação é a *norma* e não a *vontade do legislador*. Entretanto, também parece certo que esse último dado não pode ser simplesmente ignorado no processo hermenêutico, sobretudo nos momentos de transição de um modelo normativo, como é o caso do CPC/1973, para um novo padrão legal substitutivo, caso do CPC/2015. Não é possível, pensamos, compreender totalmente o CPC/2015 sem traçar paralelos com o código anterior.

No caso específico do art. 506 do CPC/2015, pensamos que tanto a *mens legis* quanto a *mens legislatoris* convergem no sentido de reconhecer que os terceiros podem se beneficiar dos efeitos da coisa julgada. A respeito do alcance da norma, é de se notar que o texto legal poderia perfeitamente ter veiculado apenas a regra geral contida em sua primeira parte ("a sentença faz coisa julgada às partes entre as quais é dada"), o que tornaria implícita a ideia de que se a *auctoritas rei judicatae* recai apenas sobre as partes, é porque somente elas recebem os efeitos da *res judicata*. Entretanto, o texto normativo inclui um complemento ("não prejudicando terceiros") que assume os contornos de uma norma particular proibitiva. Se é verdade que toda norma particular proibitiva contém uma regra exclusiva de caráter permissivo, então seria possível afirmar que o art. 506 do CPC/2015 limita a projeção dos efeitos da sentença apenas para prejuízo de terceiros (regra particular proibitiva), permitindo, portanto, que terceiros sejam beneficiados pela coisa julgada (regra geral permissiva).

A afirmação de que a existência de um terceiro beneficiado pela sentença implica na existência de alguém prejudicado por ela – situação esta que continuaria vedada pelo CPC/2015 – não nos parece corretamente formulada. O novo Código impede que *terceiros* sejam prejudicados pela sentença, mas não impede, porque seria teratológico se o fizesse, que as próprias *partes* restem prejudicadas por ela. É perfeitamente possível que a sentença beneficie um terceiro em prejuízo apenas de uma das partes da ação. Os exemplos que serão vistos mais adiante estão nesse contexto.

Parece-nos, portanto, que o CPC/2015 introduziu uma regra segundo a qual os efeitos da sentença se projetam para além do campo de interesses das partes litigantes, estendendo-se a terceiros desde que para beneficiá-los.

A extensão subjetiva dos efeitos da coisa julgada já era praticada em determinadas situações, como nos exemplos rapidamente mencionados, e possuía até previsão legal autorizadora (CC, art. 274); isso sob a regulação de um código processual que expressamente afirma que a sentença não beneficia nem prejudica terceiros (CPC/1973, art. 472). Observa-se, então, que sob o império de um código que restringe totalmente os efeitos da sentença perante terceiros, a doutrina e a jurisprudência desenvolveram as possibilidades de eficácia *ultra partes* da *res judicata* ao seu limite. Embora freio, o CPC/1973 não foi capaz de conter totalmente os efeitos ultraprocessuais da coisa julgada.

E tal freio foi retirado, de forma consciente, por aqueles que detêm o legítimo poder democrático. Não se pode ignorar esse fato e interpretar o CPC/2015 como se ele reproduzisse os mesmos termos do CPC/1973. Cabe à doutrina compreender as mudanças ocorridas no sistema e desenvolver o novo padrão de eficácia subjetiva da coisa julgada. E esse padrão é mais amplo do que o sustentado pelo sistema anterior.

O Direito do Trabalho constitui um excelente campo de pesquisa para a nova dimensão de eficácia subjetiva da coisa julgada. É que as lides trabalhistas raramente estão inscritas apenas na esfera dos interesses privados dos litigantes diretos. A presença de terceiros interessados no resultado da demanda, direta ou indiretamente, é uma constante no Processo do Trabalho.

Um exemplo que pode ser sacado de imediato seria o de uma ação trabalhista com pedido de reconhecimento de vínculo de emprego julgada improcedente. Sob o CPC/1973, em tese nada impediria que o autor da ação ajuizasse outra demanda em face do Instituto Nacional do Seguro Social para ter esse período de vínculo de emprego reconhecido, na medida em que a Autarquia Previdenciária, na condição de terceiro, não poderia ser beneficiada ou prejudicada pela sentença trabalhista. É evidente que a decisão proferida na ação trabalhista seria utilizada como meio de prova e é bem possível que ela fosse recebida pelo juiz como um elemento fundamental para a formação de sua convicção. Não há dúvidas quanto a isso. No entanto, seria um problema relacionado à *prova* e não aos *efeitos da coisa julgada*.

Já sob a vigência do CPC/2015, o problema se desloca para os *efeitos da sentença* trabalhista. O novo Código, como visto, permite a extensão dos efeitos da coisa julgada em benefício de terceiros, o que permitiria ao Órgão Previdenciário opor o óbice da coisa julgada em relação à questão do vínculo de emprego. Nesse caso, o juiz da ação previdenciária ficaria impedido de reavaliar a matéria. A mudança é grande.

A Previdência Social, a Receita Federal e o Conselho Curador do FGTS são os primeiros nomes que vêm à mente quando pensamos em terceiros interessados em uma ação trabalhista. Mas e outros trabalhadores? Eles poderiam se beneficiar dos efeitos da sentença proferida em uma ação movida por um colega?

Antes de esboçarmos uma resposta para essa pergunta, é necessário compreender os limites *objetivos* da coisa julgada. Se ao falarmos em limites subjetivos estamos a nos referir ao problema de *quem* é afetado pelos efeitos da sentença, o problema agora é definir *o que* recebe o manto da *res judicata*. E nesse ponto o CPC/2015 também inovou.

2. A AMPLIAÇÃO DOS LIMITES OBJETIVOS DA COISA JULGADA: AS QUESTÕES PREJUDICIAIS DECIDIDAS INCIDENTALMENTE

A toda ação subjaz uma perturbação no equilíbrio dos interesses jurídicos dos litigantes. É o direito material das partes, em aparente colisão, que deflagra o mecanismo estatal de produção de uma norma jurídica individual e absoluta representada pela sentença. Nesse contexto, o processo é mero agente instrumental que organiza a passagem do Direito de uma ordem geral e abstrata para um objeto normativo específico e concreto.

Sendo a autoridade que torna imutável "a norma jurídica individualizada, construída para a solução de determinado caso" (Didier, 2015, p. 504), a coisa julgada repousa apenas sobre as questões de mérito, não abarcando questões de ordem processual debatidas na ação. Tal aptidão da *res judicata* sempre foi postulada pela doutrina e, nesse aspecto, o CPC/2015 cuidou de não deixar dúvidas.[1]

Feito esse primeiro recorte, avança-se para um problema mais complexo, que consiste em delimitar quais questões discutidas na ação restam, ao final, guarnecidas pelos efeitos da coisa julgada. A enunciação do problema já contém parte de sua resposta, pois ao falarmos em *delimitar*, já estamos antecipando que a coisa julgada não projeta efeitos sobre todas as questões debatidas na ação.

No ato de decidir, o juiz constrói um edifício racional que, partindo de premissas apresentadas pelas partes ou tiradas por ele próprio, se desenvolve como um complexo dialético em que sucessivas conclusões se encadeiam até a solução final do litígio. Em uma ação em que se discutem horas extras, por exemplo, o juiz transita por várias conclusões, como a de que o trabalhador cumpria um determinado horário de trabalho, a de que tal horário excedia a sua jornada normal, a de que não havia sistemas de compensação de horas, até a conclusão final de que o empregador deve ser condenado ao pagamento da remuneração pelas horas suplementares.

Essas diversas conclusões repousam sobre questões de fato e de direito que podem ter maior ou menor importância no alcance da solução final da causa. São questões incidentais efetivamente decididas pelo juiz, o que leva a indagar se sobre elas também repousa a autoridade da coisa julgada.

O CPC/2015 manteve a premissa contida no CPC/1973 de que não ficam submetidos à autoridade da coisa julgada (i) os motivos expostos na sentença, ainda que importantes para determinar o seu alcance, bem como (ii) a verdade dos fatos estabelecida como fundamento da decisão (art. 504, I e II). Portanto, o caminho lógico

---

(1) O CPC/2015 define como "coisa julgada material a autoridade que torna imutável e indiscutível a *decisão de mérito* não mais sujeita a recurso" (art. 502). A premissa de que as questões processuais não ficam submetidas à *auctoritas rei judicatae* é repetida no artigo subsequente que afirma que "a decisão que julgar total ou parcialmente *o mérito* tem força de lei nos limites da questão principal expressamente decidida" (art. 503).

percorrido pelo juiz no ato de decidir, o qual transpassa por questões fáticas e jurídicas, não está abrangido pela autoridade da coisa julgada. Esses elementos servem como motivação da decisão, não constituindo, portanto, o provimento jurisdicional final – este sim a efetiva moldura normativa apta a solucionar o conflito.

Daí porque o CPC/2015, corrigindo uma imprecisão no seu antecessor[2], afirma que a coisa julgada se opera "nos limites da questão principal expressamente decidida" (art. 503). Ao falar em questão principal, o CPC/2015 deixa claro que os fatos e fundamentos colhidos e as conclusões deixadas ao longo do caminho conducente ao provimento final não se submetem à autoridade da res judicata.

É possível, no entanto, que uma determinada questão incidental se oponha à questão principal como uma condicionante para que esta possa ser examinada. Conforme tal questão venha a ser decidida, o juiz pode ficar impedido de avançar e analisar o mérito do objeto central da ação, encerrando a relação jurídico-processual instaurada. Não se trata de uma controvérsia de natureza processual, mas sim de uma questão de mérito cuja existência ou inexistência pode impossibilitar que o juiz enfrente o conteúdo substantivo do pedido central. Trata-se, portanto, de uma *questão prejudicial de mérito*.

A questão prejudicial de mérito não se confunde com a questão incidental que tem o potencial de apenas influenciar o decreto de procedência ou improcedência da ação, a depender de como venha a ser decidida. É mais do que isso. É uma questão que prejudica a própria análise do mérito, o qual sequer chega a ser examinado – justamente por isso se lhe diz *prejudicial*. Linhas atrás, demos o exemplo de uma demanda na qual se discute o pagamento de horas extraordinárias. Questões como se o trabalhador realmente excedia sua jornada de trabalho ou se havia compensação de horários são importantes e vão direcionar o resultado final da questão principal – a condenação ao pagamento das horas extras. Essas questões não impedem que o mérito da ação seja analisado e julgado, apenas interferem na solução final da causa. Não são, portanto, questões prejudiciais de mérito.

Por outro lado, e ainda com o exemplo das horas extras em mente, imaginemos que o réu se defenda sustentando que jamais existira entre as partes uma relação de emprego, mas apenas um contrato de trabalho autônomo com retribuição financeira atrelada à entrega de determinado serviço. Nessa hipótese, a existência de um vínculo de emprego entre as partes constituiria uma questão prejudicial ao pedido de horas extras, pois se entre as partes não havia uma relação de trabalho subordinado, não haveria que se falar sequer em jornada de trabalho, quanto mais em horas suplementares. A ação seria julgada improcedente em razão da questão suscitada incidentalmente e o exame do mérito do pedido de horas extras (exercício de jornada adicional, ausência de compensação etc.) restaria prejudicado.

Como o exemplo acima deixa claro, somente a matéria incidental que possui o potencial de impedir o exame do mérito da pretensão principal deduzida em juízo constitui uma questão prejudicial. É relevante destacar que se essa questão for veiculada como um pedido do autor, ou mesmo como uma pretensão oposta pelo réu em reconvenção, ela não será considerada um simples incidente. Se o autor de uma ação trabalhista, por exemplo, incluir no rol de pedidos a declaração de vínculo de emprego, este provimento não seria considerado meramente incidental, mas sim a questão principal de um dos capítulos da ação, estando, portanto, submetida aos efeitos da res judicata.

O problema, então, é definir se a questão prejudicial de mérito decidida incidentalmente está sujeita à autoridade da coisa julgada. No exemplo do pedido de horas extras, a decisão que reconhece ou rejeita incidentalmente a declaração de vínculo de emprego se tornaria indiscutível em nova demanda?

O CPC/1973 adota a regra de que "a apreciação da questão prejudicial, decidida incidentemente no processo" não está sujeita aos efeitos da coisa julgada (art. 469, III). O antigo CPC, no entanto, afasta tal regra na hipótese de a parte interessada propor uma ação declaratória incidental postulando que o juiz decida por sentença a questão prejudicial da ação principal. Nessa hipótese, a decisão proferida na ação incidental também se revestiria da imutabilidade natural da res judicata (art. 470).

No entanto, se bem observado, não se trata verdadeiramente de uma exceção à regra de que a questão prejudicial decidida incidentalmente não está sujeita aos efeitos da coisa julgada. É que a questão veiculada em uma ação declaratória incidental é, na verdade, a questão principal dessa ação. A autoridade que torna imutável e indiscutível a decisão recairia sobre essa questão e, em razão da eficácia positiva da res judicata, ela projetaria efeitos sobre a ação principal. É possível então dizer que, nos domínios do CPC/1973, a questão prejudicial de mérito decidida incidentalmente jamais fica sujeita aos efeitos da *auctoritas rei judicatae*; apenas a questão central decidida é submetida a tal fenômeno – ainda que tal questão tenha sido resolvida em uma ação incidental.

A questão prejudicial de mérito tem, portanto, uma relevante nota que a distingue das demais questões de fato ou de direito debatidas na ação: ela envolve matéria

---

(2) O CPC/1973 afirma que "a sentença, que julgar total ou parcialmente a lide, tem força de lei nos limites da lide e das questões decididas" (art. 468). Embora tal disposição sugira grande abertura ao campo de irradiação dos efeitos da coisa julgada, ela deve ser analisada de forma associada ao subsequente art. 469, segundo o qual "não fazem coisa julgada [...] os motivos, ainda que importantes para determinar o alcance da parte dispositiva da sentença [e] a verdade dos fatos, estabelecida como fundamento da sentença".

cuja cognição poderia se dar em ação declaratória, tanto proposta de forma incidental como de forma autônoma. Assim, a questão prejudicial é a que diz respeito à existência ou inexistência de uma relação jurídica ou à autenticidade ou falsidade de um documento (CPC/1973, art. 4º). O CPC/2015 ampliou um pouco esse rol para incluir a discussão acerca do *modo de ser* de uma relação jurídica como hipótese autorizadora da ação declaratória (CPC/2015, art. 19).[3]

O CPC/2015 alterou de forma significativa o modelo de subordinação das questões prejudiciais aos efeitos da coisa julgada. E o ponto de partida da mudança é o fato de a nova Lei de Ritos ter suprimido qualquer referência à ação declaratória incidental, o que vem sendo entendido pela doutrina como a extinção dessa figura processual.

Pelo novo sistema, que não mais admite a ação declaratória incidental, as questões prejudiciais de mérito decididas incidentalmente, se observados alguns requisitos que serão vistos adiante, estarão plenamente sujeitas aos efeitos da coisa julgada, independentemente de qualquer requerimento específico da parte nesse sentido.

Como dito anteriormente, sob o CPC/1973 a autoridade da coisa julgada recai apenas sobre a questão principal decidida, ainda que tal decisão seja tomada em uma ação declaratória incidental. A inovação do novo Código está no fato de que as questões prejudiciais decididas de forma incidental – independentemente de ação declaratória - podem se recobrir da *auctoritas rei judicatae*.

Por um lado, atribuir às questões prejudiciais incidentais o *status* de coisa julgada pode implicar em maior celeridade processual, pois dispensa qualquer procedimento adicional, assim como evita que a mesma discussão se replique em ações subsequentes. Por outro lado, revestir uma questão incidental com a autoridade da *res judicata*, sobretudo em um ambiente em que terceiros podem dela se beneficiar, pode gerar enormes implicações à segurança jurídica.

O CPC/2015 equacionou essas preocupações delineando uma série de requisitos que devem ser observados para que a questão prejudicial decidida ganhe força de coisa julgada. Para ganhar a *auctoritas rei judicatae* (art. 503, §§ 1º e 2º):

    (a) a questão prejudicial deve ter sido decidida expressamente, não bastando que tenha sido analisada de forma implícita na ação;

    (b) o julgamento do mérito deve ser absolutamente dependente da resolução da questão prejudicial suscitada;[4]

    (c) deve ter havido contraditório prévio e efetivo a respeito da questão prejudicial, não valendo a confissão processual (revelia) como tal;

    (d) o juízo deve ter competência em razão da matéria e da pessoa para resolver tanto a questão prejudicial como a questão principal versada na ação;

    (e) não pode ter havido restrições probatórias ou limitações que tenham impedido o aprofundamento da análise da questão prejudicial.

Como se pode observar, para conceder a condição de coisa julgada à questão prejudicial incidental, o CPC/2015 exige que a matéria tenha sido objeto de cognição plena e precedida de efetivo contraditório em sua dimensão substantiva. Não sendo observado qualquer um desses requisitos, a questão não se revestirá da imutabilidade da *res judicata*, recebendo, portanto, o mesmo tratamento das demais questões de fato e de direito contidas na ação.

A verificação do cumprimento desses requisitos constitui um problema adicional. É certo que o juiz que vier a proferir a decisão da questão prejudicial incidental não vai, ao final, atestar se a seu respeito houve ou não formação de coisa julgada; aliás, sequer em relação à parte dispositiva da sentença de mérito isso é feito. Então, é intuitivo afirmar que essa análise competirá ao juiz que, em futura ação, vier a se deparar com a alegação de coisa julgada em relação à questão prejudicial decidida em demanda anterior. É na nova ação, naquela em que se pretende ver concretizados os efeitos da coisa julgada, que se procederá ao exame dos requisitos previstos no art. 503, §§ 1º e 2º, do CPC/2015 e, então, declarada a formação ou não da *res judicata* na ação anterior.

Assim, suscitada por uma das partes a existência de coisa julgada em relação a determinada matéria que fora veiculada em ação anterior como questão prejudicial, cabe à parte prejudicada pelos seus efeitos opor a objeção de impertinência (art. 503, § 1º, I), a objeção de ausência de contraditório (art. 503, § 1º, II), a objeção de incompetência (art. 503, § 1º, III) ou a objeção de cognição insuficiente (art. 503, § 2º) (Didier, 2015, p. 768-769). Acolhida uma das objeções, o juiz repelirá a tese de coisa julgada em relação à questão; rejeitada a alegação defensiva, o juiz considerará a matéria não sujeita a nova discussão ou modificação.

---

(3) Confira-se, a respeito, o Enunciado n. 437 do Fórum Permanente de Processualistas Civis realizado em Vitória (ES) entre os dias 1º e 3 de maio de 2015: "(arts. 503, § 1º, 19) A coisa julgada sobre questão prejudicial incidental se limita à existência, inexistência ou modo de ser de situação jurídica, e à autenticidade ou falsidade de documento. (Grupo: Sentença, coisa julgada e ação rescisória)."

(4) Por exemplo: o trabalhador ajuíza ação postulando diferenças de comissões ajustadas em contrato; em defesa, a reclamada alega que não havia relação de emprego entre as partes, mas contrato de representação comercial, de natureza cível. Nesse caso, o mérito da ação não é dependente da questão suscitada (vínculo de emprego), pois as comissões vindicadas ainda seriam devidas mesmo que entre as partes não tivesse existido uma relação de emprego. Nesse exemplo, a questão incidental relativa ao vínculo de emprego não ficaria acobertada pelo manto da coisa julgada.

E, nesse aspecto, é possível vislumbrar alguns problemas. Imaginemos que um juiz, sob o argumento de não ter havido contraditório efetivo, afaste a tese de coisa julgada em relação a uma determinada matéria que fora decidida incidentalmente em outra ação. Essa decisão, por sua vez, constituiria uma nova questão prejudicial incidental e, portanto, estaria sujeita aos efeitos da *res judicata*? E se outro juiz, em outra ação, entender de forma contrária, isto é, rejeitar a objeção de ausência de contraditório e declarar a matéria indiscutível? Como conciliar tais decisões?

Nessa fase em que todas as opiniões ainda são interinas, chega a ser aventureiro propor uma resposta para tais perguntas. Deixemos que a dinâmica jurídica cuide desses problemas para nos concentrarmos nos efeitos da nova disciplina da coisa julgada no Processo do Trabalho.

3. A NOVA DISCIPLINA DA COISA JULGADA E O PROCESSO DO TRABALHO. HIPÓTESES

Nos capítulos precedentes, constatamos importantes alterações no CPC/2015 em relação às duas dimensões de eficácia da coisa julgada. A respeito de sua dimensão subjetiva, a nova Lei Processual admite que a sentença produza efeitos *ultra partes* para beneficiar terceiros (art. 506); já quanto ao seu plano objetivo, a autoridade da *res judicata* passa a recair também sobre as questões prejudiciais de mérito decididas incidentalmente na ação (art. 503, § 1º).

A conjugação desses dois planos de eficácia da coisa julgada tem o potencial de produzir resultados importantes nas lides trabalhistas, na medida em que estas, com frequência, contêm questões prejudiciais relacionadas à existência ou à natureza da relação jurídica de fundo. Além do exemplo já servido da questão envolvendo a existência ou inexistência de vínculo de emprego, inúmeras outras situações podem surgir, tais como nos exemplos seguintes:

Em uma ação trabalhista em que se discutem verbas inadimplias ao longo do contrato (horas extras, férias etc.), surge uma questão prejudicial de mérito: o trabalhador ajuizou a ação em face da empresa "A" alegando que essa é sucessora da empresa "B", sua efetiva empregadora. A sucessão de empresas não constitui a questão principal da ação e foi suscitada em caráter meramente incidental. Em defesa, a empresa "A" contesta a tese de sucessão, transformando a alegação inicial em uma pretensão resistida. A existência de uma relação jurídica de sucessão entre as empresas passaria a constituir uma questão prejudicial de mérito, pois, se a alegação autoral for rejeitada, então "A" não seria considerada sucessora de "B" e, como consequência, o juiz não analisaria a questão principal da ação (horas extras etc.), que seria declarada prejudicada.

Em um caso como este, e desde que observados os requisitos do art. 503, §§ 1º e 2º, do CPC/2015, a decisão que vier a resolver expressamente a respeito da existência da sucessão de empresas ficará revestida pela autoridade da coisa julgada. E o mais relevante: os efeitos dessa decisão se estenderiam em benefício de terceiros, o que equivale a dizer que se a tese de sucessão for acolhida, ela poderia ser invocada por outros trabalhadores em igual situação. Importante deixar claro: os outros trabalhadores utilizariam a decisão com força de coisa julgada e não apenas como prova emprestada. Isso significa que qualquer outro juízo estaria vinculado ao decidido, não podendo rediscuti-lo ou alterá-lo.

O mesmo efeito poderia ser observado em uma demanda em que se discute de forma incidental a existência de um grupo de empresas. Como o art. 2º, § 2º, da CLT reconhece, as empresas integrantes de grupo industrial, comercial ou econômico são solidariamente responsáveis pelos créditos derivados dos contratos de trabalho celebrados por qualquer uma delas. Tratando-se de hipótese de solidariedade, o trabalhador poderia promover a ação em face de qualquer empresa do grupo. Imaginemos que, diante da notória insolvência da empresa que o contratou, o trabalhador tenha optado por promover a ação apenas em face de uma companhia integrante do grupo econômico. Nesse caso, a existência ou não de um grupo de empresas se tornaria uma questão incidental prejudicial, pois dela dependeria diretamente a análise do mérito dos pedidos formulados. Nessa condição, e observados os requisitos do art. 503, §§ 1º e 2º, do CPC/2015, a decisão que vier a resolver sobre a existência ou não de grupo econômico ficaria revestida da autoridade da coisa julgada e produziria efeitos em benefício de terceiros, o que significa que, caso a existência de grupo econômico seja confirmada, outros trabalhadores poderiam se valer dessa decisão como *res judicata*. Por outro lado, caso negada a tese de grupo econômico, referida decisão não poderia ser acionada em prejuízo de outros trabalhadores.

E ainda outras hipóteses podem ser cogitadas. Diante de uma ação trabalhista, a empresa sustenta em defesa que o trabalhador era sócio de fato e não empregado. O *modo de ser* da relação jurídica havida entre as partes constitui uma questão prejudicial, tal como já dissemos (CPC/2015, art. 19). A decisão que incidentalmente reconhecer a ocorrência de uma sociedade de fato estaria coberta pela autoridade da coisa julgada e passaria a produzir efeitos em benefício de terceiros. Isso permitiria ao Fisco, por exemplo, exigir obrigações tributárias em face do outrora reclamante e até mesmo que outros trabalhadores viessem a demandá-lo por dívidas trabalhistas.

O Direito do Trabalho é, sem dúvida, território vasto para aplicação da nova dimensão de eficácia da coisa julgada e com importantes consequências aos litigantes.

Essa nova carga eficacial da coisa julgada, que agora se espraia em benefício de terceiros e compreende a questão prejudicial incidental independentemente de requerimento expresso da parte, está em harmonia com os novos paradigmas incorporados pelo CPC/2015, os quais, tributários dos princípios da segurança jurídica e da isonomia, orientam que jurisdicionados alinhados em uma mesma situação de fato e de direito devam receber a mesma resposta do Judiciário, sem oscilação, de forma previsível e estável.[5]

4. REFERÊNCIAS BIBLIOGRÁFICAS

DIDIER JR, Fredie. Comentários aos arts. 502 a 509. In: PASSO CABRAL, Antônio do; CRAMER, Ronaldo (Org.). *Comentários ao novo Código de Processo Civil*. Rio de Janeiro: Forense, 2015.

DINAMARCO, Cândido Rangel. *Instituições de direito processual civil*. v. III. 6. ed. São Paulo: Malheiros, 2009.

FERRAZ JUNIOR, Tércio Sampaio. *O direito, entre o futuro e o passado*. São Paulo: Noeses, 2014.

MARINONI, Luiz Guilherme; ARENHART, Sérgio Cruz; MITIDIERO, Daniel. *Novo curso de processo civil*: tutela dos direitos mediante procedimento comum. v. II. São Paulo: Revista dos Tribunais, 2015.

NERY JUNIOR, Nelson; NERY, Rosa Maria de Andrade. *Comentários ao Código de Processo Civil*. São Paulo: Revista dos Tribunais, 2015.

---

(5) A adoção de tais paradigmas pode ser observada em diversas passagens do CPC/2015, como, apenas como exemplo, na vinculação dos juízos e tribunais a precedentes (arts. 489, VI); na obrigação dos tribunais de uniformizar sua jurisprudência mantendo-a estável, íntegra e coerente (art. 926); na estabilidade jurisprudencial como forma de garantir a efetividade dos princípios da segurança jurídica, da proteção da confiança e da isonomia (art. 927, § 4º); e, na previsão de instauração do incidente de resolução de demandas repetitivas quando houver risco de ofensa à isonomia e à segurança jurídica (art. 976, II).

10

A Jurisprudência Defensiva no Novo CPC e sua Aplicabilidade no Processo do Trabalho

Ynes da Silva Félix
Professora Titular do curso de Direito da Fadir/UFMS; professora permanente do Programa de Mestrado em Direito da Fadir/UFMS.

INTRODUÇÃO

O acesso à justiça como princípio constitucional garantidor da apreciação pelo Poder Judiciário de lesão ou ameaça de lesão a direitos (art. 5º, XXXV), aliado ao rol de ações judiciais destinadas a impedir a violação de direitos (*habeas corpus*, mandado de segurança, ação popular, dentre outras), são garantidores da cidadania, mas podem levar – e de fato levaram – a um volume muito grande de recursos nos Tribunais Superiores que acabam por prejudicar outro princípio constitucional que complementa essa garantia, qual seja, a razoável duração do processo com os meios que garantam a celeridade de sua tramitação (art. 5º, LXXVIII).

A tentativa de concretizar esses dois princípios e de diminuir o número de processos nos Tribunais gerou algumas reformas no âmbito do processo civil (Leis ns. 8.950, 8.951 e 8.952/1994 que introduziram a tutela antecipada dentre outros) e no processo do trabalho (Lei n. 9.958/2000 que introduziu as Comissões de Conciliação Prévia), bem como fundamentou o surgimento da chamada jurisprudência defensiva, entendida como um conjunto de empecilhos ou entraves destinados a impedir a chegada e o conhecimento de recursos nos Tribunais Superiores.

Neste trabalho pretendemos analisar a jurisprudência defensiva desenvolvida pelos tribunais diante do novo Código de Processo Civil (Lei n. 13.105/2015) e a aplicabilidade dessas novas regras ao processo do trabalho, dada a subsidiariedade autorizada no art. 769, da CLT.

Diferentemente do que ocorreu em reformas processuais passadas, o Tribunal Superior do Trabalho (TST) tratou de se antecipar aprovando uma instrução que já orienta a aplicação do novo código ao processo do trabalho, justificando essa decisão na necessidade de garantir segurança jurídica aos jurisdicionados. Referida instrução (IN n. 39/2016) indica 15 dispositivos que não são aplicáveis, por omissão ou por incompatibilidade; 79 dispositivos são listados como aplicáveis, e 40 têm aplicação em termos.

Este artigo será desenvolvido em 04 itens. No primeiro, trataremos de conceituar jurisprudência defensiva e teorizar sobre as origens e justificativas jurídicas para sua criação e manutenção; no segundo, será abordada a jurisprudência defensiva no processo civil, que foi construída a partir do CPC de 1973 e as alterações trazidas pelo novo Código; no terceiro, será analisada a jurisprudência defensiva no processo do trabalho diante do novo CPC, abordando as alterações promovidas pela Lei n. 13.015/2014 e a Instrução Normativa n. 39 do TST.

1. JURISPRUDÊNCIA DEFENSIVA: CONCEITO, ORIGEM E JUSTIFICATIVAS

Na apreciação dos recursos, os Tribunais Superiores foram construindo um conjunto de entendimentos relacionados à admissibilidade, tendentes a barrar o recebimento e consequentemente o reexame do mérito destes.

Além da intenção de reduzir o número de recursos nos tribunais, em nosso entender, referido movimento também tem inspiração em uma concepção de processo que busca valorizar a forma, o instrumento, em detrimento do conteúdo, do direito material.

A jurisprudência defensiva é expressa em súmulas, prejulgados e orientações que, a despeito de registrarem a interpretação de alguma lei ou norma constitucional, criam empecilhos processuais em geral relacionados aos pressupostos de admissibilidade recursal impondo exigências que não se identificam com a própria norma nem encontram suporte no sistema a não ser o interesse em não julgar.

Nesse sentido é o pensamento de Medina (2013) que afirma:

> Tal é o que pode acontecer, creio, com aquilo que se convencionou chamar de jurisprudência defensiva. Acostumamo-nos com ela. Em nossos livros, escrevemos a respeito dos requisitos exigidos pela jurisprudência dos tribunais superiores, ainda que os mesmos não estejam amparados na Constituição, ou na lei. Em nosso dia a dia, na advocacia, já nos habituamos a ser surpreendidos por mudanças jurisprudenciais, novas orientações dos tribunais superiores que passam a exigir requisitos não previstos em regra jurídica alguma, e convivemos, sem questionamentos, com isso.
>
> Com a finalidade de viabilizar o funcionamento do Superior Tribunal de Justiça, tornando-o "sustentável" (levando em conta o número de processos que poderia julgar), a jurisprudência passa a adotar postura não apenas mais rigorosa em relação aos requisitos recursais, mas vai além, impondo às partes a observância de exigências não previstas em qualquer norma jurídica.

Tratando do tema, Amaral e Silva (2014) fazem dura crítica aos tribunais asseverando que:

> O que se critica é a criação de uma jurisprudência chamada defensiva com o objetivo único de barrar recursos, mesmo aqueles que possuem condições de provimento, apegando-se o tribunal, na maioria das vezes, a aspectos processuais de somenos importância e contrariando as tendências da moderna doutrina processual.

Mais adiante, os referidos autores relacionam tal movimento à doutrina utilitarista concluindo que:

> ... a jurisprudência defensiva trata-se de uma ferramenta utilitarista para o julgamento do maior número de processos, em um menor tempo possível, sem qualquer esforço para enfrentar o mérito do recurso. Em nome da felicidade geral dos julgadores e de toda a população brasileira, que tem a falsa impressão de possuir cortes superiores céleres e eficientes à sua disposição, nega-se o acesso à justiça, apegando-se a exacerbados formalismos.

Para Fagundes (2015):

> ... a jurisprudência defensiva configura-se no estabelecimento de filtros ilegítimos por parte dos Tribunais, visando a que o mérito do processo não seja conhecido. Ou seja, por vezes, os Tribunais estabelecem inaceitáveis filtros para que seus órgãos julgadores obstem o conhecimento da matéria de fundo dos recursos, inadmitindo-os, assim, de forma ilegítima.

Por jurisprudência defensiva entendemos, então, o movimento dos Tribunais Superiores no sentido de supervalorização dos aspectos formais, de requisitos processuais exigidos para evitar o julgamento do mérito dos recursos.

2. JURISPRUDÊNCIA DEFENSIVA NO PROCESSO CIVIL

No âmbito do STF e STJ a jurisprudência defensiva se consolidou em vários julgamentos gerando súmulas e entendimentos que impediram a apreciação do mérito dos recursos extraordinário (RE) e especial (REsp) nos últimos anos.

O recurso extraordinário, como sabemos, é da competência do STF e está previsto no art. 102, III, da Constituição Federal, com a finalidade de julgar as causas decididas em única ou última instância, quando a decisão recorrida contrariar dispositivo desta Constituição; declarar a inconstitucionalidade de tratado ou lei federal; julgar válida lei ou ato de governo local contestado em face desta Constituição e julgar válida lei local contestada em face de lei federal.

No recurso especial, por sua vez, a CF, no seu art. 105, atribuiu competência ao STJ para julgar as causas decididas, em única ou última instância, pelos Tribunais Regionais Federais ou pelos tribunais dos Estados, do Distrito Federal e Territórios, quando a decisão recorrida contrariar tratado ou lei federal, ou negar-lhes vigência; julgar válido ato de governo local contestado em face de lei federal; der a lei federal interpretação divergente da que lhe haja atribuído outro tribunal.

Ao aplicar essas normas constitucionais e as disposições do CPC de 1973, os tribunais superiores criaram e desenvolveram um conjunto de requisitos ou pressupostos relativos à admissibilidade recursal que, pela ausência de previsão legal e/ou por violarem o princípio do contraditório e da ampla defesa, são entendidos como jurisprudência defensiva.

Esse tema foi enfrentado pelos legisladores do novo Código de modo a adequar as exigências recursais aos princípios e normas constitucionais e às normas fundamentais do processo civil positivadas nos arts. 1º a 12 do CPC.

Com efeito, o novo Código abraça o princípio da primazia do mérito, do que se extrai a valorização da decisão que resolve o conflito e aplica o direito material, em detrimento de decisões processuais, conforme evidente nos seguintes artigos:

> Art. 4º As partes têm o direito de obter em prazo razoável a solução integral do mérito, incluída a atividade satisfativa.
>
> Art. 6º Todos os sujeitos do processo devem cooperar entre si para que se obtenha, em tempo razoável, decisão de mérito justa e efetiva.
>
> Art. 317. Antes de proferir decisão sem resolução de mérito, o juiz deverá conceder à parte oportunidade para, se possível, corrigir o vício.

Ao tratar das normas fundamentais do novo CPC, Medina (2016) mencionou diversas situações em que o código revigora princípios como o acesso à justiça ou acesso a uma ordem jurídica justa; o processo como um meio adequado de solução do conflito; e a primazia do mérito significando que o julgador deve evitar decidir o processo por uma questão processual.

Acrescenta Fagundes (2015) que a primazia do mérito é complementada com a previsão no código de que vícios sanáveis venham a ser corrigidos par evitar a decisão processual, *in verbis*:

> Dessa sorte, decorrem da primazia do julgamento de mérito as disposições acerca do aproveitamento das formas, buscando, sempre que possível, que vícios formais sejam sanados. É assim que, "*Antes de considerar inadmissível o recurso, o relator concederá o prazo de 5 (cinco) dias ao recorrente para que seja sanado vício ou complementada a documentação exigível*" (art. 932, parágrafo único, NCPC). E, ainda, uma vez "*Constatada a ocorrência de vício sanável, inclusive aquele que possa ser conhecido de ofício, o relator determinará a realização ou a renovação do ato processual, no próprio tribunal ou em primeiro grau de jurisdição, intimadas as partes*" (art. 938, § 1º, NCPC).

Complementa a concepção de valorização da decisão de mérito em detrimento da noção formalista do processo a inovação do código privilegiando o princípio da cooperação, destacada por Freitas (2015):

> À luz deste princípio, o processo deve ser um produto da atividade cooperativa do juiz e das partes. A noção formalista e já ultrapassada de processo como procedimento que possui fim em si mesmo deve ser abandonada de uma vez por todas, dando lugar a um processo de matriz constitucional, no qual os direitos dos jurisdicionados ocupam lugar de destaque.

Ressaltando essa novidade do novo CPC, Feliciano (2016) entende o princípio da cooperação como:

> ... dever de colaboração para a descoberta da verdade (atuando especialmente sobre partes e terceiros) – correspondendo à chamada "cooperação material", com limites objetivos nos direitos fundamentais das pessoas afetadas (integridade pessoal, reserva de vida privada, inviolabilidade de domicílio e correspondência etc.) e no direito ou dever de sigilo (sigilo profissional, sigilo funcional, segredo de Estado) – e, de outro lado – correspondendo à chamada "cooperação processual" –, o poder-dever de providenciar pelo suprimento de obstáculos que impeçam ou comprometam a decisão de mérito e o acesso à ordem jurídica justa (vinculando especialmente o juiz). (Feliciano: 2016, p. 29)

Outra ideia primordial do Código é a adoção plena do princípio do contraditório, ou seja, nenhuma decisão deve ser tomada sem que às partes tenha sido oportunizada manifestação expressa a respeito da matéria, conforme descrito nos seguintes artigos:

> Art. 9º Não se proferirá decisão contra uma das partes sem que ela seja previamente ouvida.
>
> Parágrafo único. O disposto no *caput* não se aplica:
>
> I – à tutela provisória de urgência;
>
> II – às hipóteses de tutela da evidência previstas no art. 311, incisos II e III;
>
> III – à decisão prevista no art. 701.
>
> Art. 10. O juiz não pode decidir, em grau algum de jurisdição, com base em fundamento a respeito do qual não se tenha dado às partes oportunidade de se manifestar, ainda que se trate de matéria sobre a qual deva decidir de ofício.

A adoção desses princípios revela que a existência de entendimentos que tenham como finalidade apenas barrar a análise de recurso perante os tribunais, sem se fundar em expressa disposição legal não pode prevalecer, devendo ser afastadas.

Os principais enunciados de jurisprudência defensiva no âmbito dos tribunais superiores e que impedem o conhecimento dos recursos são relacionados, como já dissemos, a pequenas irregularidades ou "defeitos" formais detectados, cuja correção não é oportunizada à parte.

No rol desses "defeitos" temos o seguinte: necessidade de prequestionamento na instância *a quo* da matéria devolvida ao tribunal; recursos apócrifos; representação irregular; guias de preparo com erro no preenchimento de algum dado; insuficiência de preparo por diferenças ínfimas entre o valor devido e o depositado; recurso proposto antes do início da contagem do prazo recursal; carimbos e peças ilegíveis; intempestividade do recurso por falta de comprovação de feriado local; ausência de documento facultativo no instrumento do agravo; recurso não conhecido porque não ratificado após a interposição de embargos declaratórios pela outra parte.

2.1. Prequestionamento

Adotado como requisito para apreciação do mérito do recurso em ambos os tribunais, o prequestionamento da matéria corresponde a uma exigência de que tenha havido manifestação expressa na decisão recorrida.

No STF o prequestionamento foi exigido por meio do entendimento firmado nas Súmulas ns. 282 e 356, *in verbis*:

> S. 282. É inadmissível o recurso extraordinário, quando não ventilada, na decisão recorrida, a questão federal suscitada.
>
> S. 356. O ponto omisso da decisão, sobre o qual não foram opostos embargos declaratórios, não pode ser objeto de recurso extraordinário, por faltar o requisito do prequestionamento.

Esse entendimento está evidente na seguinte ementa do STF (RE 750142 AgR) que teve como relator o Ministro Fachin:

> EMENTA: AGRAVO REGIMENTAL EM RECURSO EXTRAORDINÁRIO. CONSTITUCIONAL. COMPETÊNCIA. JUSTIÇA FEDERAL. SÚMULA 517 DO STF. 1. O recurso extraordinário esbarra nos óbices previstos nas Súmulas 282 e 356 do STF, por ausência de prequestionamento e não oposição de embargos declaratórios. 2. A competência é da Justiça Federal quando a União intervém como assistente nos casos envolvendo sociedades de economia mista. 3. Agravo regimental a que se nega provimento.

No STJ, a necessidade de prequestionamento vem expressa na Súmula 211, *in verbis*:

> Inadmissível recurso especial quanto à questão que, a despeito da oposição de embargos declaratórios, não foi apreciada pelo Tribunal *a quo*.

A aplicação da referida súmula vem expressa no julgamento do AgRg no AGRAVO EM RECURSO ESPECIAL n. 398.874 – RJ (2013/0320840-4), ementa da lavra da Ministra Maria Isabel Gallotti:

> EMENTA
> PROCESSO CIVIL. AGRAVO REGIMENTAL. RAZÕES QUE NÃO ENFRENTAM O FUNDAMENTO DA DECISÃO AGRAVADA. VIOLAÇÃO AO ART. 535 DO CPC. OMISSÃO, CONTRADIÇÃO OU OBSCURIDADE. NÃO OCORRÊNCIA. AUSÊNCIA DE PREQUESTIONAMENTO DO DISPOSITIVO TIDO COMO VIOLADO. SÚMULA 211, DO STJ. TESE DO RECURSO ESPECIAL QUE DEMANDA ANÁLISE DE CLÁUSULAS CONTRATUAIS E REEXAME FÁTICO E PROBATÓRIO DOS AUTOS. SÚMULAS N. 5 E 7/STJ.
>
> 1. As razões do agravo regimental não enfrentam o fundamento da decisão agravada.
>
> 2. As questões trazidas à discussão foram dirimidas, pelo Tribunal de origem, de forma suficientemente ampla, fundamentada e sem omissões, o que afasta a alegada violação ao art. 535 do Código de Processo Civil.
>
> 3. A matéria de que tratam o artigo apontado como violado não foi objeto de apreciação por parte do acórdão recorrido, ainda que opostos embargos declaratórios, o que tornou ausente o necessário requisito do prequestionamento, fazendo incidir, na espécie, o teor da Súmula 211 desta Corte.
>
> 4. A tese defendida no recurso especial demanda a análise de cláusulas contratuais, bem como o reexame do contexto fático e probatório dos autos, vedados pelas Súmulas ns. 5 e 7/STJ.
>
> 5. Agravo regimental a que se nega provimento.

Nesse julgamento do STJ vemos que a decisão recorrida deve conter expressa manifestação a respeito da violação legal ou constitucional alegada pela parte no recurso. Para tanto, caso não haja a manifestação do tribunal *a quo*, deve a parte opor embargos declaratórios com o fim de prequestionar a matéria e obter esse posicionamento, sob pena de não ter seu recurso conhecido.

Como se vê, existe uma diferença entre as concepções desse requisito para ambos os tribunais: no STF basta a oposição dos embargos declaratórios para preencher o requisito do prequestionamento; no STJ vigora o entendimento de que o tribunal *a quo* deve se manifestar, ou seja, é preciso obter a manifestação pelos embargos, caso não consiga, deve-se primeiro interpor REsp pela omissão, para, depois, retomar em REsp a matéria de fundo.

A respeito dessa divergência, Bueno [entre 2000 e 2016]. argumenta ser ilícita a adoção desse requisito posto não decorrer de lei ou norma constitucional[1] e questiona:

> Se trata-se de instituto relacionado intrinsecamente à natureza dos recursos extraordinários (extraordinário em sentido estrito e especial), como em

---

(1) Bueno traz em NR a seguinte citação: "Nos textos constitucionais editados até 37, ao se cuidar do cabimento do extraordinário, com base em violação da lei, consignava-se que sobre sua aplicação se haveria de ser questionado. Em 46 a expressão é encontrada apenas no dispositivo que regula a hipótese do recurso em que discutida a validade de lei federal em face da Constituição. Veio a ser eliminada a partir da Carta de 67" (Eduardo Ribeiro, "Prequestionamento", in *Aspectos polêmicos e atuais dos recursos cíveis de acordo com a Lei n. 9.756/1998*. São Paulo: RT, 1999).

geral é referido pela doutrina e pela jurisprudência, qual pode ser o parâmetro acerca de sua configuração efetiva ou de sua 'separação' da própria questão constitucional e/ou federal, real objetivo daquele? Se prequestionamento não é objeto de qualquer norma jurídica no ordenamento brasileiro, qual parâmetro constitucional ou legal pode ser transportado para uma Súmula de um Tribunal Superior, cujas funções revisoras são o controle da constitucionalidade e da legalidade federal estrita? (BUENO [entre 2000 e 2016], p. 16).

Totalmente apropriado o questionamento do referido autor, pois, sendo o prequestionamento não previsto em lei ou na Constituição, forçoso concluir tratar-se de mero empecilho destinado a barrar a apreciação de recurso com fundamento em aspectos externos ao processo, conforme verificamos em outros exemplos de jurisprudência defensiva adotada pelos tribunais superiores.

O novo CPC adota a tese do STF exposta na Súmula 356, pois entende incluídos no acórdão os elementos suscitados pelo embargante ainda que esses não tenham sido admitidos, conforme a redação do art. 1025, *litteris*:

> Art. 1.025. Consideram-se incluídos no acórdão os elementos que o embargante suscitou, para fins de pré-questionamento, ainda que os embargos de declaração sejam inadmitidos ou rejeitados, caso o tribunal superior considere existentes erro, omissão, contradição ou obscuridade.

Argumenta Villar [2015], que está consagrado no novo CPC o prequestionamento ficto, entendido como "aquele que se considera ocorrido com a simples interposição dos embargos de declaração diante da omissão judicial, independentemente do êxito desses embargos".

Conforme argumentado acima, mantido o requisito do prequestionamento da matéria para admissão dos recursos especial e extraordinário, o novo código fez bem em regulamentar, escolhendo a melhor tese, qual seja, de que a parte esgota sua obrigação de prequestionar quando interpõe embargos declaratórios com tal intento perante o Tribunal prolator da decisão recorrida.

2.2. Vícios sanáveis

O STJ consagrou entendimento no sentido de ser inexistente o recurso interposto por advogado sem procuração nos autos, conforme a Súmula n. 115. A seguinte ementa reproduz tal entendimento:

> Ementa: PROCESSUAL CIVIL. AGRAVO REGIMENTAL. ADVOGADO SEM PROCURAÇÃO NOS AUTOS. SÚMULA 115/STJ. JUNTADA POSTERIOR DO INSTRUMENTO DE MANDATO. DOCUMENTO ANEXO AOS AUTOS DOS EMBARGOS. MITIGAÇÃO DA SÚMULA 115/STJ. NÃO CABIMENTO. 1. Nos termos da Súmula 115/STJ, "na instância especial é inexistente recurso interposto por advogado sem procuração nos autos". 2. A regularidade de representação deve ocorrer no momento da interposição do recurso para a Instância extraordinária. A posterior juntada de procuração ou substabelecimento não tem o condão de sanar o defeito, não sendo o caso de aplicar, na instância especial, o art. 13 do CPC . Precedentes. 3. "Não instância especial é inexistente recurso interposto por advogado sem procuração nos autos" (Súmula n. 115, do STJ). O teor desse enunciado não poderá ser mitigado, mesmo quando demonstrado "que o instrumento de mandato faltante nesta instância especial, em processo de embargos do devedor, encontra-se juntado nos autos da execução". (AgRg nos EREsp 1.231.470/RS, Rel. Min. Cesar Asfor Rocha, Corte Especial, julgado em 7.12.2011, DJe 1.2.2012). 4. Agravo regimental não provido. STJ – AGRAVO REGIMENTAL NO RECURSO ESPECIAL AgRg no REsp 1374132 PR 2013/0097737-7 (STJ) publicado em 05/06/2013

A vigência desse entendimento já não encontrava suporte no CPC/1973 pelo disposto no art. 13 (verificando a incapacidade processual ou a irregularidade da representação das partes, o juiz, suspendendo o processo, marcará prazo razoável para ser sanado o defeito) e art. 37 (sem instrumento de mandato, o advogado não será admitido a procurar em juízo. Poderá, todavia, em nome da parte, intentar ação, a fim de evitar decadência ou prescrição, bem como intervir, no processo, para praticar atos reputados urgentes. Nesses casos, o advogado se obrigará, independentemente de caução, a exibir o instrumento de mandato no prazo de 15 (quinze) dias, prorrogável até outros 15 (quinze), por despacho do juiz.

Apesar disso, vigorou entendimento de que, em grau recursal, a irregularidade de representação não poderia ser sanada (Súmula n. 115 do STJ).

O novo CPC cuida em diversos dispositivos de afastar a possibilidade de vícios sanáveis servirem para motivar a extinção das ações ou o não conhecimento dos recursos, não permitindo a mantença da jurisprudência defensiva, conforme podemos verificar nos arts. 317, 932, parágrafo único, e 1.029, § 3º.

O art. 317 dispõe que, antes de proferir decisão sem resolução de mérito, o juiz deverá conceder à parte oportunidade para, se possível, corrigir o vício.

Por sua vez, o parágrafo único do art. 932, do novo CPC, incumbe ao relator, antes de considerar inadmissível o recurso, conceder prazo de 5 (cinco) dias ao recorrente para que seja sanado vício ou complementada a documentação exigível.

O art. 1.029 trata das disposições gerais aplicáveis ao recurso extraordinário e ao recurso especial. No § 3º diz expressamente que o STF ou o STJ poderá desconsiderar vício formal de recurso tempestivo ou determinar sua correção, desde que não o repute grave.

As referidas disposições têm caráter geral, abrangendo todos aqueles vícios que se relacionam à regularização do processo permitindo vigorar a supremacia da finalidade processual de se chegar à decisão de mérito afastando vícios formais que podem ser sanados sem prejudicar o contraditório e o equilíbrio processual.

Em outros artigos, o novo CPC identificou determinados vícios e tratou de indicar uma solução como na hipótese de incapacidade processual ou irregularidade de representação prevista no art. 76, assim redigido:

> Art. 76. Verificada a incapacidade processual ou a irregularidade da representação da parte, o juiz suspenderá o processo e designará prazo razoável para que seja sanado o vício.
>
> § 1º Descumprida a determinação, caso o processo esteja na instância originária:
>
> I – o processo será extinto, se a providência couber ao autor;
>
> II – o réu será considerado revel, se a providência lhe couber;
>
> III – o terceiro será considerado revel ou excluído do processo, dependendo do polo em que se encontre.
>
> § 2º Descumprida a determinação em fase recursal perante tribunal de justiça, tribunal regional federal ou tribunal superior, o relator:
>
> I – não conhecerá do recurso, se a providência couber ao recorrente;
>
> II – determinará o desentranhamento das contrarrazões, se a providência couber ao recorrido.

Explícito no novo código que a incapacidade processual ou a irregularidade da representação da parte deverá ser suprida mediante a designação de prazo razoável para que seja sanado o vício, tanto na instância originária como na recursal, e somente se não providenciada a correção, será aplicada a sanção.

Outro defeito que antes do novo CPC não poderia ser sanado, implicando em não conhecimento dos recursos é o que diz respeito a peças ou carimbos ilegíveis, conforme podemos extrair das ementas do STF e STJ a seguir transcritas:

> AGRAVO REGIMENTAL NO AGRAVO DE INSTRUMENTO. PROCESSUAL CIVIL. CARIMBO COM A DATA DE PROTOCOLO DO RECURSO EXTRAORDINÁRIO ILEGÍVEL. AGRAVO REGIMENTAL AO QUAL SE NEGA PROVIMENTO.
>
> 1. O carimbo do protocolo no recurso extraordinário deve ser claro o suficiente para permitir a verificação da data de interposição. Irrelevante que o vício não tenha sido apontado pela parte contrária ou constado da decisão agravada. Precedentes.
>
> 2. Imposição de multa de 1% do valor corrigido da causa. Aplicação do art. 557, § 2º, c/c arts. 14, inc. II e III, e 17, inc. VII, do Código de Processo Civil.
>
> (AI 638626, RE. Min. Cármen Lúcia, pub. 21/11/2008).
>
> AGRAVO REGIMENTAL. RECURSO ESPECIAL NÃO ADMITIDO. CARIMBO DE PROTOCOLO ILEGÍVEL NA CÓPIA DA PETIÇÃO DE RECURSO ESPECIAL. IMPOSSIBILIDADE DE VERIFICAÇÃO DA TEMPESTIVIDADE DO RECURSO.
>
> 1. A cópia da petição de recurso especial apresentada contém carimbo de protocolo ilegível, o que impede a verificação da sua tempestividade, requisito de admissibilidade. O agravo, assim, encontra-se deficientemente instruído, motivo pelo qual não merece ser conhecido. Compete à parte o dever de fiscalizar a formação do instrumento.
>
> 2. Agravo regimental desprovido.
>
> (AgRg no Ag 809192 SP 2006/0189188-6, Re. MIN. Carlos Alberto Menezes Direito, pub. 02/04/2007).

Em crítica bem fundamentada ao posicionamento do STJ, Machado Segundo (2011) afirma que:

> A forma, no processo, tem três finalidades, como ensina Dinamarco:
>
> 1) conter o arbítrio do julgador;
>
> 2) viabilizar a prestação da tutela;
>
> 3) permitir a participação dos interessados.
>
> Se bem examinarmos, toda exigência de cunho processual tem por fim atender a uma (ou a mais de uma) dessas finalidades: a fundamentação das decisões (1 e 3); a existência de prazos preclusivos (2); a determinação de que tais prazos só tenham início quando as partes são cientificadas das decisões ou providências em face das quais tenham que tomar alguma providência (3) etc.
>
> Nessa ordem de ideias, para que serve a exigência de que o carimbo do recurso especial que instruiu o agravo esteja legível? Para nada, a menos, obviamente, que o fundamento da decisão agravada tenha sido a intempestividade do REsp, e o agravo se fundamente em argumentação contrária a essa intempestividade.
>
> Caso não esteja em discussão a tempestividade, trata-se apenas de um pretexto para a Corte Superior se livrar de recursos, ou, na linguagem de alguns assessores, para "matar processos".
>
> E com isso, pulula o trânsito em julgado de acórdãos em sentido contrário à jurisprudência do STJ (pois o mérito de tais recursos não é examinado...), colocando-se questões, depois, ligadas à relativização da coisa julgada, ao manejo de ações rescisórias etc. ... Em vez de resolver um problema, mantém-se o problema e criam-se vários outros.
>
> Mas, no que toca mais especificamente ao carimbo e à tempestividade, há problema ainda mais grave. É que, em muitos casos, a tempestividade do REsp, embora não possa ser aferida por conta de estar ilegível o tal carimbo, é objeto de certidão fornecida pelo Tribunal de origem, e que acompanha o agravo desde o início. Mesmo assim o STJ não conhece do

agravo, ignorando a certidão e desejando por conta própria aferir a tempestividade, como se estivesse a duvidar do Tribunal de origem. Além de reprovável por outros argumentos, tal postura impacta, até mais não poder, o art. 19, II, da CF/88, pois se está negando fé a um documento público...

Ainda na linha dos vícios sanáveis, encontramos o entendimento corrente na jurisprudência dos tribunais de que a existência de erros no preenchimento da guia de preparo ou falta de algum dado do processo, dentre outros detalhes, leva ao não conhecimento do recurso, conforme podemos empreender da seguinte ementa:

> AGRAVO REGIMENTAL EM RECURSO ESPECIAL. AUSÊNCIA DO NÚMERO DE REFERÊNCIA NA GUIA DE PREPARO DO RECURSO ESPECIAL. NECESSIDADE DE OBSERVÂNCIA ÀS RESOLUÇÕES DO STJ. PREPARO NÃO COMPROVADO. AGRAVO REGIMENTAL IMPROVIDO.
>
> I – A falta do número do processo na guia juntada aos autos enseja apena de deserção, pois não é possível identificar a qual processo se destina o recolhimento do preparo. Precedente (AgRg no REsp924.942/SP, Rel. Min. MAURO CAMPBELL MARQUES, CORTE ESPECIAL, DJe 03/02/2010).
>
> II – Para escorreita comprovação do preparo, deve o recorrente observar as instruções contidas nas resoluções editadas por esta Corte, utilizando-se da guia de recolhimento adequada e procedendo à anotação do código de receita previsto, sob pena de deserção (EREsp 820.539/ES, Rel. Min. CASTRO MEIRA, CORTE ESPECIAL, DJe 23/08/2010).
>
> III – Agravo regimental a que se nega provimento.
>
> (AgRg no REsp 1040308 SP 2008/0057792-3, Rel. Min. Paulo de Tarso Sanseverino, pub. 13/06/2011).

Conforme verificamos nos artigos 317 e 932, parágrafo único, o novo CPC dispôs, de forma geral, sobre a correção de defeitos sanáveis detectados pelo julgador, o que autoriza uma interpretação no sentido de que deve ser buscado no processo que sejam estes sanados para prosseguir com o feito.

No caso do preparo, o novo CPC regulou no mesmo sentido, ou seja, permitiu que equívocos no preenchimento da guia de custas possam ser sanados, bem como afastou a deserção no caso de insuficiência no valor do preparo. No caso de ausência de comprovação do recolhimento do preparo, autorizou a intimação para cumprimento, cominando pena de pagamento em dobro, tudo como está descrito no art. 1.007, *in verbis*:

> Art. 1.007. No ato de interposição do recurso, o recorrente comprovará, quando exigido pela legislação pertinente, o respectivo preparo, inclusive porte de remessa e de retorno, sob pena de deserção.
>
> § 1º São dispensados de preparo, inclusive porte de remessa e de retorno, os recursos interpostos pelo Ministério Público, pela União, pelo Distrito Federal, pelos Estados, pelos Municípios, e respectivas autarquias, e pelos que gozam de isenção legal.
>
> § 2º **A insuficiência no valor do preparo, inclusive porte de remessa e de retorno, implicará deserção se o recorrente, intimado na pessoa de seu advogado, não vier a supri-lo no prazo de 5 (cinco) dias.**
>
> § 3º É dispensado o recolhimento do porte de remessa e de retorno no processo em autos eletrônicos.
>
> § 4º **O recorrente que não comprovar, no ato de interposição do recurso, o recolhimento do preparo, inclusive porte de remessa e de retorno, será intimado, na pessoa de seu advogado, para realizar o recolhimento em dobro, sob pena de deserção.**
>
> § 5º É vedada a complementação se houver insuficiência parcial do preparo, inclusive porte de remessa e de retorno, no recolhimento realizado na forma do § 4º.
>
> § 6º Provando o recorrente justo impedimento, o relator relevará a pena de deserção, por decisão irrecorrível, fixando-lhe prazo de 5 (cinco) dias para efetuar o preparo.
>
> § 7º **O equívoco no preenchimento da guia de custas não implicará a aplicação da pena de deserção, cabendo ao relator, na hipótese de dúvida quanto ao recolhimento, intimar o recorrente para sanar o vício no prazo de 5 (cinco) dias.**

Sem dúvida essas disposições apontam para uma nova perspectiva de relação processual, reafirmando o princípio da primazia do mérito e do princípio da cooperação referidos anteriormente, pondo fim na jurisprudência defensiva construída até aqui nos tribunais pátrios.

2.3. *Tempestividade do recurso*

Na linha da jurisprudência defensiva, os tribunais superiores consagraram o entendimento de que o recurso interposto antes do início do prazo recursal é intempestivo, salvo quando ratificado após a publicação da decisão dos embargos declaratórios. Esse o texto da Súmula n. 418 do STJ:

> Inadmissível o recurso especial interposto antes da publicação do acórdão dos embargos de declaração, sem posterior ratificação.

Referido entendimento também encontrava guarida no STF até que, em recente decisão, veio a se modificar, conforme comenta Didier Júnior [2012]:

> Embora o STF assim também entenda, seu Plenário, ao julgar a AO 1133 AgR-AgR/DF, rel. Min. Carlos Brito, concluiu ser possível o recurso antes da intimação quando interposto contra decisão monocrática.

O STJ, por sua vez, também sempre entendeu assim, vindo, entretanto, a alterar sua orientação no julgamento, pela Corte Especial, dos Embargos de Divergência no REsp n. 492.461/MG, cujo acórdão ostenta a seguinte ementa:

> PROCESSO CIVIL – RECURSO – TEMPESTIVIDADE – MUDANÇA DE ORIENTAÇÃO NA JURISPRUDÊNCIA DO STJ.
>
> 1. A jurisprudência desta Corte firmou-se no sentido de considerar intempestivo o recurso interposto antes da publicação da decisão no veículo oficial.
>
> 2. Entendimento que é revisto nesta oportunidade, diante da atual sistemática de publicidade das decisões, monocráticas ou colegiadas, divulgadas por meio eletrônico.
>
> 3. Alteração jurisprudencial que se amolda à modernização da sistemática da publicação via INTERNET.
>
> 4. Agravo regimental provido."
>
> (AgRg nos EREsp 492461/MG, rel. Min. GILSON DIPP, rel. p/ acórdão Min. ELIANA CALMON, j. 17/11/2004, DJ 23/10/2006, p. 235).

Novos ventos já começavam a soprar nos tribunais e com a entrada em vigor do novo CPC essa matéria também passou a ser regulada expressamente, impedindo a manutenção da intempestividade do recurso prematuro.

Com efeito, o § 4º do art. 218 considera tempestivo o ato praticado antes do termo inicial do prazo.

Por sua vez, o § 5º do art. 1.024 afasta a necessidade de ratificação do recurso interposto antes da publicação do julgamento dos embargos declaratórios se estes forem rejeitados ou não alterarem a conclusão da decisão recorrida.

No que se refere à intempestividade do recurso pela ausência de comprovação de feriado local, diversamente do que ocorreu nos casos anteriores, o novo CPC não possibilitou que esta pudesse ocorrer após a interposição do recurso, estabelecendo no § 6º do art. 1.003 que:

> § 6º O recorrente comprovará a ocorrência de feriado local no ato de interposição do recurso.

A jurisprudência dos tribunais superiores vinha admitindo a comprovação posterior de feriado local para afastar a intempestividade do recurso, conforme podemos verificar na seguinte ementa:

> PROCESSUAL CIVIL. AGRAVO REGIMENTAL. AGRAVO EM RECURSO ESPECIAL. TEMPESTIVIDADE. SUSPENSÃO DO PRAZO PROCESSUAL. COMPROVAÇÃO POSTERIOR. POSSIBILIDADE. NÃO IMPUGNAÇÃO DOS FUNDAMENTOS DA DECISÃO AGRAVADA. NÃO CONHECIMENTO DO RECURSO.
>
> 1. Segundo a mais recente jurisprudência desta Corte, é possível que a parte recorrente demonstre a ocorrência de feriado local ou suspensão do expediente forense no momento da interposição do agravo regimental, para fins de demonstrar a tempestividade do recurso apresentado.
>
> 2. Na espécie, verifica-se que a parte ora recorrente demonstrou, no agravo regimental, a suspensão do prazo processual no âmbito do Estado de São Paulo. Assim, não há falar em intempestividade do agravo.
>
> 3. Não se conhece do agravo do art. 544 do CPC na hipótese em que a parte recorrente não impugna, de forma específica, os fundamentos de inadmissão do recurso especial.
>
> 4. Agravo regimental não provido. (AgRg no AREsp 581933, RE. Min. Mauro Campbell Marques, pub. 26/11/2014)

Assim, o novo CPC normatizou em desfavor da parte, alterando entendimento mais flexível adotado pelos tribunais superiores.

2.4. Ausência de peças facultativas no Agravo de Instrumento

Na vigência do art. 525 do código anterior, já com alteração da Lei n. 9.139/1995, a formação do Agravo de Instrumento era tarefa da parte a quem cabia instruí-lo com as peças obrigatórias, facultada a juntada de outras que a parte considerava úteis ao deslinde da questão.

A identificação de quais as peças úteis ou essenciais sempre foi uma dificuldade, pois por vezes havia divergência entre a versão da parte e a do Tribunal, ocasionando o não conhecimento do agravo por irregularidade na formação justamente pela ausência de alguma peça entendida como essencial por este.

Por meio da Súmula n. 288, o STF adotou o seguinte entendimento:

> Nega-se provimento a agravo para subida de recurso extraordinário, quando faltar no traslado o despacho agravado, a decisão recorrida, a petição de recurso extraordinário ou qualquer peça essencial à compreensão da controvérsia.

O STJ também direcionou sua jurisprudência nesse mesmo sentido, vindo a alterá-la apenas bem recentemente, conforme se pode verificar nas seguintes ementas:

> AGRAVO REGIMENTAL. RECURSO ESPECIAL. AGRAVO DE INSTRUMENTO. AUSÊNCIA DE PEÇAS FACULTATIVAS. JUNTADA POSTERIOR. POSSIBILIDADE. PRECEDENTES JULGADOS NA FORMA DO ART. 543-C DO CPC.
>
> 1. É possível a juntada de peças consideradas essenciais à compreensão da controvérsia em momento posterior à interposição do agravo previsto no art. 522 do CPC (Recurso Especial repetitivo n. 1.102.467/RJ).
>
> 2. Agravo regimental desprovido.
>
> (AgRg no REsp 1362683, Rel Min. João Otávio de Noronha, pub. 11/06/2015)
>
> PROCESSUAL CIVIL. AGRAVO REGIMENTAL NO RECURSO ESPECIAL. AGRAVO DE INSTRUMENTO DO ART. 522 DO CPC. AUSÊNCIA DE PEÇA FACULTATIVA CONSIDERADA NECESSÁRIA PARA COMPREENSÃO DA CONTROVÉRSIA. REGULARIZAÇÃO DO INSTRUMENTO. POSSIBILIDADE. PRECEDENTE DA CORTE ESPECIAL. RECURSO REPETITIVO. AGRAVO IMPROVIDO.

1. O STJ firmou o entendimento de que a ausência de peças facultativas, ainda que consideradas essenciais à compreensão da controvérsia e necessárias para instrução do agravo de instrumento, não enseja a inadmissão liminar do recurso, devendo ser dada oportunidade para que a parte agravante complemente o instrumento com as peças indicadas.

2. Agravo regimental a que se nega provimento.

(AgRg no REsp 1273214, Rel. Min. Raul Araújo, pub. 23/04/2015)

O novo CPC, no art. 1.017, estabelece as peças obrigatórias que devem instruir o agravo de instrumento, mantendo a possibilidade de juntada facultativa pela parte agravante de outras que entender úteis, porém inova ao determinar que, na ausência de qualquer peça ou no caso de algum outro vício que comprometa a admissibilidade do agravo de instrumento, deve o relator aplicar o disposto no art. 932, parágrafo único.

A nova disposição então consagra entendimento atual do STJ e resolve de forma adequada a divergência que pode surgir entre o agravante e o tribunal sobre quais peças são essenciais para o deslinde da questão. Assim, entendendo que as peças juntadas pela parte agravante são insuficientes, caberá ao relator dar prazo para sanar.

Há ainda a possibilidade de juntada de outros documentos que a parte entender úteis, inclusive quando se tratar de processo eletrônico, situação que dispensa a juntada das peças do processo, conforme dispõe o § 5º desse mesmo artigo.

3. JURISPRUDÊNCIA DEFENSIVA NO PROCESSO DO TRABALHO

De modo parecido, no Tribunal Superior do Trabalho também foi se firmando a chamada jurisprudência defensiva, a despeito da competência desta Especializada para processar e julgar prioritariamente as ações oriundas da relação de trabalho, e, portanto, lidar com matéria sensível e de elevada proteção que é a verba alimentar.

A especialidade da matéria tratada justificou a adoção de princípios processuais próprios mais adequados à necessidade de celeridade e efetividade do processo, como, por exemplo, o princípio da oralidade, da concentração, da despersonalização do empregador, o *jus postulandi*, buscando a simplificação do procedimento. Além desses, argumenta Giglio (1993) que o princípio da proteção, inspirador do direito material, também se expressa no campo processual na gratuidade processual, no impulso processual do juiz e na inversão do ônus da prova.

Desenvolveu, apesar disso, no processo do trabalho um entendimento também destinado a brecar a subida dos recursos de revista e evitar a apreciação do mérito. É evidente que a maioria destes requisitos formais ligados à admissibilidade recursal não encontra previsão legal ou constitucional nem se sustenta em princípios processuais.

De início, temos delineado no art. 896, da CLT, o cabimento do recurso de revista, *verbis*:

> Art. 896. Cabe Recurso de Revista para Turma do Tribunal Superior do Trabalho das decisões proferidas em grau de recurso ordinário, em dissídio individual, pelos Tribunais Regionais do Trabalho, quando:
>
> a) derem ao mesmo dispositivo de lei federal interpretação diversa da que lhe houver dado outro Tribunal Regional do Trabalho, no seu Pleno ou Turma, ou a Seção de Dissídios Individuais do Tribunal Superior do Trabalho, ou contrariarem súmula de jurisprudência uniforme dessa Corte ou súmula vinculante do Supremo Tribunal Federal;
>
> b) derem ao mesmo dispositivo de lei estadual, Convenção Coletiva de Trabalho, Acordo Coletivo, sentença normativa ou regulamento empresarial de observância obrigatória em área territorial que exceda a jurisdição do Tribunal Regional prolator da decisão recorrida, interpretação divergente, na forma da alínea *a*;
>
> c) proferidas com violação literal de disposição de lei federal ou afronta direta e literal à Constituição Federal.

As condições gerais ou requisitos de admissibilidade do recurso de revista, segundo Mallet (1995) são: cabimento, legitimação, interesse, inexistência de fato impeditivo ou extintivo do direito de recorrer, tempestividade, regularidade do recurso e preparo, correspondente no processo do trabalho ao pagamento das custas processuais e do depósito recursal.

Esse mesmo autor anuncia as condições especiais de admissibilidade do recurso de revista como sendo: decisão impugnável por recurso de revista, ou seja, estar prevista no art. 896 da CLT; decisão de última instância; prequestionamento, e vedação ao reexame de fatos e provas (Mallet, 1995).

Embora referido pela doutrina, certo é que o requisito do prequestionamento não tem previsão legal, assim como a intempestividade do recurso prematuro, dentre outros, impede o conhecimento e julgamento do mérito dos recursos pelo Tribunal Superior do Trabalho.

3.1. *Jurisprudência defensiva no TST*

Neste item trataremos de identificar na jurisprudência do TST aqueles requisitos impostos à admissibilidade do recurso de revista e do agravo de instrumento que não tem suporte legal ou constitucional, constituindo verdadeiros obstáculos à apreciação do mérito destes.

Nos itens seguintes abordaremos o impacto da alteração trazida pela Lei n. 13.015/2014 e o novo CPC, especialmente, após a aprovação da Resolução n. 203, de 15 de março de 2016, que editou a Instrução Normativa n. 39, dispondo sobre as normas do CPC de 2015 aplicáveis e inaplicáveis ao Processo do Trabalho.

Iniciemos com a exigência de **prequestionamento**, conforme consagrado na Súmula n. 297. A primeira redação apontava para uma aproximação ao entendimento vigorante no STJ expresso na referida Súmula n. 211, porém, a nova redação mostra alinhamento com a Súmula n. 356 do STF.

A atual redação da Súmula n. 297 é a seguinte:

PREQUESTIONAMENTO. OPORTUNIDADE. CONFIGURAÇÃO (nova redação) – Res. 121/2003, DJ 19, 20 e 21.11.2003

I. Diz-se prequestionada a matéria ou questão quando na decisão impugnada haja sido adotada, explicitamente, tese a respeito.

II. Incumbe à parte interessada, desde que a matéria haja sido invocada no recurso principal, opor embargos declaratórios objetivando o pronunciamento sobre o tema, sob pena de preclusão.

III. Considera-se prequestionada a questão jurídica invocada no recurso principal sobre a qual se omite o Tribunal de pronunciar tese, não obstante opostos embargos de declaração.

Uma vez eleito como requisito ou condição especial de conhecimento do recurso de revista, a obrigação de a parte provocar expressa manifestação a respeito da matéria objeto do recurso é abordada com mais detalhamento como o que vemos na Orientação Jurisprudencial n. 62 da SBDI1:

OJ-SDI1-62. PREQUESTIONAMENTO. PRESSUPOSTO DE ADMISSIBILIDADE EM APELO DE NATUREZA EXTRAORDINÁRIA. NECESSIDADE, AINDA QUE SE TRATE DE INCOMPETÊNCIA ABSOLUTA (republicada em decorrência de erro material) – DEJT divulgado em 23, 24 e 25.11.2010

É necessário o prequestionamento como pressuposto de admissibilidade em recurso de natureza extraordinária, ainda que se trate de incompetência absoluta.

Difícil encontrar suporte para a exigência prevista nesta orientação concernente à parte ter que cumprir tal requisito tratando-se de matéria que deve ser conhecida de ofício.

Abaixo, o entendimento firmado na Orientação Jurisprudencial n. 151 também da SBDI1 que retrata outra situação que não nos parece ser própria de requisito a ser exigível da parte posto que desta independe, afinal que tipo de providência pode a parte tomar quando o acórdão recorrido adota os fundamentos da sentença?

Vejamos o texto literal da referida orientação:

OJ-SDI1-151. PREQUESTIONAMENTO. DECISÃO REGIONAL QUE ADOTA A SENTENÇA. AUSÊNCIA DE PREQUESTIONAMENTO (inserida em 27.11.1998)

Decisão regional que simplesmente adota os fundamentos da decisão de primeiro grau não preenche a exigência do prequestionamento, tal como previsto na Súmula n. 297.

Ainda na mesma linha, vemos a exigência contida na OJ n. 256 da SBDI1, *in verbis*:

OJ-SDI1-256. PREQUESTIONAMENTO. CONFIGURAÇÃO. TESE EXPLÍCITA. SÚMULA N. 297 (inserida em 13.03.2002)

Para fins do requisito do prequestionamento de que trata a Súmula n. 297, há necessidade de que haja, no acórdão, de maneira clara, elementos que levem à conclusão de que o Regional adotou uma tese contrária à lei ou à súmula.

Aqui valem as mesmas observações antes lançadas, ou seja, não sendo requisito legal, a exigência de prequestionamento trata-se de mero empecilho destinado a barrar a apreciação de recurso com fundamento em aspectos externos ao processo e que, algumas vezes, sequer depende da parte, conforme verificamos nesses exemplos de jurisprudência defensiva adotada pelos tribunais superiores.

Aspecto bem representativo desse movimento adotado no TST consiste nas exigências específicas de cumprimento do pressuposto objetivo ou da condição de admissibilidade do recurso de revista relativa ao **preparo**, o qual, no processo do trabalho, corresponde ao recolhimento das custas processuais e do depósito recursal.

No caso do recolhimento do depósito recursal e das custas, a jurisprudência do TST firmou-se no sentido de que este deva ser comprovado no prazo do recurso, no valor integral devido e em guias específicas, não sendo autorizada qualquer complementação, nem permitida a intimação da parte para efetuar regularização.

Vejamos a redação da seguinte orientação:

OJ-SDI1-140. DEPÓSITO RECURSAL E CUSTAS. DIFERENÇA ÍNFIMA. DESERÇÃO. OCORRÊNCIA (nova redação) – DJ 20.04.2005

Ocorre deserção do recurso pelo recolhimento insuficiente das custas e do depósito recursal, ainda que a diferença em relação ao "quantum" devido seja ínfima, referente a centavos.

OJ-SDC-27. CUSTAS. AUSÊNCIA DE INTIMAÇÃO. DESERÇÃO. CARACTERIZAÇÃO (inserida em 19.08.1998)

A deserção se impõe mesmo não tendo havido intimação, pois incumbe à parte, na defesa de seu próprio interesse, obter os cálculos necessários para efetivar o preparo.

Com relação ao depósito recursal efetuado em guia diversa daquela exigida, o entendimento do TST vigorou no sentido de afastar a deserção entendendo que a finalidade do ato relativa à garantia do juízo estava satisfeita, conforme entendimento expresso na seguinte ementa:

CONTA VINCULADA. GUIA DE DEPÓSITO JUDICIAL. INSTRUÇÃO NORMATIVA N. 18/99 DO TST. Comprovado o recolhimento do depósito recursal, ainda que fora da conta vinculada, mediante documento específico de depósito judicial, no valor devido, dentro do prazo e contendo informações suficientes ao atendimento da exigência relativa à identificação do processo ao qual se refere (IN 18/TST), tem-se que foi cumprida a finalidade do ato relativa à garantia do juízo, não havendo que se falar em deserção do recurso ordinário. Recurso de revista conhecido e provido.

(TST/RR 0554/2005- 082-03-40.9 – Rel. Min. Aloysio Corrêa da Veiga – 6ª T. – DJ 09.02.2007).

Mais recentemente, a jurisprudência consolidou em sentido diverso na Súmula n. 426 com a seguinte redação:

SUM-426 DEPÓSITO RECURSAL. UTILIZAÇÃO DA GUIA GFIP. OBRIGATORIEDADE (editada em decorrência do julgamento do processo TST-IUJEEDRR 91700-09.2006.5.18.0006) – Res. 174/2011, DEJT divulgado em 27, 30 e 31.05.2011

Nos dissídios individuais o depósito recursal será efetivado mediante a utilização da Guia de Recolhimento do FGTS e Informações à Previdência Social – GFIP, nos termos dos §§ 4º e 5º do art. 899 da CLT, admitido o depósito judicial, realizado na sede do juízo e à disposição deste, na hipótese de relação de trabalho não submetida ao regime do FGTS.

Outros exemplos de jurisprudência defensiva no âmbito do TST estão relacionados ao não conhecimento de recursos por ausência de superação de pequenos defeitos ou falhas que poderiam ser sanados mas que não é dada à parte tal oportunidade. Nesse rol temos a **ausência de autenticação de documentos, carimbos e cópias ilegíveis.**

A OJ 287 da SBDI1 traz exigência de autenticação do verso e anverso de documento, nos seguintes termos:

OJ-SDI1-287. AUTENTICAÇÃO. DOCUMENTOS DISTINTOS. DESPACHO DENEGATÓRIO DO RECURSO DE REVISTA E CERTIDÃO DE PUBLICAÇÃO (DJ 11.08.2003)

Distintos os documentos contidos no verso e anverso, é necessária a autenticação de ambos os lados da cópia.

É verdade que, a partir da vigência do Código Civil de 2002 e mais precisamente com o processo eletrônico, tais entendimentos não mais se justificam e haverão de ser ultrapassados.

Embora não seja dirigida à admissibilidade de recursos, a Súmula n. 415 do TST ainda insiste na exigência de autenticação de documento juntado à petição inicial do mandado de segurança, sem oportunizar prazo para emenda, *litteris*:

MANDADO DE SEGURANÇA. ART. 284 DO CPC. APLICABILIDADE (conversão da Orientação Jurisprudencial n. 52 da SBDI-2) – Res. 137/2005, DJ 22, 23 e 24.08.2005

Exigindo o mandado de segurança prova documental pré-constituída, inaplicável se torna o art. 284 do CPC quando verificada, na petição inicial do "mandamus", a ausência de documento indispensável ou de sua autenticação. (ex-OJ n. 52 da SBDI-2 – inserida em 20.09.2000)

A construção jurisprudencial do TST em torno do agravo de instrumento gerou um grande número de exigências que dificultam a sua admissão e análise meritória. Tais exigências vão desde defeitos para aferição da tempestividade, carimbos e cópias ilegíveis até imprestabilidade de certidão do Regional, como podemos verificar nas seguintes Orientações:

OJ-SDI1-284. AGRAVO DE INSTRUMENTO. TRASLADO. AUSÊNCIA DE CERTIDÃO DE PUBLICAÇÃO. ETIQUETA ADESIVA IMPRESTÁVEL PARA AFERIÇÃO DA TEMPESTIVIDADE (DJ 11.08.2003) A etiqueta adesiva na qual consta a expressão "no prazo" não se presta à aferição de tempestividade do recurso, pois sua finalidade é tão somente servir de controle processual interno do TRT e sequer contém a assinatura do funcionário responsável por sua elaboração.

OJ-SDI1-285. AGRAVO DE INSTRUMENTO. TRASLADO. CARIMBO DO PROTOCOLO DO RECURSO ILEGÍVEL. INSERVÍVEL (DJ 11.08.2003)

O carimbo do protocolo da petição recursal constitui elemento indispensável para aferição da tempestividade do apelo, razão pela qual deverá estar legível, pois um dado ilegível é o mesmo que a inexistência do dado.

OJ-SDI1T-18. AGRAVO DE INSTRUMENTO INTERPOSTO NA VIGÊNCIA DA LEI N. 9.756/1998. PEÇA INDISPENSÁVEL. CERTIDÃO DE PUBLICAÇÃO DO ACÓRDÃO REGIONAL. NECESSÁRIA A JUNTADA, SALVO SE NOS AUTOS HOUVER ELEMENTOS QUE ATESTEM A TEMPESTIVIDADE DA REVISTA (inserida em 13.02.2001)

A certidão de publicação do acórdão regional é peça essencial para a regularidade do traslado do agravo de instrumento, porque imprescindível para aferir a tempestividade do recurso de revista e para viabilizar, quando provido, seu imediato julgamento, salvo se nos autos houver elementos que atestem a tempestividade da revista.

OJ-SDI1T-21. AGRAVO DE INSTRUMENTO. TRASLADO. CERTIDÃO. INSTRUÇÃO NORMATIVA N. 6/96 DO TST (inserida em 13.02.2001)

Certidão do Regional afirmando que o AI está formado de acordo com IN n. 6/96 do TST não confere autenticidade às peças.

Ainda seguindo na mesma linha dos demais tribunais superiores, o TST também demonstra com sua jurisprudência o apego às formalidades como meio de diminuir o número de recursos, o que se revela pela não admissão de **regularização da representação processual em grau de recurso**. Esse entendimento é expresso na Súmula n. 383, OJ n. 110 da SBDI1 e na OJ n. 151 da SBDI2, abaixo transcritas:

SUM-383. MANDATO. ARTS. 13 E 37 DO CPC. FASE RECURSAL. INAPLICABILIDADE (conversão das Orientações Jurisprudenciais n.s 149 e 311 da SBDI-1) – Res. 129/2005, DJ 20, 22 e 25.04.2005

I – É inadmissível, em instância recursal, o oferecimento tardio de procuração, nos termos do art. 37 do CPC, ainda que mediante protesto por posterior juntada, já que a interposição de recurso não pode ser reputada ato urgente. (ex-OJ n. 311 da SBDI-1 – DJ 11.08.2003)

II – Inadmissível na fase recursal a regularização da representação processual, na forma do art. 13 do CPC, cuja aplicação se restringe ao Juízo de 1º grau. (ex-OJ n. 149 da SBDI-1 – inserida em 27.11.1998)

OJ-SDI1-110. REPRESENTAÇÃO IRREGULAR. PROCURAÇÃO APENAS NOS AUTOS DE AGRAVO DE INSTRUMENTO (inserido dispositivo) – DEJT divulgado em 16, 17 e 18.11.2010

A existência de instrumento de mandato apenas nos autos de agravo de instrumento, ainda que em apenso, não legitima a atuação de advogado nos processos de que se originou o agravo.

OJ-SDI2-151. AÇÃO RESCISÓRIA E MANDADO DE SEGURANÇA. IRREGULARIDADE DE REPRESENTAÇÃO PROCESSUAL VERIFICADA NA FASE RECURSAL. PROCURAÇÃO OUTORGADA COM PODERES ESPECÍFICOS PARA AJUIZAMENTO DE RECLAMAÇÃO TRABALHISTA. VÍCIO PROCESSUAL INSANÁVEL (DEJT divulgado em 03, 04 e 05.12.2008)

A procuração outorgada com poderes específicos para ajuizamento de reclamação trabalhista não autoriza a propositura de ação rescisória e mandado de segurança, bem como não se admite sua regularização quando verificado o defeito de representação processual na fase recursal, nos termos da Súmula n. 383, item II, do TST.

Por fim, vale registrar que, até o cancelamento da Súmula n. 434, vigorou no TST o entendimento que considera extemporâneo o recurso interposto antes de começar a fluir o prazo, no mesmo sentido da jurisprudência do STJ e do STF. Referida súmula resultou de entendimento firmado na Orientação Jurisprudencial da SBDI1 n. 357 e tinha a seguinte redação:

RECURSO. INTERPOSIÇÃO ANTES DA PUBLICAÇÃO DO ACÓRDÃO IMPUGNADO. EXTEMPORANEIDADE (cancelada) – Res. 198/2015, republicada em razão de erro material – DEJT divulgado em 12, 15 e 16.06.2015

I) É extemporâneo recurso interposto antes de publicado o acórdão impugnado.(ex-OJ n. 357 da SBDI-1 – inserida em 14.03.2008)

II) A interrupção do prazo recursal em razão da interposição de embargos de declaração pela parte adversa não acarreta qualquer prejuízo àquele que apresentou seu recurso tempestivamente.

Histórico.

Redação original – (conversão da Orientação Jurisprudencial n. 357 da SBDI-1 e inserção do item II à redação) – Res. 177/2012, DEJT divulgado em 13, 14 e 15.02.2012.

Conforme temos argumentado desde o início, inexiste fundamento legal ou constitucional para a adoção desses entendimentos, os quais não se sustentam diante dos princípios do acesso à justiça, do contraditório e da ampla defesa, nem dos princípios próprios do processo do trabalho antes referidos.

Antes de analisarmos a influência do novo CPC para a jurisprudência defensiva no processo do trabalho faremos um destaque sobre as alterações produzidas pela Lei n. 13.015/2014 nesse sentido.

3.2. *Alterações promovidas pela Lei n. 13.015/2014 no Processo do Trabalho*

A Lei n. 13.015, de 21 de julho de 2014 alterou os artigos 894, 896, 897-A e 899 da CLT para dispor sobre o processamento de recursos no âmbito da Justiça do Trabalho.

Para Araújo (2015) a Lei n. 13.015 "...veio para tornar mais transparente os requisitos de admissibilidade do Recurso de Revista e, de certa forma, facilitar a atuação dos advogados no TST, porquanto tornou exato quais são os requisitos e os procedimentos que o advogado deverá adotar na "confecção" do Recurso de Revista".

De maneira geral, referida lei regulamentou a admissibilidade e processamento dos recursos trabalhistas conforme delineamento já traçado na jurisprudência do TST, na maioria dos casos para acolher tais entendimentos e, em alguns aspectos para fixar outro caminho, como nos casos que ora destacamos.

Adotando posição que acabou por se consolidar no novo CPC, referida lei incluiu no art. 896, § 11, a possibilidade de se corrigir defeito formal sanável do recurso na instância recursal ao dispor que:

§ 11. Quando o recurso tempestivo contiver defeito formal que não se repute grave, o Tribunal Superior do Trabalho poderá desconsiderar o vício ou mandar saná-lo, julgando o mérito.

Vale aqui afirmar que o artigo acima tem disposição similar no novo CPC que em seu art. 1.029 trata das disposições gerais aplicáveis ao recurso extraordinário e ao recurso especial e fixa no § 3º que o STF ou o STJ poderá desconsiderar vício formal de recurso tempestivo ou determinar sua correção, desde que não o repute grave.

Com isso, podemos afirmar que a Lei n. 13.015 contribuiu pra derrubar jurisprudência defensiva no âmbito do TST, antecipando princípios adotados no novo CPC.

Ao tratar dos embargos declaratórios, porém, a lei em comento adotou entendimento jurisprudencial corrente no TST no sentido de que a interrupção do prazo recursal não ocorre quando estes são intempestivos, quando irregular a representação da parte ou no recurso apócrifo (art. 897-A, § 3º, da CLT).

Nesse particular, a lei acabou por referendar posição da jurisprudência do TST que difere do que foi adotado no processo civil (art. 1026, *caput*, do NCPC).

3.3. A jurisprudência defensiva do TST diante do novo CPC

Após a aprovação do novo CPC (Lei n. 13.105/2015) e na iminência de sua entrada em vigor, o TST resolveu editar a Instrução Normativa n. 39 que dispôs sobre aplicação das normas do novo Código ao processo do trabalho, destacando também aquelas inaplicáveis.

O TST justificou a edição desta instrução na necessidade de adotar uma posição, ainda que não exaustiva, sobre a aplicabilidade supletiva do CPC "...considerando que as normas dos arts. 769 e 889 da CLT não foram revogadas pelo art. 15 do CPC de 2015, em face do que estatui o art. 2º, § 2º, da Lei de Introdução às Normas do Direito Brasileiro", bem como, *verbis*:

> considerando o escopo de identificar apenas questões polêmicas e algumas das questões inovatórias relevantes para efeito de aferir a compatibilidade ou não de aplicação subsidiária ou supletiva ao Processo do Trabalho do Código de Processo Civil de 2015,
>
> considerando a exigência de transmitir segurança jurídica aos jurisdicionados e órgãos da Justiça do Trabalho, bem assim o escopo de prevenir nulidades processuais em detrimento da desejável celeridade,
>
> considerando que o Código de Processo Civil de 2015 não adota de forma absoluta a observância do princípio do contraditório prévio como vedação à decisão surpresa, como transparece, entre outras, das hipóteses de julgamento liminar de improcedência do pedido (art. 332,*caput* e § 1º, conjugado com a norma explícita do parágrafo único do art. 487), de tutela provisória liminar de urgência ou da evidência (parágrafo único do art. 9º) e de indeferimento liminar da petição inicial (CPC, art. 330),
>
> considerando que o conteúdo da aludida garantia do contraditório há que se compatibilizar com os princípios da celeridade, da oralidade e da concentração de atos processuais no Processo do Trabalho, visto que este, por suas especificidades e pela natureza alimentar das pretensões nele deduzidas, foi concebido e estruturado para a outorga rápida e impostergável da tutela jurisdicional (CLT, art. 769),

Apesar dessas razões, todas muito relevantes, não conseguimos evitar a preocupação com as consequências dessa antecipação em ditar "a priori" quais as normas processuais que são ou não aplicáveis subsidiária e supletivamente ao processo do trabalho, especialmente naquilo que possa avançar o processo na obtenção de decisão célere, justa e efetiva.

Entendendo precipitada e, até mesmo de legalidade questionável, a edição da referida instrução pelo TST, Cyntia Possídio traz vários exemplos nesse sentido e conclui, *verbis*:

> É sabido que os enunciados de súmulas e precedentes normativos emergem da consolidação da jurisprudência sobre um determinado tema, o que resulta de amplas discussões e debates em derredor da questão objeto de análise. A tentativa de pacificar essas discussões em seu nascedouro, a partir da edição de uma Instrução Normativa, além de não ser medida legítima, por produzir artificialmente o entendimento supostamente representativo do Judiciário Trabalhista, sem a participação, contudo, de todos os atores do processo judicial – advogados, procuradores do trabalho e magistrados – e sem a necessária maturação das questões, é medida que ultrapassa os limites a que se destina o ato administrativo em tela, adstrito que deveria ser a enunciar procedimentos aplicáveis ao próprio tribunal, jamais produzindo efeitos sobre os jurisdicionados. (Possídio, 2016).

De qualquer modo, se a matéria está normatizada, a análise da aplicabilidade do novo CPC à jurisprudência defensiva do TST ora empreendida tem como principal referência as normas consideradas na referida instrução.

Retomando a sequência da abordagem feita no item 3.1, destacamos como derrubados, modificados ou atenuados os seguintes entendimentos jurisprudenciais do TST em matéria recursal: **necessidade de prequestionamento; saneamento de vícios ou complementação de documento exigível; irregularidade da representação processual e da incapacidade processual; insuficiência no valor ou equívoco no preenchimento da guia de custas processuais.**

Com relação ao prequestionamento consagrado na Súmula n. 297 do TST e nas Orientações Jurisprudenciais ns. 62, 151 e 256, a aplicação do art. 1.025 do novo CPC foi admitida em conformidade com o atual item III da súmula que admite o prequestionamento ficto para a questão jurídica invocada no recurso principal e sobre a qual se omite o Tribunal de pronunciar tese, não obstante opostos embargos de declaração.

Tratando dos vícios ou defeitos presentes nos recursos, o TST entendeu aplicável ao processo do trabalho o disposto no parágrafo único do art. 932 do novo CPC pelo qual incumbe ao relator, antes de considerar inadmissível o recurso, conceder prazo de 5 (cinco) dias ao recorrente para que seja sanado o vício ou complementada documentação exigível.

A referida disposição tem caráter geral, abrangendo todos aqueles vícios ou defeitos que se relacionam à inadmissibilidade do recurso, permitindo vigorar a supremacia da finalidade processual de se chegar à decisão de mérito afastando vícios formais que podem ser sanados sem prejudicar o contraditório e o equilíbrio processual.

Não obstante, o novo CPC ainda identificou alguns desses vícios e tratou de dar uma solução específica como na hipótese de incapacidade processual ou irregularidade de representação prevista no art. 76, §§ 1º e 2º, cuja adoção ao processo do trabalho afasta o entendimento expresso na Súmula n. 383, na OJ n. 110 da SBDI1 e na OJ n. 151 da SBDI2.

No que se refere ao preparo, a IN n. 39 admite aplicação do art. 1.007 do novo CPC apenas quanto às custas processuais, permitindo a intimação para suprir a insuficiência no valor ou o equívoco no preenchimento da guia, o que implica em modificação do entendimento firmado até então nas Orientações Jurisprudenciais ns. 140 da SB-DI1 e 27 da SDC que impõem a deserção mesmo não tendo havido intimação.

Nesse sentido já vinham se posicionando alguns magistrados, como o Juiz Júlio César Bebber, *in verbis*:

> O preenchimento incompleto da guia DARF não acarreta por si só, a deserção. O escopo da forma estabelecida para o preenchimento da guia DARF é o de garantir que o pagamento diz respeito aos autos do processo do recurso e foi recolhido aos cofres da União. Desse modo, restando inquestionável que o pagamento se refere ao processo em curso e que está à disposição da União, o recolhimento das custas com o preenchimento incompleto da guia DARF atingiu sua finalidade. (Bebber, 2009, p. 150).

Conforme já argumentamos, esses impedimentos descritos nas orientações não são entraves ao conhecimento e apreciação do mérito dos recursos e demonstram apego exagerado a um formalismo prejudicial à finalidade do processo.

Os apontamentos destacados demonstram que, mesmo antes de entrar em vigor o novo CPC, vem fortalecendo na doutrina e na jurisprudência a ideia de superar o apego ao formalismo exacerbado, que transforma o processo em uma armadilha para as partes e que não atinge o escopo finalístico, impedindo que decisão de mérito seja proferida.

Ora, para a concretização da justiça, o processo é um meio e não um fim em si mesmo. Esse é o pensamento dos legisladores do novo código e, conforme pudemos verificar, também parecer ter refletido no TST que adotou algumas dessas regras, as quais influem diretamente na jurisprudência defensiva construída ao longo de anos.

Embora se possa criticar a regulamentação promovida pelo TST antes que o tema pudesse amadurecer nos debates e nas decisões judiciais, a IN n. 39 deixou claro que não era pretensão exaurir o elenco de normas e sim destacar aquelas mais relevantes e inovadoras nas questões jurídico-processuais, conforme registra a exposição de motivos da referida instrução.

Entendemos que, nesse sentido, a regulamentação do Tribunal pode estimular a jurisprudência trabalhista a abandonar o excesso de formalismo que, convenhamos, nunca serviu ao processo do trabalho, e a valorizar cada vez mais as decisões de mérito justas e efetivas.

CONCLUSÃO

Por jurisprudência defensiva entendemos o movimento dos Tribunais Superiores no sentido de supervalorização dos aspectos formais, de requisitos processuais exigidos para evitar o julgamento do mérito dos recursos.

Além da intenção de reduzir o número de recursos nos tribunais, em nosso entender, referido movimento também tem inspiração em uma concepção de processo que busca valorizar a forma, o instrumento, em detrimento do conteúdo, do direito material.

No âmbito do STF e STJ a jurisprudência defensiva se consolidou em vários julgamentos gerando súmulas e entendimentos que impediram a apreciação do mérito dos recursos extraordinário (RE) e especial (REsp) nos últimos anos.

Os temas relacionados a essa jurisprudência e que impediam a admissibilidade dos recursos são: necessidade de prequestionamento na instância *a quo* da matéria devolvida ao tribunal em grau de recuso; recursos apócrifos; representação irregular; guias de preparo com erro no preenchimento de algum dado; insuficiência de preparo por diferenças ínfimas entre o valor devido e o depositado; recurso proposto antes do início da contagem do prazo recursal; carimbos e peças ilegíveis; intempestividade do recurso por falta de comprovação de feriado local; ausência de documento facultativo no instrumento do agravo; recurso não conhecido porque não ratificado após a interposição de embargos declaratórios pela outra parte.

No novo CPC esses temas foram enfrentados de modo a adequar as exigências recursais aos princípios e normas constitucionais e às normas fundamentais do processo civil positivadas nos arts. 1º a 12 do CPC.

Com efeito, o novo Código abraçou o princípio da primazia do mérito, do qual se extrai a valorização da decisão que resolve o conflito e aplica o direito material, em detrimento de decisões processuais, conforme evidente nos arts. 4º, 6º e 317. Além desses, supervalorizou o princípio do contraditório e investiu no princípio da cooperação processual.

Assim, ao analisar as novas normas processuais podemos entender que os entraves antes referidos que impediam o conhecimento dos recursos nos Tribunais Superiores foram derrubados ou minorados com a adoção desses princípios.

De modo parecido, no Tribunal Superior do Trabalho também foi se firmando a chamada jurisprudência defensiva, a despeito da competência desta Especializada para processar e julgar prioritariamente as ações oriundas da relação de trabalho, e, portanto, lidar com matéria sensível e de elevada proteção que é a verba alimentar.

Foi possível verificar, porém que, no âmbito do TST, mesmo antes de entrar em vigor o novo CPC, veio se fortalecendo na doutrina e na jurisprudência a ideia de superar o apego ao formalismo exacerbado, que transforma o processo em uma armadilha para as partes e que não atinge o escopo finalístico, impedindo que decisão de mérito seja proferida.

A Lei n. 13.015/2014 que regulamentou o procedimento dos recursos trabalhistas, embora tenha positivado entendimentos consagrados na chamada jurisprudência defensiva, adotou normas que afastaram a aplicação de algumas delas como no caso do art. 896, § 11, da CLT que trata da possibilidade de se corrigir defeito formal na instância recursal.

Com a entrada em vigor do novo CPC, o TST editou a Instrução Normativa n. 39/2016 que dispôs sobre aplicação das normas do novo Código ao processo do trabalho, destacando também aquelas inaplicáveis.

Da análise dos dispositivos da referida IN destacamos como derrubados, modificados ou atenuados os seguintes entendimentos jurisprudenciais do TST em matéria recursal: necessidade de prequestionamento; saneamento de vícios ou complementação de documento exigível; irregularidade da representação processual e da incapacidade processual; insuficiência no valor ou equívoco no preenchimento da guia de custas processuais.

Embora se possa criticar a regulamentação promovida pelo TST antes que o tema pudesse amadurecer nos debates e nas decisões judiciais, a IN n. 39 deixou claro que não era pretensão exaurir o elenco de normas e sim destacar aquelas mais relevantes e inovadoras nas questões jurídico-processuais, conforme registra a exposição de motivos da referida instrução.

Entendemos que, nesse sentido, a regulamentação do Tribunal pode estimular a jurisprudência trabalhista a abandonar o excesso de formalismo que, convenhamos, nunca serviu ao processo do trabalho, e a valorizar cada vez mais as decisões de mérito justas e efetivas.

Conforme argumentamos neste trabalho, a adoção da jurisprudência defensiva pelos Tribunais não se sustenta diante dos princípios do acesso à justiça, do contraditório e da ampla defesa, da primazia do mérito, da cooperação, e, principalmente, diante de alguns dos princípios próprios do processo do trabalho – oralidade, concentração, despersonalização do empregador, *jus postulandi* – destinados à simplificação do procedimento para realizar com celeridade e efetividade o recebimento da verba alimentar.

REFERÊNCIAS BIBLIOGRÁFICAS

AMARAL, Ana Cláudia Zuin Mattos do; SILVA, Fernando Moreira, Freitas da. *A jurisprudência defensiva dos tribunais superiores: a doutrina utilitarista mais viva que nunca*. [2014?] Disponível em: <http://www.publicadireito.com.br/artigos/?cod=bbc9e48517c09067>. Acesso em: 15 dez. 2015.

ARAÚJO, Cristiane Carvalho. *Recurso de revista: comentários à Lei n. 13.015/2014*. (2015). Disponível em: <https://jus.com.br/artigos/37909>. Acesso em: 20 jan. 2016.

BEBBER, Júlio César. *Recurso no processo do trabalho*. 2. ed. São Paulo: LTr, 2009.

BUENO, Cassio Scarpinella. *Prequestionamento: reflexões sobre a Súmula 211 do STJ*. [entre 2000 e 2016]. Disponível em: <http://www.scarpinellabueno.com.br/Textos/Prequestionamento%20-%20S%C3%BAmula%20211.pdf>. Acesso em: 23 abr. 2016.

DIDIER JUNIOR, Fred. *Recurso prematuro ou extemporâneo – Interposição antes da publicação – Enunciado 434 da Súmula do TST*. [2012]. Disponível em: <http://www.frediedidier.com.br/editorial/editorial-133/>. Acesso em: 10 abr. 2016.

FAGUNDES, Cristiane Druve Tavares. *O Novo CPC e o combate à jurisprudência defensiva*. 2015. Disponível em: <http://portalprocessual.com/o-novo-cpc-e-o-combate-a-jurisprudencia-defensiva/>. Acesso em: 22 jan.. 2016.

FREITAS, Theonio. *O novo CPC e a jurisprudência defensiva*. 2015. Disponível em: <http://theofreitas.jusbrasil.com.br/artigos/183848391/o-novo-cpc-e-a-jurisprudencia-defensiva>. Acesso em: 12 dez. 2016.

GIGLIO, Wagner. *Direito processual do trabalho*. São Paulo: LTr, 1993.

MACHADO SEGUNDO, Hugo de Brito. *Carimbo Ilegível*. 2011. Disponível em: <http://direitoedemocracia.blogspot.com.br/2011/11/carimbo-ilegivel.html>. Acesso em: 10 mar. 2016.

MALLET, Estêvão. *Do recurso de revista no processo do trabalho*. São Paulo: LTr, 1995.

MEDINA, José Miguel Garcia. *Normas fundamentais no novo CPC*. Palestra proferida no II Congresso de Direito Processual Civil de Mato Grosso do Sul. Campo Grande-MS, 15.04.2016.

Pelo fim da jurisprudência defensiva: uma utopia? 2013. Disponível em: <http://www.conjur.com.br/2013-jul-29/processo-fim-jurisprudencia-defensiva-utopia>. Acesso em: 10 dez. 2015.

POSSÍDIO, Cyntia. *A legalidade da instrução normativa n 39 do TST à luz do novo Código de Processo Civil*. 2016. Disponível em: <http://www.bahianoticias.com.br/justica/artigo/483-a-legalidade-da-instrucao-normativa-n-39-do-tst-a-luz-do-novo-codigo-de-processo-civil.html> Acesso em: 22 abr. 2016.

SILVA, José Antônio Ribeiro de Oliveira (Coord.). *Comentários ao Novo CPC e sua aplicação ao processo do trabalho: atualizado conforme a Lei n. 13.256/2016*. Vol. I – parte geral – arts. 1º ao 317. São Paulo: LTr, 2016.

VILLAR, Alice Saldanha. *Novo CPC consagra tese do prequestionamento ficto*. [2015]. Disponível em: <http://alice.jusbrasil.com.br/artigos/236107737/novo-cpc-consagra-tese-do-prequestionamento-ficto>.

O Incidente de Resolução de Demandas Repetitivas e sua Aplicabilidade na Justiça do Trabalho

Océlio de Jesus C. Morais
*Juiz Federal do Trabalho, Doutor em Direito Previdenciário pela PUC/SP,
Pós-Doutorando em Direitos Humanos e Democracia pela Universidade de Coimbra-Pt.*

1. INTRODUÇÃO

Quando *Kafka* escreveu *O processo*, os problemas burocráticos da Justiça e de seus processos foram colocados sob questão: a incerteza e riscos das ações temerárias, a burocracia do processo, a dificuldade de acesso à *Justiça* e o *Judiciário* que não decidia.

Os problemas da Justiça, a partir do drama humano do bancário *Josef K.*, revelaram exatamente a alienação do homem nas primeiras décadas do século XX diante das fechadas estruturas judiciárias.

Esses problemas avançaram no século XX por toda a sociedade ocidental, em que os grandes sistemas jurídicos mundiais, em seu geral, adotam a concepção positivista e, como consequência, formalizam a cultura individualista acerca da ideia de Justiça e do processo.

O sistema de Justiça questionado em *"O processo"*, portanto, é um bom exemplo para mostrar que a Justiça e o seus mecanismos processuais não podem ser obstáculos, nem um fim em si mesmos ao cidadão, à advocacia e nem ao Poder Judiciário.

Se no "processo kafkaniano", o cidadão personalizado em *Josef K.* sente os dissabores do sistema de Justiça, a modernidade pós-kafkniana revela outro tipo de problema: o sistema de acesso à Justiça que apresenta problemas reais que minam esse princípio constitucional. Um exemplo é o volume de processos, que pode indicar o direito ao amplo acesso ao sistema Judiciário, mas, de outro lado, revela a grande litigiosidade que engessa a rápida solução do processo, agravada pelos instrumentos processuais que são colocados ao julgador para essa finalidade.

Um dado em particular reflete bem essa realidade: no ano de 2015, foram ajuizados 4 milhões de novos casos na Justiça do Trabalho brasileira, conforme o relatório *Justiça em Números* do Conselho Nacional de Justiça, mesmo relatório que totaliza um saldo de 8,4 milhões de processos para julgar por esse ramo da Justiça Federal especializada, embora em 2014, "cerca de 4 milhões de sentenças e decisões foram proferidas, das quais 81% no 1º grau", percentual que, segundo ainda o *Justiça em Números*, "em média, cada magistrado baixou o equivalente a 1.238 processos, o que significa uma média de 103 casos resolvidos por mês, por magistrado".

Os números revelam a espantosa litigiosidade *das* e *nas* relações laborais no Brasil, seja decorrente da crise econômica recessiva, que afeta o equilíbrio financeiro das empresas e paralisa indústrias, ou seja pela violação corriqueira de direitos sociais fundamentais relativos ao trabalho e à previdência.

Percentual significativo desses novos casos representa demandas repetitivas, notadamente ações individuais.

Ao julgamento dessas demandas, até o final do ano de 2015, ainda não era adotado o *Incidente de Resolução de*

Demandas Repetitivas do novo Código de Processo Civil – a Lei n. 13.105, de 16 de março de 2015, que institui o novo CPC, entrou em vigor após decorrido 1 (um) ano da data de sua publicação oficial, conforme previsto no art. 1.045.

Então, esses dados de realidade que apostam para um problema real da Justiça na modernidade, por sua própria natureza, reclamada mudanças. Uma dessas mudanças é o objeto deste estudo: a aplicação do *Incidente de Demandas Repetitivas* no processo judiciário do trabalho e sobre a incorporação desse importante instituto ao sistema de Justiça trabalhista, como meio prático, seguro e eficiente à resolução de demandas que, simultaneamente, apresentem efetiva repetição de processos sobre a mesma questão unicamente de direito; e que representem risco de ofensa à isonomia e à segurança jurídica.

Com a tese jurídica adotada pelo acórdão do órgão colegiado do Tribunal do Trabalho ou do Tribunal Superior do Trabalho ou pelo Supremo Tribunal Federal, as demandas repetitivas idênticas tendem a refluir e acabar com o passar do tempo. O IDR também pode contribuir de forma decisiva para diminuir o número de ações individuais e estimular a coletivização das ações.

Neste estudo, apresento os critérios normativos, axiológicos e teleológicos que recepcionam a aplicação do IDR na Justiça do Trabalho.

O IDR trabalhista vem ocupar o "vazio" jurídico no direito processual do trabalho e suprir a lacuna no sistema de Justiça trabalhista.

Os desafios da sociedade tecnológica de risco do século XXI exigem um novo modelo e ideia de Justiça, um novo processo e um novo procedimento que garantam a razoável duração do processo, com segurança e estabilidade jurídicas, princípios que, do ponto de vista formal, já estão consagrados na Constituição da República Federativa do Brasil de 1988, mas que também, e ainda, carecem de realização efetiva.

É essa a perspectiva da abordagem deste artigo sobre "*O incidente de Resolução de Demandas Repetitivas e sua aplicabilidade na Justiça do Trabalho*", dentro da obra coletiva "*A aplicação do novo CPC no Processo do Trabalho*".

Sistematizei a abordagem sob os seguintes aspectos: 1. Antecedentes constitucionais do *Incidente de Resolução de Demandas Repetitivas* na Constituição Federal de 1988; 2. Raízes ontológicas do *Incidente de Demandas Repetitivas* no modelo teórico da CLT3. O incidente de Resolução de Demandas Repetitivas e sua aplicabilidade na Justiça do Trabalho.

2. ANTECEDENTES CONSTITUCIONAIS DO INCIDENTE DE RESOLUÇÃO DE DEMANDAS REPETITIVAS NA CONSTITUIÇÃO FEDERAL DE 1988

Quando um cidadão procura a Justiça, ele deseja uma resposta simplificada, segura e definitiva ao seu problema. Mas ele não quer percorrer os tormentosos caminhos burocráticos dos processos judiciais para obter a sua decisão, nem quer uma resposta tardia.

Ele quer saber se tem ou não direito, se o direito a que faz jus é integral ou parcial. Ele quer uma *palavra definitiva* – *segurança jurídica*, dizem os juristas – acerca da questão controvertida.

Esse é o desejo comum de qualquer indivíduo que se encontre litigando judicialmente. E também é o *senso comum* que qualquer cidadão espera da Justiça: a Justiça como *razão de ser* do própria sociedade e da incolumidade da dignidade humana, não como uma ideia abstrata, intraduzível e inacessível, mas como sistema funcional, seguro, estável e célere, traduzindo a eficácia social das leis e de suas decisões.

Isso fará toda diferença (positiva ou negativa) quanto ao resultado final de acesso ao sistema de Justiça e quanto à administração da própria Justiça.

E tudo está basicamente ligado ao modelo de Justiça que a sociedade adota à regulação de princípios, direitos e deveres. Poderá ser uma sociedade avançada quanto ao exercício pleno de direitos de quaisquer espécies, individuais e coletivos, como poderá ser uma sociedade autofágica de seus basilares princípios e direitos.

Portanto, como uma sociedade organiza o seu sistema de Justiça é uma questão que está naturalmente ligada aos seus valores (éticos, religiosos, culturais, sociais, políticos e econômicos) e como esses valores internos se relacionam com a multiplicidade de outros valores da sociedade mundial, visto que os grandes sistemas jurídicos mundiais se comunicam por princípios e valores universais nobres relativos à democracia, à cidadania e aos direitos humanos.

É dessa comunhão de valores e princípios universais convergentes à ideia de um direito cosmopolita universal – *Kant* escreveu sobre a direito cosmopolita, apregoando, por exemplo, o aperfeiçoamento das instituições de governo das sociedades humanas e que "os Direitos Cosmopolitas serão rogados pelas cordialidades da hospitalidade universal" – que são edificadas normas jurídicas humanitárias universais, porque, como destaca Simone Goyard-Fabre:

> A exigência normativa é, como todos os princípios, *a priori* da razão pura prática, universal. Portanto, é ela que, além do direito interno do Estado, preside ao direito das gentes e ao direito cosmopolítico. Desempenha também, em consequência, o papel interpretativo categórico da ordem internacional pública.

Numa ordem interna, a Constituição cuida dessas conexões principiológicas e normativas, alinhando o direito interno ao direito cosmopolítico.

A Constituição da República Federativa do Brasil de 1988 adota esse espírito relativo aos direitos de igualdade cosmopolítica, por exemplo:

1. ao adotar como fundamentos da *razão de ser* do Estado Democrático de Direito "a cidadania, a dignidade da pessoa humana e os valores sociais do trabalho e da livre iniciativa",

2. quando elege como princípios a "prevalência dos direitos humanos, igualdade entre os Estados, defesa da paz e a solução pacífica dos conflitos",

3. quando assegura aos nacionais e aos estrangeiros residentes no país a isonomia igualitária de direitos e deveres "perante a lei, sem distinção de qualquer natureza, garantindo-se a inviolabilidade do direito à vida, à liberdade, à igualdade, à segurança e à propriedade" e

4. o acesso à Justiça, quando enuncia o princípio constitucional máximo de que "a lei não excluirá da apreciação do Poder Judiciário lesão ou ameaça a direito" e quando assegura a todos, no âmbito judicial e administrativo, "a razoável duração do processo e os meios que garantam a celeridade de sua tramitação".

É nessa universalização de direitos, inerente às mudanças implementadas pela globalização econômica, que os sistemas de Justiça de cada Estado procuram o alinhamento de seu direito interno, adequando padrões mínimos de suas normas jurídicas nas relações internacionais para: a) a garantia da segurança e da estabilidade jurídica nas relações contratuais, b) a garantia da normalidade dos regimes democráticos, c) assegurar a efetivação aos direitos humanos, igualdade entre os Estados, e solução pacífica dos conflitos internos e externos.

As mudanças no *regime de regras* do direito processual civil brasileiro estão alinhadas a essas perspectivas universais.

Basta conferir já no art. 1º, quando disciplina que "O processo civil será ordenado, disciplinado e interpretado conforme os valores e as normas fundamentais estabelecidos na Constituição da República Federativa do Brasil" e no art. 3º, quando repete o princípio constitucional do acesso ao sistema de Justiça: "Não se excluirá da apreciação jurisdicional ameaça ou lesão a direito." – princípio este consagrado originariamente no inciso XXXV, art. 5º, da Constituição Federal de 1988.

Esses são princípios de natureza constitucional, estando previstos desde a promulgação da Carta Magna em 5 de outubro de 1988, no Título II (*Dos direitos e das garantias fundamentais*), Capítulo I (*dos direitos e deveres individuais e coletivos*), notadamente quando adota como valores supremos o exercício dos direitos sociais e individuais, a liberdade, a segurança, o bem-estar, o desenvolvimento, a igualdade e a justiça à construção de uma sociedade "fraterna, pluralista e sem preconceitos, fundada na harmonia social e comprometida, na ordem interna e internacional, com a solução pacífica das controvérsias".

O *Incidente de Demandas Repetitivas,* um instituto já adotado nos sistemas jurídicos norte-americano e inglês, por exemplo, é incorporado ao regime de regras do direito processual civil com esse espírito constitucional comprometido não apenas com a racionalização do acesso à Justiça, inerente aos brasileiros e aos estrangeiros aqui residentes, mas também na perspectiva de apresentar regras jurídicas universalmente importantes ao relacionamento com os demais sistemas de Justiça mundiais.

Como regra, a comunicação entre sistemas de Justiça mundiais é parametrizada pelo princípio da prevalência dos direitos humanos e pela garantia do efetivo acesso à Justiça, sempre na perspectiva da garantia do processo justo (com garantia do contraditório e da ampla defesa), tudo como corolário da resolução pacífica do litígio, da segurança e da estabilidade jurídica.

Então, considerando os objetivos do *Incidente de Demandas Repetitivas* definidos nos incisos I e II do art. 976 do novo CPC, encontramos o seu sucedâneo jurídico nas súmulas vinculantes editadas mediante decisão de dois terços dos membros pelo Supremo Tribunal Federal.

Enquanto a súmula vinculante "terá por objetivo a validade, a interpretação e a eficácia de normas determinadas, acerca das quais haja controvérsia atual entre órgãos judiciários ou entre esses e a administração pública que acarrete grave insegurança jurídica e relevante multiplicação de processos sobre questão idêntica" (§ 1º, 103-A, CRFB/1988), um dos objetivos do *Incidente de Demandas Repetitivas* é prevenir o risco de ofensa à isonomia e à segurança jurídica.

Em caráter de fundo ou finalístico, há uma razão jurídica comum à súmula vinculante e ao *Incidente de Demandas Repetitivas:* a hierarquização das decisões, isto é, os juízes e tribunais são obrigados a decidir conforme. É o que L. Weinreb fala de decisão vertical do raciocínio judicial, isto é, o "modelo do raciocínio jurídico como ordem hierárquica de normas", no qual ao juiz é defeso decidir a questão judicializada de forma contrária à súmula vinculante e contra a tese jurídica adotada no IRD, elementos constitutivos do direito, enquanto norma e não enquanto ciência jurídica.

Esse modelo vertical de emitir decisões corre pelo efeito vinculante. Enquanto a súmula do STF produz "efeito vinculante em relação aos demais órgãos do Poder Judiciário e à administração pública direta e indireta, nas esferas federal, estadual e municipal, bem como proceder à sua revisão ou cancelamento, na forma estabelecida em lei" (art. 103-A, CRFB/1988, com redação EC n. 45/2004), no IRD, uma vez adotada a tese jurídica, e transitado em julgado o acórdão em incidente de resolução de demandas repetitivas,também vinculará os juízes e os tribunais, quanto ao julgamento dos processos presentes e casos futuros que versem idêntica questão de direito.

A diferença é que, em relação ao *Incidente de Demandas Repetitivas*, a tese jurídica tanto pode ser adotada pelos tribunais do trabalho como pelo Tribunal Superior do Trabalho, ou seja, conferiu-se também aos tribunais a legitimidade para produzir decisão (a tese jurídica) vinculante para "todos os processos individuais ou coletivos" que tratem da mesma questão de direito "na área de jurisdição do respectivo tribunal".

Portanto, o que apenas o STF poderia fazer por decisão de dois terços dos seus membros, agora com o novo Código de Processo Civil uma turma do Tribunal do Trabalho também terá legitimidade para fazê-lo: proferir decisões com efeitos vinculantes.

Contudo, no IRD, o órgão colegiado do Tribunal do Trabalho incumbido de julgar o incidente e de fixar a tese jurídica não poderá julgar contra a súmula vinculante da Suprema Corte, nem contra tese jurídica já adotada pelo TST.

Em conclusão, as súmulas vinculantes editadas pelo STF constituem antecedentes constitucionais à formação e à instituição normativa do *Incidente de Demandas Repetitivas* no NCPC.

A tarefa agora é saber quais as raízes do *Incidente de Demandas Repetitivas* na Consolidação das Leis do Trabalho.

3. RAÍZES ONTOLÓGICAS DO INCIDENTE DE DEMANDAS REPETITIVAS NO MODELO TEÓRICO DA CLT

No meio jurídico, há muitas maneiras de receber uma lei nova, por exemplo: uma, com espírito aberto ao que de bom a lei pode trazer e contribuir ao aperfeiçoamento do sistema de Justiça; outra, com ceticismo por causa da profusão de leis sem a correspondente transformação da estrutura do sistema de Justiça; e com o sentimento inane, traduzindo aquele postura do *vamos ver* como a nova lei será interpretada, aplicada e como ela vai se acomodando diante dos casos concretos trazidos ao julgamento.

E a par da nova lei, advogados e partes vão apresentando seus "argumentos jurídicos", os juízes e tribunais vão criando suas "teses jurídicas" e a sociedade passa a conhecer o perfil jurídico de seu sistema de Justiça, a partir da natureza dos casos judicializados e a partir da consolidação das "teses jurídicas" consolidadas nos julgamentos emitidos.

E no momento em que o *Incidente de Demandas Repetitivas (IDR)* é apresentado como uma das grandes inovações do novo Código de Processo Civil brasileiro, e no momento em que se discute em que medida o instituto pode – se é que pode – ser aplicado ao processo judiciário do trabalho, um sem número de demandas continuam sendo levadas à Justiça brasileira.

Muitas dessas questões muito provavelmente são casos repetitivos. O resultado lógico disso é a multiplicação de processos sobre a mesma matéria (fática ou de direito), a profusão de julgamentos diferentes sobre o mesmo fato e a sensação de um sistema de Justiça instável do ponto de vista da jurisprudência.

O *Incidente de Demandas Repetitivas*, na nova sistemática do processo civil brasileiro, será sempre cabível aos casos de demandas repetitivas, mas quando houver, simultaneamente, "efetiva repetição de processos que contenham controvérsia sobre a mesma questão unicamente de direito e risco de ofensa à isonomia e à segurança jurídica. (Art. 976, I e II)

Então, observemos bem: o IDR se baseia na efetiva repetição de questões unicamente de direito e, simultaneamente, se houver o risco de ofensa aos princípios constitucionais (e, agora, infraconstitucionais) da isonomia e da segurança jurídica.

O instituto veio com a necessidade de conferir ao sistema de Justiça um sentido unificado de decisões sob o aspecto jurisprudencial e, assim, evitar os riscos de violação à isonomia e à segurança jurídica.

As raízes ontológicas desse novo instituto estão na CLT. E elas estão na compreensão sistêmica (e não literal), nos arts. 1º e 8º, primeira parte, 442 e 444, 843 e parágrafo único, art. 873, que cuidam das demandas individuais e coletivas, da vedação ao reexame de matéria fática e de direito já decididas pelos juízes e tribunais do trabalho e todo regime de normas relativas ao julgamento dos recursos repetitivos no Tribunal Superior do Trabalho.

E veja-se que, no sistema de Justiça trabalhista brasileiro, ainda nos dias atuais, é possível identificar, de modo geral, o ideário do positivismo liberal, embora de forma temperada. O positivismo liberal imbricado na CLT, como já afirmei na obra *Competência da Justiça Federal do Trabalho e a Efetividade do Direito Fundamental à Previdência*, "tem o exclusivo perfil de Justiça distributiva", porque a "base teórica do positivismo jurídico deixava à condição supletiva os princípios", priorizando as normas jurídicas e contratuais.

Isso porque o modelo teórico da CLT, muito embora de forma prevalente seja às demandas individuais centradas no normativismo jurídico (arts. 1º e 8º, primeira parte), encontra um certo equilíbrio quando contempla o princípio da primazia da realidade (arts. 442 e 444), inclusive quanto às demandas coletivas (arts. 1º, 843 e parágrafo único, art. 873).

É a combinação da primeira parte do art. 1º com a primeira parte do art. 8º da CLT que, de fato, revela o modelo teórico celetista prioritário às ações individuais à regulação das relações individuais de trabalho e, quando judicializada, as decisões baseiam-se também prioritariamente nas "disposições legais ou contratuais".

É certo que originariamente a CLT não cuida *tecnicamente* da possibilidade da adoção do Incidente de Demandas Repetitivas, tendo como pressupostos as decisões judiciais de casos repetitivos que tivessem por "objeto questão de direito material ou processual", como nos moldes atuais do novo CPC, no art. 828, parágrafo único.

Contudo, considerando que o aperfeiçoamento de um sistema de Justiça sempre leva em consideração as experiências antecedentes, é preciso colocar historicamente cada coisa no seu devido lugar.

O Incidente de Demandas Repetitivas, como agora adotado pelo NCPC, é mecanismo de racionalização à utilização do sistema de Justiça, para evitar a multiplicação de processos cujas matérias (material ou processual) já tenham sido objeto de um número significativo de decisões judiciais. E também como instrumento do estabelecimento da uniformização da jurisprudência, de modo a "mantê-la estável, íntegra e coerente", segundo anunciam os arts. 926 e 978 do NCPC.

Mas, observemos bem: a decisão proferida em sede do Incidente de Demandas Repetitivas, isto é, a tese jurídica adotada "será aplicada a todos os processos individuais ou coletivos que versem sobre idêntica questão de direito e que tramitem na área de jurisdição do respectivo tribunal" (inciso I, art. 985, do NCPC) e "aos casos futuros que versem idêntica questão de direito e que venham a tramitar no território de competência do tribunal" (inciso II, art. 985, do NCPC).

Então, vejamos o que já previa a CLT de 1943: um, normas que regulam as relações individuais e coletivas de trabalho (art. 1º) e, dois, que as decisões judiciais não podem fazer prevalecer "nenhum interesse de classe ou particular sobre o interesse público". Isso significa que uma raiz ontológica do IDR na CLT é essa: seja nas demandas individuais, seja nas demandas coletivas, em face de *matéria de direito ou matéria de fato*, "É vedado aos órgãos da Justiça do Trabalho conhecer de questões já decididas" (art. 836, CLT), sendo que, em quaisquer julgamentos, o interesse público deve prevalecer sobre o interesse privado.

O *Incidente de Demandas Repetitivas* do novo CPC quer evitar a repetição de demandas(em processos individuais ou coletivos), cuja controvérsia diga respeito à mesma questão, unicamente de direito.

Portanto, é bem evidente que, mesmo no regime celetista da *quase* primeira metade do século XX (e veja-se que o normativismo jurídico da CLT é inspirado nos ideários jurídicos de Justiça distributiva e de caráter individual do século XIX), já está prevista a vedação ao reexame de questões já decididas – vedação que tem como corolário impedir demandas acerca de questões em que já houve decisão.

Quando se trata de ação individual, é claro que essa vedação não se estende a outras partes diversas daqueles processos já julgados. Não obstante, a ideia dessa proibição é a de impedir (quanto às mesmas partes do processo já julgado) a repetição da mesma demanda, sob o mesmo argumento e sobre os mesmos fatos.

Outro antecedente ao *Incidente de Demandas Repetitivas* na CLT é a Ação de Cumprimento prevista no parágrafo único, art. 872 . A Ação de Cumprimento não admite rediscutir matéria de fato e de direito objeto da sentença normativa advinda do dissídio coletivo ou do acordo coletivo.

Isso significa que são vedadas demandas repetitivas sobre matéria de fato e de direito, já transitada em julgada, e objeto da decisão do tribunal. Os efeitos da decisão proferida em sede de Ação de Cumprimento também são aplicáveis às categorias enquadradas naquela realidade fática e de direito. Impede-se, por conseguinte, a repetição de demandas sobre a mesma questão unicamente de direito.

A diferença aqui entre o instituto da Ação de Cumprimento e o *Incidente de Demandas Repetitivas* é que, naquela, a decisão é específica ao descumprimento de cláusulas da sentença normativa ou do acordo, repercutindo em todos os contratos de trabalho daquela categoria profissional e às empresas integrantes da categoria econômica. Já no IDR, julgado o incidente, a *tese jurídica* será aplicada a todos os processos individuais ou coletivos que versem sobre idêntica questão de direito, daquela específica jurisdição, e aos casos futuros que versem idêntica questão de direito.

A semelhança parcial é quanto às partes legitimadas: são legítimos à proposição da Ação de Cumprimento – para cobrar observância à sentença normativa ou acordo – o próprio empregado ou sindicato da categoria profissional. Quando ajuizada pelo sindicato, evitam-se repetições de ações individuais com o mesmo objeto. Racionaliza-se o acesso à Justiça trabalhista. No Incidente de Demandas Repetitivas são legitimadas a parte individualmente ou sindicato, além do Ministério Público e o próprio juiz de 1º grau, este, mediante ofício e, aqueles, por meio de petição.

Então, a raiz ontológica do IDR na Ação de Cumprimento é essa: julgada a Ação de Cumprimento, e considerando tratar-se de ação de natureza coletiva relativa a direitos individuais homogêneos, os efeitos da decisão aplicam-se a todos os trabalhadores enquadrados naquela matéria de direito. E evitam-se demandas repetitivas sobre a mesma questão de direito.

E quando se trata de decisão trabalhista proferida em sede de Ação Civil Pública, cujos efeitos jurídicos são vinculantes *para todos* daquela categoria profissional e inseridos na mesma relação fática e jurídica básicas, tais efeitos retroagem à situação fática ou de direito violada e se expandem "aos casos futuros que versem idêntica questão de direito e que venham a tramitar no território de competência do tribunal", tal com previsto no inciso II, art. 985, do NCPC, acerca do caráter vinculante do *Incidente de Demandas Repetitivas*.

A ACP, com efeito, é um tipo de ação que evita a repetição de demandas que versem sobre idêntica questão de direito, no presente e no futuro.

Outra questão antecedente do IDR na CLT é o regime de recursos repetitivos incorporado à CLT a partir de 22.07.2014 pela Lei n. 13.015/2014, alterando as redações dos arts. 894, 896, 897-A e 899, e acrescentando os arts.

896-B e 896-C, aquele, cuidando do julgamento dos recursos extraordinário e especial repetitivos e, este, sobre o rito os recursos repetitivos, quando houver multiplicidade de recursos de revista fundados em idêntica questão de direito, a questão poderá ser afetada à Seção Especializada em Dissídios Individuais ou ao Tribunal Pleno".

O pressuposto do rito dos recursos repetitivos é praticamente idêntico ao do IDR: exige-se naquele a suspensão do "recursos interpostos em casos idênticos aos afetados como recursos repetitivos, até o pronunciamento definitivo do Tribunal Superior do Trabalho" (§ 3º, art. 896-C), porque poderão afetar outros processos sobre a questão para julgamento conjunto, a fim de conferir ao órgão julgador visão global da questão (§ 2º, art. 896-C).

A suspensão, que poderá ser determinada pelo relator no Tribunal Superior do Trabalho, alcançará todos os recursos de revista ou de embargos que tenham como objeto controvérsia idêntica à do recurso afetado como repetitivo, conforme previsto no § 5º do art. 896-C celetista; Já na sistemática do NCPC, admitido o incidente de resolução de demandas repetitivas, o relator suspenderá os processos pendentes, individuais ou coletivos, que tramitam no Estado ou na região, conforme o caso (art. 892, I, NCPC).

O rito de recursos repetitivos na Justiça do Trabalho é, por sua natureza e finalidade, um importante antecedente do IDR do NCPC, cujos pressupostos são idênticos, embora processados em instâncias diferentes.

Pode haver e de fato existem diferenças entre esses dois institutos, mas a *identidade* de objetivos (impedir demandas repetitivas e impedir recursos repetitivos sobre idêntica matéria de direito) e a *repercussão* dos seus efeitos (alcançados todos os processos enquadrados na mesma situação) ressaltam o rito de recursos repetitivos no TST como um importante antecedente jurídico e teleológico do *Incidente de Demandas Repetitivas do novo CPC*.

Pelo que já deixei evidenciado, nos tópicos I e II, que o *Incidente de Demandas Repetitivas* – por ter sucedâneos jurídicos na CLT e na Constituição – pode ser aplicado ao processo judiciário adotado.

A questão é saber qual a medida dessa compatibilidade à luz do art. 769 da CLT.

4. O INCIDENTE DE RESOLUÇÃO DE DEMANDAS REPETITIVAS E SUA APLICABILIDADE NA JUSTIÇA DO TRABALHO

Vou iniciar a abordagem desse item a partir de um fato hipotético. O objetivo é mostrar, a partir dele, como o sistema de Justiça trabalhista atual responde às demandas repetitivas e as questões jurídicas decorrentes no âmbito do processo do trabalho sem o IRD.

Seu *José*, um pescador artesanal na região amazônica, retirava o sustento da família com o fruto da pesca, assim como tradicionalmente fizeram o bisavô, o avô e o pai. Chegou na sua cidadezinha uma empresa de pesca, que já estava instalada naquela microrregião pesqueira e contratou o seu *José*. Prometeu-lhe bom salário fixo e mais produção, e pediu que indicasse outros pescadores para serem contratados também.

Seu *José* gostou de saber que iria ganha uma boa remuneração, aceitou o convite e indicou outros pescadores, também artesanais. A notícia se espalhou pela redondeza e centenas de pescadores foram à pesca. Ora singrando rios da Amazônia, ora navegando na costa norte do Atlântico.

Seu *José* apressou-se em comprar uma nova rede de pesca em 10 parcelas. Os outros pescadores também compraram novas redes de pesca na mesma loja. Meses depois, a empresa pesqueira começou a atrasar os salários, desapareceu da cidadezinha e nunca mais voltou.

Algum tempo depois, seu *José* e seus colegas pescadores receberam em suas casas cobranças extrajudiciais. Eles não conseguiram pagar as parcelas das redes de pesca e já estavam sendo cobrados, enquanto as reclamações trabalhistas, que os quase 1.000 pescadores artesanais ajuizaram individualmente, tiveram decisões diferentes. Alguns ganham a causa; outros, não. E seu *José* estava entre os que perderam na Justiça. E os que ganharam a causa, não conseguiram receber.

Eles foram pedir ajuda ao Sindicato dos Pescadores. Lá receberam a notícia de que o sindicato havia entrado com uma Ação Civil Pública contra a empresa de pesca e, nesta, também havia pedido tutela urgente para impor à empresa obrigação de fazer (pagar os salários atrasados) e de não fazer (abster-se em definitivo de praticar a conduta negativa), porque naquela região a empresa já havia aplicado o mesmo golpe e já tinha vários precedentes judiciais com a mesma matéria.

Seu *José* e os outros pescadores não sabiam o que era ACP e nem o que significava tutela antecipada. Eles queriam mesmo era saber quando iam receber seus direitos trabalhistas porque já estavam sendo cobrados pela loja que lhes vendera as redes de pesca.

E seu *José* também não entendeu porque ele e alguns colegas não ganharam a ação na Justiça e, outros sim, embora todos tivessem trabalhado para a mesma empresa, nas mesmas condições e sob as mesmas promessas. Não entendeu o resultado negativo de seu processo, uma vez que a matéria de direito era a mesma, e a maioria das outras demandas repetidas obteve êxito.

E todos eles saíram do sindicato, assim como saíram da Justiça: sem a resposta definitiva para o seu problema.

Na Amazônia – região dos grandes projetos de desenvolvimento nacional – registram casos similares que ensejam a proposição do *Incidente de Demandas Repetitivas*, por exemplo: trabalho análogo à condição de escravo, trabalho infantil em carvoarias, sonegação e apropriação de contribuição previdenciária por gestores municipais – todos com clara violação a direitos sociais fundamentais – realidade que pode ser encontrada na zona rural brasileira ou até mesmo na zona urbana,

Lá, em *O Processo*, *Josef K.*, o bancário que a história de dignidade foi esmagada pelo sistema de Justiça, não teve a resposta da Justiça ao seu problema; aqui, no *case study* (que atinge uma coletividade de trabalhadores), o sistema de Justiça trabalhista igualmente não solucionou de forma uniforme a mesma questão fática e de direito.

A concepção de Justiça individual que ergueu muros intransponíveis ao *Mr. Josef K.* – eliminadas as licenças culturais do romance e fincado o pé na realidade do sistema de Justiça trabalhista brasileiro – o caso dos pescadores revela aquela mesma ideia: a "ideia unificadora de sistema, por exemplo, o direito entendido como interesse individual juridicamente protegido" dos "manuais do século XIX", como observou G. Losano em "*Os Grandes Sistemas*".

O caso tomado como referência ao estudo revela: a) um sistema de Justiça trabalhista que ainda nos dias atuais prioriza a demanda individual; b) um dos problemas cotidianos do sistema de Justiça: a multiplicação de demandas repetitivas, ensejando julgamentos divergentes para a mesma questão de direito.

Essas questões podem ser explicadas a partir do que escreveu Rawls sobre o papel das instituições nas sociedades bem organizadas e a distribuição de direitos e deveres, quando ele se refere à escolha dos princípios de justiça para um "sistema de justiça como equidade".

Rawls (1971, cap. 1 *apud* Gargarella, p. 19) escreveu que

> O objeto primário da Justiça é a estrutura básica da sociedade ou, mais exatamente, o modelo como as instituições sociais mais importantes distribuem os direitos e deveres fundamentais, e determinam as vantagens da corporação social.

Uma sociedade bem organizada exige como contrapartida um sistema de Justiça abrangente, bem estruturado, que inclua as estruturas físicas, juízes e servidores compatíveis ao grande volume de processos até o regime de leis de caráter social capaz de resolver demandas individuais e coletivas, de forma célere, prática e simples, mas com segurança jurídica.

É certo que cada microssistema de Justiça (o comum e o especializado) é ordenado por uma dinâmica própria e cada um possui uma lógica funcional às finalidades por ele colimadas.

Mas, como escrevi na *primeira parte* da obra "*Sistemas Jurídicos: a dinâmica da técnica tópica*", os sistemas jurídicos têm em comum um "condão ontológico" que os direciona à mesma finalidade normativa: a normação das condutas humanas.

O condão ontológico que relaciona de forma sistemática os microssistemas de Justiça comum e trabalhista *agora* é o princípio constitucional da razoável duração do processo, destinado. O novo CPC assegura às partes "o direito de obter em prazo razoável a solução integral do mérito, incluída a atividade satisfativa" (art. 4º), enquanto que a CLT, a partir de sua vigência, já confere aos juízes e tribunais do trabalho a ampla liberdade na direção dos processos e impõe-lhes o *poder-dever* de velar "pelo andamento rápido das causas, podendo determinar qualquer diligência necessária ao esclarecimento delas." (Art. 765).

Outro condão que também a partir de agora relaciona dinamicamente os dois regimes processuais (comum e trabalhista) é o elemento axiológico: o novo CPC passa a ser "ordenado, disciplinado e interpretado conforme os valores e as normas fundamentais estabelecidos na Constituição da República Federativa do Brasil" (art. 1º) e a CLT já estabelece, desde 1943, que "a Justiça do Trabalho (...) decidirá "conforme o caso (...), por equidade e outros princípios e normas gerais de direito, principalmente do direito do trabalho (...)".

Então, sob esses dois condões identifico a justificativa principiológica para a aplicação do *Incidente de Resolução de Demandas Repetitivas* ao sistema de Justiça trabalhista.

A normatividade dos princípios constitucionais – os quais possuem força cogente – encontrada nos dois microssistemas é a ponte comunicacional que permite a utilização do IRD na seara do processo judiciário do trabalho.

Agora, saber como a CLT, nesse sistema de Justiça trabalhista, distribui "*os direitos e deveres fundamentais*" *(para voltar ao sistema de Justiça de equidade de Rawls)*, é uma questão que pode ser compreendida em duas fases, partindo-se da premissa de que "O modelo teórico da CLT e a instituição da Justiça do Trabalho são específicos do Estado social, mas ainda baseado no positivismo jurídico".

Para explicar essas duas fases, e entender como pode ser recepcionado atualmente o IRD na Justiça do Trabalho, reporto-me, porque ainda atual, ao que escrevi na obra "Competência da Justiça Federal do Trabalho e a efetividade do direito fundamental à previdência":

> A primeira fase, como de resto nos demais regimes de competências judiciárias no Brasil da época [da primeira metade do século XX, acrescei agora], tinha o exclusivo perfil de justiça distributiva. Na segunda fase, ela assume função jurisdicional mista (justiça distributiva e justiça social interventiva).
>
> Na primeira fase, o núcleo da competência da Justiça do Trabalho era a limitada ao paradigma do trabalho subordinado.
>
> Na segunda fase, o núcleo básico da competência reside nas relações de trabalho, nas demais controvérsias delas decorrentes e nos litígios derivados das próprias decisões trabalhistas.
>
> Nessa fase, o perfil da competência trabalhista é marcado pelo enfrentamento teórico entre os ideários do constitucionalismo jurídico neoliberal e do neoconstitucionalismo social.

Então, considerando-se os pressupostos teóricos da 2ª fase do modelo teórico de competência na CLT configurado à Justiça do Trabalho, a força dos princípios neoconstitucionais alinhados à efetividade dos direitos sociais fundamentais (notadamente a distribuição de direitos fundamentais ao trabalho e à previdência) também justifica a recepção do *Incidente de Demandas Repetitivas* na Justiça do Trabalho.

Quando se compreende "a razão ou poder dos princípios no universo jurídico", qualquer tendência interpretativa restritiva ao acolhimento do IRD na Justiça do Trabalho consistiria em restrição à própria teleologia desse instituto e ao princípio do amplo e seguro acesso à Justiça.

Observemos que o julgamento de casos repetitivos, segundo o parágrafo único, art. 982 do NCPC, "tem por objeto questão de direito material ou processual", simultaneamente em face de "efetiva repetição de processos que contenham controvérsia sobre a mesma questão unicamente de direito" e de "risco de ofensa à isonomia e à segurança jurídica", hipóteses especificadas nos incisos I e II do art. 976 do NCPC.

Mas o *Incidente de Demandas Repetitivas* do NCPC, tal como concebido, tem integral aplicabilidade na Justiça do Trabalho?

O meu objeto de estudo aqui não é o procedimento relativo ao IRD porque este é autoexplicativo a partir dos arts. 827, 928, 876 até 987 do NCPC.

Portanto, a partir de agora, a análise é relativa à compatibilidade do *Incidente de Demandas Repetitivas* na Justiça do Trabalho.

Não identifico no *objeto*, nem nas *hipóteses de admissibilidade* do *Incidente de Resolução de Demandas Repetitivas* qualquer incompatibilidade com as regras jurídicas e princípios contidos nos arts. 8º e 769 da CLT.

No art. 769 da CLT encontra-se a *porta normativa* à aplicação do IDR na Justiça do Trabalho, como fonte subsidiária, eis que o direito processual do trabalho não contempla esse instituto específico às demandas repetitivas, nem a Lei n. 5.594/1979, que dispõe sobre normas de Direito Processual do Trabalho.

O título X da CLT, estruturado pelos arts. 763 a 769, cuida do processo judiciário do trabalho. Esse título estabelece, em suma, que os dissídios individuais e coletivos podem ser solucionados preferencialmente mediante conciliação, a qualquer tempo, e por sentença.

E para a solução das demandas, o art. 765 outorga aos juízes e tribunais do trabalho "ampla liberdade na direção do processo", inclusive para "determinar qualquer diligência necessária ao esclarecimento" das questões judicializadas.

A par do art. 769 celetista, o *Incidente de Demandas Repetitivas* é juridicamente compatível com o direito processual do trabalho porque este é omisso acerca do IDR. E pela via do art. 765, o IDR também pode ser utilizado, inclusive de ofício, dentro do princípio da liberdade à direção do processo para "determinar qualquer diligência necessária" ao julgamento das demandas.

A possibilidade de instauração de ofício do IDR no processo judiciário do trabalho (art. 765 da CLT) está harmônica com o inciso I, art. 977 do NCPC, quando este dispõe que "o pedido de instauração do incidente será dirigido ao presidente do tribunal pelo juiz ou relator, por ofício".

As duas outras possibilidades de instauração igualmente admissíveis no âmbito trabalhista são de iniciativa: "pelas partes" mediante petição e do "Ministério Público ou pela Defensoria Pública" também por petição, consoante os incisos II e III do art. 977 do NCPC.

Entre o art. 769 da CLT e o art. 15 do NCPC, no caso específico do IDR, não existe antinomia, mas uma sincronia sistêmica, à medida que este dispõe que "Na ausência de normas que regulem processos (...), trabalhistas (...), as disposições deste Código lhes serão aplicadas supletiva e subsidiariamente".

Para o caso da incorporação do IDR ao sistema jurídico do processo do trabalho, a questão de ser aplicável de forma *"supletiva e subsidiariamente"* não cria nenhuma complexidade nem incompatibilidade porque o art. 769 da CLT prevê a aplicação *subsidiária* das normas do direito processual comum.

A CLT, portanto, já definiu a forma da aplicabilidade desse instituto na Justiça do Trabalho.

Já o parágrafo único do art. 8º da CLT abre uma *segunda porta* à aplicação do IDR no sistema de Justiça trabalhista.

Isso pode ocorrer quando, na causa de pedir imediata do IDR – baseada em relação de trabalho ou contrato de trabalho – o fundamento jurídico (à eventual fixação de multa ou à imposição de indenização, por exemplo, dano moral coletivo, dano moral previdenciário) seja de origem do direito comum.

A compatibilidade dar-se-á pela sincronia entre princípios fundamentais que o IDR visará obter com a tese jurídica e os princípios fundamentais inerentes ao Direito do Trabalho, estes substancialmente de caráter social.

Em síntese, por qualquer ângulo – normativo, axiológico ou principiológico – o Incidente de Resolução de Demandas Repetitivas é plenamente aplicável ao processo judiciário do trabalho.

Ao sistema de Justiça trabalhista, então, é disponibilizado um instituto que pode e deve modificar o tradicional modelo de Justiça distributiva individual às questões repetitivas de direito material e processual para, por meio da tese jurídica firmada no IDR, ampliar a solução de processos por meio de ações coletivas.

Com isso, problemas como aquele do nosso *case study*, ou análogos em demandas de massa repetitivas, terão soluções jurídicas isonômicas.

Os microssistemas de Justiça comum e trabalhista, com o IDR, projetam mais segurança e estabilidade jurídica às relações sociais e aos julgados judiciais.

5. CONCLUSÕES

Quando um novo instituto de direito processual é incorporado a um sistema de Justiça, a expectativa quanto ao *novo* sempre gera dúvidas acerca de como será recebido e leva um certo tempo para sua natural acomodação dentro do sistema.

E isso ocorre geralmente quando o instituto ou a norma entra em colisão – gerando antinomias próprias, impróprias, teleológicas, etc. – com outras normas ou com princípios já existentes dentro daquele regime de normas processuais já existentes.

Mas a aplicabilidade do *Incidente de Resolução de Demandas Repetitivas* do novo Código de Processo Civil não corre esse risco. A aplicabilidade é juridicamente possível ao processo judiciário do trabalho, sem quaisquer incompatibilidades em face das normas ou princípios deste, e deve ser, por seu objeto teleológico, natural e imediatamente incorporado ao sistema de Justiça trabalhista como meio seguro, prático e eficiente à solução das demandas repetitivas, individuais ou coletivas.

Contudo, o êxito quanto aos efeitos práticos-procedimentais e sociais da aplicação do IDR, não dependerá apenas da natural incorporação desse instituto ao sistema de Justiça trabalhista, mas sobretudo:

Um, da forma como as partes, Ministério Público ou Defensoria Pública fundamentarão o pedido de instauração do incidente, isto é, demonstrarão ou não de forma inequívoca a efetiva repetição de processos que contenham controvérsia sobre a mesma questão unicamente de direito e o risco de ofensa à isonomia e à segurança jurídica;

Dois, do ativismo judicial, a partir da possibilidade que o NCPC outorga ao juiz e ao relator para, de ofício, por petição, requerer a instauração do incidente ao presidente de tribunal;

Três, da forma como o órgão colegiado do tribunal interpretará e aplicará o IDR: se com base nas formas-princípios vinculantes inerentes à natureza dos direitos sociais fundamentais ou se de forma restritiva e em colisão aos princípios constitucionais que fundam esse instituto.

Por certo que o princípio da livre convicção, que leva em conta as questões fáticas e de direito ao exame de qualquer causa, jamais poderá ser sufocado ou limitado por critérios hermenêuticos, mas, de outro lado, também é verdadeiro que as sociedades bem organizadas nas democracias avançadas têm por base instituições sociais sólidas e funcionais e, essas, acima de tudo, confiam num sistema de Justiça igualmente funcional, garantindo a isonomia, a segurança e a estabilidade jurídica.

O IDR trabalhista, que ora se apresenta com esse bom objetivo, vem para ocupar o "vazio" jurídico existente no processo judiciário do trabalho reativo às demandas repetitivas e para preencher, enquanto instituto, essa lacuna no sistema de Justiça trabalhista.

6. REFERÊNCIAS BIBLIOGRÁFICAS

CAPPELLETTI, Mauro e GARTH, Bryant. *O acesso à justiça*. Porto Alegre/RS: Sérgio Antônio Fabris, 2002.

GARGARELLA, Roberto. *As teorias da justiça depois de Rawls*. Um breve manual de filosofia política. São Paulo: mfmartinsfontes, 2008.

GOYARD-FABRE, Simone. *Filosofia crítica e razão jurídica*. São Paulo: Martins Fontes, 2006.

LOSANO. Mário G. *Os grandes sistemas jurídicos*. São Paulo: Martins Fontes, 2007.

MORAIS, Océlio de Jesus C. *Competência da Justiça Federal do Trabalho e a Efetividade do Direito Fundamental à Previdência*. São Paulo: LTr, 2014.

_____; TEIXEIRA, Denilson Victor Machado; WILHELM, Jane Lúcia. *Sistema Jurídico* – a dinâmica da técnica tópica. Rio de Janeiro: Lumen Juris, 2013.

NOUR, Soraya. *À paz perpétua de Kant* – Filosofia do direito internacional e das reações internacionais. São Paulo: mfmartinsfontes, 2013.

KAFKA, Franz. *O processo*. Porto Alegre: L&PM, 2006.

WEINREB, L. Lloyd. *A razão jurídica*. São Paulo: Wmmartinsfontes, 2009.

O Novo CPC, o Incidente de Desconsideração da Personalidade Jurídica e sua Aplicação no Processo do Trabalho

Ivani Contini Bramante

Desembargadora Federal do Trabalho; Bacharel em Direito pela Faculdade São Bernardo do Campo; Mestre e Doutora pela Pontifícia Universidade Católica de São Paulo; Especialista em Relações Coletivas de Trabalho pela Organização Internacional do Trabalho; Professora de Direito Coletivo do Trabalho e Direito Previdenciário do Curso de Graduação do Faculdade de Direito de São Bernardo do Campo; Coordenadora do Curso de Pós Graduação em Direito das Relações do Trabalho da Faculdade de Direito de São Bernardo do Campo; Participou de várias bancas de Mestrado e Doutorado da Faculdade de Direito da Pontifícia Universidade Católica de São Paulo; Autora de diversos artigos de Direito Constitucional; Direito Coletivo do Trabalho, Direito Previdenciário; Ex-Procuradora do Ministério Público do Trabalho; Membro do Conselho de Justiça e Ética do Conselho de Arbitragem do Estado de São Paulo; Membro da Asociación Iberoamericana de Derecho del Trabajo y de la Seguridad Social; Membro do Núcleo de Conciliação e Coletivo do TRT 2ª Região; Membro da Comissão de Trabalho Decente do TRT 2ª Região, junto ao TST.

1. INTRODUÇÃO

O presente articulado tem por desiderato o enfoque das alterações encravadas no novo Código de Processo Civil quanto à desconsideração da personalidade jurídica e sua aplicação no processo do trabalho.

A ordem jurídica foi inovada com a Lei n. 13.105, de 16 de março de 2015 (NCPC/2015), e o tema da desconsideração da personalidade jurídica ressurge em novas vestes, agora procedimentalizado em forma de "incidente" e submetido ao contraditório prévio (arts. 133/137).

O intuito foi homenagear o princípio maior do devido processo legal, nas vertentes do contraditório, ampla defesa, e segurança jurídica (art. 5º, *caput*, CF/88), assim como evitar as "decisões surpresas".

2. CONCEITO DE PERSONALIDADE JURÍDICA

A personalidade jurídica de direito privado nasce com o ato constitutivo e o registro no órgão competente (art. 45, *caput*, CC), razão da qual as pessoas jurídicas passam a ser sujeitos de direitos e obrigações nos negócios jurídicos

Em regra, vigora o princípio da autonomia patrimonial retratada na desvinculação do patrimônio da empresa e do patrimônio particular dos sócios. Assim, conforme art. 1.024 do CC, a princípio, os sócios não respondem pelos débitos contraídos pela sociedade com seu patrimônio pessoal.

3. DESCONSIDERAÇÃO DA PERSONALIDADE JURÍDICA. TEORIA MAIOR E TEORIA MENOR

Os bens da sociedade não se confundem com os bens particulares de seus sócios por isso não respondem pelas obrigações sociais.

Entretanto, Fábio Ulhoa Coelho, em seu *Curso de Direito Comercial*. 13. ed., vol. II, São Paulo: Editora Saraiva, 2009, p. 47, ensina que há duas hipóteses para se formular a teoria da desconsideração da personalidade jurídica: (a) a teoria maior, quando o juiz deixa de lado a autonomia patrimonial da pessoa jurídica, coibindo-se a prática de fraudes e abusos; (b) a teoria menor, em que o simples prejuízo já autoriza o afastamento da autonomia patrimonial da pessoa jurídica.

As exceções que autorizam a desconsideração da personalidade jurídica são encontradiças nas seguintes normatividades: (i) na sociedade anônima, a responsabilidade do acionista, controlador e do administrador (arts. 115, 117 e 158 da Lei n. 6.404/1976; (ii) art. 135 do CTN; (iii) art. 28 e § 5º da Lei n. 8.07819/90 (CDC); (iv) art. 34 da Lei n. 12.519/2011, que determina a desconsideração da personalização da pessoa jurídica quando ocorrer infração à ordem econômica; (v) art. 50 do CC, que dita que em caso de abuso da personalidade jurídica, caracterizado pelo desvio de finalidade ou pela confusão patrimonial, pode o juiz decidir, a requerimento da parte ou do Ministério Público quando lhe couber intervir no processo.

Assim, para certas e determinadas relações de obrigações, a lei autoriza o alcance dos bens particulares dos administradores ou sócios da pessoa jurídica para suporte da responsabilidade executiva secundária.

No Direito Civil e Empresarial, o art. 50 do Código Civil adotou a teoria maior e autoriza a desconsideração da personalidade jurídica para atingir os bens dos sócios, diante da comprovação do abuso de poder na forma de desvio de finalidade ou confusão patrimonial.

> Art. 50. Em caso de abuso da personalidade jurídica, caracterizado pelo desvio de finalidade, ou pela confusão patrimonial, pode o juiz decidir, a requerimento da parte, ou do Ministério Público quando lhe couber intervir no processo, que os efeitos de certas e determinadas relações de obrigações sejam estendidos aos bens particulares dos administradores ou sócios da pessoa jurídica.

Na relação de consumo, o Código de Defesa do Consumidor, à vista da vulnerabilidade do cliente, adotou a teoria maior no art. 28, *caput*, na qual se exige a prova do abuso de direito, excesso de poder, infração da lei, fato/ato ilícito ou violação dos estatutos ou contrato social. Ainda, adotou a teoria menor no § 5º, pois a desconsideração é possível diante do mero obstáculo impediente do ressarcimento de prejuízo causado ao consumidor.

> Art. 28. O juiz poderá desconsiderar a personalidade jurídica da sociedade quando, em detrimento do consumidor, houver abuso de direito, excesso de poder, infração da lei, fato ou ato ilícito ou violação dos estatutos ou contrato social. A desconsideração também será efetivada quando houver falência, estado de insolvência, encerramento ou inatividade da pessoa jurídica provocados por má administração.
>
> § 5º Também poderá ser desconsiderada a pessoa jurídica sempre que sua personalidade for, de alguma forma, obstáculo ao ressarcimento de prejuízos causados aos consumidores.

Na relação tributária, à luz da preferência creditícia e do princípio da indisponibilidade dos créditos públicos, o Código Tributário Nacional alargou o campo da responsabilidade, pois prevê a possibilidade de desconsideração da personalidade jurídica em desfavor dos diretores, gerentes ou representantes de pessoas jurídicas de direito privado, para fins de responsabilidade em substituição. Entrementes, exige a prova de atos praticados com excesso de poderes ou infração de lei, contrato social, conforme *verbis*:

> Art. 135. São pessoalmente responsáveis pelos créditos correspondentes a obrigações tributárias resultantes de atos praticados com excesso de poderes ou infração de lei, contrato social ou estatutos: I – as pessoas referidas no artigo anterior; II – os mandatários, prepostos e empregados; III – os diretores, gerentes ou representantes de pessoas jurídicas de direito privado.

4. DESCONSIDERAÇÃO DA PERSONALIDADE JURÍDICA INVERSA

A aplicação da teoria da desconsideração da personalidade jurídica inversa faz com que a pessoa jurídica seja responsabilizada por débitos contraídos por sócios, administradores ou ex-sócios. É uma forma de se coibir a prática de fraudes por sócios, os quais transferem os seus bens para a pessoa jurídica, como forma de prejudicar os seus credores pessoais. Ao invés da responsabilidade do patrimônio do sócio, quem será responsabilizado é o patrimônio da pessoa jurídica. Tem-se a confusão entre o patrimônio da pessoa jurídica e o do sócio, o que deve ser punido, aplicando-se, assim, a inteligência do art. 50 do CC.

5. DESCONSIDERAÇÃO DA PERSONALIDADE JURÍDICA NO DIREITO DO TRABALHO

Na relação do trabalho, a desconsideração da personalidade jurídica não é disciplinada na Consolidação das Leis Trabalhistas.

Contudo, resta pacificada a idéia de aplicação, na relação de trabalho, do direito material acerca da responsabilidade dos sócios. Ainda, a doutrina trabalhista, secundada pela jurisprudência, acolhe a aplicação da Teoria Menor na desconsideração da personalidade jurídica diante do mero inadimplemento do débito trabalhista nas hipóteses em que o patrimônio da empresa não suporta o débito, consoante os fundamentos previstos no arts. 135 do CTN, 135; 50, 421, 422, 1.001 e 1.003 do CC; e 28, § 5º, do CDC, conforme autorização contida na CLT:

> Art. 8º As autoridades administrativas e a Justiça do Trabalho, na falta de disposições legais ou contratuais, decidirão, conforme o caso, pela jurisprudência, por analogia, por eqüidade e outros princípios e normas gerais de direito, principalmente do direito do trabalho, e, ainda, de acordo com os usos e costumes, o direito comparado, mas sempre de maneira que nenhum interesse de classe ou particular prevaleça sobre o interesse público.

Deste modo, diante da omissão na legislação laboral, remanesceu sedimentada a aplicação da desconsideração da personalidade jurídica no processo do trabalho, para fins de responsabilidade dos sócios, pelo princípio da subsidiariedade material (art. 8º da CLT) e subsidiariedade processual (arts. 769 e 889 da CLT), calcada em três fundamentos básicos: (i) a posição de vulnerabilidade do trabalhador, submetido a subordinação jurídica; (ii) a necessidade de resguardo do salário de natureza alimentar ; e (iii) a teoria do risco-proveito, no sentido de que corre por conta do empregador o risco da atividade econômica (arts. 2º, § 2º, 10 e 448 da CLT).

6. APLICAÇÃO DO INCIDENTE DA DESCONSIDERAÇÃO DA PESSOA JURÍDICA DO NCPC/2015 NO PROCESSO DO TRABALHO

A questão da desconsideração da personalidade jurídica radica no rito, nas regras processuais, agora em forma de "incidente", consoante previsto no NCPC/2015, para fins de materialização e responsabilização dos sócios da empresa devedora e o alcance do patrimônio apto a suportar a execução judicial.

Não havendo normatividade ritualística no processo do trabalho a permitir o ingresso do sócio nos autos na condição do devedor, verifica-se a multiplicidade de procedimentos: ora de penhora imediata com contraditório postergado; ora com o contraditório prévio. Isso, segundo a ótica empresarial, traz insegurança jurídica e prejuízo ao direito de defesa.

Afirma-se que o "calcanhar de Aquiles" no processo do trabalho é a execução de sentença judicial, eis que sói acontecer a vitória de Pirro do empregado, que "ganha mas não leva". Isto porque, há situações de frustração da execução trabalhista, seja pelo esvaziamento do patrimônio da empresa, patrimônio insuficiente ou ausência de bens livres e desembaraçados aptos a suportar o crédito trabalhista do empregado, judicialmente reconhecido.

Há, diuturnamente, em sede da Justiça do Trabalho, a aplicação da desconsideração da personalidade jurídica da empresa, com o objetivo de tornar efetiva a execução, porque a técnica viabiliza a responsabilização secundária dos sócios e ou ex-sócios, e respectivo alcance do patrimônio particular para suportar a execução trabalhista. O fundamento se esteia na teoria do risco-proveito, encravado no art. 2º, § 2º, da CLT, qual seja: se a empresa não possui patrimônio para saldar seu débito trabalhista o gravame deve ser redirecionado ao patrimônio particular dos sócios e ex-sócios, que tiveram o patrimônio acrescido em razão do proveito da força de trabalho do empregado e da obtenção do lucro.

Assim, o sócio sempre foi incluído no processo trabalhista, na fase de execução, para fins de responsabilização secundária pela dívida constante da sentença judicial executada, com fundamento no direito material nas regras dos arts. 50 do CC; 135 do CTN; 28, § 5º, do CDC; e regras do direito processual preceituadas nos arts. 769 e 889 da CLT c/c 592, II, e 596 do CPC/1973.

Com efeito, quanto ao procedimento da desconsideração na Justiça do Trabalho e alcance dos bens dos sócios, vem sendo aplicado com as adaptações, por impulso do próprio Juízo, sem a necessidade de requerimento do interessado (art. 87 da CLT) e com abertura do contraditório postergado para após a penhora (art. 884 da CLT).

O mote é a celeridade e alcance da efetividade da execução, inclusive com as regras da responsabilidade executiva em substituição, pela aplicação do art. 135 do CTN, por força do art. 889 da CLT, que comanda a aplicação da Lei da Execução Fiscal.

Em resumo, não havendo bens da empresa para pagamento do débito trabalhista e ou diante do mero obstáculo, o Juiz do Trabalho, de ofício, redireciona os atos expropriatórios aos bens dos sócios ativos e ou retirantes, incluída a penhora *on line* dos valores existentes em contas bancárias.

O ritual da desconsideração da personalidade jurídica, no processo do trabalho, segue a Consolidação dos Provimentos da Corregedoria do TST, atualizada em 24 de fevereiro de 2016, a saber:

> Art. 78. Ao aplicar a teoria da desconsideração da personalidade jurídica, por meio de decisão fundamentada, cumpre ao juiz que preside a execução trabalhista adotar as seguintes providências:
>
> I – determinar a reautuação do processo, a fim de fazer constar dos registros informatizados e da capa dos autos o nome da pessoa física que responderá pelo débito trabalhista;
>
> II – comunicar imediatamente ao setor responsável pela expedição de certidões na Justiça do Trabalho a inclusão do sócio no polo passivo da execução, para inscrição no cadastro das pessoas com reclamações ou execuções trabalhistas em curso;
>
> III – determinar a citação do sócio para que, no prazo de 48 (quarenta e oito) horas, indique bens da sociedade (art. 795 do CPC) ou, não os havendo, garanta a execução, sob pena de penhora, com o fim de habilitá-lo à via dos embargos à execução para imprimir, inclusive, discussão sobre a existência da sua responsabilidade executiva secundária.
>
> Art. 79. Comprovada a inexistência de responsabilidade patrimonial do sócio por dívida da sociedade, mediante decisão transitada em julgado, o juiz que preside a execução determinará ao setor competente, imediatamente, o cancelamento da inscrição no cadastro das pessoas com reclamações ou execuções trabalhistas em curso.

No âmbito da Justiça do Trabalho, em ponderação da urgência, do caráter alimentar do débito trabalhista e do princípio do devido processo legal, já se adota uma formalização jurídica procedimental compatível com aquela prevista no Novo Código de Processo Civil. O problema é que muitos juízes não aplicam na inteireza o contraditório prévio e usam os poderes gerais de cautela para evitar esvaziamento da execução e dar efetividade a uma tutela jurídica adequada.

Vejamos, pois, quais são as novas regras do incidente de desconsideração da personalidade jurídica adotadas e sua compatibilidade com o processo do trabalho.

O novo Código de Processo Civil (NCPC/2015) acolheu o princípio da supletividade no processo do trabalho, em seu art. 15, diante da mera omissão, sem qualquer outra consideração, *verbis*:

Art. 15. Na ausência de normas que regulem processos eleitorais, trabalhistas ou administrativos, as disposições deste Código lhes serão aplicáveis supletiva e subsidiariamente.

O NCPC/2015 inseriu a previsão legal acerca dos procedimentos à desconsideração da personalidade jurídica nos arts. 133 até 137, que sinteticamente comandam o seguinte ritual:

a) pode ser requerida na petição inicial, ou na fase execução, e neste caso será processada na forma de um incidente;

b) deverá ser requerida pela parte ou pelo Ministério Público e observar os pressupostos previstos em lei;

c) a instauração do incidente, caso não tenha sido requerido na inicial, suspende o processo;

d) o requerente deve demonstrar o preenchimento dos pressupostos legais específicos para desconsideração da personalidade jurídica;

e) o sócio e ou a pessoa jurídica serão citados para manifestação e requerer a produção de provas no prazo de 15 (quinze) dias;

f) o incidente será julgado por decisão interlocutória.

A questão a ser deslindada é a seguinte: o incidente de desconsideração da personalidade jurídica, prevista no NCPC/2015 (arts. 133/137), é aplicável ao processo do trabalho? Restam atendidos dos requisitos da omissão e compatibilidade?

Afirma-se que doravante a execução do crédito trabalhista não comporta redirecionamento automático para alcance dos bens dos sócios, pois é mister assegurar a defesa prévia, em sacrifício a celeridade e a efetividade do processo e em prol do devido processo legal e segurança jurídica.

Destarte, por força da regra instituída pelos arts. 769 e 889 da CLT, combinados com o art. 15 do novo CPC, são aplicáveis as regras do processo comum ao processo do trabalho, obedecidos os seguintes requisitos: omissão e compatibilidade, a saber:

Art. 769. Nos casos omissos, o direito processual comum será fonte subsidiária do direito processual do trabalho, exceto naquilo em que for incompatível com as normas deste Título.

Art. 889. Aos trâmites e incidentes do processo da execução são aplicáveis, naquilo em que não contravierem ao presente Título, os preceitos que regem o processo dos executivos fiscais para a cobrança judicial da dívida ativa da Fazenda Pública Federal.

No que tange ao requisito omissão, de fato, a CLT não traz um rito processual específico para a desconsideração da personalidade jurídica, como de resto não havia regra processual específica no antigo CPC. Por isso o TST tratou de editar uma normatividade mínima pela Corregedoria objetivando uniformizar procedimentos.

O art. 795, § 4º, do NCPC/2015 exige que para fins da desconsideração da personalidade jurídica se faça o "incidente processual". A questão de alta indagação jurídica está na compatibilidade ou não do "incidente" com os princípios próprios do processo do trabalho. Registre-se, assim duas correntes firmes: uma pela aplicação e outra pela não aplicação do incidente de desconsideração da personalidade jurídica no processo do trabalho.

7. FUNDAMENTOS FAVORÁVEIS A APLICAÇÃO DO INCIDENTE DE DESCONSIDERAÇÃO DA PERSONALIDADE JURÍDICA NO PROCESSO DO TRABALHO

Vozes favoráveis à aplicação do NCPC/2015, na sua inteireza, quanto ao rito da desconsideração da personalidade jurídica, argumentam que o chamamento do sócio no processo na fase de execução, por ocasião da pós-penhora, constitui elemento "surpresa", ofensivo aos princípios do contraditório e ampla defesa e da segurança jurídica.

Dessarte, houve inserção do tema e diretriz para sua aplicação no processo do trabalho (art. 15 do NCPC/2015) exatamente para assegurar o devido processo legal, pois ninguém pode ter a constrição de seus bens sem ampla defesa.

Os defensores da aplicação do art. 15, combinado com os arts. 133/137 do NCPC/2015 no processo do Trabalho, conjecturam os seguintes fundamentos:

a) o art. 15 do NCPC/2015 revogou o art. 769 da CLT;

b) a regra do art. 15 do NCPC/2015 é obrigatória, pois a aplicação do processo comum ao processo do trabalho decorre da regra legal e não da vontade ou da discricionariedade do juiz;

c) não há qualquer incompatibilidade ou colisão com os princípios do processo do trabalho. Não há ofensa à celeridade e a simplificação, na medida em que o Juiz do Trabalho esta autorizado a adequar o procedimento ao processo do trabalho: (i) instaurar o incidente *ex officio* – "Art. 878. *A execução poderá ser promovida por qualquer interessado, ou ex officio pelo próprio Juiz ou Presidente ou Tribunal competente, nos termos do artigo anterior*"; (ii) e adequar o prazo de 15 dias (art. 135 do NCPC/2015) para 8 dias, para manifestação do citado;

d) é necessária aplicação ao processo do trabalho para: dar segurança às partes; uniformidade de procedimento; respeitar o devido processo legal e o direito ao contraditório e à ampla defesa;

e) os princípios e normas do processo do trabalho, como de resto de todos os microssistemas processuais, submetem-se obrigatoriamente aos princípios constitucionais do processo, com que o resta garantido o Estado Democrático de Direito;

f) o Supremo Tribunal Federal já se pronunciou no sentido de que negar vigência a texto de lei equivale declarar sua inconstitucionalidade; logo não cabe negar os dispositivos do NCPC;

g) O TST, por meio da Resolução n. 203, de 15 de março de 2016, prevê expressamente seu art. 6º que: *"Aplica-se ao Processo do Trabalho o incidente de desconsideração da personalidade jurídica regulado no Código de Processo Civil (arts. 133 a 137), assegurada a iniciativa também do juiz do trabalho na fase de execução (CLT, art. 878)"*.

Jocil Moraes Filho, em artigo sobre *"A contradição dos discursos de inaplicabilidade do NCPC"* expõe que:

> Sou de acordo que o NCPC se aplique de forma mais densa e ampla ao processo do trabalho. Observe-se que a primeira minirreforma do CPC atual buscou aproximar o processo comum do processo do trabalho, no entanto, o CPC projetado deu um *bypass* no processo do trabalho, não talvez em matéria de celeridade, mas naquilo que mais útil e valioso possa se entregar ao jurisdicionado, a segurança jurídica.
>
> Muito se discute, se o Incidente de Desconsideração da Personalidade Jurídica ou a Fundamentação Exaustiva das Decisões serão ou não aplicados ao processo do trabalho, e os defensores da aplicação construíram uma tese bem interessante sobre lacunas (normativas, ontológicas e axiológicas) enquanto que os opositores entendem que o NCPC somente vai se aplicar naquilo em que a CLT for omissa e, quanto a este particular, a opinião dessa corrente deve ser interpretada com todo o rigor que ela própria advoga, pois a CLT é omissa quanto ao incidente desconsideração da personalidade, como também o é quanto ao calendário processual, ao princípio da primazia do julgamento do mérito, ao IRDR, IAC, teoria dos precedentes, princípio da cooperação dentre outros.
>
> Em suma o rigor do art. 769, desserve à defesa da não aplicação do Incidente de Desconsideração ao processo do trabalho. O que não tenho observado em debates acerca da matéria é a aplicação do NCPC ao Processo do Trabalho, a partir da perspectiva constitucional, mormente do art. 7º da CF/88, que ampliou o rol de direitos dos trabalhadores, para "além de outros que visem a melhoria da sua condição social", de modo que a manutenção do discurso rígido de aplicação da CLT apenas nos casos de omissão vem privando o trabalhador de direitos interessantes, como por exemplo o levantamento de valores (art. 475-O do CPC).

Na mesma linha, Pedro Paulo Teixeira Manus, em artigo intitulado *Aplicação do novo CPC ao processo do trabalho trará segurança às partes*. Revista Consultor Jurídico, 14.08.2015, e Francisco Jorge Ferreira Neto, em *Processo do Trabalho Desconsideração da personalidade jurídica no NCPC e o Processo do Trabalho*. Revista Consultor Jurídico. 02.06.2015, para quem o *"incidente da desconsideração da personalidade jurídica é compatível com o processo trabalhista (art. 769, CPC; art. 15, NCPC), notadamente, por ser um procedimento que permite o respeito à segurança jurídica e ao devido processo legal quanto à pessoa do sócio ou ex-sócio"*.

8. FUNDAMENTOS CONTRÁRIOS A APLICAÇÃO DO INCIDENTE DE DESCONSIDERAÇÃO DA PERSONALIDADE JURÍDICA NO PROCESSO DO TRABALHO

Em defesa da tese da incompatibilidade da aplicação do "incidente de desconsideração de personalidade jurídica" no processo do trabalho é factível alinhavar os seguintes fundamentos:

a) quanto ao direito material sobre a responsabilidade dos sócios e à vista do princípio da aptidão da prova, não restam dúvidas de que para fins de acolhimento do incidente, o Judiciário Trabalhista irá adotar a Teoria Menor (art. 28, § 5º, do CDC) na análise da desconsideração da pessoa jurídica. De modo que o credor trabalhista não precisa demonstrar a culpa do sócio ou do ex-sócio na gestão patrimonial da pessoa jurídica;

b) quanto ao aspecto ritual, o Tribunal Superior do Trabalho, na IN n. 39/2016, deixa claro que o art. 15 do NCPC/2015 não revogou o art. 769 da CLT;

c) ademais, a aplicação do processo comum ao processo do trabalho decorre da regra legal e não da discricionariedade do juiz. Se há omissão do texto consolidado e compatibilidade entre a regra do processo comum e o processo do trabalho, a sua aplicação é obrigatória. Entretanto, ao juiz da causa, no caso concreto, cabe avaliar e fundamentar se há, concomitante, a omissão e incompatibilidade e aplicar ou não o NCPC/2015 de acordo com os fundamentos lançados;

d) é fato que o Supremo Tribunal Federal sinaliza que quando o juiz decide pela não aplicação válida da lei equivale à declaração de sua inconstitucionalidade. Entretanto, a posição deve ser analisada *cum grano salis*, pois determinada norma jurídica pode deixar de ser aplicada quando há autorização legal para tanto, fundada na sua incompatibilidade com dado sistema jurídico específico, como é o caso do princípio da subsidiariedade previsto no art. 769 da CLT;

e) na linha da incompatibilidade da aplicação do incidente de desconsideração da personalidade jurídica do NCPC/2015, decidiu a plenária do 2º Seminário Regional de Magistrados Vitalícios das Circunscrições de Ribeirão Preto e Bauru da Justiça do Trabalho, em março/2015, sob a premissa de que a responsabilidade executiva do sócio nasce com a constatação da insolvência da empresa;

f) o ritual que já vem sendo aplicado à desconsideração da pessoa jurídica, no processo do trabalho, embora não atenda a forma "incidente", atende o devido processo legal, uma vez que o contraditório é exercitado, embora em momento próprio, postergado, à moda das cautelares e tutelas antecipadas, previstas na ordem jurídica, sem qualquer mácula de inconstitucionalidade;

g) o contraditório postergado não ofende o devido processo legal, apenas fica retardado no tempo, em perfeita harmonia e ponderação com a segurança jurídica e a efetividade do processo;

h) o Fórum Nacional de Processo do Trabalho aprovou, por maioria qualificada, o Enunciado n. 30, de seguinte teor:

CLT, art. 769 e NCPC, arts. 133-137 C/C art. 789, 790, II e art. 792, IV. Incidente de desconsideração da personalidade juridical. O incidente de desconsideração de personalidade jurídica (arts. 133 a 137 do NCPC) é incompatível com o Processo do Trabalho, uma vez que nesta a execução se processa de ofício, a teor dos arts. 876, parágrafo único e 878 da CLT, diante da análise do comando do art. 889 celetista (c/c art. 4º, § 3º da Lei n. 6.830/1980), além do princípio de simplificação das formas e procedimentos que informa o processo do trabalho, tendo a nova sistemática processual preservado a execução dos bens dos sócios (arts. 789, 790, II e art. 792, IV, do NCPC).

Francisco Ferreira Jorge Neto, no artigo já citado, expõe a compatibilidade, nos seguintes termos:

i) o incidente de desconsideração da personalidade jurídica pode ser instaurado de ofício, na medida em que a execução pode ser processada por ato do magistrado (art. 878 da CLT e IN n. 39/TST);

ii) é cabível em todas as fases do processo de conhecimento, no cumprimento de sentença e na execução fundada em título executivo extrajudicial, não há qualquer incompatibilidade;

iii) diante da suspeita de dilapidação do patrimônio, o Juiz do trabalho poderá, de ofício ou a requerimento da parte, determinar as medidas cautelares necessárias para se assegurar a futura execução (arrecadação de bens; indisponibilidade dos bens do sócio etc.);

iv) a seguir o sócio e ou a pessoa jurídica será citado. O Juiz do Trabalho é diretor do processo (art. 765 da CLT) e poderá designar audiência de instrução, se necessária. Daí segue-se o julgamento, sendo que o incidente será resolvido por decisão interlocutória.

Na defesa, o sócio, demandado pelo pagamento da dívida, tem direito a exigir que sejam primeiro executados os bens da sociedade (art. 596, *caput*, do CPC; art. 795, *caput*, do NCPC). O sócio pode também se prontificar a pagar a dívida e poderá executar o devedor primário nos autos do mesmo processo (arts. 596, § 2º, do CPC e 795, § 3º, do NCPC).

No que se refere ao recurso cabível da decisão que julga o incidente de desconsideração da personalidade jurídica: se decisão for proferida na fase de conhecimento, interlocutória ou em sentença definitiva caberá recurso ordinário (art. 893, § 1º, da CLT); se a decisão for proferida na fase de execução, cabe agravo de petição (art. 897, "a", da CLT); se a decisão ocorrer na fase recursal cabível será o agravo regimental.

Quanto à liquidação ou execução de sentença, após a decisão do incidente de desconsideração da personalidade jurídica, *a priori*, tem-se o direcionamento da execução em relação à pessoa do sócio ou ex-sócio. Após a garantia do juízo (art. 884, da CLT), o sócio poderá manejar os embargos à execução, cuja decisão comporta o recurso de agravo de petição (art. 897, "a", da CLT).

Nessa toada, no caso de procedência do pedido de desconsideração, a alienação ou oneração de bens, havida em fraude de execução, será ineficaz em relação ao requerente.

9. CONCLUSÃO

A análise do ideal perseguido pelo novo Código de Processo Civil, para fins do procedimento de desconsideração da personalidade jurídica, permite extrair ao menos quatro elementos: (i) a adoção da regra matriz, prevista no art. 50 do Código Civil, para todas as relações negociais e não negociais travadas pela empresa; (ii) o respeito, como regra geral, ao princípio da autonomia patrimonial da pessoa jurídica; (iii) o levantamento de um véu protetor para a responsabilidade patrimonial dos sócios, permitindo-a apenas quando demonstrada a prática de fraude ou abuso de direito; e (iv) o dever do magistrado dar oportunidade do exercício do direito de defesa prévia às partes interessadas, sem ignorar os postulados do devido processo legal e os princípios da ampla defesa e do contraditório, previstos na Constituição Federal.

Entretanto, resta saber se esse ideal é compatível com a natureza dos créditos trabalhistas, tendo em vista seu caráter alimentar superprivilegiado e sua conexão com o direito a vida e a dignidade da pessoa humana

Nesse cenário, é mister pensar em outras seguranças específicas, como a criação do Fundo de Garantia de Execuções Trabalhistas ou uma outra espécie de Seguro.

13

Novos Horizontes da Execução Trabalhista: Alterações do CSJT e do CPC Tendentes a Agilizar a Execução Trabalhista

HOMERO BATISTA MATEUS DA SILVA
Juiz titular da 88ª Vara do Trabalho de São Paulo e professor de direito do trabalho da Faculdade de Direito do Largo de São Francisco.

1. USO RACIONAL DOS MEIOS ELETRÔNICOS E A REVALORIZAÇÃO DA PROVA INDICIÁRIA

Empregamos a expressão "uso racional dos meios eletrônicos" para destacar o incrível manancial de informações disponíveis nos sistemas e computadores e que normalmente são mal utilizados pelo processo judicial.

A rotina de se expedir o mandado de citação, penhora e avaliação por intermédio dos oficiais de justiça, com base nos endereços constantes de contratos sociais velhos e desatualizados, muito faz lembrar os procedimentos do século XIX e em nada se assemelham ao dinamismo da vida cotidiana, em que contas são pagas pela internet e negócios jurídicos são celebrados por correio eletrônico. Não há nenhuma razão para o processo judicial se afastar dos recursos tecnológicos.

Convém lembrar que esse apego ao modelo antigo em nada se confunde com a adoção do Processo Judicial Eletrônico (PJe): muitas Comarcas já aderiram ao PJe, mas continuam a praticar os procedimentos do processo castiço, ou seja, gastam-se fortunas com a compra de máquinas e equipamentos para a adoção do processo eletrônico, mas ainda se confia no endereço constante do contrato social depositado na Junta Comercial, exigindo do oficial de justiça numerosas diligências até que ele localize o paradeiro do devedor.

Aproveitamos o ensejo para questionar o próprio uso do edital como forma de citação, tanto na fase de conhecimento quanto na fase de execução: será que o réu realmente desapareceu ou será que ele desapareceu apenas para o alcance do radar modesto do processo judicial?

Exceto se o réu se escondeu numa caverna – sem conexão com a internet –, a chance de ele estar em plena circulação, com outros endereços ou identificações, é muito elevada – e para isso, novamente, o uso racional dos meios eletrônicos deve ser potencializado pelos magistrados, partes e advogados, como forma de se agilizarem os contatos. Se o executado desapareceu com algum nível de conforto, como TV a cabo ou pagamento de mensalidade escolar, então ele deve constar de cadastros eletrônicos, sendo de pouca serventia o endereço autodeclarado no contrato social ou no estatuto de constituição da sociedade civil.

Acessar os meios eletrônicos tampouco quer dizer fazer o bloqueio dos ativos dos executados junto à autoridade monetária – conhecido como o convênio do Bacen. Após um período inicial de relativa euforia, o bloqueio formalizado pelo sistema do Banco Central perdeu sua eficácia, pois os executados podem facilmente esvaziar suas contas correntes e investimentos tão logo tenham início os procedimentos executórios, não sendo, portanto, surpresa que a ordem de bloqueio encontre os ativos zerados.

Os meios eletrônicos neste ato rememorados são aqueles que permitem o rastreamento de bens e direitos dos devedores, bem assim de seus endereços atualizados. Explica-se.

Se é verdade que o executado pode apresentar endereço defasado para a Junta Comercial ou para o cartório extrajudicial quando da formalização da pessoa jurídica, esse procedimento malicioso já se torna mais difícil quando o assunto é a abertura de uma conta corrente ou de investimento em instituições financeiras. A rede bancária está treinada para não aceitar comprovantes de endereço falsos ou modestos, como uma velha conta de luz ou um antigo recibo de entrega de gás. Ao revés, são exigidos documentos bastante atualizados – às vezes, as contas ordinárias do próprio mês da negociação, sendo rejeitados todos os meses anteriores – complementando-se a documentação com visitas ao local de trabalho ou de atuação do cliente ou interessado.

Se o assunto for a concessão de empréstimo financeiro, então, o nível de exigência sobe ainda mais, acrescentando-se documentação das pessoas físicas responsáveis pelo empreendimento e maior número de visitas ao local, a fim de se certificar sobre a idoneidade dos endereços e dos dados colhidos.

Neste sentido, o acesso à ficha de abertura da conta bancária é medida muito mais contemporânea e racional do que o acesso à ficha de abertura da pessoa jurídica. Não deveria ser assim, evidentemente, pois todas as informações repassadas aos órgãos públicos e órgãos privados colaboradores das instituições públicas deveriam se pautar pela lisura e pela atualidade, mas sabemos que uma nota de realismo se impõe ao direito, para que este não se perca em suas utopias.

Em suma, os endereços dos órgãos públicos de assentamento do comércio e da indústria são vulneráveis; os endereços disponíveis na rede bancária são mais sólidos.

A ficha de abertura do relacionamento bancário pode ser acessada por meio do Cadastro do Cliente do Sistema Financeiro, conhecido pela sigla CCS.

O acesso ao CCS, portanto, é medida salutar, que nem ao menos deveria provocar hesitação no magistrado ou ficar na dependência de solicitação da parte contrária.

Pode ser feito tanto na fase de conhecimento – reduzindo sensivelmente a quantidade de citações por edital – quanto na fase de execução – racionalizando o trabalho do oficial de justiça e indicando o endereço mais preciso do executado, em detrimento da série de endereços desatualizados que permeiam o processo judicial, desde aqueles contratos sociais de décadas passadas até os endereços superados que são descritos como novos em procurações e cartas de preposição.

O acesso ao CCS é feito no mesmo sítio eletrônico do Banco Central do Brasil, de modo simplificado, sendo suficiente que a autoridade judicial solicite as informações cadastrais, não envolvendo nem sequer a quebra de sigilo bancário do investigado.

Mas isso não é tudo.

O CCS apresenta, também, o conceito de pessoa vinculada ao executado.

A expressão "pessoas vinculadas" está longe de ser consensual e tem gerado muitas dúvidas sobre como o magistrado deve tirar essa informação.

A pessoa vinculada pode ser um simples procurador da empresa, inclusive com vínculo de emprego, como um gerente, um tesoureiro ou um assistente de menor qualificação, a quem se passam poderes para retirar talões de cheques, cartões de plástico ou eventualmente movimentar os investimentos.

No entanto, a pessoa vinculada pode ser também uma forma de contemplar o sócio oculto com maior liberdade para a movimentação bancária. Por exemplo, a pessoa jurídica pode ter dois sócios de direito – que não movimentam a conta bancária – e uma pessoa vinculada que faz tudo pela empresa, desde a tomada do empréstimo até a outorga da quitação.

É razoável que se levantem questionamentos sobre essa forma de algumas empresas procederem, especialmente naqueles cenários em que os sócios de direito nem ao menos são conhecidos dos empregados, clientes e fornecedores, tudo resolvido pelos sócios de fato ou sócios ocultos.

Esses indícios podem repousar em alguns processos sob a forma de alegação, pelo credor, de sociedade de fato, mas o grau de dificuldade no manejo dessa prova sempre foi considerado elevado.

A prova processual mais comum disponível ao trabalhador – que é a prova testemunhal – é também uma das mais fracas para evidenciar procedimentos de sociedade de fato ou irregular, do uso de testas de ferro, laranjas ou outros mecanismos escusos. Neste sentido, o reforço documental vindo do Cadastro do Cliente do Sistema Financeiro é muito expressivo e pode representar a virada na formação do convencimento judicial do magistrado.

No caso particular do acionamento do CCS em fase de conhecimento, podem surgir também algumas dúvidas sobre os poderes para recebimento da citação. Entretanto, é bastante razoável que se insista na citação na pessoa do procurador – ou da "pessoa vinculada", como se diz na ficha – quando o paradeiro da empresa é desconhecido. Ora, não faz sentido que uma empresa seja considerada desaparecida, mas seus procuradores ou gerentes tenham endereço conhecido.

E há ainda mais uma peculiaridade do CCS que deveria ser explorada com mais sagacidade pelo processo do trabalho: a "pessoa vinculada" pode ser uma outra pessoa jurídica.

Ao início do relacionamento bancário, a pessoa natural ou jurídica aponta quais são as outras empresas com as quais ela possua algum tipo de vínculo jurídico ou econômico. Se, por um lado, o executado achar que, para algumas autoridades convém não revelar a existência de empresas coligadas, em outras circunstâncias a divulgação das empresas coligadas aumenta o cacife e o potencial de negociação. Ou seja, em algumas circunstâncias pertencer a um grupo econômico se torna um fardo – sobretudo quando a responsabilidade solidária entre os integrantes é reivindicada pelos credores – mas, em outras circunstâncias, o agrupamento é motivo de êxito, de prestígio e de concessão de melhores linhas de crédito, justamente porque maiores são as garantias de solvabilidade.

Ora, a informação de que outras pessoas jurídicas estão vinculadas à primeira pessoa jurídica mostra-se bastante relevante para o processo do trabalho. Pode-se argumentar que se tratava de uma sociedade de propósito específico, para a construção de um prédio comercial, ou que se tratava de algum tipo de consórcio transitório de empregadores, mas evidentemente que a informação sobre uma pessoa jurídica que se declara "vinculada" a outra pessoa jurídica deve ser recebida com redobrada atenção pelo processo do trabalho, para o qual é tão caro o conceito de grupo econômico por administração, controle ou direção conjunta – art. 2º, § 2º, da CLT.

Caso o acesso ao CCS não seja exitoso – não se localizando pessoas físicas ou jurídicas vinculadas nem se extraindo informação anteriormente desconhecida no processo –, podem-se igualmente procurar mecanismos para o desenvolvimento do processo de execução em outras ferramentas eletrônicas contemporâneas, sendo conveniente destacar o Sistema de Investigação de Movimentação Bancária (Simba).

Não se trata de um conceito novo. Seu desenvolvimento remonta à década de 2000 e já foi citado para recebimento de prêmios de inovação em prol do Judiciário. É utilizado largamente pela Procuradoria da República e por outros órgãos públicos, tendo sido formalmente inserido ao processo do trabalho pela Resolução n. 138/2014 do Conselho Superior da Justiça do Trabalho. A Resolução não obriga o magistrado a fazer uso do convênio – aliás, não obriga nem mesmo o Tribunal Regional do Trabalho a oferecer a adesão a todos os magistrados, podendo ficar restrito a um grupo de juízes afetos à execução ou aos núcleos de pesquisa – e é certo que muitas reservas são feitas quanto ao alcance da quebra do sigilo bancário do investigado.

De toda forma, o fato a ser realçado é que este tipo de sistema, capaz de resumir a movimentação bancária do investigado em poucas palavras, tende a apontar hábitos de consumo ou sinais exteriores de riqueza que não são perceptíveis por outros mecanismos.

Por exemplo, causará estranhamento que um investigado, desprovido de bens em nome próprio, faça pagamentos regulares por vagas em garagem em edifícios comerciais, vagas em garagem de veículos náuticos ou revisão de carros importados. Claro que alguém pode pagar o serviço de uma concessionária de veículos sem ser dono do veículo, mas o fato é demasiado incomum para passar despercebido numa investigação. Da mesma forma, a pessoa locatária da vaga em marina náutica tende a ser também ela a proprietária da embarcação náutica e não uma pessoa caridosa com os amigos.

Neste ponto, o Simba terá de ser cotejado com o sistema de presunções e de indícios muito discutidos nos processos judiciais. Se o magistrado não puder ou não quiser trabalhar com algum grau de presunção, então de nada servirá o sistema de investigação bancária ou qualquer outro sistema que objetive traçar hábitos de consumo do investigado: afinal, para se chegar a esse nível de sofisticação em processo de execução, já foram esgotados os meios convencionais e as diligências nos endereços conhecidos, donde a indispensabilidade de algum grau de presunção para se avançar no processo.

Em outras palavras, a revelação de que a pessoa paga despesas em concessionária de veículos, em garagens náuticas ou em outros serviços de valor agregado, sem que, todavia, seja ela proprietária de direito dos bens afetos a esses serviços deve ser seguida pela presunção de que ela seja proprietária de fato dos bens, passando-se a uma nova fase processual, com expedição de ofícios e investigação sobre quais seriam esses bens guarnecidos ou passíveis daqueles serviços.

Desnecessário frisar a resistência que esse pensamento apresentará no processo judicial em geral e no processo do trabalho em particular.

Eventual arresto de uma lancha ou iate, no exemplo da marina náutica, ou de um veículo importado, no exemplo dos gastos efetuados em concessionária de carros, seguramente provocará acusações de quebra do direito ao contraditório ou de inversão tumultuária ao processo. Contudo, a acusação deveria ser desde logo cotejada com a falta de cooperação do devedor e a absoluta escassez de informações e de bens para a solvência do débito. Cuidado redobrado deve o julgador apresentar para não incorrer na constante tentação de "relação de vassalagem com a defesa", na feliz expressão de Passos Cabral (2014).

Não deveria causar espanto, ademais, que o arresto neste caso seja fruto de um juízo de verossimilhança ou de uma construção de indícios. Na verdade, "mesmo nas decisões finais, obtidas com cognição plena e exauriente, não se pode obter mais do que a verossimilhança", lembra-nos Flach (2010), de modo que a verossimilhança de um arresto pode não ser nem maior nem menor do que aquela de uma penhora.

Faz tempo que o processo do trabalho espera um estudo acalentado sobre a **prova indiciária.**

No âmbito criminal, o conceito é bem delineado pelo art. 239 do Código de Processo Penal: "Considera-se indício a circunstância conhecida e provada, que, tendo relação com o fato, autorize, por indução, concluir-se a existência de outra ou outras circunstâncias."

À época do CPC de 1939, havia previsão expressa para o uso favorável da prova indiciária em caso de vícios como o dolo e a fraude, o que, aliás, muito se adaptaria às necessidades prementes dos processos de execução desvirtuados por procedimentos escusos utilizados pelos devedores. Dispunha o art. 252: "O dolo, a fraude, a simulação e, em geral, os atos de má-fé poderão ser provados por indícios e circunstâncias."

O patrimônio de uma pessoa jurídica não deveria ser utilizado para pagar despesas ordinárias de outra pessoa jurídica, nem o sócio proprietário deveria ter a revisão anual de seu veículo paga pelo caixa da empresa ou da empresa coligada. Um dos pilares da separação da pessoa física das pessoas jurídicas é justamente oferecer maior clareza sobre a distinção entre os assuntos familiares e pessoais do sócio, dos assuntos corporativos. Desnecessário grande esforço para se observar a promiscuidade patrimonial entre sócios e corporações, o que guarda até mesmo um traço cultural na sociedade brasileira. Pode-se argumentar que o processo do trabalho não tem muitos instrumentos para combater a promiscuidade patrimonial, mas, por outro lado, fica difícil sustentar que o processo do trabalho não deveria alcançar o patrimônio do sócio se no cotidiano se verificou tanta naturalidade no fluxo do dinheiro de uma pessoa para outra.

A prática brasileira, que neste texto se chamou de promiscuidade patrimonial, prejudica fortemente os esforços dos órgãos de fiscalização e controle. Por exemplo, um profissional das ciências contábeis que orientar o cliente a transferir ativos de uma empresa para outra, sem nenhuma razão jurídica, ou a efetuar pagamentos particulares em nome da pessoa jurídica, pode sofrer sanções de suspensão e de multas, pois terá ferido o **princípio da entidade**. Por este nome, o Conselho Federal de Contabilidade salienta a importância da especificação dos patrimônios e procura combater a confusão patrimonial espalhada pelo mundo corporativo (Resolução n. 750/1993, atualizada em 2010).

Os conceitos de prova indiciária, de grupo econômico de fato e de direito e de presunções relativas nada têm de novo, mas sua revalorização, mormente no processo de execução, tende a vencer obstáculos severos para o bom uso dos meios eletrônicos, como se procurou demonstrar.

A este estudo se deve somar a análise das mudanças do Código de Processo Civil de 2015, especialmente nos dispositivos e postulados capazes de afetar o processo de execução trabalhista.

Vamos a eles.

2. PENHORA EM ORDEM FLEXÍVEL – ART. 835, § 1º, DO CPC 2015

Sugere-se inicialmente uma reflexão sobre a ordem dos bens penhoráveis.

Na verdade, nunca foi muito cristalina a importância de se possuir uma ordem preferencial de bens penhoráveis, embora essa marca fosse constante tanto no âmbito do CPC/1973 (art. 655) quanto na Lei de Execuções Fiscais (art. 11 – Lei n. 6.830/1980) e também na CLT (art. 882, que faz remissão direta ao art. 655 do CPC). Logo, como a lei não contém palavras inúteis e estamos diante de um cenário em que três normas procedimentais apontam uma lista de prioridades, deve haver algum sentido nessa preocupação do legislador.

No cotidiano forense, todavia, esse sentido é normalmente associado com pedidos maliciosos de nulidade processual, ou seja, os executados que nunca colaboraram com o andamento processual e que se mantiveram em silêncio por longos períodos costumam reaparecer em prazo de embargos somente para alegar a nulidade do processo por haver sido priorizada a penhora sobre um bem em detrimento de outro em posição melhor nas listas elaboradas pelo legislador.

Esse argumento, embora possa ter êxito pela força da interpretação gramatical, não leva em consideração o grau de aceitação do bem, as circunstâncias com que foram penhorados, o estado de conservação do bem e, ainda, a conhecida lei da oferta e da procura.

Explica-se.

Na Lei de Execução Fiscal, as cabeças de gado aparecem em sétimo lugar numa lista que contém embarcações em quinta posição e pedras preciosas, em terceiro posto. Claro que as pedras preciosas devem ter alto valor agregado e que muitas embarcações seriam capazes de saldar dívidas imensas. No entanto, pensemos num processo de execução numa Comarca com forte atuação do agronegócio ou com expressiva população na zona rural. A vedação legal a que sejam penhorados os semoventes pelo singelo argumento de que o executado possui algum tipo de embarcação ou ofereceu uma joia à penhora é, no mínimo, ingênua.

Eram necessários vários meses de andamento processual para que se fizessem os esforços para a alienação judicial da joia ou da lancha, para, somente após, se voltarem as atenções para, digamos, o gado leiteiro de boa aceitação na região.

Isso sem contar a elevada controvérsia, por exemplo, de penhora de imóvel, que nem sempre consegue ser averbada nos cartórios extrajudiciais e nem sempre contam com a propriedade integral do devedor – basta lembrar das hipóteses recorrentes de respeito à meação e das alegações de bem de família.

O CPC de 2015 traz uma novidade relativamente pequena, contida numa única linha, mas que pode desatar várias execuções travadas e liberar os magistrados e os oficiais de justiça a perquirirem bens de menor "patamar" na gradação legal, mas de melhor aceitação no mercado.

"É prioritária a penhora em dinheiro, podendo o juiz, nas demais hipóteses, alterar a ordem prevista no *caput* de acordo com as circunstâncias do caso concreto", dispõe o art. 835, § 1º, do CPC.

Receio de incompatibilidade com o processo do trabalho não deve haver nenhum: a CLT nada dispõe sobre a penhorabilidade dos bens nem faz exigências a respeito. Ao revés, neste particular a CLT é bastante entusiasta da aplicação do CPC, pois promove uma espécie de exceção da exceção: a) o art. 769 da CLT faz menção à aplicação subsidiária do processo civil comum em caso de omissão da lei trabalhista; b) o art. 889 da CLT diz, no entanto, que em matéria de execução a subsidiariedade deve ser feita com a Lei de Execução Fiscal – Lei n. 6.830/1980; c) o art. 882 da CLT, entretanto, diz que, em se tratando da ordem de bens à penhora, a remissão deve ser feita ao art. 655 do CPC, diretamente, sem passar pela Lei n. 6.830/1980, a qual teria, também ela, uma lista de ordem de bens à penhora, no art. 11. Daí por que o art. 655 do CPC é a exceção da exceção, pois o natural era o uso do art. 11 da Lei n. 6.830/1980.

Uma curiosidade derradeira sobre o tema: o art. 655 do CPC formalmente desaparece em março de 2016 com a entrada em vigor do CPC de 2015.

Assim, desapareceria com ele o art. 882 da CLT, pelo argumento de que este fez menção a um dispositivo que viria a ser revogado?

A pergunta não é irrelevante e, de fato, já houve situações em que a interpretação prevalecente foi a revogação do dispositivo que referenciada outro dispositivo retirado do ordenamento, por inconstitucionalidade, não recepção ou revogação.

O legislador, em verdade, assume risco muito elevado quando se propõe a tratar de um assunto usando remissão textual a outra norma. Talvez agisse melhor se dissesse apenas qual o diploma jurídico que ele deseja utilizar como paradigma, isto é, poderia o art. 882 da CLT dispor simplesmente que a ordem dos bens à penhora seguiria aquela do "processo civil" ou do "direito processual comum", sem fazer referência expressa ao artigo de lei, como, aliás, foi feito na redação mais genérica do art. 769 da CLT.

Para sorte da CLT – e foi mesmo um golpe de sorte, porque o processo do trabalho é pleno de situações de anacronismo jurídico –, o art. 1.046, § 4º, do CPC de 2015, cuidou de resolver o problema antes de ele nascer: "As remissões a disposições do Código de Processo Civil revogado, existentes em outras leis, passam a referir-se às que lhes são correspondentes neste Código."

Assim, o art. 882 da CLT deve ser lido da seguinte forma, doravante: "O executado que não pagar a importância reclamada poderá garantir a execução mediante depósito da mesma, atualizada e acrescida das despesas processuais, ou nomeando bens à penhora, observada a ordem preferencial estabelecida no art. 835 do Código Processual Civil de 2015."

3. DEPÓSITO DE BENS MÓVEIS EM PODER DO EXEQUENTE – ART. 840, § 1º, DO CPC 2015

A CLT é completamente omissa quanto à figura do depositário do bem penhorado ou de alguma forma constrito.

O art. 880 faz menção ao mandado de citação para o devedor pagar o valor devido e o art. 882 refere depósito, mas no sentido de quantia paga em dinheiro à disposição do Juízo. Não é desse depósito que cuidamos. O depósito é a figura do Código Civil (art. 627 para o depósito voluntário e art. 647 para o depósito necessário), pela qual a pessoa se compromete a zelar pelo bem e o devolver assim que solicitado – no caso, pela autoridade judicial.

O art. 629 do Código Civil preceitua que "o depositário é obrigado a ter na guarda e conservação da coisa depositada o cuidado e diligência que costuma com o que lhe pertence, bem como a restituí-la, com todos os frutos e acrescidos, quando o exija o depositante".

Uma interpretação mais apressada poderia imaginar que a penhora fosse um ato simples, em que fosse suficiente localizar e afetar um bem para a garantia da execução judicial. Labora em erro essa interpretação. A penhora é ato complexo – talvez dos mais complexos do processo judicial – formado por diversas etapas e elementos, aproximadamente na seguinte ordem: (a) citação, (b) escoamento do prazo para pagamento voluntário, (c) localização e descrição dos bens, (d) penhora, (e) avaliação, (f) compromisso do depositário e (g) ciência do devedor quanto à penhora e ao depósito realizado.

Somente após a integralidade desses atos é que o juízo será considerado garantido e o prazo para embargos à execução – também chamado embargos à penhora pela CLT – será disparado, conforme se observa do art. 884 da norma trabalhista.

Há numerosos processos em que se conseguiu a citação, mas não a penhora, ou a penhora mas não a citação – por exemplo, quando o devedor está "desaparecido", embora alguns de seus bens sejam conhecidos por terem permanecido no endereço de origem ou graças aos bancos de dados públicos como os registros de imóveis e de veículos. Há casos, também, em que houve citação e penhora, mas não se conseguiu dar ciência ao devedor de que a constrição se aperfeiçoou.

E, embora em menor escala, também pode haver situações em que a penhora foi feita, mas não se conseguiu concretizar a avaliação: normalmente a avaliação é um ato natural e instantâneo, praticada pelo mesmo oficial de justiça, o qual, na Justiça do Trabalho, desde a reforma de 1968, é um oficial de justiça avaliador, justamente para maior agilidade do ato. No entanto, situações específicas como a penhora de pedras preciosas, títulos e valores mobiliários ou bens de rara circulação, como turbinas aéreas ou obras de arte, podem descolar o ato da penhora do ato da avaliação.

De toda sorte, nos exemplos acima pontuados, a garantia do juízo não terá se aperfeiçoado e, para todos os efeitos, o processo não poderá passar para as outras etapas, como a alienação judicial ou mesmo os embargos à execução já mencionados.

Daí por que o ato do depósito, que parece tão simples quanto avisar o devedor de que ele deve zelar pelo bem que acaba de ser penhorado, adquire particular importância, ora enaltecida pelo CPC de 2015.

Se não, vejamos.

Dispõe o art. 840 do CPC de 2015:

Art. 840. Serão preferencialmente depositados:

I – as quantias em dinheiro, os papéis de crédito e as pedras e os metais preciosos, no Banco do Brasil, na Caixa Econômica Federal ou em banco do qual o Estado ou o Distrito Federal possua mais da metade do capital social integralizado, ou, na falta desses estabelecimentos, em qualquer instituição de crédito designada pelo juiz;

II – os móveis, os semoventes, os imóveis urbanos e os direitos aquisitivos sobre imóveis urbanos, em poder do depositário judicial;

III – os imóveis rurais, os direitos aquisitivos sobre imóveis rurais, as máquinas, os utensílios e os instrumentos necessários ou úteis à atividade agrícola, mediante caução idônea, em poder do executado.

§ 1º No caso do inciso II do *caput*, se não houver depositário judicial, os bens ficarão em poder do exequente.

§ 2º Os bens poderão ser depositados em poder do executado nos casos de difícil remoção ou quando anuir o exequente.

§ 3º As joias, as pedras e os objetos preciosos deverão ser depositados com registro do valor estimado de resgate.

A primeira parte do dispositivo não altera o estado das coisas: dinheiro deve ficar sob o depósito judicial de instituição financeira, que deve cuidar para que o dinheiro tenha rendimentos mínimos do sistema financeiro, sem que isso precise ser dito – Súmula n. 179 do STJ. Se, todavia, o executado for a própria instituição financeira depositária dos valores no âmbito do Tribunal Regional, então o dinheiro deve preferencialmente ir para outra instituição, a fim de que não se perca o conceito de penhora como bem afetado ou constrito – Súmula n. 417, II, do TST.

As novidades surgem no cotejo dos incisos II e III do art. 840, bem assim do parágrafo primeiro: observa-se uma estratégia do legislador de priorizar o depósito judicial público, onde houver, mas com a peculiaridade de se repassar para o exequente a guarda dos bens, caso o Judiciário local não tenha organizado o depósito.

Não é raro encontrar Comarca ou Tribunal desprovido do depósito judicial público.

Os espaços físicos são onerosos e sua administração, bastante complexa.

Em algumas experiências regionais, são feitos contratos com leiloeiros que já abrangem a guarda dos bens penhorados; em outros cenários, o Poder Judiciário local disponibiliza parte de sua estrutura para a guarnição de alguns bens de maior valor agregado ou aqueles bens mais sensíveis, sobre os quais pairavam rixas, por exemplo – caso de sequestro cautelar.

Mas as Comarcas trabalhistas são muitas e a realidade dos tribunais, diversificadas.

Assim sendo, é razoável supor que muitos outros locais não terão qualquer forma de depósito judicial público – próprio ou conveniado –, donde a elevada frequência de se deixar o próprio executado como depositário dos bens penhorados.

Alguns exequentes se sentem bastante prejudicados com esse procedimento, pois a penhora, na realidade, não surte o efeito desejado de afetação ou de separação de um bem. O devedor não sente a apreensão do bem e continua a desfrutá-lo como se nada houvesse acontecido.

De vez em quando surgem alguns inconvenientes, como a necessidade de pedir autorização judicial para o licenciamento anual do veículo ou as restrições à venda dos imóveis, dada a averbação feita em escritura pública. Todavia, basta lembrar a grande quantidade de bens móveis que não possuem qualquer tipo de registro público – eletrodomésticos, eletrônicos, ferramentas da profissão, produtos de informática, objetos de adorno e de conforto e assim por diante – que logo se constata a baixa eficácia da maioria das penhoras. Deixando-se de lado outras questões como a rápida obsolescência dos bens ou a dificuldade de comercialização de itens de uso pessoal, o fato é que as penhoras raramente atingem sua finalidade e o escoamento do tempo é suportado unicamente por uma das partes – o exequente –, haja vista que, para a outra parte, pouca diferença há entre a demora de um mês ou de um ano, contanto que o bem continue a ser usufruído.

Com a redação dada pelo art. 840, § 1º, há sinais de quebra desse paradigma: tirando-se as hipóteses de penhora de dinheiro (art. 840, I), de existência de depósito judicial na Comarca (art. 840, II) e, ainda, de insumos agrícolas (art. 840, III), o exequente pode requerer o direito de ficar ele próprio como depositário dos bens, em detrimento do executado.

Essa é realmente uma alteração profunda ao processo civil em geral e ao processo do trabalho em particular.

Priorizar o exequente como depositário, deixando-se o executado como depositário em segundo plano, pode inverter o peso do tempo, agilizar alguns procedimentos de execução e até mesmo desestimular o executado a indicar bens à penhora: se bem orientado, ele observará que o depósito em dinheiro apresenta eficácia muito maior, sem prejuízo das outras soluções viáveis como o acordo e o parcelamento da dívida – para quem admite a aplicação da proposta do art. 745-A do CPC de 1973, correspondente ao art. 916 do CPC de 2015.

O art. 840, § 2º, desde logo apresentou duas exceções ao direito de o exequente ser depositário: situações de difícil remoção, como maquinário de grande porte ou obras de arte com necessidade de segurança patrimonial, e em qualquer caso de renúncia do exequente ao direito de ser depositário.

É razoável supor que o art. 840, § 1º, do CPC de 2015, irá lançar dúvidas sensíveis ao processo do trabalho, pois sua ênfase em atribuir ao exequente o papel de depositário poderá esbarrar na hipossuficiência do credor trabalhista, no plano técnico e econômico. Pode ser que o exequente tenha compreendido seu papel e gostaria de assumir a responsabilidade por um veículo importado, por um torno mecânico, por uma ferramenta de precisão ou por um lote de pedras preciosas, mas simplesmente não tenha onde guardá-los durante o curso do processo.

Esse tema não é de todo desprezível e irá lançar muita controvérsia processual: como a execução trabalhista não deve ser confundida com uma forma de vingança pessoal, o bem não pode ser removido apenas pelo prazer da remoção; há de se considerar a existência de garantias de que ele seja bem guarnecido e as condições dessa remoção. Basta imaginar que alguns bens, além do risco de furto, podem ensejar dificuldades e elevados custos de manutenção, conhecimento técnico específico e zelo maior para sua preservação. Removê-los por removê-los poderá ser uma atitude insensata, capaz de prejudicar o próprio exequente, se vier à tona informação sobre a obsolescência ou a depauperação do bem.

O processo do trabalho, de qualquer forma, está diante de uma oportunidade preciosa de mudança de paradigma e poderá fazer bom uso desse sistema, como forma de otimizar seu andamento e diminuir a pletora de remédios jurídicos protelatórios.

4. CONCEITO OBJETIVO DE PREÇO VIL – ART. 891, PARÁGRAFO ÚNICO, DO CPC 2015

Há decênios se discute judicialmente o conceito de preço vil, dado em praça e leilão.

O adjetivo vil quer dizer que o preço dado foi tão baixo que chega a avitar a condição do devedor e o próprio processo judicial. Aviltante tem de ser algo agressivo e hostil, não simplesmente um valor modesto ou uma frustração de expectativas do devedor quanto à boa aceitação dos bens penhorados. Na verdade, se o devedor quisesse um valor expressivo, dentro das condições de mercado, ou, ainda, algum ágio sobre o preço médio de mercado, deveria ter se apressado para fazer uma venda particular, e não esperado que houvesse a penhora e a alienação judicial, aspectos suficientes para a depreciação do bem, como se sabe.

A ironia desse tema do preço vil reside no fato de que quando nenhum outro argumento socorre ao devedor, é neste momento que costuma haver a alegação de preço aviltante, mesmo quando se sabe que o bem era de difícil comercialização, estava em mau estado de conservação ou já havia sido inserido em pauta de leilão por várias vezes.

Para outros assuntos e formas de solução do conflito, o devedor não mostrou tanto empenho quanto na hora de manejar o remédio jurídico – normalmente, embargos à arrematação – acerca da alegação do preço aviltante.

E, afinal, qual seria o patamar do preço para se tornar aviltante?

Lance de 30% do valor da avaliação é aviltante ou terá sido apenas um lance baixo?

Pode um carro de luxo novo ser arrematado pelo valor de um carro popular de quinze anos?

Essas questões não podem ser respondidas apenas à luz da interpretação gramatical, pois os dispositivos legais geralmente fazem menção ao preço vil sem apresentar seu conteúdo jurídico. Induziu-se, então, a prática de cada magistrado estipular o que considera valor baixo e valor aviltante, sendo comum em diversas Comarcas que os arrematantes e as partes conheçam, por usos e costumes, os valores praticados pelo magistrado – 30% para móveis, 40% para imóveis e assim sucessivamente.

Uma solução objetiva para esse debate era bastante desejada e parece que o art. 891 do CPC de 2015 poderá representar esse parâmetro esperado:

> Art. 891. Não será aceito lance que ofereça preço vil.
>
> Parágrafo único. Considera-se vil o preço inferior ao mínimo estipulado pelo juiz e constante do edital, e, não tendo sido fixado preço mínimo, considera-se vil o preço inferior a cinquenta por cento do valor da avaliação.

De plano, o art. 891, parágrafo único, exorta o magistrado a se posicionar, previamente, no edital de praça e leilão, sobre ao patamares mínimos que serão aceitos para os lances. Essa objetividade tende a melhorar a qualidade dos leilões e poderá nortear até mesmo o exequente – para eventual adjudicação – e o executado – para eventual remição.

O dispositivo teve a sabedoria de não tabular o valor mínimo, porque os bens podem sofrer variações expressivas e dinâmicas, de acordo com seu grau de conservação, a realidade local, a época e, como já mencionado acima, a lei da oferta e da procura. Mesmo bens mais cobiçados, como imóveis, sofrem muitas oscilações de mercado e de época, além de vivenciarem peculiaridades que somente os frequentadores daquela região saberão explicar, como uma vista particularmente apreciada para um parque ou para o mar, a boa vizinhança, a segurança patrimonial ou a expansão do comércio ou das escolas da região. Logo, seria insensato que o legislador houvesse ele próprio tabulado os valores mínimos a serem aceitos por todos os magistrados brasileiros sobre todos os bens passíveis de penhora.

A fórmula encontrada foi exigir a fixação do valor mínimo em edital de praça e leilão e, a partir desse preceito, serão enfrentadas as consequências: nulidade em caso de desvirtuamento do edital com a admissão de lances inferiores, e não nulidade em caso de respeito ao valor mínimo, ainda que o executado não concorde ou se sinta, digamos, aviltado.

Há, porém, dois riscos a serem enfrentados em separado, um dos quais especialmente delicado para o processo do trabalho: o risco do silêncio do edital e o risco de o magistrado não concordar com a existência do preço vil.

O silêncio do edital gerará dúvidas, porque o art. 891 foi enfático ao solicitar que a publicação contenha ela própria o valor mínimo a ser aceito a título de lance na arrematação.

Para remediar essa lacuna, o legislador teve de fixar ele mesmo um parâmetro, que ficou em 50% do valor da avaliação, qualquer que seja a natureza do bem, conforme acima transcrito.

É verdade que 50% pode ser um patamar muito elevado para um computador obsoleto pela voracidade do tempo ou pode ser muito baixo para um apartamento de frente para o mar, na melhor localização da cidade litorânea, mas convenhamos que se fôssemos levantar a gênese de todas as penhoras jamais encontraríamos um patamar mínimo para a alienação judicial. Desse pecado o CPC de 2015 deve ser perdoado, reputando-se como bastante razoável o indicativo de 50% do valor da avaliação – em caso de omissão do edital, repita-se, que poderia e deveria ter calibrado esse percentual, para mais ou para menos, de acordo com a natureza e a conservação do bem.

O juízo da execução deve apenas ficar atento para a hipótese de, tendo o edital sido omisso, o arrematante oferecer 40% do valor da avaliação e o leiloeiro, num momento de desatenção, ter acatado a proposta: a persistirem os atos dessa alienação judicial, o risco de nulidade processual superveniente é elevado, pois o devedor, ainda que não tenha tido conduta cooperativa, poderá comparecer nos autos para dizer que havia ficado silente na expectativa de que ao menos 50% do valor da avaliação seria arrecadado e que meros 40% aviltam sua condição de parte.

Advirta-se que aceitação do preço vil é uma das causas de invalidação da arrematação que subsiste no novo CPC – art. 903, § 1º, I.

O outro risco processual parece mais agudo e mais complexo no processo do trabalho: pode o magistrado sustentar que o silêncio do edital não foi fruto de esquecimento nem autoriza o valor mínimo de 50%; antes, foi deliberado, sob o argumento de que a CLT não contempla a figura do preço vil.

Com efeito, o art. 888 da CLT, que traça linhas gerais sobre a praça e o leilão, nada dispõe sobre valor mínimo do lance nem sobre a possibilidade de o devedor alegar que a arrecadação ficou muito abaixo do esperado, aviltando-lhe a condição de parte. O art. 888, § 1º, se atém a afirmar que "os bens serão vendidos [correção: serão alienados] pelo maior lance", qualquer que seja esse "maior lance".

Com base na dicção do art. 888, § 1º, da CLT, encontra-se corrente doutrinária expressiva em prol da inexistência do preço vil ao processo do trabalho, reforçando-se o argumento pelo fato de que o preço vil tem uma conotação de forma menos gravosa da execução contra o devedor, ao passo que no processo do trabalho a forma menos gravosa deveria ser aquela que melhor atenda aos anseios do credor trabalhista.

A discussão é antiga e não será resolvida da noite para o dia. O problema é que, agora, o silêncio do edital trabalhista deixará em dúvida se ocorre porque o juiz pensou nos 50% do art. 891 do CPC ou se o juiz é partidário da tese de que qualquer valor é aceitável, sem preço vil trabalhista, a que chamaremos de tese do art. 888, § 1º, da CLT.

Se o juiz era partidário dessa segunda tese, aliás, ele poderia dizê-lo no edital, em que seria suficiente uma frase lembrando a não aplicação do art. 891 do CPC ou a afirmação de que todos os lances serão aceitos – ou, ainda, fixando em 5% ou 10% o valor do lance mínimo, escancarando sua posição jurídica a respeito.

O silêncio passa a ser pecaminoso neste campo. O magistrado que quiser fazer valer seu entendimento sobre a inexistência de preço vil no processo do trabalho assumirá elevado risco de nulidade processual, sendo suficiente que o executado leve adiante sua alegação de aplicação subsidiária do art. 891 do CPC – com chances reais de êxito – e obtenha nulidade de todo complexo da arrematação, em data tardia e com efeito retroativo.

A novidade salutar – definição do conceito de preço vil – pode ter vindo com um elevado custo de maior vigilância e atenção à elaboração dos editais. A propósito, seria suficiente que os sofisticados programas desenvolvidos para o processo eletrônico, ou para os processos análogos ainda em curso, mudasse a redação dos editais, forçando os magistrados a se posicionarem a respeito.

5. INSCRIÇÃO DA DÍVIDA TRABALHISTA EM PROTESTO EXTRAJUDICIAL E SERVIÇO DE PROTEÇÃO AO CRÉDITO – ARTS. 531 E 782, § 3º, DO CPC 2015

Para encerrar este estudo meteórico sobre algumas novidades que a execução trabalhista recebe do CPC de 2015, cumpre refletir sobre o uso de mecanismos extrajudiciais para solucionar o processo judicial. Os dois mecanismos extrajudiciais mais conhecidos neste campo são o uso do protesto extrajudicial e o uso dos sistemas de proteção ao crédito e serviços congêneres, que elaboram listas desabonadoras de clientes inadimplentes em geral.

Terá esse sido um bom passo?

Numerosos estudos se espantam com a aceitação dos mecanismos extrajudiciais para resolver o processo judicial, por enxergarem aí uma inversão da boa ordem: o Poder Judiciário teria admitido seu fracasso total e a ineficiência do exercício do poder de polícia e dos meios expropriatórios para, então, pedir ajuda para órgãos particulares cuja principal capacidade são o constrangimento e a restrição ao crédito.

De fato, se formos pensar em termos dos escopos do Judiciário e no fato de que ele está acima de todos os órgãos privados de cobrança e de concessão de crédito, não faria nenhum sentido que se movimentasse todo o aparato judicial para, ao fim da jornada, se pedir ajuda para o órgão de patamar inferior, pois as ferramentas concebidas para o andar de cima não surtiram efeito.

A realidade, de fato, surpreende o direito constantemente. Não deixa de ser irônico que o crédito judicial somente seja pago depois de inserido o devedor, digamos, "no SPC" – uma das siglas mais famosas para os diversos tipos de serviço de proteção ao crédito.

Mas, por outro lado, fica muito difícil sustentar a pureza ideológica do Poder Judiciário como um ramo autônomo e independente da República, dotado de ferramentas eficazes de persecução penal e civil, quando, ao mesmo tempo, as taxas de solução definitiva dos conflitos são baixíssimas e o grau de satisfação do jurisdicionado, cada vez mais corroído – para não entrarmos na discussão sobre a duração razoável do processo e sobre a racionalidade de o trabalhador ter de esperar seis ou sete anos para receber os salários e benefícios atrasados.

Florestas inteiras teriam de ser derrubadas para traçarmos um panorama dos subterfúgios empregados para a frustração dos direitos trabalhistas, o desvirtuamento do processo de execução, os artifícios utilizados para a dissimulação da propriedade dos bens, os regimes de falências fraudulentas, o uso de laranjas, testas de ferro e pessoas interpostas, e, tanto pior, a percepção delicada de que a dívida trabalhista é socialmente tolerável – talvez com muito mais ênfase do que a tolerância às dívidas de locação, dívidas de crediário no comércio e dívidas de créditos bancários.

Não há dívida melhor ou pior.

Todos os negócios jurídicos devem ser pautados pela boa-fé recíproca e ninguém deve tomar um crédito que saiba que não poderá pagar. A inadimplência em bancos ou em rede varejista é imediatamente socializada e as taxas aumentam à medida que este ou aquele credor deixa de honrar os compromissos. Não se conseguiu desenvolver no Brasil o sistema personalizado de cômputo dos juros, de acordo com algum tipo de pontuação pelo histórico de crédito e débitos da pessoa natural ou jurídica: de modo geral, todos suportam a inadimplência praticada perante o comércio, os serviços – incluindo-se o sistema financeiro – e a indústria.

Não se deve menosprezar nenhum dos gargalos do sistema de créditos e débitos nem se deve cogitar que determinadas instituições possam suportar melhor uma onda de inadimplência do que outras entidades. O raciocínio é aviltante. O que surpreende é que, dentre todas as dívidas circulantes no ordenamento brasileiro, talvez aquela de origem trabalhista esteja entre as que menos perplexidade causam.

Prova concreta dessa afirmação desconcertante é a baixa eficiência da certidão negativa de débitos trabalhistas, raramente solicitada em negócios particulares, e, mesmo quando isso é feito, várias nuances existem para relativizar as informações nela contidas. O simples fato de ter sido desenvolvida uma forma de certidão explicativa sobre o débito trabalhista já é o bastante para demonstrar o quão relativa é sua importância. A cobrança dessa certidão em processos de licitação representa muito pouco em relação ao que era esperado quando da promulgação da Lei n. 12.440/2011.

Magistrados de diversas regiões e ramos do Judiciário já praticam e praticavam o pedido de ajuda para os órgãos não judiciais, mediante ofício de papel ou requisições por correio eletrônico.

A novidade é a oficialização desses dois procedimentos – protesto extrajudicial e inserção do nome em lista de devedores – e a possibilidade de as medidas serem tomadas pelo advogado do exequente sem a anuência do magistrado.

Transcrevemos os dois dispositivos do CPC de 2015 para maior clareza:

> Art. 517. A decisão judicial transitada em julgado poderá ser levada a protesto, nos termos da lei, depois de transcorrido o prazo para pagamento voluntário previsto no art. 523.
>
> § 1º Para efetivar o protesto, incumbe ao exequente apresentar certidão de teor da decisão.
>
> § 2º A certidão de teor da decisão deverá ser fornecida no prazo de 3 (três) dias e indicará o nome e a qualificação do exequente e do executado, o número do processo, o valor da dívida e a data de decurso do prazo para pagamento voluntário.
>
> § 3º O executado que tiver proposto ação rescisória para impugnar a decisão exequenda pode requerer, a suas expensas e sob sua responsabilidade, a anotação da propositura da ação à margem do título protestado.
>
> § 4º A requerimento do executado, o protesto será cancelado por determinação do juiz, mediante ofício a ser expedido ao cartório, no prazo de 3 (três) dias, contado da data de protocolo do requerimento, desde que comprovada a satisfação integral da obrigação.
>
> Art. 782. Não dispondo a lei de modo diverso, o juiz determinará os atos executivos, e o oficial de justiça os cumprirá. (...)

§ 3º A requerimento da parte, o juiz pode determinar a inclusão do nome do executado em cadastros de inadimplentes.

§ 4º A inscrição será cancelada imediatamente se for efetuado o pagamento, se for garantida a execução ou se a execução for extinta por qualquer outro motivo.

§ 5º O disposto nos §§ 3º e 4º aplica-se à execução definitiva de título judicial.

Cabem algumas observações sobre o cotejo dos arts. 517 e 782 do CPC de 2015:

- o protesto pode ser feito pelo exequente sem despacho ou decisão judicial;
- para o protesto, é suficiente apresentar certidão do crédito, cuja expedição não apresenta condicionantes e, ainda, tem de ser concluía pelo órgão judicial em três dias (art. 517, § 2º);
- a inserção do devedor no serviço de proteção ao crédito, ao contrário, aparece prevista de maneira mais sutil, com requerimento da parte e deliberação do magistrado (art. 782, § 3º); a redação do dispositivo dá a entender que (a) não pode o magistrado agir de ofício e (b) pode inibir o requerimento, mediante decisão fundamentada em que constate algum inconveniente desta medida; em se tratando do magistrado, acima referido, que enxerga no serviço de proteção ao crédito a falência do Judiciário, embates devem surgir;
- esses serviços extrajudiciais são pagos; não se ignora que os órgãos privados auferirão lucro sobre referidas alterações procedimentais; a retirada do nome dos cadastros de inadimplentes tende a acarretar mais despesas para o executado;
- na hipótese de inserção equivocada do devedor no rol dos inadimplentes, as despesas deverão correr por conta do exequente;
- ambos os dispositivos pressupõem o trânsito em julgado da decisão;
- ambos os dispositivos fazem referência a decisão judicial (art. 517, caput, e art. 782, § 5º), não se viabilizando o protesto extrajudicial e a inserção no rol dos devedores em caso de título executivo extrajudicial; todavia, cumpre frisar que, para os fins do processo do trabalho, o acordo homologado em juízo tem natureza de decisão judicial, com efeitos de coisa julgada material, não pairando neste ramo processual o mesmo debate que ocorre no processo civil sobre a natureza da conciliação;
- o art. 42 do Código de Ética da OAB não permite que se leve a protesto a cobrança do honorário advocatício, tentando-se separar a dignidade da profissão do advogado de uma simples mercancia; a tendência é que surjam dúvidas a respeito, mormente naquelas hipóteses em que a verba honorária foi mesclada na sentença – honorários de sucumbência nas novas competências do processo do trabalho ou honorários da entidade sindical, dentro do modelo clássico de decisões trabalhistas.

6. REFERÊNCIAS BIBLIOGRÁFICAS

CABRAL, Antônio do Passo. Questões processuais no julgamento do Mensalão: valoração da prova indiciária e preclusão para o Juiz de matérias de ordem pública. *Revista do Ministério Público do Estado do Rio de Janeiro*. Rio de Janeiro, n. 53, p. 3-18, jul./set. 2014.

CARVALHO, J. C. O. *Por dentro das fraudes*: como são feitas, como denunciá-las, como evitá-las. São Paulo: LEX (Aduaneiras), 2007.

FLACH, Daisson. Estabilidade e controle das decisões fundadas em verossimilhança: elementos para uma oportuna reescrita. In: ARMELIN, Donaldo (coord.). *Tutelas de urgência e cautelares*: estudos em homenagem a Ovídio A. Baptista da Silva. São Paulo: Saraiva, 2010.

MAMEDE, G.; MAMEDE, E. C. *Blindagem patrimonial e planejamento jurídico*. 4. ed. São Paulo: Atlas, 2013.

MORO, Sérgio Fernando. Autonomia do crime de lavagem e prova indiciária. *Revista CEJ*. Brasília, a. 12, n. 41, p. 11-14, abr./jun. 2008.

PRADO, M. M. The Brazilian Clean Company Act: using institutional multiplicity for effective punishment. Palestra da professora da Universidade de Toronto, proferida na Faculdade de Direito do Largo de São Francisco em 25 de agosto de 2015.

PRADO, V. M.; TRONCOSO, M. C. Grupos de empresa na jurisprudência do STJ. *Revista Brasileira de Direito Bancário e Mercado de Capitais*. São Paulo, n. 40, p. 97-120, abr.-jun., 2008.

REZAEE, Zabihollah. Causes, consequences, and deterrence of financial statement fraud. *Critical Perspectives on Accounting*. Vol. 16, n. 3, p. 277-298, 2005. Disponível em: <http://www.sciencedirect.com/science/article/pii/S1045235403000728>. Acesso em: 29 ago. 2015.

SANTOS, J. A. A.; BERTONCINI, M.; CUSTÓDIO FILHO, U. *Comentários à Lei n. 12.846/2013*. Lei anticorrupção. 2. ed. São Paulo: Revista dos Tribunais, 2015.

Meios eletrônicos

Conselho Federal de Contabilidade. Resolução CFC n. 750/1993. Dispõe sobre os Princípios de Contabilidade (PC). Redação dada pela Resolução CFC n. 1.282/10. Disponível em <http://www.cfc.org.br/sisweb/sre/docs/RES_750.doc>. Acesso em: 29 ago. 2015.

International Financial Reporting Standards e International Accounting Standards Board. IAS <http://eifrs.ifrs.org/eifrs/bnstandards/en/2015/ias28.pdf>. Acesso em: 29 ago. 2015.

14

O Novo Código de Processo Civil e a Penhora no Processo do Trabalho

SUELY ESTER GITELMAN
Professora Doutora da Faculdade de Direito da Pontifícia Universidade Católica de São Paulo nos cursos de Graduação e Pós-graduação em Direito do Trabalho e Direito Processual do Trabalho; Mestre e Doutora em Direito das Relações Sociais pela Pontifícia Universidade Católica de São Paulo. Advogada militante.

INTRODUÇÃO

A atitude dos legisladores, juntamente com estudiosos e operadores do direito no tocante à revisão da legislação processual civil é louvável com a elaboração do novo Código de Processo Civil, sendo o antigo datado de 1973 e cuja vigência se dará a partir de 2016.

O que constatamos é uma legislação processual preocupada com a celeridade e a satisfação do julgado, devolvendo ao jurisdicionado a certeza de seu direito. A inserção de meios para agilizar o processo, como o fomento ao acordo logo no início do feito, bem como a limitação de possibilidades de interposição de recursos, como exemplos, são traduções da intenção do legislador de que o processo chegue ao seu fim o mais rápido possível, trazendo paz social e segurança jurídica aos cidadãos.

1. A MOROSIDADE PROCESSUAL E O DESCRÉDITO DA JUSTIÇA

Um Poder Judiciário moroso, cujas sentenças serão cumpridas a tão longo prazo, trazem descrédito à Justiça como um todo (Juízes, Promotores, Advogados e Serventuários da Justiça), fazendo com que o cidadão, muitas vezes, não encontre no processo o meio mais eficaz para satisfação de seu direito.

O novo CPC demonstra sua sensibilidade a tal situação, sendo sua renovação uma atitude louvável, ainda mais em contraponto com a nossa Consolidação das Leis do Trabalho, datada de 1943 e sem qualquer previsão de modificação, sendo que muitos de seus artigos ou já estão revogados por leis posteriores ou não mais se aplicam, uma vez que regimes jurídicos de contratação não mais vigem em nosso ordenamento jurídico. Pior: novos modelos, como a terceirização, são aplicados na prática com base em Súmula de Jurisprudência, trazendo insegurança jurídica, lacunas e debates sobre o tema.

Assim, o novo CPC traz em seu bojo melhorias para todos os interessados no processo e, dada sua aplicação subsidiária e agora também supletiva ao processo do trabalho, em muito contribuirá para a agilidade do processo juslaboralista também.

A Lei n. 13.015/2014 já trouxe importantes inovações na seara trabalhista, mormente na fase de execução e matéria processual, traduzindo os anseios da sociedade por um processo rápido, ágil e satisfativo.

É notório que muitas experiências inovadoras no processo do trabalho foram encampadas para os outros ramos do direito, como, por exemplo, a penhora *on line* de créditos trabalhistas, por meio do convênio celebrado entre o Banco Central e a Justiça do Trabalho. Se no início tal prática foi muito criticada pelos executados e também pelos operadores de outros ramos do processo, no dia a dia mostrou-se instrumento eficaz para a celeridade da execução processual, sem tolher direitos, ao contrário, operacionalizando direitos já consagrados no CPC, que é a penhora em dinheiro.

Portanto, temos certeza de que as inovações trazidas com o novo CPC igualmente se refletirão de forma positiva no processo trabalhista, notadamente na execução e cumprimento da sentença, bem como na penhora de bens.

2. A PENHORA DE BENS E O NOVO CPC

Adentrando ao tema da penhora de bens, vislumbramos que o novo CPC, se utilizado neste tópico no processo trabalhista pelos Juízes, também trará melhorias e será de grande utilidade para satisfação do crédito de natureza alimentar a que visa o processo do trabalho.

O novo CPC trata do tema da penhora de bens em seus arts. 831 a 836. Entretanto, quando falamos em execução, o tema já foi sendo amplamente atualizado e debatido anteriormente, com a edição da Lei n. 11.232/2005, a chamada Lei do Cumprimento da Sentença e a Lei n. 11.382/2006, que modificou substancialmente o sistema executivo no Código de Processo Civil com reflexos no processo do trabalho.

Podemos citar como uma das novidades advindas com essas modificações, o art. 475-J do atual CPC e sua aplicabilidade no processo trabalhista, que gerou muitas discussões e até hoje é aplicado em algumas esferas da Justiça do Trabalho e não admitido em outras, notadamente no Tribunal Superior do Trabalho que em seus Acórdãos não reconhece sua aplicabilidade. Tal demonstração não pacifica a matéria, apenas alegando que a CLT disciplina a matéria, razão pela qual não há que se falar em aplicação subsidiária do CPC, mas em muitos casos, o executado intimado a pagar em 15 dias, sob pena de multa de 10%, prefere acolher a r. decisão do que discuti-la, finalizando a execução trabalhista.

Entretanto, a partir de agora, com a vigência no novo CPC algumas inovações em sede de penhora poderão ser utilizadas trazendo melhorias ao processo trabalhista, ou não, na opinião de alguns.

A penhora é a constrição de patrimônio do devedor, dentro do processo, a mando do Juiz, como forma de satisfazer o crédito do exequente e de fazer valer a coisa julgada.

A finalidade da execução por quantia certa é a de que o executado pague espontaneamente sua dívida, ou indique bens à penhora. Não o fazendo, o processo terá seu curso e o Juiz determinará a penhora de bens, quantos bastem para a satisfação do processo.

Na lição de Francisco Antonio de Oliveira, "a penhora traduz meio coercitivo do qual se vale o exequente para vencer a resistência de devedor inadimplente e renitente à implementação do comando judicial".[1]

Segundo Mauro Schiavi, "a penhora é um ato de império do Estado, praticado na execução que tem por finalidade vincular determinados bens do devedor ao processo a fim de satisfazer o crédito do exequente. Trata-se de um ato de afetação de determinados bens do devedor que provoca o gravame de vinculá-los ao processo em que processa a execução."[2]

De acordo com o art. 831 do novo CPC, "a penhora deverá recair sobre tantos bens quantos bastem para o pagamento do principal atualizado, dos juros, das custas e dos honorários" e, deve seguir a ordem de preferência, estando o "dinheiro, em espécie ou em depósito ou aplicação em instituição financeira" como bem privilegiado se sobrepondo aos demais previstos no art. 835 do novo CPC.

E a penhora *on line* é uma forma de prática da penhora que recai em dinheiro, conforme já dito anteriormente.

O novo Código de Processo Civil, no art. 833, prevê que são bens considerados *impenhoráveis*:

I – os bens inalienáveis e os declarados, por ato voluntário, não sujeitos à execução;

II – os móveis, os pertences e as utilidades domésticas que guarnecem a residência do executado, salvo os de elevado valor ou que ultrapassem as necessidades comuns correspondentes a um médio padrão de vida;

III – os vestuários, bem como os pertences de uso pessoal do executado, salvo se de elevado valor;

IV – os vencimentos, os subsídios, os soldos, os salários, as remunerações, os proventos de aposentadoria, as pensões, os pecúlios e os montepios, bem como as quantias recebidas por liberalidade de terceiro e destinadas ao sustento do devedor e de sua família, os ganhos de trabalhador autônomo e os honorários de profissional liberal, ressalvado o § 2º;

V – os livros, as máquinas, as ferramentas, os utensílios, os instrumentos ou outros bens móveis necessários ou úteis ao exercício da profissão do executado;

VI – o seguro de vida;

VII – os materiais necessários para obras em andamento, salvo se estas forem penhoradas;

VIII – a pequena propriedade rural, assim definida em lei, desde que trabalhada pela família;

IX – os recursos públicos recebidos por instituições privadas para aplicação compulsória em educação, saúde ou assistência social;

X – a quantia depositada em caderneta de poupança, até o limite de 40 (quarenta) salários mínimos;

XI – os recursos públicos do fundo partidário recebidos por partido político, nos termos da lei;

---

(1) In: *Execução na Justiça do Trabalho*. p. 120.
(2) In: *Manual de direito processual do trabalho*, p. 1170.

XII – os créditos oriundos de alienação de unidades imobiliárias, sob regime de incorporação imobiliária, vinculados à execução da obra.

Primeiramente foi retirada a expressão "absolutamente impenhoráveis", demonstrando, na lição de Iuri Pereira Pinheiro que a noção relacional dos direitos e as constantes tensões entre os mais diversos bens jurídicos impõem o reconhecimento de que inexistem direitos absolutos.[3] No processo, a perfeita harmonização dos interesses garante a solução mais justa ao caso concreto.

Importante inovação e que se aplica sem dúvida ao processo do trabalho é o disposto no § 2º do art. 833 do NCPC, que prevê que os incisos IV e X do referido artigo supracitado não se aplica à hipótese de penhora para pagamento de prestação alimentícia, independentemente de sua origem, bem como relativamente às importâncias excedentes a cinquenta salários mínimos mensais, devendo a constrição observar o disposto no art. 528, § 8º, e no art. 529, § 3º, que tratam do cumprimento da sentença que condena o pagamento de prestação alimentícia.

Assim, como se depreende do texto, além da hipótese de prestação alimentícia, passou-se a admitir a penhora dos chamados *rendimentos elevados,* na lição de Gustavo Filipe Barbosa Garcia, ou seja, do valor superior a 50 (cinquenta) salários mínimos de verbas de natureza salarial ou remuneratória.[4]

Tendo em vista a natureza salarial do crédito trabalhista, igualmente passam a ser penhoráveis os valores superiores a 50 salários mínimos mensais dos vencimentos, subsídios, soldos, salários, remunerações, proventos de aposentadoria, pensões, pecúlios e montepios, bem como quantias recebidas por liberalidade de terceiro e destinadas ao sustento do devedor e de sua família, ganhos de trabalhador autônomo e honorários de profissional liberal.

Além disso, a quantia depositada em caderneta de poupança, mesmo que até o limite de quarenta salários mínimos, excepcionalmente, pode ser penhorada para pagamento de prestação alimentícia, independentemente de sua origem.

3. A PENHORA DO NOVO CPC E O PROCESSO DO TRABALHO

Ora, no processo do trabalho, esgotadas as formas de constrição de bens e determinado o Magistrado da execução a penhora em salários, aposentadoria e outros, bem como em caderneta de poupança, mesmo que em parte deles, para não coibir o sustento do executado, com base na natureza alimentar do débito trabalhista, fatalmente perderia em Instância Superior, quando o Embargante/Executado alegasse em Embargos e Agravo de Petição a impenhorabilidade do bem, com base em artigo do CPC.

Agora, os Juízes estão munidos de um instrumento legal hábil para garantir tal determinação, uma vez desconstituída a impenhorabilidade de tais bens, em caso de prestação alimentícia, sendo que o débito trabalhista é equiparado à mesma.

Desta forma, com a entrada em vigor do Novo Código, restará superada a Orientação Jurisprudencial n. 153 da SDI-2 do Tribunal Superior do Trabalho:

> **153. Mandado de segurança. Execução. Ordem de penhora sobre valores existentes em conta salário. Art. 649, IV, do CPC. Ilegalidade.**
>
> Ofende direito líquido e certo decisão que determina o bloqueio de numerário existente em conta salário, para satisfação de crédito trabalhista, ainda que seja limitado a determinado percentual dos valores recebidos ou a valor revertido para fundo de aplicação ou poupança, visto que o art. 649, IV, do CPC contém norma imperativa que não admite interpretação ampliativa, sendo a exceção prevista no art. 649, § 2º, do CPC espécie e não gênero de crédito de natureza alimentícia, não englobando o crédito trabalhista.

Ainda, nos dizeres de Wolney de Macedo Cordeiro, saliente-se que "a possibilidade de penhora das contraprestações remuneratórias do devedor não envolve a execução de créditos não alimentares. Assim sendo, é impossível a mencionada constrição para a garantia de execuções previdenciárias ou fiscais inseridas na competência da Justiça do Trabalho (CF, art. 114, VII e VIII)."[5]

Outrossim, o § 3º do art. 833 é inovador, uma vez que se incluem na impenhorabilidade prevista no inciso V do referido artigo, *caput,* os equipamentos, implementos e máquinas agrícolas pertencentes a pessoa física ou a empresa individual produtora rural, *exceto quando tais bens tenha sido objeto de financiamento e estejam vinculados em garantia a negócio jurídico, ou quando respondam por dívida de natureza alimentar, trabalhista ou previdenciária.*

Outra inovação trazida com este CPC é o que vem disposto no inciso XII e que certamente será objeto de acirrados debates, notadamente por não ter correspondência legislativa no Código anterior.

Trata-se de impenhorabilidade quanto a créditos oriundos de alienação de unidades imobiliárias, sob regime de incorporação imobiliária, vinculados à execução da obra. Tal modificação afeta a área trabalhista quando, na lição de Wolney de Macedo Cordeiro, a incidência da regra da impenhorabilidade se dá apenas em face do crédito de

---

(3) *In:* Reflexões acerca da penhorabilidade de bens à luz do Novo CPC – avanços, retrocessos e a possibilidade da derrocada de alguns mitos, *in: O Novo Código de Processo Civil e seus reflexos no processo do trabalho,* p. 500.
(4) *In: Novo Código de Processo Civil: principais modificações,* p. 214.
(5) *In: Execução no processo do trabalho conforme o Novo CPC,* p. 345.

que é titular a incorporadora, sendo, nessa situação, vedada a penhora segundo a sistemática do novo CPC, em seus art. 855 e segs. Entretanto, essa regra deve encontrar certas resistências perante o direito processual do trabalho, especialmente porque, pela própria legislação relativa à incorporação, as dívidas trabalhistas apresentam-se preferenciais em razão de qualquer outra decorrente da incorporação, segundo a Lei n. 4.491/1964, art. 31, F, §§ 14 e 18.[6]

No tocante ao bem de família, legalmente considerado impenhorável por força da Lei n. 8.009/90, oponível em qualquer processo judicial, poderia o NCPC ter inovado, mas não o fez, razão pela qual na seara trabalhista o que antes se admitia como forma de satisfação de débito de natureza alimentar, quando alguns Tribunais permitiam a penhora sobre o único imóvel que serve de moradia ao executado, atualmente é pacificado que o bem de família não poderá servir de garantia para pagamento de débito trabalhista.

Por fim, interessante novidade vem elencada no § 2º do art. 836 do NCPC, ou seja, é a determinação de elaboração de lista de bens eventualmente não penhorados e que deverão ter o executado como depositário provisório.

Segundo Iuri Pereira Pinheiro, *referida disposição tem o salutar propósito de evitar a ocultação de bens que posteriormente possam vir a ser úteis para o processo em conjunto com outros bens que venham a ser encontrados.*[7]

> Art. 836. Não se levará a efeito a penhora quando ficar evidente que o produto da execução dos bens encontrados será totalmente absorvido pelo pagamento das custas da execução.
>
> § 1º Quando não encontrar bens penhoráveis, independentemente de determinação judicial expressa, o oficial de justiça descreverá na certidão os bens que guarnecem a residência ou o estabelecimento do executado, quando este for pessoa jurídica.
>
> § 2º Elaborada a lista, o executado ou seu representante legal será nomeado depositário provisório de tais bens até ulterior determinação do juiz.

Ainda, investindo-se o executado como depositário fiel, o mesmo deverá tomar conta dos bens, sob pena de serem considerados atos atentatórios à dignidade da Justiça seu sumiço ou deterioração, nos termos do art. 774 do NCPC.

E mais. Tal providência se torna essencial, ainda mais que a prisão civil do depositário infiel, em sede trabalhista, não mais se configura, tendo em vista a natureza supralegal do Pacto de São José da Costa Rica reconhecido pelo Supremo Tribunal Federal.

4. CONSIDERAÇÕES FINAIS

O presente artigo versou sobre o instituto da penhora de bens no Novo Código de Processo Civil e seus reflexos no processo trabalhista.

Apesar de poucas inovações, a penhora sobre salários e demais proventos se traduz como importante mecanismo para satisfação do crédito de natureza alimentar trabalhista.

Ainda, as modificações advindas com o Novo CPC serão base para a agilização de todos os processos nos quais se utilizam do mesmo subsidiariamente, como é o caso do processo do trabalho, razão pela qual, todas são bem vindas e dignas de nota.

Vamos verificar com o decorrer do tempo como serão utilizados pelos Magistrados, Advogados e pelas partes, que esperam uma resposta digna e rápida do Poder Judiciário às suas lides.

5. REFERÊNCIAS BIBLIOGRÁFICAS

CORDEIRO, Wolney de Macedo. *Execução no processo do trabalho conforme o Novo CPC*. Bahia: JusPodivm, 2015.

GARCIA, Gustavo Filipe Barbosa. *Novo Código de Processo Civil*: principais modificações. Rio de Janeiro: Forense, 2015.

OLIVEIRA, Francisco Antonio de. *Execução na Justiça do Trabalho*. 5. ed. São Paulo: Revista dos Tribunais, 2006.

PINHEIRO, Iuri Pereira. Reflexões acerca da penhorabilidade de bens à luz do Novo CPC – avanços, retrocessos e a possibilidade da derrocada de alguns mitos, in: *O Novo Código de Processo Civil e seus reflexos no processo do trabalho*, MIESSA, ELISSON, Organizador. Bahia: JusPodivm, 2015.

SCHIAVI, Mauro. *Manual de direito processual do trabalho*. 9. ed. São Paulo: LTr, 2015.

---

(6) *Op. cit.*, p. 355.
(7) *Op. cit.*, p. 489.

15

O Alcance e os Limites da Expressão "Violar Manifestamente Norma Jurídica", na Ação Rescisória Trabalhista: Reflexões sobre o Inciso V do Art. 966, no CPC 2015

EDUARDO PRAGMÁCIO FILHO
Advogado, Mestre e Doutorando em Direito do Trabalho pela Pontifícia Universidade Católica de São Paulo (PUC-SP), Especialista em Direito Empresarial pela Universidade Estadual do Ceará (UECE), Professor Adjunto da Faculdade Farias Brito (FFB).

INTRODUÇÃO

O sistema processual civil brasileiro passou por inúmeras modificações com o advento do Código de Processo Civil (CPC) de 2015. Especialmente no direito processual trabalhista, verifica-se a necessidade de investigar os impactos dessas mudanças, em razão do caráter "subsidiário"[1] da legislação processual comum, conforme prescreve o art. 769 da Consolidação das Leis do Trabalho (CLT).

Nesse cenário, uma das principais alterações do CPC de 2015 se deu nas hipóteses de cabimento[2] da ação rescisória. Da análise do art. 966, é possível constatar que, a partir de agora, é possível ajuizar demanda de cunho rescisório quando a decisão alvejada tenha violado, manifestamente, "norma" jurídica.

Trata-se de inovação substancial no texto normativo, uma vez que a dicção da norma anterior limitava-se a conferir a possibilidade de rescisão de *decisum* quando apurada inobservância de disposição de "lei", a teor do que prescrevia o art. 485, V, do CPC de 1973.

A modificação traz consigo o imperativo questionamento acerca da aplicabilidade do novel dispositivo ao processo trabalhista, bem assim sua correta interpretação.

Fazendo-se aqui um "corte epistemológico", a investigação que se propõe adiante não tratará de aspectos dogmáticos menos relevantes (pelo menos aqui) da ação rescisória

---

(1) Tema ainda muito debatido e controvertido em doutrina é a questão da "supletividade" do processo comum e o direito processual do trabalho, contida no art. 15 do CPC de 2015. Alguns processualistas, como Edilton Meireles (2015, p. 99) entendem que o art. 769 da CLT está revogado pelo art. 15 do CPC. Outros, como Carlos Henrique Bezerra Leite (2015, p. 27), entendem que ambos os dispositivos (art. 15 do CPC e art. 769 da CLT) estão vigentes, devendo haver uma "harmonização" da interpretação, promovendo-se um diálogo franco e virtuoso entre o direito processual comum e o direito processual do trabalho, sendo que o direito processual comum não só irá subsidiar como complementar o direito processual do trabalho.

(2) Em resumo, na lição de José Aparecido dos Santos (2015, p. 352), é cabível a ação rescisória no processo do trabalho, nos termos do art. 966 do CPC, nas hipóteses de (i) decisão que resolve o mérito de qualquer das demandas, inclusive que homologa acordo (veja-se o art. 831, parágrafo único da CLT e Súmula n. 259 do TST), (ii) decisão que extingue o processo sem resolução de mérito, mas que, por sua natureza, impede que esse mérito possa ser apreciado em outra demanda (art. 966, § 2º – ver também Súmula n. 412 do TST), (iii) decisões de jurisdição voluntária que possam ser admitidas na jurisdição trabalhista, embora raras (art. 966, § 4º). Por outro lado, não seria possível a ação rescisória nas hipóteses de (i) decisões interlocutórias, (ii) decisões meramente homologatórias de arrematação e adjudicação (Súmula n. 399, I, do TST) e homologatórias de cálculos na liquidação em que não tenham sido ouvidas as partes (Súmula n. 399, II, do TST).

e que, de certa forma, ficaram mantidos no novo sistema processual, apesar da mudança de diploma, como é o caso da contagem do prazo da ação rescisória, legitimados para a sua propositura, exigência de depósito prévio etc.

Para esses temas, o Tribunal Superior do Trabalho (TST) já possui vasta e sedimentada jurisprudência[3], não havendo novidade. Tanto é verdade que a Instrução Normativa n. 39 do TST manteve a ação rescisória no rol dos institutos plenamente aplicáveis e compatíveis com o processo do trabalho.

Assim, delimitado o objeto da presente análise, para situá-lo na alteração do texto normativo de "violar literal dispositivo de lei" para "violar manifestamente norma jurídica", com seus impactos no processo do trabalho, é importante primeiro determinar, historicamente, a ação rescisória no processo trabalhista. É o que se fará a seguir.

1. BREVE HISTÓRICO DA AÇÃO RESCISÓRIA NO PROCESSO TRABALHISTA

Um rápido histórico da ação rescisória no processo do trabalho se faz necessário, pois a CLT de 1943 tinha como referência processual o CPC de 1939, que foi sucedido pelo CPC de 1973 e, agora, pelo CPC de 2015.

Esse procedimento rescisório de decisão judicial tem sofrido alterações substanciais no âmbito do processo do trabalho, no que parte da doutrina chama de uma "vida tumultuada"[4]. Inicialmente, a figura era tida como incabível.

Conquanto o Código de Processo Civil de 1939 fizesse expressa menção à existência de ação rescisória (Livro VI, Título III), pelo que se poderia cogitar a sua extensão ao campo do direito processual trabalhista, a redação original do art. 836 da Consolidação das Leis do Trabalho (CLT) vedava a reapreciação de matérias já decididas, excetuados os casos previstos no próprio texto trabalhista[5].

Posteriormente, por meio do Decreto-lei n. 229/1967, a redação do art. 836 foi alterada, acrescentando-se a hipótese de se ajuizar demanda rescisória, no prazo de dois anos, remetendo-se, expressamente, aos arts. 798 a 800 do CPC de 1939.

Em 1973, com a adoção de uma nova codificação processual civil, as hipóteses de cabimento da ação rescisória ficaram inseridas no art. 485. O texto da CLT não acompanhou tal alteração, pelo que se originou nova celeuma no processo trabalhista[6]. O argumento utilizado era simplório: uma vez que o art. 836 da Consolidação fazia menção exclusivamente ao CPC de 1939, agora revogado, vedava-se, mais uma vez, o manejo de ação rescisória em reclamações trabalhistas.

O impasse só foi resolvido com a edição da Lei n. 7.351/1985, que, finalmente, alterou o art. 836 da CLT. Na ocasião, dispensou-se o depósito prévio de 5% do valor da causa, ante o receio de que os empregados não pudessem fazer uso do mecanismo, por motivo de indisponibilidade financeira.

Curiosamente, o legislador deixou de observar que, da maneira como foi redigida, a legislação permitiu o aumento de ações rescisórias ajuizadas indiscriminadamente. Como consequência, a grande maioria das reclamações trabalhistas tinha agora um novo julgamento, sobrecarregando os tribunais trabalhistas, pelo que se formou extensa jurisprudência da matéria, sobretudo no TST.

A atecnia somente foi resolvida com a edição da Lei n. 11.495/2007, impondo-se o pesado ônus de depósito inicial de 20% sobre o valor da demanda para o ajuizamento de ação rescisória, ressalvando-se a comprovação de miserabilidade jurídica do proponente.

Felizmente, o CPC de 2015 não se furtou aos inconvenientes de tal natureza e prescreve que as remissões às disposições do CPC de 1973, existentes em outras leis, passam a referir-se àquelas que lhes são correspondentes no novo código, conforme prescreve o art. 1.046, § 4º.

Em suma, hoje a ação rescisória é pacificamente permitida no âmbito do processo trabalhista e observa, no que couber, as disposições dos arts. 966 a 975 do CPC de 2015, como bem pontuou a IN n. 39 do TST.

2. O ART. 966, V, E SUA APLICAÇÃO PELO JUIZ-INTÉRPRETE

A ação rescisória tem três requisitos de admissibilidade, os quais não se pode deixar de observar. São eles: (i) a impugnação de decisão de mérito[7], (ii) o trânsito em julgado e (iii) a observância do rol exposto no art. 966 do CPC.

O CPC de 2015 teve por objetivo a atualização do sistema processual com as modernas doutrinas e a incorporação de entendimentos jurisprudenciais ao texto legal. Em sua exposição de motivos asseverou-se que "também com o objetivo de desfazer 'nós' do sistema, deixaram-se

---

(3) Ver, nesse sentido, a "adaptação" para o processo trabalhista no entendimento do TST: (i) para a contagem dos prazos, a OJ 146 da SDI-2 e (ii) para a exigência de depósito prévio de 20% do valor da causa o art. 836 da CLT.

(4) SILVA, 2015, p. 299.

(5) "Art. 836. É vedado aos órgãos da Justiça do Trabalho conhecer de questões já decididas, excetuados os casos expressamente previstos neste título."

(6) SILVA, op. cit., p. 299.

(7) Vale lembrar que, nos termos da Súmula n. 412 do TST, já era cabível rescisória de decisão que extingue o processo sem resolução do mérito, em que uma questão processual objeto de rescisória consista em pressuposto de validade de uma sentença de mérito. Esse entendimento jurisprudencial foi albergado no novo texto do CPC de 2015, especificamente no § 2º do art. 966.

claras as hipóteses de cabimento de ação rescisória e de ação anulatória, eliminando-se dúvidas".

Em que pese o esforço da comissão de juristas, há que se asseverar: a interpretação das normas jurídicas é tarefa que nunca se finda. Malgrado a dissolução dos "nós" seja de todo bem-vinda, consideramos que o novel texto processual civil não os expurgou por completo. Em verdade, tem-se a criação de um novo sistema de "nós".

Neste ponto, refere-se, especificamente, quanto às hipóteses de cabimento da ação rescisória no CPC de 2015. É certo que o novo texto traz importantes evoluções, mas, no que tange ao inciso V do art. 966 do código, em que é alterada (ou ampliada) a hipótese de cabimento de "violar literal dispositivo de lei" do velho código para "violar manifestamente norma jurídica", o cenário deve ser analisado com cautela, extrema cautela.

2.1. A violação "manifesta"

A primeira observação trata da adoção do vocábulo "manifestamente", pois deve haver a violação "manifesta" da norma.

José Aparecido dos Santos (2015, p. 364) entende que a importância do "manifestamente" no texto da norma é evidente, pois, caso haja alguma controvérsia a respeito da interpretação do ordenamento jurídico no momento em que a decisão atacada tenha sido proferida, não haveria, em tese, uma violação "manifesta" da norma jurídica.

Assim, surgiu um entendimento na jurisprudência do TST[8], sem equivalentes no STJ e STF, em que, quando uma posição vira verbete de súmula ou orientação jurisprudencial, tal inserção é o marco divisor para saber quanto a ser ou não ser controvertida a interpretação nos tribunais. Nas palavras de Homero Batista Mateus da Silva (2015, p. 319), "o julgado que insiste na aplicação de texto fora do cânone previsto pela jurisprudência sumulada está a desafiar a ação rescisória".

Nesse sentido, seriam compatíveis com o CPC de 2015 e estariam, portanto, plenamente preservados os entendimentos[9] da Súmula n. 343 do STF[10] e do item I da Súmula n. 83 do TST[11].

Na lição de Nélson Nery Junior e Rosa Maria de Andrade Nery (2015, p. 1917), exige-se, agora, de forma expressa, que tal violação seja visível, teratológica, pressupondo-se o desprezo do sistema de normas pelo julgado rescindendo, desafiando não só as regras de interpretação, como a própria ordem vigente (Cf. Silva, 2015, p. 317).

E, por fim, para que seja "manifesta" a violação, a questão jurídica objeto da rescisória deve ser expressa na decisão atacada, a teor do que pacificado na Súmula n. 298 do TST[12][13].

---

(8) Veja-se o item II da Súmula n. 83 do TST: "II – O marco divisor quanto a ser, ou não, controvertida, nos Tribunais, a interpretação dos dispositivos legais citados na ação rescisória é a data da inclusão, na Orientação Jurisprudencial do TST, da matéria discutida. (ex-OJ n. 77 da SBDI-2 – inserida em 13.03.2002)." Vejam-se também as OJ da SDI-2 de ns. 5, 8, 9, 23, 30 e 39.

(9) Em sentido contrário, Nélson Nery Junior e Rosa Maria de Andrade Nery (2015, p. 1920), ao comentarem o inciso V do art. 966, entendem o oposto dos verbetes das Súmulas ns. 343 do STF e 83 do TST, quando afirmam que "a decisão de mérito transitado em julgado que tenha ofendido a lei federal é rescindível, independentemente das divergências e controvérsias que existam na doutrina e jurisprudência sobre o correto entendimento da lei cuja aplicação se questiona. Os entendimentos sumulados de tribunais superiores, que dizem não caber rescisória por violação a literal disposição de lei, quando a decisão rescindenda se houve baseado em texto legal de interpretação controvertida nos tribunais – STF 343, TST 83 e TFR 134 –, não podem ser aplicados por contrariarem as garantias constitucionais do direito de ação e da igualdade, bem como ofenderem os princípios constitucionais do Estado Democrático de Direito e da legalidade. Com a facilidade das pesquisas pelos modernos meios de comunicação de dados, notadamente a internet, sempre haverá oportunidade para se encontrar acórdãos divergentes sobre a interpretação da lei federal, de modo que, caso se apliquem os verbetes sumulares aqui referidos, ficaria praticamente inviabilizado o direito de exercício da ação rescisória pela hipótese do CPC 966, V, vale dizer, nunca seria admissível a rescisória".

(10) Súmula n. 343 do STF: "Não cabe ação rescisória por ofensa a literal disposição de lei, quando a decisão rescindenda se tiver baseado em texto legal de interpretação controvertida nos tribunais."

(11) Súmula n. 83 do TST: AÇÃO RESCISÓRIA. MATÉRIA CONTROVERTIDA (incorporada a Orientação Jurisprudencial n. 77 da SBDI-2) – Res. 137/2005, DJ 22, 23 e 24.08.2005. I – Não procede pedido formulado na ação rescisória por violação literal de lei se a decisão rescindenda estiver baseada em texto legal infraconstitucional de interpretação controvertida nos Tribunais. (ex-Súmula n. 83 – alterada pela Res. 121/2003, DJ 21.11.2003);

(12) Vejam-se os itens I e II da Súmula n. 298 do TST: "AÇÃO RESCISÓRIA. VIOLAÇÃO A DISPOSIÇÃO DE LEI. PRONUNCIAMENTO EXPLÍCITO (Redação alterada pelo Tribunal Pleno na sessão realizada em 6.2.2012) – (Res. 177/2012, DEJT divulgado em 13, 14 e 15.02.2012). I – A conclusão acerca da ocorrência de violação literal a disposição de lei pressupõe pronunciamento explícito, na sentença rescindenda, sobre a matéria veiculada. II – O pronunciamento explícito exigido em ação rescisória diz respeito à matéria e ao enfoque específico da tese debatida na ação, e não, necessariamente, ao dispositivo legal tido por violado. Basta que o conteúdo da norma reputada violada haja sido abordado na decisão rescindenda para que se considere preenchido o pressuposto."

(13) Como exceção à necessidade de prequestionamento para manejo de ação rescisória, é exemplo a OJ 124 da SDI-2 do TST, já de acordo com o CPC 2015: "AÇÃO RESCISÓRIA. ART. 966, INCISO II, DO CPC DE 2015. ART. 485, II, DO CPC DE 1973. ARGUIÇÃO DE INCOMPETÊNCIA ABSOLUTA. PREQUESTIONAMENTO INEXIGÍVEL (atualizada em decorrência do CPC de 2015) – Res. 208/2016, DEJT divulgado em 22, 25 e 26.04.2016. Na hipótese em que a ação rescisória tem como causa de rescindibilidade o inciso II do art. 966 do CPC de 2015 (inciso II do art. 485 do CPC de 1973), a arguição de incompetência absoluta prescinde de prequestionamento."

Da mesma forma, está sedimentado no TST, por meio da Súmula n. 408, que na petição inicial da rescisória é indispensável a expressa indicação do dispositivo legal violado (agora a indicação da norma violada), por se tratar de causa de pedir da rescisória.

2.2. O alcance e os limites do significado de "violação da norma"

Perceba-se: embora a definição de "lei" possa albergar um vasto número de interpretações semânticas, tem-se, agora, que se debruçar sobre a definição de "norma jurídica". Tal conceito, como se sabe, é mais amplo que o de lei[14][15]. No novo texto trocou-se a espécie pelo gênero[16].

O que seriam as "normas" jurídicas? Nesse conceito estariam abrangidos, além da "lei", os atos do Poder Executivo? As normas coletivas trabalhistas? Os regulamentos de empresa? Os princípios constitucionais? Atos do Poder Executivo? Súmulas dos Tribunais?

O que se verifica, em verdade, no novo texto do CPC de 2015, é um maior grau de incerteza jurídica, por ser menor a densidade normativa do dispositivo em questão (inciso V do art. 966). Parece, então, que a alteração poderia ser interpretada como afronta ao *princípio da precisão ou determinabilidade das normas jurídicas*[17].

É certo que se pode arguir a atribuição ao magistrado de delimitação do sentido expresso no texto normativo, conferindo-lhe interpretação e, assim, normatividade ao texto. Sucede que essa atividade interpretativa encontra limites a também serem observados.

Com efeito, não é dado aos juízes ultrapassar o espaço de conformação do legislador, a quem compete a formulação dos enunciados legais por definição, em um sistema de rígida separação dos poderes, como o caso brasileiro[18].

Desse modo, é possível constatar que (i) se configurada a ausência de densidade normativa, configurado está o desrespeito ao princípio da segurança jurídica e (ii) não poderá o magistrado interpretar o dispositivo em questão, limitando-o novamente à violação de lei.

Entra-se, portanto, num dilema jurídico. Sem poder o magistrado conferir interpretação ao texto que revigore o entendimento restrito do revogado CPC, como proceder em novos casos a serem analisados?

No campo do direito trabalhista, existem várias "fontes" (algumas até peculiares) desse ramo jurídico, além da constituição e da "lei" propriamente dita (CLT)[19], que possuem relevância prática e jurídica evidentes, como é o caso das normas coletivas (acordos e convenções coletivas – art. 7º, XXVI, da CF e art. 611 da CLT), dos regulamentos de empresa e, por fim, de certos atos do poder executivo, a exemplo das normas regulamentadoras (NR)[20].

O TST possui entendimento pacificado na OJ 25 da SDI-2 que, em resumo, ainda que tenha sido construído sob a égide do CPC de 1973 e a respeito da "violação literal de lei", tal entendimento não aceita rescisória por contra-

---

(14) Pontua Miguel Reale (2002, p. 95): "O que efetivamente caracteriza uma norma jurídica, de qualquer espécie, é o fato de ser uma estrutura proposicional enunciativa de uma forma de organização ou de conduta, que deve ser seguida de maneira objetiva e obrigatória."

(15) Exemplificando quão vasto é o conceito de norma jurídica, pode-se citar, ainda, a abordagem trazida por Friedrich Müller (2012, p. 188). Para o jurista alemão, "se em termos da teoria da norma jurídica, o âmbito normativo é parte integrante da norma, então a norma não pode ser colocada no mesmo patamar do texto normativo".

(16) Segundo Thiago Marinho Nunes (2015, p. 1516-1517), "na redação anterior (inciso V do CPC de 1973, art. 485), era rescindível a sentença que violasse disposição literal de lei. A nova redação, tal como se encontra, é defeituosa, pois, de um lado procura ampliar o leque de possibilidades para a propositura da ação rescisória (trocando o termo lei por norma jurídica), mas ao mesmo tempo restringe o cabimento da ação rescisória com o advérbio manifestamente. O texto anterior já se mostrava suficiente para caracterizar o caráter excepcional da medida e fora robustecido com a edição da Súmula n. 343 do STF [...] Dado o imenso grau de subjetivismo imposto pelo legislador com a inserção do termo manifestamente, caberá aguardar a posição dos tribunais acerca da interpretação de cada caso, de modo a se entender o que poderia ser uma manifesta violação à norma jurídica".

(17) J. J. Gomes Canotilho (2003, p. 258) ensina que "o princípio da determinabilidade das leis reconduz-se, sob o ponto de vista intrínseco, a duas ideias fundamentais. A primeira é a da *exigência de clareza das normas* legais. [...]. A segunda aponta para a *exigência de densidade suficiente* na regulamentação legal, pois um acto legislativo (ou um acto normativo geral) que não contém uma disciplina suficientemente concreta (= densa, determinada) não oferece uma *medida* jurídica capaz de: (1) alicerçar *posições* juridicamente protegidas dos cidadãos; (2) constituir uma *norma de actuação* para a administração; (3) possibilitar, como *norma de controlo*, a fiscalização da legalidade e a defesa dos direitos e interesses dos cidadãos".

(18) Sobre o tema, é valiosa a lição de Maria Benedita Urbano (2012, p. 67). A jurista portuguesa assevera: "É importante, porém, não permitir que esta normatividade que acompanha atualmente a interpretação jurídica escamoteie o facto de as normas jurídicas, em especial as leis, não serem fins em si mesmas, antes sendo o veículo para a concretização de objetivos políticos delineados pelos legítimos detentores do *indirizzo* político, com particular destaque para o legislador ordinário. Por conseguinte, transcender o texto da norma não pode de modo algum significar desatender ou ignorar o legislador, isto é, o criador da norma."

(19) Não é demais lembrar que a CLT não é lei propriamente dita, mas um decreto-lei. Muito embora sob a égide da Constituição de 1988, possui *status* de lei ordinária, fato que também acontece, por exemplo, com o Código Tributário Nacional, o qual foi recepcionado com *status* de lei complementar.

(20) As NR – normas regulamentadoras, hoje em um total de 36, foram criadas pela Portaria n. 3.214/1978 do Ministério do Trabalho e regulamentam o capítulo V da CLT (arts. 154 a 201) que trata de saúde e segurança do trabalho.

riedade à norma coletiva, regulamento de empresa e portarias de órgãos governamentais.[21]

Como sabido, as NR são Portarias do Ministério do Trabalho, atos de natureza infralegal, emanados do Poder Executivo, por delegação legal, para regulamentar a CLT, mas de observância obrigatória pelas empresas privadas e públicas e pelos órgãos públicos da administração direta e indireta que tenham funcionários contratados em regime celetista. Portanto, revestem-se de caráter geral, abstrato, e impõem obrigações (comandos) a serem observados, sob pena de sanção.

Invariavelmente, a NR é norma jurídica em sentido amplo, tal qual o Decreto do Poder Executivo que regulamenta[22] a lei, o que configuraria, assim, hipótese de incidência do art. 966, V, do CPC de 2015, conforme a sua atual redação.

Já as normas coletivas (acordos e convenções coletivas), reconhecidas pelo inciso XXVI da CF e previstas no art. 611 da CLT, possuem também certo *status* de lei, ao ponto de serem chamadas de "lei da categoria"[23].

Ora, se dispositivos dessas normas negociadas podem ser objeto de recurso de revista quando houver divergência jurisprudencial sobre eles (art. 896, *b*, da CLT), logo também poderiam ser tais dispositivos objeto de rescisória quando manifestamente violados[24].

Em relação ao regulamento de empresa, trata-se de uma norma empresarial unilateral, decorrente do poder diretivo do empregador, em que é estruturada e organizada a atividade empresarial e disciplinadas muitas das condutas dos empregados. Apesar de sua natureza controvertida, muitos autores como Orlando Gomes, Amauri Mascaro Nascimento, Valentim Carrion entendem que o regulamento de empresa é fonte do direito do trabalho e, portanto, cria direitos abstratos e gerais para os trabalhadores, podendo-se dizer, por conseguinte, que são normas (Cf. Cassar, 2012, p. 89).

E se o regulamento de empresa é norma, sendo também objeto de recurso de revista quando houver divergência jurisprudencial sobre ele (art. 896, *b*, da CLT), logo também poderia ser um dispositivo do regulamento empresarial objeto de rescisória quando manifestamente violado. Mas, como se viu, não é esse o entendimento do TST contido na OJ n. 25 da SDI-2 do TST.

Daí porque, a nosso ver, a jurisprudência do TST sedimentada na OJ n. 25 da SDI-2 deverá evoluir para, adequando-se ao novo texto do inciso V do art. 966 do CPC vigente, albergar ação rescisória por violação manifesta de norma coletiva trabalhista, regulamentos empresariais, normas regulamentadoras e outros atos do poder executivo que regulamentem a lei.

No que se refere ao verbete de súmula ou orientação jurisprudencial, não é possível rescisória por tal violação, uma vez que tais verbetes são um "resumo" de jurisprudência e não têm natureza de norma. Como bem alerta Homero Batista Mateus da Silva (2015, p. 317), "a parte deve se informar sobre quais foram as normas que embasaram a elaboração da jurisprudência sumulada e, enfim, atacar a rescisória pelo ângulo da lei e não do verbete". Assim, muito provável que o entendimento da OJ n. 25 da SDI-2, nesse sentido, seja mantido.

Dúvida também existe a respeito das Súmulas Vinculantes do STF[25], se elas estão ou não abrangidas pelo conceito de "norma jurídica". Nélson Nery Junior e Rosa Maria de Andrade Nery (2015, p. 1922) entendem que à decisão que tenha violado uma Súmula Vinculante, por esta ter certo caráter de lei, caberia, sim, a ação rescisória,

---

(21) Observe-se a redação da OJ 25 da SDI-2 do TST: "AÇÃO RESCISÓRIA. EXPRESSÃO 'LEI' DO ART. 485, V, DO CPC. NÃO INCLUSÃO DO ACT, CCT, PORTARIA, REGULAMENTO, SÚMULA E ORIENTAÇÃO JURISPRUDENCIAL DE TRIBUNAL (nova redação em decorrência da incorporação da Orientação Jurisprudencial n. 118 da SBDI-II) – DJ 22.08.2005. Não procede pedido de rescisão fundado no art. 485, V, do CPC quando se aponta contrariedade à norma de convenção coletiva de trabalho, acordo coletivo de trabalho, portaria do Poder Executivo, regulamento de empresa e súmula ou orientação jurisprudencial de tribunal. (ex-OJ 25 da SDI-2, inserida em 20.09.00 e ex-OJ 118 da SDI-2, DJ 11.08.2003)."

(22) Homero Batista Mateus da Silva (2015, p. 317) entende que "o decreto do chefe do poder executivo, como visa apenas a regulamentar a lei ordinária, pode ser considerado uma extensão desta e, assim, servir de fundamento para a ação rescisória também". Utilizando-se desse raciocínio, por simetria, as NR, como fazem as vezes de Decreto do Chefe do Executivo, também poderiam ser objeto de ação rescisória.

(23) Diferem do processo legislativo comum as normas coletivas quanto (i) ao sujeito que as elabora (poder legislativo x partes interessadas), (ii) quanto à abrangência e alcance (toda a população x categorias abrangidas) e (iii) quanto ao processo de criação (processo legislativo x negociação coletiva), (iv) quanto à vigência (prazo indeterminado x prazo determinado).

(24) É bom lembrar: a ação rescisória não se presta à uniformização de jurisprudência. Quem faz esse papel, na área trabalhista, é exatamente o recurso de revista no TST.

(25) As Súmulas Vinculantes do STF foram criadas a partir da Emenda Constitucional n. 45, de 2004, que acrescentou o art. 103-A, têm como objetivo "a validade, a interpretação e a eficácia de normas determinadas, acerca das quais haja controvérsia atual entre órgãos judiciários ou entre esses e a administração pública que acarrete grave insegurança jurídica e relevante multiplicação de processos sobre questão idêntica" (ver § 1º do art. 103-A da CF). Na lição de Nélson Nery Junior e Rosa Maria de Andrade Nery (2015, p. 1921), é ato de poder emitido por decisão de 2/3 dos Ministros do STF e, muito embora não tenha uma natureza estrita de lei, a esta é equiparada porque vincula, em caráter geral e abstrato, o Poder Judiciário e a Administração Pública, caracterizando-se como lei *lato sensu*.

podendo haver também a impugnação por meio de reclamação constitucional ao STF[26].

Por fim, para alcançar o sentido da expressão "norma jurídica" no inciso V do art. 966 do CPC, também poderão ser violados, manifestamente, princípios constitucionais, uma vez que tais princípios também são normas jurídicas, em uma visão pós-positivista[27] do direito.

O TST, mais uma vez, também construiu jurisprudência[28][29] a respeito, contida nas OJ ns. 97 e 135 da SDI-2. É imprescindível, no entanto, que se identifique na decisão rescindenda o princípio constitucional violado, indicando pelo menos seu conteúdo e o dispositivo na Constituição.

Em verdade, para dar o exato alcance da expressão "norma jurídica", o magistrado deve considerar, então, o inciso V do art. 966 do CPC como compatível com a Constituição Federal, hipótese que rejeitará a violação ao princípio da segurança jurídica. Sob este prisma, deverá compor o sentido da norma, mas sem exacerbar os limites impostos, sem desconsiderar o texto, observando a construção jurisprudencial até então feita, mas sem olvidar novos e mais ampliados limites.

Entende-se que a melhor interpretação que pode ser conferida ao vocábulo "norma" é a que o classifica como a remissão ao art. 4º da Lei de Introdução ao Direito Brasileiro (LINDB), o qual assevera que, em caso de omissão da lei, o magistrado deverá fazer uso da analogia, dos costumes e dos princípios gerais de direito[30].

De fato, a interpretação acima, a um só tempo, respeita o princípio da separação dos poderes, o princípio da segurança jurídica (por delimitar expressamente os limites do vocábulo "norma") sem que o magistrado tenha desempenhado seu papel de intérprete e aplicador da lei.

3. CONCLUSÕES

O rito da ação rescisória tem passado por modificações diversas ao longo dos anos no ordenamento jurídico brasileiro. Por ser regulamentada no Código de Processo Civil, sua aplicação no processo trabalhista tem sido objeto de celeuma doutrinária, que se renova sempre que há alteração no rito.

A mais recente modificação é verificada quando da aprovação do CPC de 2015. Nesse caso, há alteração particularmente relevante. Atualmente, é possível o ajuizamento de ação rescisória em processo trabalhista, uma vez que o art. 1.046, § 4º, do Novo Código determina que o as remissões às disposições do CPC de 1973, existentes em outras leis, passam a referir-se às que lhes são correspondentes no novo código. É o caso do art. 836 da CLT.

O art. 966, V, do CPC de 2015, prevê a possibilidade de rescisão de julgado que tenha manifesta violação a "norma jurídica". A redação do código anterior cingia-se a violação de "lei".

A alteração gerou, na verdade, em princípio, uma maior indefinição das hipóteses de cabimento da ação rescisória com lastro no art. 966 do CPC de 2015, uma vez que o conceito de "norma jurídica" é, sabidamente, muito mais vasto que o de "lei".

Essa modificação acabou por gerar um impasse jurídico. Se se considerar que "norma" pode ser interpretada como qualquer tipo de norma, então o dispositivo carece de densidade normativa suficiente para respeitar o princípio da segurança jurídica.

Por outro lado, não pode o magistrado interpretar o vocábulo como apenas hipótese de violação a texto de lei, posto que houve efetivamente uma alteração no tex-

---

(26) Interessante é o alerta de Homero Batista Mateus da Silva (2015, p. 318), em que, em princípio, contra súmula vinculante, somente caberia reclamação ao STF, pois, para ele, "a reclamação para o STF independe de trânsito em julgado, e pode inclusive envolver ato administrativo, aduza-se. No entanto, é possível que ao longo do tempo, quando o conceito de súmula vinculante estiver sedimentado, os tribunais passem a admitir a rescisória com fundamento em sua violação, porque esse novo tipo de cristalização de jurisprudência tem força de lei ou até mais do que lei, por não poder ser afrontado em hipótese alguma".

(27) Abordando rapidamente a teoria do direito, vive-se, contemporaneamente, na era do "pós-positivismo", com a superação dialética da antítese do positivismo e do jusnaturalismo e a consequente distinção das normas jurídicas (gênero) em, de um lado, "princípios", que são mais abstratos e que prescrevem valor, e, de outro lado, "regras", em cuja estrutura há a descrição de uma hipótese fática e a consequência jurídica, sendo, portanto, mais específicas (Cf. Guerra Filho, 1999, p. 54).

(28) Redação da OJ 97: "AÇÃO RESCISÓRIA. VIOLAÇÃO DO ART. 5º, II, LIV E LV, DA CONSTITUIÇÃO FEDERAL. PRINCÍPIOS DA LEGALIDADE, DO DEVIDO PROCESSO LEGAL, DO CONTRADITÓRIO E DA AMPLA DEFESA (nova redação) – DJ 22.08.2005. Os princípios da legalidade, do devido processo legal, do contraditório e da ampla defesa não servem de fundamento para a desconstituição de decisão judicial transitada em julgado, quando se apresentam sob a forma de pedido genérico e desfundamentado, acompanhando dispositivos legais que tratam especificamente da matéria debatida, estes sim, passíveis de fundamentarem a análise do pleito rescisório."

(29) Redação da OJ 135: "AÇÃO RESCISÓRIA. VIOLAÇÃO DO ART. 37, "CAPUT", DA CF/1988. NECESSIDADE DE PREQUESTIONAMENTO (DJ 04.05.2004). A ação rescisória calcada em violação do art. 37, caput, da Constituição Federal, por desrespeito ao princípio da legalidade administrativa exige que ao menos o princípio constitucional tenha sido prequestionado na decisão."

(30) Nesse sentido Nélson Nery Junior e Rosa Maria de Andrade Nery (2015, p. 1918), "é admissível a ação rescisória, com base no CPC 966, V, por ofensa à analogia, aos costumes e aos princípios gerais de direito, porque são regras jurídicas com previsão expressa na lei".

to normativo e sua interpretação está adstrita ao texto, sob pena de inobservância do princípio da separação dos poderes.

O que se notou, na verdade, é que a alteração legislativa acabou por abranger e reconhecer as hipóteses construídas na jurisprudência trabalhista de cabimento de ação rescisória, fazendo uma espécie de *update* legislativo, compatibilizando-se, sobretudo, com os novos cânones constitucionais do Estado Democrático de Direito.

Acabou também por abrir uma porta para a evolução da jurisprudência trabalhista, especialmente a OJ n. 25 da SDI-2 do TST, para que, em respeito à negociação coletiva trabalhista, por exemplo, possa-se, a partir de agora, rescindir também decisões que desrespeitem dispositivos de normas coletivas.

O tema ainda vai gerar muitas polêmicas, muitos embates interpretativos. Os juristas, como sistematizadores do direito, que descrevem o ordenamento jurídico, têm uma função social, pois, como diz Tércio Sampaio Ferraz Junior (2015), o jurista, atualmente, além de sistematizador e intérprete, também é um teórico do aconselhamento, das opções e das oportunidades, conforme um cálculo de custo/benefício, sendo seus enunciados um "corpo de fórmulas persuasivas" que influem no comportamento dos destinatários, sem vinculá-los, podendo tomar a forma de orientações, exortações ou recomendações.

Os aplicadores do direito, portanto, devem estar atentos à novidade que se apresenta e aos novos paradigmas constitucionais e interpretativos da ação rescisória trabalhista.

4. REFERÊNCIAS BIBLIOGRÁFICAS

CANOTILHO, J. J. Gomes. *Direito constitucional e teoria da Constituição*. 3. ed. Coimbra: Almedina, 2003.

CASSAR, Vólia Bonfim. *Direito do trabalho*. 7. ed. Coimbra: Método, 2012.

FERRAZ JUNIOR, Tércio Sampaio. *Introdução ao estudo do direito*: técnica, decisão, dominação. 8. ed. São Paulo: Atlas, 2015.

GUERRA FILHO, Willis. *Processo constitucional e direitos fundamentais*. São Paulo: Celso Bastos, 1999.

LEITE, Carlos Henrique Bezerra. A hermenêutica do novo CPC e suas repercussões no processo do trabalho. In: *Novo CPC – repercussões no processo do trabalho*. São Paulo: Saraiva, 2015. Organizador: Carlos Henrique Bezerra Leite.

MEIRELES, Edilton. O novo CPC e sua aplicação supletiva e subsidiária no processo do trabalho. In: *Processo do trabalho*. São Paulo: LTr, 2015. Coordenação Geral: Fredie Didier Junior.

MÜLLER, Friedrich. *Teoria estruturante do direito*. 3. ed. rev. e atual. São Paulo: Revista dos Tribunais, 2012.

NERY JUNIOR, Nélson; NERY, Rosa Maria de Andrade. *Comentários ao Código de Processo Civil*. 2ª tiragem. São Paulo: Revista dos Tribunais, 2015.

NUNES, Thiago Marinho. In: *Código de Processo Civil anotado*. José Rogério Cruz e Tucci *et al*. São Paulo: AASP, 2015.

REALE, Miguel. *Lições preliminares de Direito*. 27. ed. São Paulo: Saraiva, 2002.

SANTOS, José Aparecido dos. Coisa Julgada e sua rescisão. In: *Processo do trabalho*. São Paulo: LTr, 2015. Coordenação Geral: Fredie Didier Junior.

SILVA, Homero Batista Mateus da. *Curso de direito do trabalho aplicado* – Volume 9 – processo do trabalho. 2. ed. São Paulo: Revista dos Tribunais, 2015.

URBANO, Maria Benedita. *Curso de justiça constitucional*. Coimbra: Almedina, 2012.

16

Os Reflexos dos Procedimentos Especiais do Novo Código de Processo Civil na Esfera Processual Trabalhista

GRACIANE RAFISA SALIBA
Doutoranda em Direito do Trabalho e Mestre em Direito Público pela PUC/Minas, especialista em Direito do Trabalho pela FGV e em Derecho del Trabajo y Crisis Economica pela Universidad Castilla la Mancha, Espanha. Graduada em Direito pela UFMG. Professora de Direito na Universidade de Itaúna, Faculdade Pitágoras e Faculdade de Pará de Minas. Professora de pós-graduação. Advogada. Bolsista na Academia de Direito Internacional de Haia, Holanda.

MÁRCIA REGINA LOBATO FARNEZE RIBEIRO
Doutoranda e Mestre em Direito pela Pontifícia Universidade Católica de Minas Gerais. Especialista em Direito do Trabalho, Graduada em Direito pela Faculdade Milton Campos e Administração de Empresas. Professora de Direito Processual do Trabalho e Direito do Trabalho. Diretora de Secretaria de Seções Especializadas no Tribunal Regional do Trabalho – 3ª Região.

1. CONSIDERAÇÕES INICIAIS

A incompletude normativa da Consolidação das Leis Trabalhistas (CLT) expressamente possibilita a subsidiariedade e complementariedade do Direito Processual do Trabalho com as normas do Direito Processual comum. E, ante à dinamicidade do ramo justrabalhista, que visa à célere e equânime satisfação e solução do conflito, a ampliação das hipóteses e adequação dos procedimentos é essencial para abranger o maior número de casos que surgirem e da forma mais adequada.

O novo Código de Processo Civil pretendeu conferir organicidade ao sistema processual civil, para que se apresentasse mais coeso, célere e adequado, e a sua utilização passou a ser mais viável ainda na seara trabalhista, o que fez exsurgir o questionamento de, além da possibilidade subsidiária, o processo civil ser também utilizado supletivamente, nos termos do art. 15 do novo CPC.

Nesse contexto fomentaram as discussões acerca das modalidades de ações trazidas por esse instrumento e com viabilidade para utilização no ramo processual trabalhista. Os procedimentos especiais trazidos no Código de Processo Civil de 2015, nos arts. 539 a 771, abrange diversas hipóteses, e, apesar das controvérsias no que tange à possibilidade de ajuizamento na Justiça do Trabalho, pode-se, a princípio, vislumbrar que algumas possibilitam uma maior efetividade do processo.

Com um Título específico para os procedimentos especiais, o novo CPC inovou ao trazer procedimentos de jurisdição voluntária e de jurisdição contenciosa, todos tratados no Título III da Parte Especial. E, para corroborar a dinâmica e celeridade impingida e essencial ao processo do trabalho, tais procedimentos, quando trazidos à baila na seara laboral, devem ser interpretados e utilizados à luz da Instrução Normativa n. 27, de 2005, do Tribunal Superior do Trabalho, que já reconhecia a viabilidade da utilização de procedimentos especiais expressos em Código de Processo Civil, mas com os recursos e trâmites peculiares do processo do trabalho.

Diante da diversidade de procedimentos especiais, apenas alguns são vislumbrados como utilizáveis na seara laboral, dentre eles os de jurisdição contenciosa, como a ação de consignação em pagamento, a ação de exigir contas, as ações possessórias, os embargos de terceiro, a oposição e a habilitação, a as ações monitórias à restauração de autos, e os de jurisdição voluntária, como o alvará judicial e a homologação de autocomposição extrajudicial de qualquer natureza ou valor, passível de controvérsias e discussões, o que contribui para o debate e o fortalecimento da autonomia desse ramo processual.

Ressalta-se, pois, que a inclusão dessas ações, *a priori* de natureza cível, no processo do trabalho, decorrem da ampliação da competência da Justiça do Trabalho desde a Emenda n. 45, de 2004, que modificou o art. 114 da Constituição Federal de 1988, e que tornou essencial a interdependência entre os ramos processuais civil e do trabalho, trazendo o primeiro para aplicação na Justiça especializada no que tange às relações de trabalho e foram fomentadas agora com o novo Código de Processo Civil, que veio atender a uma demanda social que deve abarcar também a Justiça do Trabalho, quando compatível com a principiologia e o arcabouço justrabalhista.

2. OS PROCEDIMENTOS ESPECIAIS NO NOVO CÓDIGO DE PROCESSO CIVIL E A POSSIBILIDADE DE APLICAÇÃO NO PROCESSO DO TRABALHO

A utilização subsidiária do Direito Processual comum na seara trabalhista está expressa no art. 769 da CLT, que requer a omissão da lei trabalhista, e, concomitantemente, com a compatibilidade do procedimento e da medida prevista no instrumento processual civil com os princípios e entendimentos do ramo trabalhista. No mesmo sentido, na fase de execução, o art. 889 da CLT determina que no caso de omissão a Lei de Execução Fiscal (atualmente a Lei n. 6.830/1980) deverá ser consultada, e posteriormente o Código de Processo Civil.

A lei trabalhista indicou, já naquele momento da edição da CLT, o comprometimento com a efetividade dos atos processuais, que devem ser praticados de forma previsível e com o intuito de sanar todas as situações levadas ao Judiciário, garantindo-se a efetividade processual trabalhista, com a complementariedade do processo civil.

Nesse sentido, o art. 15 do Novo Código de Processo Civil, de 2015, reconheceu a interdependência dos ramos e inovou com o termo "aplicação supletiva e subsidiária" das disposições do código aos processos penais, eleitorais, administrativos ou trabalhistas e também nos processos coletivos, na ausência de normas próprias de cada ramo.

A supletividade e a subsidiariedade são condições que expressam a intenção do legislador, clarificando que, ao lidar com situações que o processo civil possa aprimorar ou trazer maior efetividade aos outros ramos, ele poderia ser utilizado, como um meio suplementar, de acréscimo, e não apenas nas situações de omissão por ausência de normas, por lacunas. A ideia, portanto, é de utilização do Código de Processo Civil inclusive nas situações que possibilitem uma maior satisfação das partes, com observância e o cumprimento dos princípios que são peculiares ao processo do trabalho, e a própria finalidade que esse ramo tem como base formadora e fundante.

Foi com esse parâmetro que os componentes do Tribunal Superior do Trabalho elaboraram a Instrução Normativa n. 39, editada pela Resolução n. 203, de 15 de março de 2016, detalhando, ainda que não exaustivamente, as normas do Código de Processo Civil aplicáveis e inaplicáveis ao Processo do Trabalho, considerando, inclusive, conforme depreende-se da breve exposição de motivos anexa à resolução, que a invocação subsidiária e supletiva no novo CPC não significa uma transposição de qualquer instituto do processo civil para o processo do trabalho, sob qualquer custa, mas ante a constatação de omissão e até mesmo da compatibilidade com o arcabouço principiológico e axiológico que norteia tal ramo.

A mencionada Instrução Normativa não abordou, como dito, de forma exaustiva o conteúdo a ser aplicado, deixando em aberto os procedimentos especiais trazidos nos arts. 539 a 771 do Código de Processo Civil em vigência. Não são colocados como aplicáveis e nem como inaplicáveis, ficando a cargo dos intérpretes a viabilidade e possibilidade, bem como a análise de quais dele se enquadram nessa situação, desde que observada a omissão e compatibilidade com o ramo justrabalhista, de forma criteriosa e seletiva, com a valorização da jurisprudência e preferência à qualidade da tutela jurisdicional.

3. PROCEDIMENTOS ESPECIAIS DE JURISDIÇÃO CONTENCIOSA COM REFLEXO NO PROCESSO DO TRABALHO

A ampliação da competência da Justiça do Trabalho, decorrente da Emenda Constitucional n. 45, de 2004, levou para esta Justiça especializada procedimentos especiais do processo comum, de natureza cível, e que, ao terem como causa uma relação de trabalho, foram então levados para a esfera trabalhista, nos termos do art. 114 da Constituição Federal de 1988.

A discussão acerca do trâmite a ser adotado nos julgamentos dessas questões suscitou diversas controvérsias, mas foi à época pacificado com a Instrução Normativa n. 27, de 22 de fevereiro de 2005, que delineou as normas procedimentais aplicáveis aos procedimentos especiais até então adotados exclusivamente na esfera cível e a partir daí levados também para a Justiça do Trabalho.

Adotou-se o trâmite pelo rito especial previsto para eles, com a concomitante observância da sistemática recursal trabalhista prevista na CLT, inclusive no que tange a nomenclatura, prazos, competências, recursos, custas e até mesmo depósito recursal.

Não houve, entretanto, nenhuma Instrução Normativa e nenhuma Resolução que trouxesse quais seriam os procedimentos passíveis de aplicação, apenas como seria o trâmite. E, até hoje, algumas controvérsias são suscitadas sobre a viabilidade de alguns procedimentos. O Novo CPC trouxe diversos deles, tratados agora no Título III do Livro I (Do processo de conhecimento e do cumprimento de sentença), com procedimentos de jurisdição voluntária e de jurisdição contenciosa.

A inserção de novas situações decorreu da tentativa de atendimento da demanda da sociedade, assim como a exclusão de alguns procedimentos antes existentes e que caíram em desuso com o passar dos tempos, conforme ressalta Luciano Athayde Chaves: "As ações inseridas pelo novo Código, especificamente, são: as ações de família (com a fusão dos procedimentos de jurisdição voluntária); a ação de dissolução parcial de sociedade; a homologação do penhor legal; e a regulação de avaria grossa" (2015, p. 388), e por outro lado, procedimentos foram retirados no Novo CPC, como "o da ação de depósito; o da ação de anulação e substituição de títulos ao portador; o da ação de nunciação de obra nova; o da ação de usucapião de terras particulares; e o da ação de vendas a crédito com reserva de domínio" (2015, p. 388).

Apesar das modificações, as ações aplicáveis ao processo do trabalho não sofreram mudanças radicais, consistem em alterações procedimentais de caráter organizacional e de maneira geral.

Dos procedimentos especiais em espécie, com jurisdição contenciosa, com potencial de aplicação no âmbito da Justiça do Trabalho, destaca-se a ação de consignação em pagamento, a ação de exigir contas, as ações possessórias, os embargos de terceiro, a oposição e a habilitação, a as ações monitórias à restauração de autos. Entretanto, ressalta-se que dependem da correlação com a relação de trabalho para a instauração perante a Justiça especializada, e não são, de forma alguma, totalmente pacíficas, cabendo ao julgador e intérpretes a demonstração de viabilidade, no caso concreto da aplicação subsidiária e supletiva do processo comum, além do nexo trabalhista.

3.1. *Ação de consignação em pagamento*

Para atribuir efeito de pagamento, o devedor move ação de consignação em pagamento com a respectiva consignação de valores em favor do credor, com o intuito de declaração de quitação do débito. É cabível quando o devedor ou um terceiro interessado pretende quitar obrigação, e o credor não se dispõe a receber, exsurgindo então a necessidade de ingresso com a ação em tela.

O novo CPC traz duas modalidades de consignação, uma extrajudicial, nos termos do art. 539, §§ 1º a 4º, do CPC, somente para dívidas em dinheiro, com a consignação feita pelo devedor diretamente em estabelecimentos bancários, e outra judicial, prevista no art. 542, CPC, dentre os procedimentos especiais com jurisdição contenciosa, com o exercício de direito de ação perante o Judiciário.

Leonardo Tibo Barbosa Lima (2015) explicita a possibilidade de utilização dessa ação na esfera trabalhista, ante a compatibilidade e a omissão com a CLT, com, inclusive, caráter dúplice, com condenação do autor em caso de depósito declarado insuficiente, e podendo ser utilizada tanto por empregado como por empregador:

> Na Justiça do Trabalho, portanto, apenas a forma judicial é cabível, sendo muito utilizada pelo empregador para pagar valores ao empregado, o que, pelos mais variados motivos, não foi possível fazer extrajudicialmente. Já a hipótese de o empregado ser autor é mais rara e geralmente tem lugar quando há a necessidade de devolver uma ferramenta que ficou na posse do trabalhador, após a cessação do contrato de emprego. (LIMA, 2015, p. 383)

O supramencionado autor entende que apenas a modalidade judicial é cabível, enquanto Luciano Athayde Chaves ressalta que, apesar de pouco utilizada a modalidade extrajudicial para as obrigações trabalhistas, é compatível com esse ramo, desde que seja apenas para obrigações em dinheiro. Pontua algumas diferenciações para adequação à dinâmica processual trabalhista, mas reconhece a possibilidade de utilização e ainda ressalta que a apresentação do depósito do valor que a parte pretende consignar torna mais célere o procedimento:

> Destaco que o art. 542, inciso I, estabelece que "o depósito da quantia ou da coisa devida, a ser efetivado no prazo de 5 (cinco) dias contados do deferimento", o que sugere que o Juiz do Trabalho tenha que despachar o pedido, o que normalmente não sucede, em razão da dinâmica processual trabalhista, que não demanda intervenção judicial para a tramitação das ações.
>
> Ademais, os atuais mecanismos eletrônicos de geração de guias judiciais de depósito não carecem de prévia autorização judicial para a sua efetivação.
>
> Por isso, creio que o mais adequado e célere é que, juntamente com o ajuizamento da demanda, já apresente a parte autora o depósito da quantia que pretende consignar. (CHAVES, 2015, p. 391)

Tratada nos arts. 539 a 549 do novo CPC, com previsão de rito especial, não lhe são aplicáveis o trâmite comum do processo do trabalho, com o assunto regulado expressamente pela Instrução Normativa n. 27, de 2005, do Tribunal Superior do Trabalho, em seu art. 1º, dada a sua especificidade:

EMENTA: AÇÃO DE CONSIGNAÇÃO EM PAGAMENTO. RITO PRÓPRIO. A ação de consignação em pagamento está sujeita a procedimento especial, segundo os ditames dos artigos 539 a 549 do CPC (Lei 13.105/2015), de modo que as regras do procedimento sumaríssimo trabalhista não lhe são aplicáveis, conforme inteligência do art. 1º da IN 27/2005 do C. TST. (0010511-19.2015.5.03.0068 RO – Relator Desembargador Luiz Antonio de Paula Iennaco – TRT 3ª Região. Turma Recursal de Juiz de Fora. Publicação: 18/04/2016).

Obrigações de pagar quantia certa e obrigações de entregar coisa podem ser hipóteses da ação de consignação em pagamento, conforme expresso no art. 539, *caput*, do novo CPC, quando o credor não puder ou, sem justa causa, se recusar a receber o pagamento ou dar quitação na devida forma; quando o credor não for e nem mandar receber a coisa no lugar, tempo e condição devidos; quando o credor for incapaz de receber, for desconhecido, declarado ausente ou residir em lugar incerto ou de acesso perigoso ou difícil; quando ocorrer dúvida sobre quem deva receber legitimamente o objeto do pagamento; ou quando pender litígio sobre o objeto do pagamento, nos termos do art. 335 do Código Civil.

Na Justiça do Trabalho há incidência de ações dessa modalidade quando o empregador desconhece o credor, ou não o encontra, no caso de empregado que abandona o emprego e o empregador desconhece o seu paradeiro, ou que falece e o devedor não sabe a quem deve pagar, ou o credor se recusa a receber, como, por exemplo, quando é dispensado por justa causa, mas se recusa a reconhecer a prática do delito contratual e o recebimento da quantia que a empresa entende devida. E, para que o empregador-devedor não incida em mora, tendo em vista que tem o dever de cumprir a obrigação no tempo, lugar e forma ajustados, ajuíza com o intuito de extinguir a obrigação, compelindo ex-empregados ou alguém que o faça por eles, como entes familiares no caso de morte, a darem quitação de verbas rescisórias, ou para entregar documentos como a guia TRCT e guias do seguro-desemprego.

Hipótese amplamente utilizada, no julgado do TRT 3ª Região é possível vislumbrar a necessidade de utilização dessa modalidade de ação para exclusão de aplicação de multas:

> A despeito da discussão acerca da negativa da obreira à homologação rescisória, deveria a reclamada ter se desvinculado de sua obrigação relativa ao pagamento das verbas rescisórias, no prazo previsto no art. 477, §6º, b, da CLT, nos termos da Súmula 48/ TRT3, ou seja, até 19/02/2014, através da respectiva ação de consignação em pagamento, depositando os valores em Juízo, ou mesmo, por meio de depósito em conta bancária da obreira. Desse modo, tendo-o realizado o pagamento, apenas no dia 29/07/2014, a destempo portanto, impõe-se a manutenção da condenação imposta na sentença relativa ao pagamento da multa prevista no art. 477 da CLT. (0001894-2014-037-03-00-9 RO – Relator Juiz Convocado José Nilton Ferreira Pandelot – TRT 3ª Região. Turma Recursal de Juiz de Fora. Publicação: 22/04/2016).

A entrega de documentos também constitui importante meio para afastar a mora ou o inadimplemento do devedor, com a entrega da guia TRCT ao empregado, e eximindo o empregador de penalidades que lhe poderiam ser impostas:

> (...) Trata-se de ação de consignação em pagamento em que a consignante pretende a homologação da rescisão contratual, com a entrega dos documentos pertinentes ao consignatário.
>
> O juízo sentenciante extinguiu o processo sem resolução do mérito, nos termos do art. 267, VI, do CPC, ao fundamento de que a ação de consignação em pagamento "é modalidade de pagamento, admissível tão somente na hipótese da existência de crédito ao consignatário, não se apresentando como a via adequada para averiguar a pretensão autoral de intimação do consignatário para o recebimento de documentos." (Id d0880e6 – p. 2). Desse modo, considerou que a consignante não possui interesse processual para a propositura da lide.
>
> Sustenta a recorrente que, ante a impossibilidade de se localizar o consignatário, pretende a homologação da rescisão, com a entrega dos documentos correspondentes, a fim de evitar a aplicação de multas e outras penalidades.
>
> Pois bem.
>
> Assim prevê o art. 539 do Novo CPC, aplicado subsidiariamente ao processo do trabalho, acerca da ação de consignação em pagamento: "Nos casos previstos em lei, poderá o devedor ou terceiro, requerer, com efeito de pagamento, a consignação da quantia ou da coisa devida". (0010776-87.2015.5.03.0143 RO – Relator Desembargador Luiz Antonio de Paula Iennaco – TRT 3ª Região. Turma Recursal de Juiz de Fora. Publicação: 19/04/2016).

Nesse sentido, denota-se que a expressão "em pagamento" não fica adstrita somente à hipótese de pagamento de quantia, mas contempla também a entrega de coisa devida.

Essa modalidade de ação, entretanto, pressupõe a impossibilidade de satisfação da obrigação pelos meios normais ou contratuais, por culpa que não pode ser atribuída ao devedor, o qual deve provar a recusa do empregado em receber o documento ou os valores.

Para fixação da competência territorial, o legislador determinou, no art. 540 do novo CPC, o juízo do lugar do pagamento, e no processo do trabalho, com as devidas adaptações, deve ser entendido como o local da prestação de serviços, sendo aplicado o art. 651 da CLT.

Todos os demais critérios, como a legitimidade ativa e passiva, a defesa e os trâmites especiais foram trazidos pelo novo CPC, com as devidas alterações do Código anterior, e, no âmbito trabalhista, deverá se atentar para aplicação do procedimento peculiar da ação de consignação em pagamento, e quando for omisso o próprio CPC, nessa parte, a CLT deve ser buscada como complementação, numa atitude de interdependência entre os ramos e para que seja possível atingir a decisão mais equânime, com a declaração da quitação e extinção da obrigação de pagar ou de dar quando o depósito tiver sido integralizado. E, no caso de improcedência, se insuficiente o valor ou a coisa consignada, a mora será declarada, e para o montante devido a própria decisão já valerá como título executivo judicial, podendo ser executado nos mesmos autos.

Ultrapassadas as peculiaridades da ação de consignação em pagamento trazida pelo novo CPC, a sistemática recursal adotada para a continuidade do trâmite é a trabalhista, inclusive no que tange aos prazos e procedimentos, demonstrando a subsidiariedade do processo civil, que se faz presente, como já reiterado, quando omisso e compatível com o processo trabalhista, e em consonância com a axiologia principiológica desse ramo.

3.2. Ação de exigir contas

Anteriormente denominada ação de prestação de contas no antigo Código de Processo Civil, exsurge com um número restrito de hipóteses de cabimento, delineadas nos arts. 550 a 553 do novo CPC.

Era admitida para prestação de contas e também para o exercício do direito de exigir contas, e agora somente pode ser ajuizada por aqueles que têm o direito de exigi-las, tendo sido retirada a outra hipótese, de sua utilização para prestação de contas.

O art. 550 do novo CPC define que "aquele que afirmar ser titular do direito de exigir contas requererá a citação do réu para que as preste ou ofereça contestação no prazo de 15 (quine) dias". E, a partir daí o procedimento é detalhado com os requisitos essenciais nas peças processuais, inclusive documentos e explicação esmiuçada da pretensão.

Com uma natureza dúplice, essa modalidade de ação possibilita reconhecimento de crédito a favor do autor, conforme se depreende de um julgado quando ainda chamada de Ação de Prestação de Contas:

> EMENTA: AÇÃO DE PRESTAÇÃO DE CONTAS – NATUREZA DÚPLICE – AUSÊNCIA DE OBRIGATORIEDADE DE EXPRESSO PEDIDO DE RESTITUIÇÃO DO VALOR APURADO. Diante da natureza dúplice da ação de prestação de contas, não se faz necessário qualquer pedido pela condenação do Réu ao pagamento do saldo devedor apurado, já que esta condenação se impõe como consequência natural em caso de reconhecimento de crédito em favor do Autor.
> (Processo: 0000796-2012-045-03-00-7 RO, Relator Desembargador Paulo Roberto Sifuentes Costa, 5ª Turma, TRT 3ª Região. Data de Publicação: DEJT 25/03/2013)

No mesmo sentido a ação de prestação de contas, que exigia as contas para averiguação de desconto efetuado por sindicato que prestou assistência judiciária, e por meio da qual foi vislumbrado crédito a ser recebido pela autora:

> EMENTA: AÇÃO DE PRESTAÇÃO DE CONTAS – CONTRIBUIÇÃO ASSISTENCIAL – DESCONTO EFETUADO PELO SINDICATO QUE PRESTOU ASSISTÊNCIA JUDICIÁRIA – PERCENTUAL DE 10% INCIDENTE SOBRE O CRÉDITO TRABALHISTA PERCEBIDO. Evidenciada, na presente ação de prestação de contas regida pelos ditames do art. 914 do CPC, o desconto indevido de valores a título de contribuição assistencial, subtraídos do crédito trabalhista percebido em montante equivalente a 10%, declara-se a existência de saldo em favor da autora que poderá ser vindicado mediante procedimento próprio, ex vi do disposto nos artigos 128, 460 e 918 do mesmo diploma legal. A suposta espontaneidade da contribuição não encontra eco no processado, incumbência probatória do requerido, que não se desvencilhou do encargo de demonstrar eventual anuência do trabalhador, já falecido, ou da herdeira, autora da presente, quanto ao desconto perpetrado, quiçá sua filiação à entidade que prestou assistência judiciária e realizou, compulsoriamente, a dedução questionada. A Constituição da República assegura o direito de livre associação e sindicalização, na forma prevista nos artigos 5º, inciso XX e 8º, inciso V, sendo vedada a imposição de contribuição assistencial aos empregados não associados ou que não tenham expressamente anuído ao desconto. Inteligência da Súmula 666 do STF, Precedente Normativo n. 119 e Orientação Jurisprudencial n. 17 do SDC do C. TST. (Processo: 0000795-42.2012.5.03.0045 RO, Relator Desembargador Julio Bernardo do Carmo, 4ª Turma, TRT 3ª região. Data de Publicação: DEJT 05/04/2013)

Nota-se que, apesar da nomenclatura de ação de prestação de contas, os supramencionados trechos se referem a ações em conformidade com a atual previsão do CPC, que transformou essa modalidade em ação de exigir contas.

A restrição das hipóteses de cabimento, entretanto, não pode ser vislumbrada como perda do acesso à Justiça para aqueles que as utilizavam para prestar contas, como salienta Luciano Chaves: "aquele que pretende prestar contas não perdeu o acesso à justiça, até mesmo em razão do direito fundamental que assegura o art. 5º, XXXV, da CF, mas doravante não poderá o interessado em prestar contas se valer de um procedimento especial, devendo recorrer ao rito ordinário" (Chaves, 2015, p. 394).

A inserção e utilização dessa ação na esfera trabalhista restringe-se às relações de trabalho e suas nuances, sendo excluída, inclusive, a prestação de contas em face de advogado, tema tratado pela Súmula n. 363 do Superior Tribunal de Justiça como matéria a ser debatida na Justiça Comum:

> AÇÃO DE PRESTAÇÃO DE CONTAS EM FACE DO ADVOGADO – INCOMPETÊNCIA DA JUSTIÇA DO TRABALHO – A ação de prestação de contas em face do advogado, ajuizada pelo cliente, em que se discutem valores levantados e supostamente não repassados, por se tratar de relação cliente-advogado (relação de consumo), forjada no âmbito exclusivo do Direito Civil, não envolvendo discussão sobre vínculo trabalhista, não se insere na competência da Justiça do Trabalho, consoante aplicação analógica da Súmula 363/STJ, que assim dispõe: "Compete à Justiça estadual processar e julgar a ação de cobrança ajuizada por profissional liberal contra clientes". (Processo: 0010117-73.2015.5.03.0080 RO, Relatora Desembargadora Maria Cecilia Alves Pinto, 1ª Turma, TRT 3ª região. Data de Publicação: DEJT 29/03/2016)

Verifica-se, assim, que a ação conhecida anteriormente como prestação de contas, foi remodelada pelo novo CPC, com a restrição de hipóteses e mudança de nomenclatura, passando a ser chamada de Ação de exigir contas, com cabimento e viabilidade de utilização no processo trabalhista, mas sempre restrita aos temas pertinentes à relação de trabalho, elencados no art. 114 da CF/1988.

3.3. Das Ações Possessórias

A doutrina não é uníssona ao conceituar a posse. Existem duas correntes que abordam tal aspecto jurídico. A "Objetiva" defendida por Ihering e a "Subjetiva" sustentada por Savigny. Para este a posse é o poder físico sobre a coisa com ânimo de tê-la como sua. Já, para aquele, a posse é o poder de fato sobre a coisa.

O ordenamento jurídico brasileiro adotou a teoria Objetiva tanto no Código Civil de 1916 quanto no Código Civil de 2002. Assim corrobora Antônio Carlos Marcato ao aduzir que para os defensores da corrente subjetivista:

> a posse é, concomitantemente, um fato e um direito; fato enquanto considerado em si mesmo; direito, quando analisada à luz dos efeitos que produz; já os objetivistas identificam-na como direito, posto representar um interesse juridicamente protegido. Hodiernamente, a doutrina inclina-se para a posição objetivista, perdurando ainda dissenso, contudo, se se trata de direito real ou pessoal. (Marcato, 2013, p. 149).

São três as ações possessórias previstas no direito processual pátrio e que têm por finalidade proteger a posse: a manutenção e reintegração de posse e o interdito proibitório. Atualmente, todas elas são passíveis de serem movidas na esfera da Justiça do Trabalho.

Cabe ação de manutenção de posse para conferir ao possuidor o exercício da sua posse sem ser molestado por ato de outrem. Nesse caso, inexiste a perda dela, ocorrendo apenas a restrição ao seu exercício. Tal ação tem previsão expressa no art. 560 do CPC ao dispor que "o possuidor tem direito a ser mantido na posse em caso de turbação e reintegrado, em caso de esbulho". O turbador pratica atos de desassossego, impedindo ao legítimo possuidor o exercício livre da posse da coisa, sem resultar, no entanto, a sua perda.

A partir do momento em que ocorra a perda total da posse, é possível interpor a ação de reintegração. Assim, esse é o procedimento processual adequado para recuperar a coisa quando o possuidor sofreu esbulho, isto é, privação da posse por meio de violência, de clandestinidade ou de precariedade. No entanto, na forma do art. 1.224 do Código Civil "só se considera perdida a posse para quem não presenciou o esbulho, quando, tendo notícia dele, se abstém de retomar a coisa, ou, tentando recuperá-la, é violentamente repelido". O esbulho é praticado por terceiro e é o ato mais ofensivo ao exercício da posse pelo seu legítimo possuidor.

Desse modo, observa-se que, para efetivamente considerar perdida a posse, além de o possuidor sofrer os atos de esbulho apontados é necessário que ele, ao ter ciência dos fatos, se abstenha de retomar a coisa ou, na hipótese de tentativa de recuperá-la, seja violentamente reprimido.

O interdito proibitório é a tutela preventiva aos atos de esbulho ou de turbação à posse do demandante. Essa medida de cunho inibitório é conferida àquele possuidor direto ou indireto que teme sofrer agressão à sua posse; ele deverá, porém, provar o risco iminente de probabilidade de tal agressão. O receio não poderá ser apenas subjetivo; o demandante tem o ônus de comprovar, no contexto fático, o seu temor a partir de elementos objetivos.

O CPC, em seu art. 567, dispõe que:

> o possuidor direto ou indireto que tenha justo receio de ser molestado na posse poderá requerer ao juiz que o segure da turbação ou esbulho iminente, mediante mandado proibitório em que se comine ao réu determinada pena pecuniária caso transgrida o preceito.

O que difere o interdito proibitório das já citadas ações de reintegração e manutenção de posse é que estas têm por objetivo proteger uma posse já violada, e aquele permite ao possuidor obter o provimento jurisdicional que o proteja do perigo imediato de esbulho ou de turbação, sob pena de imposição de multa coercitiva no caso de descumprimento do preceito.

Tanto a jurisprudência como a doutrina, durante longo período, resistiram à possibilidade do manejo de tais ações no âmbito do Judiciário Trabalhista, ao fundamento de que a competência para processá-las e julgá-las era da Justiça Comum. Apenas mais tarde, a ação possessória foi admitida por aquele ramo do Poder Judiciário, em particular a de reintegração de posse, desde que se refira diretamente à relação de emprego.

Essa situação ocorre quando o empregador concede o uso de moradia de sua propriedade ao trabalhador, com intuito de facilitar a realização de um serviço, sem nenhuma contraprestação pecuniária. (CLT, art. 458).

A permanência do empregado no imóvel posteriormente à extinção contratual, após solicitação para a sua desocupação, acarreta detenção ilegal e ilegítima da coisa de modo que configura esbulho e gera para o ex-empregador o direito de valer-se dos interditos possessórios.

De igual modo, poderá também o empregado socorrer-se da ação de manutenção ou do interdito proibitório por estar sendo turbado na sua posse. Seria o caso do empregador que ajusta um contrato de comodato ou mesmo de locação e, em seguida, não lhe permita mais ocupar o bem ou não lhe favoreça uma posse tranquila da coisa.

Nessa situação, o empregado poderá pleitear por meio dessa espécie de ação o exercício de seu direito ou a proteção de quaisquer transtornos, enquanto perdurar o contrato de trabalho.

Comporta ainda tal ação, a ser promovida pelo empregado ou pelo empregador, com a finalidade de recuperar objetos, equipamentos ou quaisquer outras ferramentas passadas às mãos de um ou do outro, em função do contrato de trabalho.

Esta espécie de ação passou a ser de competência da Justiça Especializada somente após o advento da EC n. 45/2004 (CF, art. 114).

No que tange à regulamentação infraconstitucional, o CPC de 2015 dedicou às ações possessórias o Título III do Capítulo III, permanecendo inseridas nos Procedimentos Especiais de Jurisdição Contenciosa, arrolados a partir do art. 554, mantendo inalterada a previsão contida no CPC de 1973, no que seja pertinente às ações de reintegração e de manutenção de posse, bem como o interdito proibitório como espécies de ações que têm por finalidade proteger o legítimo possuidor e sua posse.

3.4. Dos Embargos de Terceiro

A legislação trabalhista é omissa em relação aos embargos de terceiro e por força do art. 769 da CLT, não havendo incompatibilidade, aplica-se subsidiária e supletivamente as normas previstas do CPC.

O que se discute nos embargos de terceiro é a legitimidade da posse, dos bens que foram objeto de constrição judicial na ação originária, e se o demandante é ou não parte da mesma. Trata-se, portanto, de uma ação autônoma.

Terceiro ou estranho é a pessoa titular de um direito que tenha sido alcançado por decisão judicial, seja pessoa física ou jurídica, mesmo que não tenha sido originariamente incluída no rol do polo passivo da ação.

O Código de Processo Civil anterior amparava essa espécie de ação em seu art. 1.046, com a finalidade de proteger a posse e a propriedade de quem era estranho ao processo e sofresse apreensão em decorrência de uma ordem judicial.

Já o atual Código dispõe no *caput* do art. 674 que: "Quem, não sendo parte no processo, sofrer constrição ou ameaça de constrição sobre os seus bens, que possua ou sobre os quais tenha direito incompatível com o ato constritivo, poderá requerer seu desfazimento ou sua inibição por meio de embargo de terceiro".

Nota-se que houve uma ampliação à proteção ao terceiro, facultando-lhe o ajuizamento dos embargos também nas hipóteses de ameaça de constrição sobre os seus bens.

Tais embargos têm natureza jurídica de ação incidental e podem ser opostos tanto na fase de conhecimento como na fase de execução. Se ajuizado no processo de conhecimento, deverá sê-lo antes do trânsito em julgado da sentença e, se o for no processo de execução, até cinco dias em seguida da adjudicação, da alienação por diligência particular ou da arrematação, mas é imprescindível que seja antes da assinatura da carta correspondente. (CPC, art. 675).

Segundo Manoel Antônio Teixeira Filho (2015, p. 800), os embargos de terceiro "apresentam preponderante carga de constitutividade, porquanto visam a desconstituir o ato da jurisdição que está molestando a posse do legitimado", possibilitando o restabelecimento da situação precedente à apreensão judicial.

O atual CPC em seu art. 674, inciso III, dispõe que "quem sofre constrição judicial de seus bens por força da desconsideração da personalidade jurídica, de cujo incidente não fez parte", poderá pleitear o seu desfazimento ou a sua inibição por meio de embargos.

Com efeito, Maurício de F. Correa da Veiga (2016, p. 46) sustenta que o inciso em comento é de uma clareza ímpar ao considerar como terceiro o sócio ou acionista controlador ou responsável patrimonial pela empresa, contando que não tenha participado de tal incidente processual.

Em vista disso, apura-se que o Código de 2015 ampliou a possibilidade de oposição do já citado embargos de terceiro, a ser oferecido na esfera do Judiciário Trabalhista, por aquele que sofreu constrição judicial de seu patrimônio.

3.5. Da Oposição

Trata da ação de oposição de procedimento especial previsto no CPC anterior e mantido pelo Código de 2015. Elucidando a finalidade desse instituto, Celso Agrícola Barbi expõe que é por intermédio desse remédio processual que um terceiro pleiteia, total ou parcialmente "[...] a coisa ou o direito sobre que pende demanda entre outras pessoas, vem propor sua ação, para fazer valer direito próprio incompatível com o direito das partes ou de uma delas". (Barbi, 1981, p. 307).

A situação de terceiro perdura enquanto esta parte não for admitida para integrar a relação processual jurídica *et al* integração ocorrerá se a mesma for aceita judicialmente para participar do processo, na condição de oponente.

O momento para apresentar a ação de oposição deverá ser impreterivelmente antes de prolatada a sentença judicial. Apresentada e sendo admitida, tramitará concomitantemente com os autos principais aos quais ela será apensada e julgada simultaneamente. (art. 685 do CPC).

Cuida-se, pois, de uma modalidade processual por meio da qual alguém, que está fora do processo, deduz em juízo um direito ou coisa, que julga ser seu, em desfavor de ambas as partes de um outro processo de conhecimento pendente. Assim, o objetivo precípuo da ação de oposição é a obtenção, pelo estranho à lide, de um pronunciamento jurisdicional que decrete lhe pertencer, total ou parcialmente, o direito ou a coisa vindicada.

De acordo com Luciano Athayde Chaves (2015, p. 410) a alteração apresentada pelo Código de 2015, em relação à ação de oposição, associa-se apenas à localização do instituto no novo texto. No CPC anterior, tal procedimento era contemplado pelos arts. 56 ao 61, no capítulo que disciplinava o tema da intervenção de terceiro. Já, no atual Código, a matéria encontra-se regulamentada nos arts. 682 ao 686, como uma das hipóteses de procedimentos especiais.

Em todas as situações, a oposição terá natureza de ação autônoma, afirma o aludido autor. Isso, porém, não ocorria no Código revogado, uma vez que para atribuir esta ou aquela natureza, dependia do momento em que a mesma era ofertada. Se oferecida antes da audiência de instrução, era apensada aos autos da ação principal. Porém, se ofertada após a audiência, mas antes da prolação da sentença, teria natureza de ação autônoma. Todavia, com a regra atual amplia-se a possibilidade de apresentação da medida, tanto antes como depois de realizada a audiência e, em todas as oportunidades, será considerada um novo processo de natureza autônoma.

No que diz respeito à admissibilidade de tal ação na Justiça Especializada, transcreve-se parcialmente o aresto oriundo do Tribunal Regional do Trabalho da 3ª Região/MG – Seção de Dissídios Coletivos (SDC) – Ação de Oposição em que figuravam como partes: SENALBA/MG – Sindicato dos Empregados em Entidades Culturais, Recreativas, de Assistência Social, de Orientação e Formação Profissional no Estado de Minas Gerais (Opoente) e Sindicato dos Auxiliares de Administração Escolar do Estado de Minas Gerais – SAAE/MG, Sindicato dos Estabelecimentos de Ensino Livre do Sudeste de Minas Gerais – Sindelivre/Sudeste-MG (Opostos), cuja alegação do Opoente era ser o "legítimo representante dos empregados em cursos livres, pleiteando o reconhecimento "do enquadramento sindical dos empregados em entidades de orientação e formação profissional, cursos profissionalizantes."

> EMENTA: AÇÃO DE OPOSIÇÃO EM DISSÍDIO COLETIVO. PERDA DE OBJETO. Tendo sido julgado extinto, sem julgamento do mérito, o dissídio coletivo no qual foi apresentada a presente oposição, imperioso reconhecer prejudicada, por perda de objeto, a pretensão deduzida na oposição, que também deve ser extinta, sem julgamento do mérito, a teor do art. 267, IV do CPC(00653-2011-000-03-00-3 Ação de Oposição – apenso ao DC 00529-2011-000-03-00-8 – TRT 3ª Região. Ass. Digital 17/07/2015 – Relator Desembargador Luiz Otávio Linhares Renault – Publicação: 27/07/2015).

Averigua-se que na Justiça do Trabalho a ação de oposição tem como objeto a discussão de representação sindical. Outrossim, considerando os termos da Instrução Normativa n. 39/2016 do Colendo TST[1] é possível afirmar que as normas contempladas no atual CPC atinentes a esta espécie de ação permanecem aplicáveis no Processo do Trabalho, mormente em sede de dissídio coletivo.

3.6. Da Habilitação

Sendo a morte um acontecimento natural e igualmente inevitável, colocando a termo a existência da pessoa (Código Civil, art. 6º) faz-se necessário o procedimento de habilitação para se comprovar a legitimidade dos sucessores do *de cujus* que darão seguimento à relação processual em razão do óbito de uma das partes.

Em consonância com a redação dada ao art. 689 do Código de 2015, a habilitação ocorrerá diretamente nos autos do processo principal, em qualquer grau de jurisdição, revogando assim uma das alternativas anteriormente previstas no antigo CPC, em que a habilitação dar-se-ia de modo incidental e seria processada em autos apartados.

Trata-se, pois, de procedimento adotado no processo civil e que possibilita a sucessão processual de modo a dar seguimento ao processo que foi suspenso antes do deslinde da lide, em razão do falecimento de um dos legitimados.

Já, na seara do Processo do Trabalho, incidirá a Lei n. 6.858/1980, que dispõe sobre o pagamento aos dependentes e sucessores de valores não recebidos em vida pelos respectivos titulares. Desse modo, falecendo o trabalhador, os valores a ele devidos serão pagos na forma do art. 1º da aludida Lei:

> Os valores devidos pelos empregadores aos empregados e os montantes das contas individuais do Fundo de Garantia do Tempo de Serviço e do Fundo de Participação PIS/Pasep, não recebidos em vida pelos respectivos titulares, serão pagos, em quotas iguais, aos dependentes habilitados perante a Previdência Social ou na forma da legislação específica dos servidores civis e militares, *e, na sua falta, aos sucessores previstos na lei civil, indicados em alvará judicial, independentemente de inventário ou arrolamento* [...] (grifo nosso)

Nessa esteira, destaca-se decisão do Colendo TST, em conformidade com já citada Lei n. 6.858/1980, *in verbis*:

> EMENTA: AGRAVO DE INSTRUMENTO. EMPREGADO FALECIDO. LEGITIMIDADE *AD CAUSAM*. 1. O v. Acórdão estabeleceu a prevalência da Lei n. 6.858/80, sobre o Código Civil, nomeando a Sra. Viviane como a única legitimada para figurar na presente ação trabalhista, uma vez que as demais demandadas não constam como beneficiárias junto ao INSS. 2. O Acórdão recorrido, ao aplicar a Lei n. 6.858/80, por ser norma especial, encontra-se em perfeita harmonia com o entendimento predominante desta Corte Superior, preferindo os dependentes habilitados junto à Previdência Social, ante a ordem de herdeiros determinada pelo Código Civil. Precedentes. 3. Nesse contexto, não estando a agravante devidamente habilitada como dependente, junto à Previdência Social, não resta configurada a sua legitimidade para constar como parte da presente demanda. 4. Não se constata, portanto, as alegadas violações aos artigos 5º, XXX, da Constituição da República e 1.828, do Código Civil. Agravo de Instrumento a que se nega provimento. (Processo: AIRR – 1763-39.2011.5.06.0008 Data de Julgamento: 12/08/2015, Relator Desembargador Convocado: Alexandre Teixeira de Freitas Bastos Cunha, 1ª Turma, Data de Publicação: DEJT 18/08/2015.)

---

[1] IN n. 39/2016 – TST "Dispõe sobre as normas do Código de Processo Civil de 2015 aplicáveis e não aplicáveis ao Processo do Trabalho, de forma não exaustiva".

À vista disso, vale ressaltar que, na esfera trabalhista, distintamente da sucessão civil, o pagamento das verbas trabalhistas destinadas aos sucessores do obreiro, por determinação da lei civil, prioriza inicialmente os dependentes do *de cujus,* em razão do seu caráter alimentar, observando-se em seguida o concurso de herdeiros, independentemente de inventário ou arrolamento, judicial ou extrajudicial.

3.7. Da Ação Monitória

A adoção da ação monitória pelo Direito Processual Civil no rol das ações de procedimentos especiais de jurisdição contenciosa se deu por meio da Lei n. 9.070, de 14 de julho de 1995.

Para Luiz Rodrigues Wambier, Flávio Renato Correia de Almeida e Eduardo Talamini (2003, p. 261), não se trata de procedimento inovador no sistema processual brasileiro, visto que a mencionada ação origina-se da ação decendiária, que vigorou no Brasil no período da aplicação das Ordenações Filipinas até os Códigos de Processos dos Estados.

Para melhor entendimento de tal instituto é salutar trazer o conceito legal expresso no próprio Código de 2015 no *caput* do art. 700 que assim dispõe:

> A ação monitória pode ser proposta por aquele que afirmar, com base em prova escrita sem eficácia de título executivo, ter direito de exigir do devedor capaz:
>
> I – o pagamento de quantia certa em dinheiro;
>
> II – a entrega de coisa fungível ou infungível ou de bem móvel ou imóvel;
>
> III – o adimplemento de obrigação de fazer ou de não fazer.

Com suporte na definição legal supracitada é possível depreender que a ação monitória é um procedimento que tem por finalidade acelerar o processo judicial para certo credor que pretenda executar o seu crédito e que, apesar de não possuir o título executivo, dispõe de prova escrita com eficácia legal suficiente para exigir a satisfação da importância. As hipóteses de cabimento são claras no atual Código.

Não obstante a ação monitória ser uma ação civilista, isso não cria embaraço para a sua aplicabilidade no Processo Trabalhista, especialmente considerando as lacunas existentes no Direito Processual do Trabalho decorrentes da carência legislativa em seu âmbito, resultando daí a premência da adoção de modo subsidiário dos institutos oriundos de outros ramos do Direito, mormente do Comum. Nessa sintonia, cita-se o art. 769 da CLT ao autorizar que nos "casos omissos, o direito processual comum será fonte subsidiária do direito processual do trabalho, exceto naquilo que for incompatível com as normas deste título".

A aplicabilidade de tal procedimento na Justiça do Trabalho fica evidenciada no seguinte aresto, oriundo da Corte Superior Trabalhista:

> AGRAVO DE INSTRUMENTO. RECURSO DE REVISTA. CONTRIBUIÇÃO SINDICAL. COBRANÇA. AÇÃO MONITÓRIA. PROCEDIMENTO DE RITO ESPECIAL. LEI 5.584/70. LIMITAÇÃO RECURSAL DOS FEITOS TRABALHISTAS SUBMETIDOS AO RITO SUMÁRIO. APLICABILIDADE. A matéria em debate versa sobre a aplicação do valor da alçada estatuído pelo art. 2º, § 3º, da Lei n. 5.584/70, nas ações monitórias. A ação monitória não é demanda excepcional, mas ação de rito ordinário adaptável ao processo do trabalho, conforme sistemática prevista na Consolidação das Leis do Trabalho. Assim, sendo perfeitamente adaptável ao processo trabalhista, não há como excluí-la do rito previsto na Lei n. 5.584/70, mesmo porque a alçada diz respeito ao valor da causa e não ao tipo de ação. Agravo de instrumento não provido (Processo: AIRR – 72540-47.2007.5.04.0751 Data de Julgamento: 26/05/2010, Relator Ministro: Horácio Raymundo de Senna Pires, 3ª Turma, Data de Divulgação: DEJT 11/06/2010).

Destarte, se por um lado não é plausível elencar um rol de possibilidades que esgotem a aplicação da ação monitória no âmbito da Justiça do Trabalho, de outro, pode-se afirmar que, na realidade laboral, tal procedimento encontra campo fértil, facilitando ao credor o direito de uma tutela jurisdicional mais célere e eficaz. Outrossim, as disposições contidas nos artigos do Código de 2015 pertinentes a essa ação não constituem óbice intransponível para a continuidade de sua incidência no Direito Processual do Trabalho.

3.8. Da Restauração de Autos

A ação de restauração de autos prevista no atual Código sofreu poucas alterações em relação ao Código revogado. Destaca-se que a inovação traçada pelo art. 712 trata, também, da restauração de autos eletrônicos.

Tais alterações, todavia, não comprometem a aplicabilidade do Código de 2015 na esfera do Judiciário Trabalhista considerando que, na hipótese de extravio de autos que contenham peças essenciais, constitui condição *sine qua non* para a determinação de sua reconstituição.

Tal possibilidade permite que os autos de Processo Judicial Eletrônico (PJe)[2], disciplinados na forma da Lei n. 11.419, de 19 de dezembro de 2006 e regulamentado pela atual Resolução n. 136/2014 – CSTJ, sejam restaura-

---

(2) PJe – "O Processo Judicial Eletrônico (PJe) é um sistema de informática criado para dar fim à tramitação de autos em papel no Poder Judiciário. O desenvolvimento da ferramenta tecnológica é coordenado pelo Conselho Nacional de Justiça, em parceria com diversos tribunais brasileiros. As funcionalidades específicas da Justiça do Trabalho (PJe-JT) estão sendo desenvolvidas pelo Conselho Superior da Justiça do Trabalho, Tribunal Superior do Trabalho e Tribunais Regionais do Trabalho".

dos de ofício pelo magistrado, por qualquer das partes ou, ainda, pelo Ministério Público do Trabalho.

Ademais, o Regimento Interno do Tribunal Superior do Trabalho dedica o Capítulo IV – do art. 273 ao 277, a Restauração de Autos, ao dispor de forma similar às normas previstas pela legislação processual civilista, autoriza expressamente a restauração de autos nos moldes estabelecidos pelo Código de Processo Civil.

Em determinadas hipóteses, torna-se inviável a reconstituição fiel de todos os documentos, considerando a possibilidade de não existirem originais ou as respectivas reproduções. Nesse caso, é permitido ao magistrado declarar apenas, na medida do possível, que os autos restaurados correspondam aos autos desaparecidos ou extraviados.

Algumas peças, no entanto, são fundamentais para a admissibilidade de determinadas ações ou de determinados recursos. Assim, decidiu a SDI-2 do Colendo TST, nos autos do processo, que figuram como partes o IBGE – Instituto Brasileiro de Geografia e Estatística e o Espólio de Ex-Empregado.

RECURSO ORDINÁRIO EM RESTAURAÇÃO DE AUTOS – INSURGÊNCIA QUANTO À HOMOLOGAÇÃO DA RESTAURAÇÃO. A decisão homologatória da restauração de autos perpetrada pelo Tribunal de origem padece de vício que importa em sua cassação, em especial quando ausente na restauração de autos o agravo de petição da ré, peça essencial para o exame do processo. (Relator Ministro Luiz Philippe Vieira de Mello Filho – Publicação – DEJT: 25.11.2011).

Desse modo, a ausência de peça essencial para a análise dos pedidos não permitiu a continuidade do curso do processo, corroborando, dessa maneira, com as normas contempladas pelo CPC relativamente a esse tipo de procedimento.

Logo, levando em conta que a Justiça do Trabalho implantou no seu âmbito o procedimento do PJe – como já consignado, sendo os autos distribuídos por meio físico ou por meio eletrônico, as regras atinentes a essa modalidade de ação, previstas pelo Código de 2015, são perfeitamente compatíveis na seara laboral para recolocar o processo no estado em que se encontrava antes do extravio.

4. PROCEDIMENTOS ESPECIAIS DE JURISDIÇÃO VOLUNTÁRIA: DA PROBLEMÁTICA DE APLICAÇÃO NO PROCESSO DO TRABALHO

O Código de 2015 dedicou o Capítulo XV – Dos Procedimentos de Jurisdição Voluntária, conservando a divisão clássica entre esta e o rito contencioso.

A rigor, na jurisdição voluntária há desempenho por parte do Estado-juiz exteriorizando uma função eminentemente administrativa visando a atender ao interesse privado.

Em tal procedimento, os envolvidos almejam apenas a chancela de tutela jurisdicional necessária para validação de um negócio jurídico, formalizando-o, não obstante inexista litígio entre os interessados, ou seja, o juiz atua como um gestor de interesses privados, e dada a relevância requer a interferência estatal, enquanto em outras situações, de menor interesse social, pode ser feito o uso de instrumentos privados, como o contrato.

Prelecionam Luiz Guilherme Marinoni, Sérgio Cruz Arenhart e Daniel Mitidiero (2015, p. 703) que, geralmente, o procedimento comum de jurisdição voluntária se presta à tutela de entendimento jurídico que ainda não tenha sido reconhecida expressamente pelo legislador infraconstitucional.

Três características marcam a ocorrência de tal modalidade:

A primeira delas é a obrigatoriedade, tendo em vista que as partes só podem conseguir concretizar o objetivo comum mediante a participação do Estado-Juiz. Caso contrário, não haverá interesse processual.

A segunda decorre do princípio do inquisitivo temperado. Ao contrário das ações em sede de Jurisdição contenciosa, na voluntária o interesse das partes é comum, razão pela qual o Juiz não fica adstrito à provocação, podendo agir de ofício, com maior liberdade.

Finalmente, a terceira característica permite que o Juiz julgue por equidade, isto é, aplique a solução que lhe parecer mais justa para o caso concreto, independentemente do que dispuser a norma jurídica (art. 723, parágrafo único, do Novo CPC. (Lima, 2015, p. 403)

No Judiciário Trabalhista, são poucas as possibilidades de procedimentos sujeitos ao rito voluntário, evidenciando-se, dentre os previstos no art. 725 do novo CPC, serem os mais comuns no Processo do Trabalho a expedição de alvará judicial e a homologação de acordo extrajudicial, considerados os limites da competência material e a base principiológica.

4.1. Do Alvará Judicial

A ação de expedição de alvará é inovação tipificada pelo legislador infraconstitucional no atual Código – inciso VIII do art. 725, como procedimento especial, ao contrário do Código de Processo Civil de 1973 do qual não constava tal previsão nos dispositivos que regulamentavam os "Procedimentos Especiais de Jurisdição Voluntária".

Uma das hipóteses de jurisdição voluntária é a que abrange a expedição de alvará visando à autorização para o trabalho infantil e que, historicamente, era direcionada à Justiça Comum Estadual – Juiz da Infância e Juventude.

O cenário contemporâneo, porém, se apresenta de modo diverso, especialmente após a criação do Programa de Combate ao Trabalho Infantil pelo Colendo Tribunal Superior do Trabalho e pelo Conselho Superior da Justiça do Trabalho (CSJT) que elegeu, por meio do Ato Conjunto n. 21/TST.CSJT.GP em 19 de julho de 2012, a "Comissão de Erradicação do Trabalho Infantil e de Proteção ao Trabalho Decente do Adolescente".

Tal comissão tem por finalidade a instituição de meios que propiciem a solução dos problemas sociais graves que envolvam o trabalho do menor. Nesse compasso, o Judiciário Trabalhista não tem medido esforços para disseminar atividades no âmbito de todos os Tribunais Regionais que possam combater a exploração do trabalho infantil como uma missão institucional.

No que se refere à análise das ações de expedição de alvará que autoriza o trabalho infantil, a competência desse ramo do Poder Judiciário tem sido incontestável. Corroborando, nesse sentido, transcreve-se decisão do TRT da 2ª Região/São Paulo, e mantida pelo Colendo TST:

> COMPETÊNCIA PARA APRECIAÇÃO DO PLEITO DE AUTORIZAÇÃO JUDICIAL PARA TRABALHO INFANTIL – É da Justiça do Trabalho a competência para apreciar pedido de autorização para ocorrência de trabalho por menores que não guardam condição de aprendizes nem tampouco possuem idade mínima de dezesseis anos. Entendimento que emana da nova redação do art. 114, inciso I, da *Lex Fundamentalis*. (RO 00017544920135020063- Relatora Desembargadora Rosana de Almeida Buono. Pub. 10.12.2013)

Vale salientar que a erradicação do trabalho infantil abrange uma multiplicidade de fatores, mormente a conscientização social e, por isso, é um processo que requer campanhas e movimentos constantes para extinguir definitivamente as explorações do menor. Além disso, se faz necessária a oposição do Estado por meio de legislação que possa punir os transgressores de modo mais severo.

Existem aqueles que tomam o serviço infantil e agem, na maioria das vezes, sem nenhum critério, visando precipuamente ao lucro. Por sua vez, há também alguns familiares que não se opõem, particularmente quando se trata dos denominados artistas mirins. O deslumbramento pela possibilidade do sucesso suplanta os riscos, os sacrifícios e o excesso de exposição aos quais as crianças que participam de trabalhos artísticos se sujeitam.

O trabalho infantil verificado nos lixões e em usinas de carvão em condições degradantes é outra realidade da qual não se pode olvidar. São crianças, também, tolhidas de sonhar, de brincar, de irem à escola e, especialmente, de terem uma infância minimamente digna e os malefícios à saúde física, mental e moral daí decorrentes são inimagináveis e irreversíveis.

Destarte, a participação ativa da Justiça Obreira nas campanhas para erradicação do trabalho infantil e a proteção do trabalho do adolescente serão determinantes também para analisar, de modo mais apurado, os pedidos objeto das ações de alvará judicial. Outrossim, considerando que inexiste na norma celetista regulamentação específica para o procedimento da ação em questão, as normas previstas no Código de 2015 relativamente à adoção de tais procedimentos são perfeitamente aplicáveis no Processo do Trabalho.

4.2. Da Homologação de Autocomposição Extrajudicial: possibilidade ou impossibilidade?

O pedido de homologação de autocomposição extrajudicial de qualquer natureza ou valor, encontra-se indicado no inciso VIII do art. 725 do Código de 2015, dentre alguns dos procedimentos sujeitos à submissão de jurisdição voluntária. Decorreu de novidade contemplada pela Lei n. 13.105/2015, mas encontra óbice para aplicabilidade na seara trabalhista ante o princípio da indisponibilidade e da proteção, extrapolando a competência dessa Justiça Especializada, conforme se depreende do aresto:

> Ementa: ACORDO EXTRAJUDICIAL – HOMOLOGAÇÃO NA JUSTIÇA DO TRABALHO – ART. 57 DA LEI N. 9.099/95 – APLICAÇÃO SUBSIDIÁRIA – JURISDIÇÃO VOLUNTÁRIA – INDEVIDA – ART. 769 DA CLT. O art. 114 da Constituição Federal, combinado com os artigos 643/649 da CLT, ambos evidenciam que a jurisdição voluntária, qual seja, o exercício, pelo Juízo, da função administrativa de interesses privados, para sua validade, não foi atribuída à Justiça do Trabalho, motivo pelo qual refoge à sua competência homologar acordos extrajudiciais. O art. 57 da Lei n. 9.099/95, que prevê a homologação de acordos extrajudiciais no âmbito dos Juizados Especiais, porque incompatível com o contexto normativo supra, não se aplica ao processo do Trabalho. Inteligência do art. 769 da CLT. Agravo não provido. (Processo: AIRR – 33340-67.2008.5.24.0031 TST, 4ª Turma. Data de Julgamento: 27/04/2011, Relator Ministro: Milton de Moura França, Data de Publicação: DEJT 06/05/2011).

O caráter contencioso impresso à Justiça do Trabalho também dificulta a inserção dessa modalidade, com julgados no sentido de rechaçar a homologação de acordos extrajudiciais que tratam sobre verbas rescisórias, bem como aparatos de prazos e forma, em conformidade com o art. 477 da CLT, função que deveria ser desempenhada pelos sindicatos, que atuam como entes fiscalizatórios durante a homologação das verbas rescisórias para averiguar a regularidade na cessação do contrato, e com julgados que versam sobre reconhecimento da incompetência por ausência de litígio entre as partes, por terem requerido conjuntamente:

> Ementa: RECURSO DE REVISTA. HOMOLOGAÇÃO DE ACORDO EXTRAJUDICIAL. AUSÊNCIA DE CONTENCIOSO. INCOMPETÊNCIA DA JUSTIÇA DO TRABALHO. Segundo a diretriz do art. 114, IX, da CF, compete à Justiça do Trabalho processar e julgar outras controvérsias decorrentes da relação de trabalho. *In casu*, as partes postulam, conjuntamente, a homologação de acordo extrajudicial. Nesse contexto, conclui-se pela

incompetência desta Especializada para apreciar o feito, na medida em que, na hipótese, não há controvérsia, ou seja, não há litígio oriundo de relação de trabalho, pois as partes limitam-se a requerer, conjuntamente, a referida homologação, -a fim de resguardar os direitos de ambos os contratantes-.Recurso de revista não conhecido. (RR 623311-35.2000.5.12.5555. Relatora Dora Maria da Costa. TST, 1ª Turma. Data de julgamento 4/11/2007, Publicado em 08/02/2008).

Entretanto, em sentido diverso Leonardo Tibo vislumbra a possibilidade de utilização da homologação de acordo extrajudicial quando, mesmo diante de concordância entre as partes, comprova-se a necessidade da tutela: "Seria o caso, por exemplo, de um acordo sobre culpa recíproca ou rescisão indireta, em relação às quais a resolução contratual depende da chancela judicial. De outra face, ausente a obrigatoriedade da participação do Estado-Juiz, as partes careceriam de interesse" (Lima, 2015, p. 404).

Em casos esparsos, encontra-se no TST a aceitação de acordos extrajudiciais celebrados entre as partes, para, diante de uma decisão, dar sentido homologatório ao reconhecê-lo como válido:

No presente caso, verifica-se que a r. sentença, expressamente, reconheceu a validade do acordo extrajudicial celebrado entre o Reclamante e a primeira Reclamada, deduzindo da condenação a importância que já havia sido paga (fl. 181).

Ademais, reconheceu a responsabilidade subsidiária da segunda Reclamada, diante do reconhecimento da culpa in vigilando no cumprimento das obrigações trabalhistas pela prestadora de serviços (fls. 173-176). (PROCESSO N. TST-RR-116900-28.2005.5.18.0111. TST. 6ª turma. Relator Ministro Maurício Godinho Delgado. Publicado em 19/04/2011)

Nota-se, pois, que a homologação de acordo extrajudicial apresenta nuances possíveis na Justiça do Trabalho, mas tímida e retraída, haja vista que o processo do trabalho possui legislação específica a exemplo do termo de conciliação firmado na esfera das Comissões de Conciliações Prévias (CCP)[3] previsto no art. 652 da Consolidação das Leis Trabalhistas, que já possibilita a formação de título executivo extrajudicial.

5. CONSIDERAÇÕES FINAIS

A ampliação da competência da Justiça do Trabalho, decorrente da Emenda Constitucional n. 45, de 2004, aumentou as hipóteses e situações que podem ser judicializadas na seara trabalhista, inclusive tornando viável a adoção de várias ações de procedimentos especiais do Código de Processo Civil, quando tocantes às relações de trabalho.

Com a edição do novo CPC, que conferiu maior organicidade e coesão ao sistema processual, não há que se discutir a aplicabilidade subsidiária e supletiva, quando as inovações podem aprimorar e trazer maior efetividade aos demais ramos, especialmente o processo do trabalho. A aplicação supletiva e subsidiária não significa uma preponderância processual civil, mas uma possibilidade de utilização quando não previsto ou possível em prol de uma maior satisfação das partes, observado o arcabouço principiológico e axiológico do ramo processual trabalhista.

Nessa perspectiva, portanto, foi elaborada a Instrução Normativa n. 39, do TST, editada pela Resolução n. 203, de 15 de março de 2016, que explicitou, ainda que não de forma exaustiva, as normas do novo Código de Processo Civil aplicáveis ao Processo do Trabalho. Os procedimentos especiais, previstos nos arts. 539 a 771 não foram tratados por esse instrumento normativo, mas ante a finalidade ali exposta de valorização da jurisprudência e preferência à qualidade da tutela jurisdicional, não pairam incertezas sobre a possibilidade de utilização de vários deles, como os aqui trazidos, os de jurisdição contenciosa, como a ação de consignação em pagamento, a ação de exigir contas, as ações possessórias, os embargos de terceiro, a oposição e a habilitação, a as ações monitórias à restauração de autos, e os de jurisdição voluntária, como o alvará judicial e a homologação de autocomposição extrajudicial de qualquer natureza ou valor.

Enfim, vislumbra-se a compatibilidade desses procedimentos especiais trazidos no novo CPC, ainda que alguns com menor e estreita utilização e escassas possibilidades, mas viáveis com o telos de maior dinamicidade, celeridade e atendimento finalístico social, em consonância com os princípios e a axiologia fundamento da seara processual trabalhista, em prol da satisfação dos que buscam o Judiciário e da efetivação dos direitos decorrentes da relação de trabalho.

REFERÊNCIAS BIBLIOGRÁFICAS

BARBI, Celso Agrícola. Comentários ao Código de Processo Civil. v. 1. 2. ed. Rio de Janeiro: Forense, 1981.

CHAVES, Luciano Athayde. Processo do Trabalho. In: DIDIER JR, Fredie; BRANDÃO, Cláudio; MALET, Estevão. (Coord.) Repercussões do Novo CPC. v. 4. Salvador: Juspodivm, 2015.

LEITE, Carlos Henrique Bezerra. Curso de direito processual do trabalho. 12. ed. São Paulo: LTr, 2014.

LIMA, Leonardo Tibo Barbosa. Lições de direito processual do trabalho: teoria e prática. 3 ed. atualizada à luz da Lei n. 13.015/2014 (recursos) e da Lei n. 13.105/2015 (Novo CPC). São Paulo: LTr, 2015.

---

(3) CLT, art. 625-E: "Aceita a conciliação, será lavrado termo assinado pelo empregado, pelo empregador ou seu preposto e pelos membros da Comissão, fornecendo-se cópia às partes. Parágrafo único: O termo de Conciliação Prévia é título executivo extrajudicial e terá eficácia liberatória geral, exceto quanto às parcelas expressamente ressalvadas." (Pereira, Scalercio, Orsi, 2016, p. 245).

MARCATO, Antônio Carlos. *Procedimentos especiais*. 15. ed. São Paulo: Atlas, 2013.

MARINONI, Luiz Guilherme; ARENHART, Sérgio Cruz; MITIDIERO, Daniel. *Código de Processo Civil comentado*. São Paulo: Revista dos Tribunais, 2015.

PEREIRA, Leone; SCALERCIO, Marcos; ORSI, Renata. *CLT organizada*. 3. ed. rev., ampl. e atual. até 02.03.2016. São Paulo: Revistas dos Tribunais, 2016.

SCHIAVI, Mauro. *Manual de direito processual do trabalho*. 8. ed. São Paulo: LTr, 2015.

TEIXEIRA FILHO, Manoel Antônio. *Novo Código de Processo Civil*. São Paulo: LTr, 2015.

VEIGA, Maurício de F. Correa. Aplicação subsidiária e supletiva das novas regras do CPC no Processo do Trabalho. *Revista LTr*, v. 80, n. 01, jan. 2016.

WAMBIER, Luiz Rodrigues; CORREIA, Flávio Renato de Almeida; TALAMINI, Eduardo. *Curso avançado de processo civil. Processo cautelar e procedimentos especiais*. v. 3. 5. ed. rev., atual e ampl. São Paulo: Revistas dos Tribunais, 2003.

17

A Necessária Revisão de Súmulas e Orientações Jurisprudenciais do TST em Virtude do Novo CPC

LEONE PEREIRA DA SILVA JUNIOR
Doutorando e Mestre em Direito do Trabalho e Processo do Trabalho pela Pontifícia Universidade Católica de São Paulo (PUC/SP). Especialista em Direito do Trabalho e Direito Processual do Trabalho, com capacitação para o ensino no magistério superior. Coordenador da Área Trabalhista e Professor de Direito do Trabalho, Direito Processual do Trabalho e Prática Trabalhista do Damásio Educacional e da Faculdade Damásio. Advogado Trabalhista e Consultor Jurídico Trabalhista.

1. INTRODUÇÃO

O presente artigo tem por escopo analisar a necessária revisão de Súmulas e Orientações Jurisprudenciais do Tribunal Superior do Trabalho em virtude do novo Código de Processo Civil.

Com efeito, será consignado o diálogo entre o Processo do Trabalho e o Processo Civil, à luz do Novo Código de Processo Civil (Lei n. 13.105, de 16 de março de 2015), que entrou em vigor no ordenamento jurídico no dia 18 de março de 2016, conforme determinação do Superior Tribunal de Justiça.

Assim, será aduzida a problemática hodierna da aplicação supletiva e subsidiária do novo Código de Processo Civil ao Processo do Trabalho.

Nessa linha de raciocínio, o artigo foi desenvolvido à luz da Teoria do Diálogo das Fontes, idealizada na Alemanha pelo jurista Erik Jayme, professor da Universidade de Helderberg, e trazida ao Brasil pela consagrada jurista Claudia Lima Marques, da Universidade Federal do Rio Grande do Sul.

Ainda, abordará a imperfeição da aplicação supletiva e subsidiária do Novo Código de Processo Civil ao Processo do Trabalho, bem como o ativismo judicial do Tribunal Superior do Trabalho como esforço hermenêutico jurisprudencial de adaptação dos seus entendimentos consolidados ao novo Código de Processo Civil.

Nesse contexto, os estudos desaguarão na necessidade da criação de um Código de Processo do Trabalho, criado por operadores do direito que militam na Área Trabalhista e a estudam.

Também, enquanto isso não for concretizado no mundo real, serão necessários inúmeros estudos e debates dos reais reflexos do Novo Código de Processo Civil no Processo do Trabalho.

2. A POLÊMICA DO ART. 15 DO CÓDIGO DE PROCESSO CIVIL DE 2015 – APLICAÇÃO SUPLETIVA E SUBSIDIÁRIA AO PROCESSO DO TRABALHO

Conforme acima consignado, os estudiosos da ciência processual laboral possuem um grande desafio hodierno, qual seja, compatibilizar os famigerados arts. 769 e 889 da Consolidação das Leis do Trabalho com o art. 15 do Novo Código de Processo Civil.

Com o devido respeito aos entendimentos em sentido contrário, a aplicação supletiva vaticinada no art. 15 do Código de Processo Civil de 2015 deverá ser compatibilizada com os arts. 769 e 889 da Consolidação das Leis do Trabalho.

Por consectário, a aplicação supletiva não pode prejudicar a consagrada aplicação subsidiária, que parte da existência de 2 (dois) requisitos cumulativos: lacuna e compatibilidade de princípios e regras.

Concluindo, a aplicação supletiva do Novo Código de Processo Civil não poderá desrespeitar a própria existência da Consolidação das Leis do Trabalho.

Assim, o aplicador da ciência processual laboral deverá empregar o máximo esforço na utilização dos benefícios do Novo Código de Processo Civil, sem olvidar os tradicionais institutos da Consolidação das Leis do Trabalho.

Dessa forma, a autonomia do Direito Processual do Trabalho será indubitavelmente prestigiada. A compatibilização dos diplomas normativos poderá contribuir veementemente na própria evolução da ciência processual laboral.

3. A IMPERFEIÇÃO DA APLICAÇÃO SUPLETIVA E SUBSIDIÁRIA DO NOVO CÓDIGO DE PROCESSO CIVIL AO PROCESSO DO TRABALHO

No contexto da imperfeição da aplicação supletiva e subsidiária do novo Código de Processo Civil ao Processo do Trabalho, analisa-se a recente **Resolução n. 203, de 15 de março de 2016**, que edita a **Instrução Normativa n. 39 do Tribunal Superior do Trabalho**, dispondo sobre as normas do Código de Processo Civil aplicáveis e inaplicáveis ao Processo do Trabalho, de forma não exaustiva.

Abaixo elencaremos as suas *principais regras*, incluindo os respectivos *considerandos*:

1ª) Considerando a vigência de novo Código de Processo Civil (Lei n. 13.105, de 17.03.2015) a partir de 18 de março de 2016.

2ª) Considerando a **imperativa necessidade de o Tribunal Superior do Trabalho posicionar-se, ainda que de forma não exaustiva**, sobre as normas do Código de Processo Civil de 2015 aplicáveis e inaplicáveis ao Processo do Trabalho.

3ª) Considerando que **as normas dos arts. 769 e 889 da CLT não foram revogadas pelo art. 15 do CPC de 2015**, em face do que estatui o art. 2º, § 2º, da Lei de Introdução às Normas do Direito Brasileiro.

4ª) Considerando a **plena possibilidade de compatibilização das normas** em apreço.

5ª) Considerando o disposto no art. 1.046, § 2º, do CPC, que expressamente **preserva as "disposições especiais dos procedimentos regulados em outras leis"**, dentre as quais sobressaem as normas especiais que disciplinam o Direito Processual do Trabalho.

6ª) Considerando o escopo de identificar apenas questões polêmicas e algumas das questões inovatórias relevantes para efeito de aferir a compatibilidade ou não de aplicação subsidiária ou supletiva ao Processo do Trabalho do Código de Processo Civil de 2015.

7ª) Considerando a exigência de transmitir **segurança jurídica aos jurisdicionados e órgãos da Justiça do Trabalho**, bem assim o escopo de **prevenir nulidades processuais** em detrimento da **desejável celeridade**.

8ª) Considerando que **o conteúdo da aludida garantia do contraditório há que se compatibilizar com os princípios da celeridade, da oralidade e da concentração de atos processuais no Processo do Trabalho**, visto que este, por suas especificidades e pela **natureza alimentar** das pretensões nele deduzidas, foi concebido e estruturado para a **outorga rápida e impostergável da tutela jurisdicional** (CLT, art. 769).

9ª) **Aplica-se o Código de Processo Civil, subsidiária e supletivamente, ao Processo do Trabalho, em caso de omissão e desde que haja compatibilidade com as normas e princípios do Direito Processual do Trabalho, na forma dos arts. 769 e 889 da CLT e do art. 15 da Lei n. 13.105, de 17.03.2015.**

10ª) Observar-se-á, em todo caso, o **princípio da irrecorribilidade em separado das decisões interlocutórias**, de conformidade com o art. 893, § 1º, da CLT e Súmula n. 214 do TST.

11ª) O **prazo para interpor e contra-arrazoar** todos os recursos trabalhistas, inclusive agravo interno e agravo regimental, é de oito dias (art. 6º da Lei n. 5.584/1970 e art. 893 da CLT), exceto embargos de declaração (CLT, art. 897-A).

12ª) **Sem prejuízo de outros, não se aplicam ao Processo do Trabalho, em razão de inexistência de omissão ou por incompatibilidade**, os seguintes preceitos do Código de Processo Civil:

I – art. 63 (modificação da competência territorial e eleição de foro);

II – art. 190 e parágrafo único (negociação processual);

III – art. 219 (contagem de prazos em dias úteis);

IV – art. 334 (audiência de conciliação ou de mediação);

V – art. 335 (prazo para contestação);

VI – art. 362, III (adiamento da audiência em razão de atraso injustificado superior a 30 minutos);

VII – art. 373, §§ 3º e 4º (distribuição diversa do ônus da prova por convenção das partes);

VIII – arts. 921, §§ 4º e 5º, e 924, V (prescrição intercorrente);

IX – art. 942 e parágrafos (prosseguimento de julgamento não unânime de apelação);

X – art. 944 (notas taquigráficas para substituir acórdão);

XI – art. 1.010, § 3º (desnecessidade de o juízo *a quo* exercer controle de admissibilidade na apelação);

XII – arts. 1.043 e 1.044 (embargos de divergência);

XIII – art. 1.070 (prazo para interposição de agravo).

13ª) **Sem prejuízo de outros, aplicam-se ao Processo do Trabalho, em face de omissão e compatibilidade**, os preceitos do Código de Processo Civil que regulam os seguintes temas:

I – art. 76, §§ 1º e 2º (saneamento de incapacidade processual ou de irregularidade de representação);

II – art. 138 e parágrafos (*amicus curiae*);

III – art. 139, exceto a parte final do inciso V (poderes, deveres e responsabilidades do juiz);

IV – art. 292, V (valor pretendido na ação indenizatória, inclusive a fundada em dano moral);

V – art. 292, § 3º (correção de ofício do valor da causa);

VI – arts. 294 a 311 (tutela provisória);

VII – art. 373, §§ 1º e 2º (distribuição dinâmica do ônus da prova);

VIII – art. 485, § 7º (juízo de retratação no recurso ordinário);

IX – art. 489 (fundamentação da sentença);

X – art. 496 e parágrafos (remessa necessária);

XI – arts. 497 a 501 (tutela específica);

XII – arts. 536 a 538 (cumprimento de sentença que reconheça a exigibilidade de obrigação de fazer, de não fazer ou de entregar coisa);

XIII – arts. 789 a 796 (responsabilidade patrimonial);

XIV – art. 805 e parágrafo único (obrigação de o executado indicar outros meios mais eficazes e menos onerosos para promover a execução);

XV – art. 833, incisos e parágrafos (bens impenhoráveis);

XVI – art. 835, incisos e §§ 1º e 2º (ordem preferencial de penhora);

XVII – art. 836, §§ 1º e 2º (procedimento quando não encontrados bens penhoráveis);

XVIII – art. 841, §§ 1º e 2º (intimação da penhora);

XIX – art. 854 e parágrafos (BacenJUD);

XX – art. 895 (pagamento parcelado do lanço);

XXI – art. 916 e parágrafos (parcelamento do crédito exequendo);

XXII – art. 918 e parágrafo único (rejeição liminar dos embargos à execução);

XXIII – arts. 926 a 928 (jurisprudência dos tribunais);

XXIV – art. 940 (vista regimental);

XXV – art. 947 e parágrafos (incidente de assunção de competência);

XXVI – arts. 966 a 975 (ação rescisória);

XXVII – arts. 988 a 993 (reclamação);

XXVIII – arts. 1013 a 1014 (efeito devolutivo do recurso ordinário – força maior);

XXIX – art. 1021 (salvo quanto ao prazo do agravo interno).

14ª) Aplica-se ao Processo do Trabalho o incidente de desconsideração da personalidade jurídica regulado no Código de Processo Civil (arts. 133 a 137), assegurada a iniciativa também do juiz do trabalho na fase de execução (CLT, art. 878). Da decisão interlocutória que acolher ou rejeitar o incidente:

I – na fase de cognição, não cabe recurso de imediato, na forma do art. 893, § 1º, da CLT;

II – na fase de execução, cabe agravo de petição, independentemente de garantia do juízo;

III – cabe agravo interno se proferida pelo Relator, em incidente instaurado originariamente no tribunal (CPC, art. 932, VI).

A instauração do incidente **suspenderá o processo**, sem prejuízo de concessão da **tutela de urgência de natureza cautelar** de que trata o art. 301 do CPC.

15ª) O cabimento dos **embargos de declaração no Processo do Trabalho**, para impugnar qualquer decisão judicial, rege-se pelo art. 897-A da CLT e, supletivamente, pelo Código de Processo Civil (arts. 1.022 a 1.025; §§ 2º, 3º e 4º, do art. 1.026), **excetuada a garantia de prazo em dobro para litisconsortes (§ 1º do art. 1.023)**. A omissão para fins do prequestionamento ficto a que alude o art. 1.025 do CPC dá-se no caso de o Tribunal Regional do Trabalho, mesmo instado mediante embargos de declaração, recusar-se a emitir tese sobre questão jurídica pertinente, na forma da Súmula n. 297, item III, do Tribunal Superior do Trabalho.

16ª) **Não se aplica** ao Processo do Trabalho a norma do art. 459 do CPC no que permite a **inquirição direta das testemunhas** pela parte (CLT, art. 820).

Dessa forma, percebemos a grande preocupação do Tribunal Superior do Trabalho, órgão de cúpula da Justiça do Trabalho, com a edição de orientações, ainda que preliminares e não exaustivas, com os reflexos do Novo Código de Processo Civil no Processo do Trabalho.

Trata-se de temática que já vem gerando grande cizânia doutrinaria. Com efeito, alguns juristas já se posicionaram no sentido da inconstitucionalidade da Instrução Normativa, por ferir o ideário de que compete à União legislar sobre Direito Processual, nos termos do art. 22, I, da Constituição da República Federativa do Brasil de 1988.

Com o devido respeito aos entendimentos em sentido contrário, somos favoráveis à edição da Instrução Normativa por parte do TST. Com o aproximar da entrada em vigor do novo estuário processual civil, era veemente um posicionamento do órgão de cúpula da Justiça do Trabalho, até para trazer relativa segurança jurídica e estabilidade às relações jurídicas e sociais.

Todavia, não podemos olvidar que esse posicionamento não reflete, com exatidão, o resultado dos melhores estudos da aplicação supletiva e subsidiária do Novo Código de Processo Civil ao Processo do Trabalho.

Trata-se de um Código elaborado por grandes juristas, nacionalmente consagrados e reconhecidos, mas que não militam efetivamente na Justiça do Trabalho.

Portanto, os institutos desenvolvidos no Novo Código não foram alinhavados com supedâneo nas especificidades da ciência processual laboral, o que resultará, de forma insofismável, na imperfeição da sua aplicação supletiva e subsidiária ao Processo do Trabalho.

Como resultado, há uma verdadeira "ginástica" perpetrada pelo Tribunal Superior do Trabalho na aplicação supletiva e subsidiária do Novo Código de Processo Civil ao Processo do Trabalho, previsto em seu art. 15, sem prejuízo da continuidade da observância do princípio da especificidade plasmado nos consagrados arts. 769 e 889 da Consolidação das Leis do Trabalho.

4. O ATIVISMO JUDICIAL DO TRIBUNAL SUPERIOR DO TRABALHO COMO ESFORÇO HERMENÊUTICO JURISPRUDENCIAL DE ADAPTAÇÃO DOS SEUS ENTENDIMENTOS CONSOLIDADOS AO NOVO CÓDIGO DE PROCESSO CIVIL

Vamos analisar de forma exemplificativa a necessária revisão de suas Súmulas e Orientações Jurisprudenciais do Tribunal Superior do Trabalho em virtude da entrada em vigor do novo Código de Processo Civil.

Recentemente, o TST editou a **Resolução n. 208, de 19 de abril de 2016**, que alterou Súmulas e Orientações Jurisprudenciais em função da entrada em vigor do novo Código de Processo Civil.

Com efeito, o Presidente do Tribunal Superior do Trabalho, ministro Ives Gandra da Silva Martins Filho, assinou a aludida Resolução, que alterou a redação das Súmulas ns. 263, 393, 400, 405, 407, 408 e 421 e atualizou o conteúdo das Súmulas ns. 74, 353, 387, 394, 397, 415 e 435, as Orientações Jurisprudenciais ns. 255, 310, 371, 378, 392 e 421 da Subseção 1 Especializada em Dissídios Individuais (SDI-1) e as Orientações Jurisprudenciais ns. 12, 34, 41, 54, 78, 101, 107, 124, 136, 146 e 157 da Subseção 2 Especializada em Dissídios Individuais (SDI-2).

A resolução que adequou a jurisprudência do TST ao Novo Código de Processo Civil foi aprovada no mesmo dia em sessão extraordinária do Tribunal Pleno.

Vejamos as Súmulas com redação alterada:

SÚMULA 263 TST. PETIÇÃO INICIAL. INDEFERIMENTO. INSTRUÇÃO OBRIGATÓRIA DEFICIENTE.

Salvo nas hipóteses do art. 330 do CPC de 2015 (art. 295 do CPC de 1973), o indeferimento da petição inicial, por encontrar-se desacompanhada de documento indispensável à propositura da ação ou não preencher outro requisito legal, somente é cabível se, após intimada para suprir a irregularidade em 15 (quinze) dias, mediante indicação precisa do que deve ser corrigido ou completado, a parte não o fizer (art. 321 do CPC de 2015).

SÚMULA 393 TST. RECURSO ORDINÁRIO. EFEITO DEVOLUTIVO EM PROFUNDIDADE. ART. 1.013, § 1º, DO CPC DE 2015. ART. 515, § 1º, DO CPC DE 1973.

I – O efeito devolutivo em profundidade do recurso ordinário, que se extrai do § 1º do art. 1.013 do CPC de 2015 (art. 515, § 1º, do CPC de 1973), transfere ao Tribunal a apreciação dos fundamentos da inicial ou da defesa, não examinados pela sentença, ainda que não renovados em contrarrazões, desde que relativos ao capítulo impugnado.

II – Se o processo estiver em condições, o tribunal, ao julgar o recurso ordinário, deverá decidir desde logo o mérito da causa, nos termos do § 3º do art. 1.013 do CPC de 2015, inclusive quando constatar a omissão da sentença no exame de um dos pedidos.

SÚMULA 400 TST. AÇÃO RESCISÓRIA DE AÇÃO RESCISÓRIA. VIOLAÇÃO MANIFESTA DE NORMA JURÍDICA. INDICAÇÃO DA MESMA NORMA JURÍDICA APONTADA NA RESCISÓRIA PRIMITIVA (MESMO DISPOSITIVO DE LEI SOB O CPC DE 1973).

Em se tratando de rescisória de rescisória, o vício apontado deve nascer na decisão rescindenda, não se admitindo a rediscussão do acerto do julgamento da rescisória anterior. Assim, não procede rescisória calcada no inciso V do art. 966 do CPC de 2015 (art. 485, V, do CPC de 1973) para discussão, por má aplicação da mesma norma jurídica, tidos por violados na rescisória anterior, bem como para arguição de questões inerentes à ação rescisória primitiva. (ex-OJ n. 95 da SBDI-2 – inserida em 27.09.2002 e alterada DJ 16.04.2004)

SÚMULA 405 TST. AÇÃO RESCISÓRIA. TUTELA PROVISÓRIA.

Em face do que dispõe a MP 1.984-22/2000 e o art. 969 do CPC de 2015, é cabível o pedido de tutela provisória formulado na petição inicial de ação rescisória ou na fase recursal, visando a suspender a execução da decisão rescindenda.

SÚMULA 407 TST. AÇÃO RESCISÓRIA. MINISTÉRIO PÚBLICO. LEGITIMIDADE "AD CAUSAM" PREVISTA NO ART. 967, III, "A", "B" E "C", DO CPC DE 2015. ART. 487, III, "A" E "B", DO CPC DE 1973. HIPÓTESES MERAMENTE EXEMPLIFICATIVAS

A legitimidade "ad causam" do Ministério Público para propor ação rescisória, ainda que não tenha sido parte no processo que deu origem à decisão rescindenda, não está limitada às alíneas "a", "b" e "c" do inciso III do art. 967 do CPC de 2015 (art. 487, III, "a" e "b", do CPC de 1973), uma vez que traduzem hipóteses meramente exemplificativas. (ex-OJ n. 83 da SBDI-2 – inserida em 13.03.2002)

SÚMULA 408 TST. AÇÃO RESCISÓRIA. PETIÇÃO INICIAL. CAUSA DE PEDIR. AUSÊNCIA DE CAPITULAÇÃO OU CAPITULAÇÃO ERRÔNEA NO ART. 966 DO CPC DE 2015. ART. 485 DO CPC DE 1973. PRINCÍPIO "IURA NOVIT CURIA".

Não padece de inépcia a petição inicial de ação rescisória apenas porque omite a subsunção do fundamento de rescindibilidade no art. 966 do CPC de 2015 (art. 485 do CPC de 1973) ou o capitula erroneamente em um de seus incisos. Contanto que não se afaste dos fatos e fundamentos invocados como causa de pedir, ao Tribunal é lícito emprestar-lhes a adequada qualificação jurídica (*iura novit curia*). No entanto, fundando-se a ação rescisória no art. 966, inciso V, do CPC de 2015 (art. 485, inciso V, do CPC de 1973), é indispensável expressa indicação, na petição inicial da ação rescisória, da norma jurídica manifestamente violada (dispositivo legal violado sob o CPC de 1973), por se tratar de causa de pedir da rescisória, não se aplicando, no caso, o princípio *iura novit curia* (ex-Ojs n.s 32 e 33 da SBDI-2 – inseridas em 20.09.2000).

SÚMULA 421 TST. EMBARGOS DE DECLARAÇÃO. CABIMENTO. DECISÃO MONOCRÁTICA DO RELATOR CALCADA NO ART. 932 DO CPC DE 2015. ART. 557 DO CPC DE 1973.

I – Cabem embargos de declaração da decisão monocrática do relator prevista no art. 932 do CPC de 2015 (art. 557 do CPC de 1973), se a parte pretende tão somente juízo integrativo retificador da decisão e, não, modificação do julgado.

II – Se a parte postular a revisão do mérito da decisão monocrática, cumpre ao relator converter os embargos de declaração em agravo, em face dos princípios da fungibilidade e celeridade processual, submetendo-se ao pronunciamento do Colegiado, após a intimação do recorrente para, no prazo de 5 (cinco) dias, complementar as razões recursais, de modo a ajustá-las às exigências do art. 1.021, § 1º, do CPC de 2015.

Ainda, vejamos as Súmulas que tiveram as respectivas redações atualizadas:

SÚMULA 74 TST. CONFISSÃO

I – Aplica-se a confissão à parte que, expressamente intimada com aquela cominação, não comparecer à audiência em prosseguimento, na qual deveria depor. (ex-Súmula n. 74 – RA 69/1978, DJ 26.09.1978)

II – A prova pré-constituída nos autos pode ser levada em conta para confronto com a confissão ficta (arts. 442 e 443 do CPC de 2015 – art. 400, I, do CPC de 1973), não implicando cerceamento de defesa o indeferimento de provas posteriores. (ex-OJ n. 184 da SBDI-1 – inserida em 08.11.2000)

III – A vedação à produção de prova posterior pela parte confessa somente a ela se aplica, não afetando o exercício, pelo magistrado, do poder/dever de conduzir o processo.

SÚMULA 353 TST. EMBARGOS. AGRAVO. CABIMENTO

Não cabem embargos para a Seção de Dissídios Individuais de decisão de Turma proferida em agravo, salvo:

a) da decisão que não conhece de agravo de instrumento ou de agravo pela ausência de pressupostos extrínsecos;

b) da decisão que nega provimento a agravo contra decisão monocrática do Relator, em que se proclamou a ausência de pressupostos extrínsecos de agravo de instrumento;

c) para revisão dos pressupostos extrínsecos de admissibilidade do recurso de revista, cuja ausência haja sido declarada originariamente pela Turma no julgamento do agravo;

d) para impugnar o conhecimento de agravo de instrumento;

e) para impugnar a imposição de multas previstas nos arts. 1.021, § 4º, do CPC de 2015 ou 1.026, § 2º, do CPC de 2015 (art. 538, parágrafo único, do CPC de 1973, ou art. 557, § 2º, do CPC de 1973).

f) contra decisão de Turma proferida em agravo em recurso de revista, nos termos do art. 894, II, da CLT.

SÚMULA 387 TST. RECURSO. FAC-SÍMILE. LEI N. 9.800/1999

I – A Lei n. 9.800, de 26.05.1999, é aplicável somente a recursos interpostos após o início de sua vigência. (ex-OJ n. 194 da SBDI-1 – inserida em 08.11.2000)

II – A contagem do quinquídio para apresentação dos originais de recurso interposto por intermédio de fac-símile começa a fluir do dia subsequente ao término do prazo recursal, nos termos do art. 2º da Lei n. 9.800, de 26.05.1999, e não do dia seguinte à interposição do recurso, se esta se deu antes do termo final do prazo. (ex-OJ n. 337 da SBDI-1 – primeira parte – DJ 04.05.2004)

III – Não se tratando a juntada dos originais de ato que dependa de notificação, pois a parte, ao interpor o recurso, já tem ciência de seu ônus processual, não se aplica a regra do art. 224 do CPC de 2015 (art. 184 do CPC de 1973) quanto ao *dies a quo*, podendo coincidir com sábado, domingo ou feriado. (ex-OJ n. 337 da SBDI-1 – *in fine* – DJ 04.05.2004)

IV – A autorização para utilização do fac-símile, constante do art. 1º da Lei n. 9.800, de 26.05.1999, somente alcança as hipóteses em que o documento é dirigido diretamente ao órgão jurisdicional, não se aplicando à transmissão ocorrida entre particulares.

SÚMULA 394 TST. FATO SUPERVENIENTE. ART. 493 DO CPC DE 2015. ART. 462 DO CPC DE 1973. . (conversão da Orientação Jurisprudencial n. 81 da SBDI-1)

O art. 493 do CPC de 2015 (art. 462 do CPC de 1973), que admite a invocação de fato constitutivo, modificativo ou extintivo do direito, superveniente à propositura da ação, é aplicável de ofício aos processos em curso em qualquer instância trabalhista. Cumpre ao juiz ou tribunal ouvir as partes sobre o fato novo antes de decidir.

SÚMULA 397 TST. AÇÃO RESCISÓRIA. ART. 966, IV, DO CPC DE 2015. ART. 485, IV, DO CPC DE 1973. AÇÃO DE CUMPRIMENTO. OFENSA À COISA JULGADA EMANADA DE SENTENÇA NORMATIVA MODIFICADA EM GRAU DE RECURSO. INVIABILIDADE. CABIMENTO DE MANDADO DE SEGURANÇA.

Não procede ação rescisória calcada em ofensa à coisa julgada perpetrada por decisão proferida em ação de cumprimento, em face de a sentença normativa, na qual se louvava, ter sido modificada em grau de recurso, porque em dissídio coletivo somente se consubstancia coisa julgada formal. Assim, os meios processuais aptos a atacarem a execução da cláusula reformada são a exceção de pré-executividade e o mandado de segurança, no caso de descumprimento do art. 514 do CPC de 2015 (art. 572 do CPC de 1973). (ex-OJ n. 116 da SBDI-2 – DJ 11.08.2003).

SÚMULA 415 TST. MANDADO DE SEGURANÇA. PETIÇÃO INICIAL. ART. 321 DO CPC DE 2015. ART. 284 DO CPC DE 1973. INAPLICABILIDADE

Exigindo o mandado de segurança prova documental pré-constituída, inaplicável o art. 321 do CPC de 2015 (art. 284 do CPC de 1973) quando verificada, na petição inicial do "mandamus", a ausência de documento indispensável ou de sua autenticação. (ex-OJ n. 52 da SBDI-2 – inserida em 20.09.2000).

SÚMULA 435 TST. DECISÃO MONOCRÁTICA. RELATOR. ART. 932 DO CPC DE 2015. ART. 557 DO CPC DE 1973. APLICAÇÃO SUBSIDIÁRIA AO PROCESSO DO TRABALHO

Aplica-se subsidiariamente ao processo do trabalho o art. 932 do CPC de 2015 (art. 557 do Código de Processo Civil de 1973).

Ademais, vejamos as Orientações Jurisprudenciais da Subseção I da Seção Especializada em Dissídios Individuais do Tribunal Superior do Trabalho que tiveram as suas redações atualizadas:

OJ-SDI1-255 MANDATO. CONTRATO SOCIAL. DESNECESSÁRIA A JUNTADA

O art. 75, VIII, do CPC de 2015 (art. 12, VI, do CPC de 1973) não determina a exibição dos estatutos da empresa em juízo como condição de validade do instrumento de mandato outorgado ao seu procurador, salvo se houver impugnação da parte contrária.

OJ-SDI1-310 LITISCONSORTES. PROCURADORES DISTINTOS. PRAZO EM DOBRO. ART. 229, *CAPUT* E §§ 1º E 2º, DO CPC DE 2015. ART. 191 DO CPC DE 1973. INAPLICÁVEL AO PROCESSO DO TRABALHO

Inaplicável ao processo do trabalho a norma contida no art. 229, *caput* e §§ 1º e 2º, do CPC de 2015 (art. 191 do CPC de 1973), em razão de incompatibilidade com a celeridade que lhe é inerente.

OJ-SDI1-371 IRREGULARIDADE DE REPRESENTAÇÃO. SUBSTABELECIMENTO NÃO DATADO. INAPLICABILIDADE DO ART. 654, § 1º, DO CÓDIGO CIVIL

Não caracteriza a irregularidade de representação a ausência da data da outorga de poderes, pois, no mandato judicial, ao contrário do mandato civil, não é condição de validade do negócio jurídico. Assim, a data a ser considerada é aquela em que o instrumento for juntado aos autos, conforme preceitua o art. 409, IV, do CPC de 2015 (art. 370, IV, do CPC de 1973). Inaplicável o art. 654, § 1º, do Código Civil.

OJ-SDI1-378 EMBARGOS. INTERPOSIÇÃO CONTRA DECISÃO MONOCRÁTICA. NÃO CABIMENTO

Não encontra amparo no art. 894 da CLT, quer na redação anterior quer na redação posterior à Lei n. 11.496, de 22.06.2007, recurso de embargos interposto à decisão monocrática exarada nos moldes do art. 932 do CPC de 2015 (art. 557 do CPC de 1973), pois o comando legal restringe seu cabimento à pretensão de reforma de decisão colegiada proferida por Turma do Tribunal Superior do Trabalho.

OJ-SDI1-392 PRESCRIÇÃO. INTERRUPÇÃO. AJUIZAMENTO DE PROTESTO JUDICIAL. MARCO INICIAL.

O protesto judicial é medida aplicável no processo do trabalho, por força do art. 769 da CLT e do art. 311 do CPC de 2015. O ajuizamento da ação, por si só, interrompe o prazo prescricional, em razão da inaplicabilidade do § 2º do art. 240 do CPC de 2015 (§ 2º do art. 219 do CPC de 1973), incompatível com o disposto no art. 841 da CLT.

OJ-SDI1-421 HONORÁRIOS ADVOCATÍCIOS. AÇÃO DE INDENIZAÇÃO POR DANOS MORAIS E MATERIAIS DECORRENTES DE ACIDENTE DE TRABALHO OU DE DOENÇA PROFISSIONAL. AJUIZAMENTO PERANTE A JUSTIÇA COMUM ANTES DA PROMULGAÇÃO DA EMENDA CONSTITUCIONAL N. 45/2004. POSTERIOR REMESSA DOS AUTOS À JUSTIÇA DO TRABALHO. ART. 85 DO CPC DE 2015. ART. 20 DO CPC DE 1973. INCIDÊNCIA.

A condenação em honorários advocatícios nos autos de ação de indenização por danos morais e materiais decorrentes de acidente de trabalho ou de doença profissional, remetida à Justiça do Trabalho após ajuizamento na Justiça comum, antes da vigência da Emenda Constitucional n. 45/2004, decorre da mera sucumbência, nos termos do art. 85 do CPC de 2015 (art. 20 do CPC de 1973), não se sujeitando aos requisitos da Lei n. 5.584/1970.

Outrossim, insta consignar as Orientações Jurisprudenciais da Subseção II da Seção Especializada em Dissídios Individuais do Tribunal Superior do Trabalho que tiveram as redações atualizadas:

OJ-SDI2-12 AÇÃO RESCISÓRIA. DECADÊNCIA. CONSUMAÇÃO ANTES OU DEPOIS DA EDIÇÃO DA MEDIDA PROVISÓRIA N. 1.577/97. AMPLIAÇÃO DO PRAZO.

I – A vigência da Medida Provisória n. 1.577/97 e de suas reedições implicou o elastecimento do prazo decadencial para o ajuizamento da ação rescisória a favor dos entes de direito público, autarquias e fundações públicas. Se o biênio decadencial do art. 495 do CPC de 1973 findou após a entrada em vigor da referida medida provisória e até sua suspensão pelo STF em sede liminar de ação direta de inconstitucionalidade (ADIn 1753-2), tem-se como aplicável o prazo decadencial elastecido à rescisória. (ex-OJ n. 17 da SDI-2 – inserida em 20.09.2000)

II – A regra ampliativa do prazo decadencial para a propositura de ação rescisória em favor de pessoa jurídica de direito público não se aplica se, ao tempo em que sobreveio a Medida Provisória n. 1.577/97, já se exaurira o biênio do art. 495 do CPC de 1973. Preservação do direito adquirido da parte à decadência já consumada sob a égide da lei velha. (ex-OJ n. 12 da SDI-2 – inserida em 20.09.2000)

OJ-SDI2-34 AÇÃO RESCISÓRIA. PLANOS ECONÔMICOS

I – O acolhimento de pedido em ação rescisória de plano econômico, fundada no art. 485, inciso V, do CPC de 1973, pressupõe, necessariamente, expressa invocação na petição inicial de afronta ao art. 5º, XXXVI, da Constituição Federal de 1988. A indicação de ofensa literal a preceito de lei ordinária atrai a incidência da Súmula n. 83 do TST e Súmula n. 343 do STF.

II – Se a decisão rescindenda é posterior à Súmula n. 315 do TST (Res. 07, DJ 22.09.93), inaplicável a Súmula n. 83 do TST.

OJ-SDI2-41 AÇÃO RESCISÓRIA. SENTENÇA "CITRA PETITA". CABIMENTO

Revelando-se a sentença *citra petita*, o vício processual vulnera os arts. 141 e 492 do CPC de 2015 (arts. 128 e 460 do CPC de 1973), tornando-a passível de desconstituição, ainda que não opostos embargos declaratórios.

OJ-SDI2-54 MANDADO DE SEGURANÇA. EMBARGOS DE TERCEIRO. CUMULAÇÃO. PENHORA. INCABÍVEL

Ajuizados embargos de terceiro (art. 674 do CPC de 2015 – art. 1046 do CPC de 1973) para pleitear a desconstituição da penhora, é incabível mandado de segurança com a mesma finalidade.

OJ-SDI2-78 AÇÃO RESCISÓRIA. CUMULAÇÃO SUCESSIVA DE PEDIDOS. RESCISÃO DA SENTENÇA E DO ACÓRDÃO. AÇÃO ÚNICA. ART. 326 DO CPC DE 2015. ART. 289 DO CPC DE 1973.

É admissível o ajuizamento de uma única ação rescisória contendo mais de um pedido, em ordem sucessiva, de rescisão da sentença e do acórdão. Sendo inviável a tutela jurisdicional de um deles, o julgador está obrigado a apreciar os demais, sob pena de negativa de prestação jurisdicional.

OJ-SDI2-101 AÇÃO RESCISÓRIA. INCISO IV DO ART. 966 DO CPC DE 2015. ART. 485, IV, DO CPC DE 1973. OFENSA À COISA JULGADA. NECESSIDADE DE FIXAÇÃO DE TESE NA DECISÃO RESCINDENDA

Para viabilizar a desconstituição do julgado pela causa de rescindibilidade do inciso IV do art. 966 do CPC de 2015 (inciso IV do art. 485 do CPC de 1973), é necessário que a decisão rescindenda tenha enfrentado as questões ventiladas na ação rescisória, sob pena de inviabilizar o cotejo com o título executivo judicial tido por desrespeitado, de modo a se poder concluir pela ofensa à coisa julgada.

OJ-SDI2-107 AÇÃO RESCISÓRIA. DECISÃO RESCINDENDA DE MÉRI- TO. SENTENÇA DECLARATÓRIA DE EXTINÇÃO DE EXECUÇÃO. SATISFAÇÃO DA OBRIGAÇÃO.

Embora não haja atividade cognitiva, a decisão que declara extinta a execução, nos termos do art. 924, I a IV c/c art. 925 do CPC de 2015 (art. 794 c/c 795 do CPC de 1973), extingue a relação processual e a obrigacional, sendo passível de corte rescisório.

OJ-SDI2-124 AÇÃO RESCISÓRIA. ART. 966, INCISO II, DO CPC DE 2015. ART. 485, INCISO II, DO CPC DE 1973. ARGUIÇÃO DE INCOMPETÊNCIA ABSOLUTA. PREQUESTIONAMENTO INEXIGÍVEL.

Na hipótese em que a ação rescisória tem como causa de rescindibilidade o inciso II do art. 966 do CPC de 2015 (inciso II do art. 485 do CPC de 1973), a arguição de incompetência absoluta prescinde de prequestionamento.

OJ-SDI2-136 AÇÃO RESCISÓRIA. ERRO DE FATO. CARACTERIZAÇÃO

A caracterização do erro de fato como causa de rescindibilidade de decisão judicial transitada em julgado supõe a afirmação categórica e indiscutida de um fato, na decisão rescindenda, que não corresponde à realidade dos autos. O fato afirmado pelo julgador, que pode ensejar ação rescisória calcada no inciso VIII do art. 966 do CPC de 2015 (inciso IX do art. 485 do CPC de 1973), é apenas aquele que se coloca como premissa fática indiscutida de um silogismo argumentativo, não aquele que se apresenta ao final desse mesmo silogismo, como conclusão decorrente das premissas que especificaram as provas oferecidas, para se concluir pela existência do fato. Esta última hipótese é afastada pelo § 1º do art. 966 do CPC de 2015 (§ 2º do art. 485 do CPC de 1973), ao exigir que não tenha havido controvérsia sobre o fato e pronunciamento judicial esmiuçando as provas.

OJ-SDI2-146 AÇÃO RESCISÓRIA. INÍCIO DO PRAZO PARA APRESENTAÇÃO DA CONTESTAÇÃO. ART. 774 DA CLT

A contestação apresentada em ação rescisória obedece à regra relativa à contagem de prazo constante do art. 774 da CLT, sendo inaplicável o art. 231 do CPC de 2015 (art. 241 do CPC de 1973).

OJ-SDI2-157 AÇÃO RESCISÓRIA. DECISÕES PROFERIDAS EM FASES DISTINTAS DE UMA MESMA AÇÃO. COISA JULGADA. NÃO CONFIGURAÇÃO.

A ofensa à coisa julgada de que trata o inciso IV do art. 966 do CPC de 2015 (inciso IV do art. 485 do CPC de 1973) refere-se apenas a relações processuais distintas. A invocação de desrespeito à coisa julgada formada no processo de conhecimento, na correspondente fase de execução, somente é possível com base na violação do art. 5º, XXXVI, da Constituição da República.

Outrossim, impende destacar a **Resolução n. 206, de 12 de abril de 2016**, do Tribunal Superior do Trabalho, que cancelou a sua Orientação Jurisprudencial n. 155 da Subseção II Especializada em Dissídios Individuais:

OJ-SDI2-155 AÇÃO RESCISÓRIA E MANDADO DE SEGURANÇA. VALOR ATRIBUÍDO À CAUSA NA INICIAL. MAJORAÇÃO DE OFÍCIO. INVIABILIDADE.

Atribuído o valor da causa na inicial da ação rescisória ou do mandado de segurança e não havendo impugnação, nos termos do art. 261 do CPC, é defeso ao Juízo majorá-lo de ofício, ante a ausência de amparo legal. Inaplicável, na hipótese, a Orientação Jurisprudencial da SBDI-2 n. 147 e o art. 2º, II, da Instrução Normativa n. 31 do TST.

Também, é oportuno destacar a **Resolução n. 204, de 15 de março de 2016**, do Tribunal Superior do Trabalho, que alterou a sua Súmula n. 219 e cancelou a sua Súmula n. 285 e a sua Orientação Jurisprudencial n. 377 da Subseção I Especializada em Dissídios Individuais:

SÚMULA 219 TST. HONORÁRIOS ADVOCATÍCIOS. CABIMENTO. (alterada a redação do item I e acrescidos os itens IV a VI na sessão do Tribunal Pleno realizada em 15.03.2016)

I – Na Justiça do Trabalho, a condenação ao pagamento de honorários advocatícios não decorre pura e simplesmente da sucumbência, devendo a parte, concomitantemente: a) estar assistida por sindicato da categoria profissional; b) comprovar a percepção de salário inferior ao dobro do salário mínimo ou encontrar-se em situação econômica que não lhe permita demandar sem prejuízo do próprio sustento ou da respectiva família (art. 14, § 1º, da Lei n. 5.584/1970). (ex-OJ n. 305 da SBDI-I).

II – É cabível a condenação ao pagamento de honorários advocatícios em ação rescisória no processo trabalhista.

III – São devidos os honorários advocatícios nas causas em que o ente sindical figure como substituto processual e nas lides que não derivem da relação de emprego.

IV – Na ação rescisória e nas lides que não derivem de relação de emprego, a responsabilidade pelo pagamento dos honorários advocatícios da sucumbência submete-se à disciplina do Código de Processo Civil (arts. 85, 86, 87 e 90).

V – Em caso de assistência judiciária sindical ou de substituição processual sindical, excetuados os processos em que a Fazenda Pública for parte, os honorários advocatícios são devidos entre o mínimo de dez e o máximo de vinte por cento sobre o valor da condenação, do proveito econômico obtido ou, não sendo possível mensurá-lo, sobre o valor atualizado da causa (CPC de 2015, art. 85, § 2º).

VI – Nas causas em que a Fazenda Pública for parte, aplicar-se-ão os percentuais específicos de honorários advocatícios contemplados no Código de Processo Civil.

SÚMULA 85 TST. RECURSO DE REVISTA. ADMISSIBILIDADE PARCIAL PELO JUIZ-PRESIDENTE DO TRIBUNAL REGIONAL DO TRABALHO. EFEITO (cancelada a partir de 15 de abril de 2016) – Res. 204/2016, DEJT divulgado em 17, 18 e 21.03.2016

O fato de o juízo primeiro de admissibilidade do recurso de revista entendê-lo cabível apenas quanto a parte das matérias veiculadas não impede a apreciação integral pela Turma do Tribunal Superior do Trabalho, sendo imprópria a interposição de agravo de instrumento.

OJ-SDI1-377 EMBARGOS DE DECLARAÇÃO. DECISÃO DENEGATÓRIA DE RECURSO DE REVISTA EXARADO POR PRESIDENTE DO TRT. DESCABIMENTO. NÃO INTERRUPÇÃO DO PRAZO RECURSAL (cancelada a partir de 15 de abril de 2016) – Res. 204/2016, DEJT divulgado em 17, 18 e 21.03.2016

Não cabem embargos de declaração interpostos contra decisão de admissibilidade do recurso de revista, não tendo o efeito de interromper qualquer prazo recursal.

Por derradeiro, aduz-se a Resolução n. 205, de 15 de março de 2016, do Tribunal Superior do Trabalho, que aprovou a Instrução Normativa n. 40/2016, dispondo sobre o cabimento de agravo de instrumento em caso de admissibilidade parcial de recurso de revista no Tribunal Regional do Trabalho. As suas regras são as seguintes:

a) considerando o cancelamento da Súmula n. 285 e da Orientação Jurisprudencial n. 377 da SBDI-1 pelo Pleno do Tribunal Superior do Trabalho;

b) considerando a necessidade de explicitar-se o novo entendimento do Tribunal sobre a matéria, a bem da segurança jurídica dos jurisdicionados e da imprescindível orientação e planejamento da Presidência dos Tribunais Regionais do Trabalho;

c) considerando a conveniência de modulação dos efeitos do aludido cancelamento para não surpreender as partes, como se impõe da aplicação analógica do art. 896, § 17, da CLT;

d) considerando que, não obstante o Código de Processo Civil haja extinto o procedimento para disciplinar o incidente de uniformização de jurisprudência (IUJ), o instituto continua previsto no art. 896, §§ 3º a 6º, da CLT;

d) admitido apenas parcialmente o recurso de revista, constitui ônus da parte impugnar, mediante agravo de instrumento, o capítulo denegatório da decisão, sob pena de preclusão;

e) se houver omissão no juízo de admissibilidade do recurso de revista quanto a um ou mais temas, é ônus da parte interpor embargos de declaração para o órgão prolator da decisão embargada supri-la (CPC, art. 1024, § 2º), sob pena de preclusão;

f) incorre em nulidade a decisão regional que se abstiver de exercer controle de admissibilidade sobre qualquer tema objeto de recurso de revista, não obstante interpostos embargos de declaração (CF/88, art. 93, inciso IX e § 1º do art. 489 do CPC de 2015);

g) no caso da regra anterior, sem prejuízo da nulidade, a recusa do Presidente do Tribunal Regional do Trabalho a emitir juízo de admissibilidade sobre qualquer tema equivale à decisão denegatória. É ônus da parte, assim, após a intimação da decisão dos embargos de declaração, impugná-la mediante agravo de instrumento (CLT, art. 896, § 12), sob pena de preclusão;

h) faculta-se ao Ministro Relator, por decisão irrecorrível (CLT, art. 896, § 5º, por analogia), determinar a restituição do agravo de instrumento ao Presidente do Tribunal Regional do Trabalho de origem para que complemente o juízo de admissibilidade, desde que interpostos embargos de declaração; e

i) após a vigência do Código de Processo Civil de 2015, subsiste o Incidente de Uniformização de Jurisprudência da CLT (art. 896, §§ 3º, 4º, 5º e 6º), observado o procedimento previsto no regimento interno do Tribunal Regional do Trabalho.

Assim, resta claro que o ativismo judicial do Tribunal Superior do Trabalho como esforço hermenêutico jurisprudencial de adaptação dos seus entendimentos consolidados ao novo Código de Processo Civil. Mesmo diante da veemente dedicação do TST e suas salutares adaptações, resta imperfeito tal procedimento.

Com efeito, o novel estuário processual civil foi alinhavado por grandes juristas, mas que não conhecem com profundidade as dificuldades processuais da Justiça Trabalhista.

5. CONCLUSÃO

Enquanto não for criado e aprovado o Código de Processo do Trabalho (que, se for criado, poderá demorar longos anos), deve-se estudar com afinco os **reflexos do Código de Processo Civil ao Processo do Trabalho, a sua aplicação supletiva e subsidiária.**

Com efeito, resta indubitável a necessidade do desenvolvimento de muitos estudos, congressos, seminários, debates e audiências públicas sobre as reais influências do novo Código de Processo Civil (aplicação supletiva e subsidiária – arts. 769 e 889 da CLT combinados com o art. 15 do novo CPC) ao Processo do Trabalho.

Nessa seara, conclui-se inexorável a necessária revisão de Súmulas e Orientações Jurisprudenciais do Tribunal Superior do Trabalho em virtude da entrada em vigor do novo Código de Processo Civil, conforme acima demonstrado no presente artigo.

Ademais, é fundamental a elaboração de um Código de Processo do Trabalho, composta por juristas trabalhistas de nomeada, que atenda às especificidades dos operadores do Direito que militam na Justiça Laboral.

Parece óbvia a assertiva de que uma Justiça Especial como assim o é a do Trabalho, precisa de um estuário processual especializado.

Assim, poderemos evitar inúmeros entraves processuais resultantes do esforço hermenêutico dos operadores do direito para a consecução da melhor aplicação supletiva e subsidiária do Código de Processo Civil de 2015 ao Processo do Trabalho.

6. REFERÊNCIAS BIBLIOGRÁFICAS

LEITE, Carlos Henrique Bezerra. *Curso de direito processual do trabalho.* 13. ed. São Paulo: Saraiva, 2015.

_____. *Novo CPC:* repercussões no processo do trabalho. São Paulo: Saraiva, 2015.

MARTINS, Sergio Pinto. *O novo CPC e o Processo do Trabalho:* estudos em homenagem ao ministro Walmir Oliveira Costa. São Paulo: Atlas, 2016.

MIESSA, Élisson. *Impactos do novo CPC nas súmulas e orientações jurisprudenciais do TST.* Salvador: JusPodivm, 2015.

PEREIRA, Leone. *Manual de processo do trabalho.* 3. ed. São Paulo: Saraiva, 2014.

SCHIAVI, Mauro. *Manual de direito processual do trabalho.* 10. ed. São Paulo: LTr, 2016.

SILVA, Homero Batista Mateus da. *Curso de direito do trabalho aplicado:* Volume 9 – Processo do trabalho. 2. ed. São Paulo: Revista dos Tribunais, 2015.

TEIXEIRA FILHO, Manoel Antonio. *Comentários ao novo Código de Processo Civil sob a perspectiva do processo do trabalho.* São Paulo: LTr, 2015.